사회정책과 사회국가

프란쯔 자버 카우프만 저
(Franz-Xaver Kaufmann)

정연택 역

Gedruckt auf saeurefreiem und alterungsbestaendigem Papier.

Die Deutsche Bibliothek — CIP-Einheitsaufnahme
Ein Titeldatensatz fuer diese Publikation ist bei
Der Deutschen Bibliothek erhaeltlich.

ISBN: 3-8100-3394-4

Satz: Berthold Druck und Direktwerbung
Druck: Druck Partner Ruebelmann, Hemsbach
Printed in Germany

'사회정책과 사회국가'의 한국어판에 부쳐

사회정책과 사회국가에 대한 내 논문집의 한국어 번역판에 서론을 쓰게 된 것을 기쁘게 생각한다. 번역자인 정연택 교수는 독일에서의 유학기간 동안 내 제자였으며, 따라서 내 사유과정에 아주 친숙하며, 내가 비록 한국어를 이해할 수는 없지만, 정 교수가 내 생각을 적절하고 이해 가능하게 한국어로 번역하였음을 확신한다.

'사회정책'의 개념은 독일어 권에서 19세기 중순에 성립되었으며, 사회보장 형태로서의 사회정책은 비스마르크의 사회개혁을 선례로 실현되었다. 제2차 세계대전 전에 유럽에는 이미 산업근로자를 대상으로 하는 다수의 개별적인 국가 개입이 존재하였다. 이와 달리 영국과 영연방 국가에는 빈곤에 대한 대책이 우선되었다. 2차 대전 중에는 국제적인 차원에서 사회적 인권 이념, 즉 빈민 또는 노동자뿐 아니라 모든 시민의 복지에 대하여 국가가 책임져야 한다는 이념이 발전되었다. 1948년 국제 연합의 일반 인권선언은 이후 '좋은 공동생활'이라는 국가의 지도상이 발전되는 길잡이가 되었다. 우리는 한 국가가 자유권, 정치적 참여권, 그리고 경제, 사회 및 문화적 참여권을 동시에 보장할 때 사회국가 또는 복지국가라 칭한다. 사회국가 또는 복지국가 모델은 자본주의와 사회주의 중간에 있는 자립적 모델로서 민주적인 국가와 시장에 대해 자유로이 접근 가능한 경제체제 그리고 기본적으로 모든 사람이 수혜자가 될 수 있도록 잘 구축된 사회적 보호 및 지원 체계가 연계된 것이다.

유럽에서 복지국가 제도가 크게 확장된 것은 1945년과 1974년 사이, 즉 예외적으로 경제 상황이 유리하였던 시기이다. 그러나 점차 국제적 교환조건이 유럽에 대해 불리하게 됨으로써 사회복지 급여의 팽창은 정치 및 경제적 한계에 부딪히게 되었다. 격화된 논쟁과 개별적인 삭감정책에도 불구하고 복지국가적 책임이라는 기본 이념은 거의 모든 유럽 국가에 생생하게 남아 있다. 미국에 널리 퍼진 자유주의적 이념, 즉 "사회적 목표를 갖는 국가의 개입은 경제 발전에 악영향을 미친다"는 주장은 합목적적이지 않은 개별적인 개입사례에는 다소 적용될 수 있지만, 국가가 책임을 갖는 교육, 건강 및 사회부문 등 큰 정책분야에는 해당되지 않으며, 오히려 국가개입은 세계화 시대에 특히 더 요구되며 대부분의 경우 국민 경제적 측면에서도 유용하다.

한국은 산업화, 민주화 및 근대화 과정이 유럽에서 보다 더 빠른 속도로 진행되는 국가다. 안정적인 가족과 친척 관계가 사회경제적 발전 속도에 따른 후유증을 완화시키는 사회적 보호를 제공하는 것처럼 보인다. 그러나 점차 빠른 속도로 진행되는 사회적 변혁의 후속문제를 사회적 보호 및 지원 제도를 통해 해결하기 위해서는 정치적 개입이 요구된다. 본 서의 논문은 직접적인 해결책을 제공하기 위한 것은 아니며, 이를 위해서는 구체적 상황이 먼저 파악되어야 한다. 본 서는 보다 근본적인 사유에 관한 것이며, 정치적 행위를 학문적으로 성찰하는데 기여하고자 한다. 즉 사회정책을 (연구)한다는 것은 무엇인가? 사회문제에 대한 학문적 사유의 실천적 효과는 어디에 의존하는가? 국가 개입 시 유의해야 할 점은 무엇인가? 복지국가 프로그램의 핵심은 무엇이며, 국가는 복지생산에 대한 조정과 관련하여 어떤 역할을 해야 하는가? 사회국가성은 개인화와 세계화의 조건 하에서 유지될 수 있는가? 이와 유사한 질문들이 이 책의 핵심적 논의 대상이다.

유럽의 경험을 배경으로 하여 성립된 사유가 한국의 사회정책 및 사회사업 관련 학문의 발달에 도움이 될 수 있다면 나로서는 정말 기쁜 일이 될 것이다.

나는 이 자리를 빌어 이 책이 출판되는데 기여한 모든 분들에게 감사하며, 특히 이 책을 번역하기 위해 많이 힘쓴 정연택 교수에게 감사한다.

빌레펠트에서 2004년 11월
프란쯔 자버 카우프만
(Franz-Xaver Kaufmann)

카우프만 교수는 역자의 학문적인 스승일 뿐 아니라 인간적인 스승이다. 평소 외국서적을 번역할 의사가 전혀 없었던 역자가 스승의 책을 번역하고자 한 것은 스승의 책이라는 이유 때문만은 아니다. 특히 대학원 강의를 위해 영문 서적이나 논문을 교재로 사용하다 보면 사회정책의 이론이라는 것이 결국 실증적으로 확인되는 부분으로 축소되거나 경제학 이론에 지나치게 의존하는 것은 아닌가라는 의구심을 자주 가지게 되었고 이러한 경향에 반하는 적절한 책을 발견했기 때문이다.

약 25년에 걸쳐 쓰여진 논문들을 모은 논문집인 이 역서는 독일 최초로 사회학과에서 사회정책이라는 교수분야를 가졌고, 독일의 대표적인 사회정책 연구자인 카우프만 교수의 사회정책에 대한 시각과 그 발전과정을 잘 보여주며, 역자가 판단하기에 시의성이 있는 그의 다른 최근 저서에 비해 한국 독자에게 가장 많은 이론적 시각들을 보여줄 수 있기에 채택되었다.

카우프만 교수는 사회정책이 하나의 독립학문 분야로 성립되지 못하고 경제학, 법학, 정치학, 사회학, 보건학, 교육학 등 다양한 개별 학문분야에서 연구되는 독일에서 사회학적으로 사회정책을 다루었으며, 그의 개입이론적 시각과 조정이론적 시각은 특히 체계이론이나 다원화 이론 등 거시적 사회이론에 의지하여 그가 발전시킨, 복지국가의 생성과 변화를 가장 적절하게 설명하는 이론들이다.

그가 비록 사회학자이기는 하지만 한국의 사회복지학도와 많은 공통점을 가지고 있다. 먼저 사회복지의 학제간 접근 방식에 대한 주장이나 사회사업으로까지 그 대상을 넓혀 개입이론적으로 접근하는 것, 또한 베버식의 가치중립적 전통이 강한 사회학에서 사회정책적 인식관심을 주장하는 것 등은 사회복지학의 정체성을 논의할 수밖에 없는 한국의 사회복지학계에 좋은 시사점을 제공할 수 있다. 이 책의 전반부에 있는 논문들은 이러한 문제에 대한 저자의 개입이론적 시각을 보여주는데, 특히 사회사업분야를 사회정책 분석틀에 포함시킴으로써 한국의 사회복지학도가 특히 어려워 하는 사회사업과 사회정책의 (학문적) 관계가 쉽게 정리될 수도 있음을 보여준다.

이 책의 후반부에 있는 논문들은 복지국가 위기, 연대, 인구, 세계화 등의 문제와 관련이 있는데, 저자가 국가의 역할을 조정이론적 시각으로 파악한다는 것을 확인할 수 있다. 사회정책의 복합성에 따라 개별 영역이나 영역간 문제에 대해 국가는 더 이상 직접 개입하는 방식이 아니라 조정하는 방식으로 그 역할을 변경시키고 있으며, 또한 (규범적인 입장에서) 변해야 한다는 시각이 설득력 있게 전개된다. 또한 인구문제에 대해서도 전문가인 사회정책학자가 현재의 복지국가 문제에 대해 어떻게 접근하는지 그리고 종교사회학에도 식견을 가진 사회정책학자가 중세이후로부터 복지국가의 성립까지의 과정을 어떻게 인식하는지도 볼 수 있다.

복문이 많고, 학술적 개념을 정밀하게 사용하기에 적절한 독일어를 한국어로 번역할 때 가장 어려운 것은 한국어로는 동일하지만 독일어로는 상이한 개념을 어떻게 다르게 표현하는가 하는 문제이다. 역자는 불가피하게 괄호 또는 - - 등의 표시를 통해 보다 명확하게 개념을 전달하고자 하였으며, 독일의 상황에 익숙하지 않은 독자들을 위해 * 표시를 한 역자 주를 통해 일부 부가 설명을 달기도 하였다. 다소 어려운 개념을 많이 포함하는 본 서는 독일 전문가들에게도 이해하기 쉬운 책은 아니다.

2003년 8월부터 1년간 독일 브레멘 대학의 사회정책 연구소에서 연구하고자 한 주제와는 상당히 거리가 멀었지만 본 역서는 나의 안식년 활동의 절반 이상을 차지하는 결과물이다. 안식년을 가지도록 배려해준 충남대학교 당국과 독일 브레멘 대학의 사회정책연구소(ZeS) 관계자들, 그리고 현지 언어도 모르면서 1년을 타지에서 함께 보낸 아내 현주와 딸 주은에게 감사하며, 번역어의 모호성을 교정하기 위해 책을 읽고 수정해 준 이경희 선생님, 김선미 선생님, 김정은 선생님과 김정득 선생님 그리고 선뜻 출판에 응해주었고, 좋은 책을 내기 위해 노력해 준 21세기사 이범만 사장님께 감사를 표한다. 마지막으로 바쁘신 중에도 한국어 서문을 보내 주시고 항상 내게 인간적 및 학문적 모범이 되시는 카우프만 교수님께 감사드린다.

2004년 12월
대전에서 정연택

목차

서론에 가름하여 ... *11*

A. 사 / 회 / 정 / 책

1. 사회정책 : 사회학적 시각들 ... *27*

1.1 | 개념 *27*

1.2 | 사회학의 대상으로서 사회정책 *29*

1.3 | 연구전망 *31*

2. 사회정책적 인식관심과 사회학: 사회과학의 실천성을 위한 기여 ... *35*

2.1 | 사회학에 대한 사회정책적 관심의 조건 *36*

2.2 | 학문적 사회정책의 어려움 *42*

2.3 | 사회학의 형성연관에서 실천적 성찰의 불가피성 *45*

2.4 | 사회학적 지식의 정치적 계획, 결정, 행위에 대한 중개 시 한계와 가능성 . *49*

2.5 | 문제로서 사회정책의 학문화 *56*

2.6 | 조직과 효과의 측면에서 사회정책 문제의 사회학적 재구성에 대하여 *62*

2.7 | 요약 *72*

3. 사회정책 개입에 대한 사회학 이론의 요소 ... *75*

3.1 | 사회학 이론의 대상으로서 사회정책적 개입 *77*

3.2 | 개입형태 *92*

3.3 | 요약 *110*

4. 사회적 개입의 개념과 형태 ··· 113

4.1 | 사회문제와 개입 ·· 113
4.2 | 개입 개념의 함의 ··· 115
4.3 | 예방과 개입간의 관계 ·· 118
4.4 | '사회적 개입의 논리'와 그 이론적 한계 ··· 120
4.5 | 개입의 기술적 핵심과 사회적 맥락 ·· 124
4.6 | 사회적 개입의 체계화에 대하여 ··· 127
4.7 | 사회적 개입의 형태와 맥락 ··· 130
4.8 | 사회정책적 개입 맥락에서 사회사업의 위치에 대하여 ························· 134
4.9 | 요약 ··· 136

5. 과정으로서 사회국가: 2차적 사회정책을 위하여 ··· 137

5.1 | 짜커(Hans F. Zacher)에 있어서 사회국가의 과정성 ························· 137
5.2 | 사회국가의 해부 ·· 139
5.3 | 1차적 사회정책 ··· 142
5.4 | 사회정책적 개입과정의 단계 ·· 144
5.5 | 2차적 사회정책 ··· 148
5.6 | 요약 ··· 151

6. 사회정책과 인구변동 ··· 153

6.1 | 문제제기 ·· 153
6.2 | 복지국가 발전의 인구에 대한 장기효과 ·· 155
6.3 | 인구 발전의 사회정책에 대한 효과 ·· 160
6.4 | 요약 ··· 167

B . 사 / 회 / 국 / 가

7. 복지국가에서의 조정문제 … 171

7.1 | 복지국가와 그 위기의 개념에 대하여 … 172
7.2 | 사회적 조정이론의 요소 … 177
7.3 | 복지국가에 대한 조정이론적 관찰방식을 위하여 … 183
7.4 | 후기: 조정형태의 확대된 유형화 … 187
7.5 | 맺는 말 … 203

8. 국가와 복지생산 … 205

8.1 | 정치적 복지 담론 … 206
8.2 | 경제적 복지 담론 … 211
8.3 | 개인 및 집합적 효용의 시너지적 관계로서 복지 … 213
8.4 | 다차원적 문제로서의 복지생산 … 217
8.5 | 가족, 사회적 네트웍 그리고 인적 자산 … 221
8.6 | 국가의 역할에 대하여 … 225

9. 개인화 및 세계화의 조건 하에서 복지, 노동 그리고 국가 … 231

9.1 | 사회국가의 성립조건 … 232
9.2 | 사회국가 이론의 개요 … 235
9.3 | 사회국가적 배열의 노후화 … 240
9.4 | 맺는 말 … 247

10. 사회국가의 통합 기능은 사라지는가? ··· *253*

10.1 | 급진적 사회국가 비판 ······ *254*
10.2 | 탈환상적 발전 ······ *256*
10.3 | 민족국가 자율성의 침식 ······ *258*
10.4 | 사회이론적 시각 ······ *261*
10.5 | 융합과 통합 ······ *265*
10.6 | 민족국가 연대의 탈연대화 또는 부흥? ······ *270*

11. 근대 경제의 조건 하에서 사회국가성 ··· *275*

11.1 | 사회국가 이론의 부재 ······ *275*
11.2 | 사회국가 이론의 출발점 ······ *277*
11.3 | 준거틀로서의 복지생산 ······ *281*
11.4 | 사회부문 ······ *284*
11.5 | 복지국가적 배열 ······ *292*
11.6 | 사회국가의 위기? ······ *296*
11.7 | 복지생산과의 관계에서 윤리, 경제 그리고 정치 ······ *299*
11.8 | 사회국가와 세계화 ······ *307*

12. 국가과제에 대한 담론 ··· *313*

12.1 | 국가이론적 문제로서 국가과제 ······ *314*
12.2 | 네 가지 담론과 사회이론적 배경 ······ *317*
12.3 | 추론 ······ *332*
12.4 | 요약 ······ *337*

서론에 가름하여

― I ―

1960년 여름, 바젤의 씨바주식회사(CIBA, 현재의 노바티스)의 인사부에 취직하여 성 갈렌(St. Gallen) 상업대학(현재 종합대학)을 떠날 당시, "... 바젤 화학회사에서 고기국 너무 많이 먹고 뚱뚱해지지 않도록 조심하게!"라는 말을 들으면서 내 박사학위 논문의 공동 심사자였던 에밀 큉(Emil Kueng) 교수와 작별하였다. 고대 그리스 도자기가 있는 우아한 사무실 건물과 화학회사의 퀘퀘한 냄새 가운데에서 나는 사회학에 대한 스스로의 입장을 정리하는 3년을 보냈다. 당시 내 업무는 중간 관리층을 위한 과정(스위스의 전투적 용어를 빌면 '간부 과정'이라 불리었다)을 조직하는 것이었다. 이는 교육 시간에 외부 학자나 내부의 최고 간부를 초청하여, 참가자의 관심과 학습 동기화정도에 따라 특정 내용에 대해 상호 대화하도록 하는 것이었다. 따라서 사회과학과 관련되는 나의 첫 직업적 관계는 '외부적 수익자'로서 였다.

1963년 5월부터 나는 헬무트 쉘스키(Helmut Shelsky)가 소장으로 재직하던 뮌스터(Muenster) 대학의 사회연구소에서 일하게 되었다. 연말이 지나 한 우편집배원이 근로소득세 정산 금액으로 세무서에서 보낸 1,039 마르크(DM)를 가져 왔는데, 이 금액은 나의 한달 순임금*에 맞먹는 거액이었다. 나는 아무런 근거 없이 정산금액이 결정되는 비공식성에 놀라 문서를 통한 근거제시를 요청하는 편지를 세무서로 보냈다. 몇 주 후 세무서로부터 해당 사항에 대한 근거를 통

---

* 역자 주: 순임금은 총임금중 조세와 사회보험료를 뺀 가처분 소득을 말한다.

보 받기 전에 그 우편집배원은 또 다른 금액을 가져왔고 다시 놀라게 되었다. 내가 계산을 검토하고 수정하라고 요구한 것이 결국 내 이익으로 돌아오게 된 것이다.

이것은 나의 첫번째 연구 주제인 '시민의 권리와 행정국가간 관계'에 대한 중요한 시발점이 되었다. 자신의 권리를 찾는 것은 분명히 시민의 행위능력에 달려 있다. 폴크스 바겐 재단의 재정지원과 당시 독일 조세공무원 협회의 회장이었던 헤르만 프레더스도르프(Hermann Fredersdorf) 및 뮌스터 지방 세무청의 지원 하에, 나는 1971년부터 1976년까지 노르트라인-베스트팔렌주 세무행정기관의 조세 납부자와 세무서의 관계에 대한 경험연구를 실시하였다(Grunow/Hegner/Kaufmann 1978a). 이 연구를 통해 조세행정기구가 조세납부자의 다양한 범주에 따라 얼마나 상이하게 대접하고 있는지, 그리고 내부적 서열이 각 대상그룹의 지위차이를 어떻게 반영하는 지가 분명하게 나타났다. 유사한 결과는 이후 공적부조행정에서 지위스펙트럼의 최하위에 있는 자치단체행정기구에서도 나타났다. 그리고 민원과 관련된 직원은 조직내부의 업무를 담당하는 직원보다 보수가 낮은 것으로 나타났다. 대중은 조직에 속하지 않고 그 환경에 속한다. 따라서 자신의 권리를 얼마나 찾는가는 담당자의 능력과 '반응성'[1] 그리고 대개 신청자로 등장하는 민원인의 활동에 달려있다. 대중이 행정기관으로부터 주목을 받게 되는 것은 민원으로 인한 어려움이 나타날 때, 특히 정치가 동원되거나 여론이 두려운 상황이다. 이런 의미에서 사회복지급여의 수혜자는 아무런 수단을 가지고 있지 못하다.

따라서 나의 사회정책에 대한 학문적 작업은 외부(이용과 관련된 시각)와 아래(대상자)로부터 시작되었다. 즉 정치적 미사여구나 당시 유행하던 민주화 논의가 아니라 실행되는 정책의 효과와 그 조건이 관심의 대상이었다. 이후 '비관료적 태도'(Kaufmann Hrsg. 1977, 1979)와 '효과분석'(Kaufmann/Herlth/Strohmeier 1980)이 연구프로젝트의 주요 주제가 되었다. 사회정책은 그 근거

---

1) 전통적으로 통치를 중시하는 독일 행정기관의 성격을 나타내듯 반응성(고객만족)과 관련된 상태를 나타내는 독일어 단어가 없다! 대신 '고객 우호성'이나 '비관료적 태도'를 이용해야 한다. 주목할 것은 이 연구를 수행한 시기 이후 독일 행정기관에서는 민원인과의 접촉 가능성을 향상시키기 위해 엄청난 노력을 기울였다는 것이다.

가 아니라 효과에 의해서 측정되어야 한다는 것이 사회정책에 대한 작업에서 나의 정치적 관심사였으며, 사회정책은 빌레펠트 대학에서의 내 교수분야 였다. 1968년 임용 당시 나는 정치적 연관*과 그 중심 이념으로 파고들어야 사회학에서 전적으로 등한시된 분야에 대하여 적절한 학문적 이해를 이끌어 낼 수 있다고 보았다.

– II –

빌레펠트에서 개최된 제18회 독일사회학 대회에서 사회정책 분야는 기회를 얻게 되었다. 이 때까지 사회정책은 독일 사회학회의 간헐적인 논의의 대상일 뿐이었다. 사회정책에 대해서는 '사회정책 협회'**가 담당하는 것으로 보았고, 가치논쟁에서의 입장차이를 발견한 막스 베버의 영향으로 독일 사회학회도 사회정책 협회와 멀어지게 되었다(von Ferber 1959 비교). 2차 대전후 경제학과 사회과학을 위한 협회 – 사회정책 협회의 공식명칭 – 는 다양한 사회과학적 입장을 버리고 점차 경제학 그리고 주로 시장경제를 지향하는 전문화된 단체로 변해 갔다. 이에 따라 사회정책은 경제학적 관심의 주변에 머물게 되었으며, 이것은 경제학에서 사회정책 교수분야가 적어지는 것으로 확인할 수 있다. 또한 노동법 및 사회법도 법학 분야에서는 인기 없는 분야였기 때문에 1960년대와 70년대 사회정책은 학문적으로 황무지였다.

1959년 제14회 독일사회학회에서 사회정책에 대한 사회학적 관심을 주장한 한스 아킹어(Hans Achinger)는 이후 처음으로 독일연구재단(DFG)이 지원하는 사회정책분야의 중점과제를 수행하였다(Achinger 1966). 이 과제 중 일부, 즉 '사회정책적 재분배에 대한 주민의 동기화와 반응' 이라는 과제는 헬무트 쉘스키가 책임을 맡게 되었다(Soziale Umverteilung 1964).[2]

---

* 역자주: 연관(Zusammenhaenge)은 복수로서 관계, 맥락 등의 의미를 갖는다. 본 책에서 역자는 Zusammenhang을 연관 또는 맥락으로 번역한다.

** 역자주: 강단사회주의로 유명한 사회정책 학회(여기서는 사회정책 협회로 번역)를 의미한다. 현재에는 주로 경제학자들이 참가하고 있다.

1969년 사회민주당이 처음 집권한 후 비로소 정치적 우선순위가 사회정책에 놓이게 되었다. 소득재분배뿐 아니라, '삶의 질'을 개선하고 '생활상황을 정치적으로 조성'하기 위한 '적극적인 사회정책'이 이제 정치적 강령이 되었다.[3] 이때부터 정부는 사회정책 연구를 지원하였고, '노동의 인간화', '친 주민적 사회 환경의 조성' 그리고 소비자보호에 대한 중점과제가 설정되었다. 따라서 1970년대 사회학내에서 사회정책적 문제에 대한 관심이 증가함에 따라, 1976년 빌레펠트의 사회학회에서 사회정책에 대한 관심이 공식적으로 등장하게 된 것이다.[4] 이로써 사회정책에 대한 사회학의 이론적 토대가 전체회의에서 논의되었고, 사회정책 연구의 사회학적 실천에 대해서는 두 개의 분과회의에서 논의되었다(Kaufmann 1978 비교).[5] 사회학회에서 발표된 자료의 질과 활기찬 반응에 따라 르네 쾨니히(Rene Koenig)는 우리에게 '사회학 및 사회심리에 대한 쾰른 회보(Koelner Zeitschrift fuer Soziologie und Sozialpsychologie)'의 특별호에 논문을 싣도록 요청하였고, 이는 몇 개의 다른 논문과 함께 주로 빌레펠트 사회학 대회에서 발표된 논문들을 보완하여 출판되었다(von Ferber/Kaufmann Hrsg. 1977). 이 특별호는 사회정책분야에 대한 사회학적 연구의 발전에 밑거름이 되었다.

---

2) 나는 이 과제를 통해 뮌스터에 있는 연구소에서의 업무를 시작하였다. 이후 쉘스키가 빌레펠트 대학의 사회학과 설립을 위한 계획에서 '사회정책'을 사회학도의 유망한 직업분야로 설정한 것은 미래 지향적인 것으로 인정되었고 이는 이 프로젝트로 인한 경험과 관계가 있다. 여하튼 나는 1968년 독일에서 처음으로 사회학과 내에서 사회정책이란 교수분야를 갖게 되었다.

3) 학문적 측면에서 사회정책에 대한 지향을 강조하는 데 대해서는 특히 게하르트 바이스(Gerhard Weisser)가 영향력을 행사하였다(Thiemeyer 1963 비교).

4) 당시 빌레펠트 대학 사회학과의 또 다른 교수인 크리스티안 폰 페르버가 일찍이 사회정책의 중요성을 깨달은 것은 운이 좋았던 것이다(von Ferber 1967). 우리는 공동으로 이 과제를 수행하였다.

5) 사회학회에 사회정책 분과를 설립하기 위한 준비모임은 100명이 넘는 참가자의 많은 관심을 받았으며, 폰 페르버와 나는 일단 분과 설립에 문제가 없음을 확인하였다. 분과 설립에 앞서 우리는 베르너 라이머(Werner Reimer) 재단에 사회정책 연구모임을 만들어 관심이 있는 사람 중 자질이 있는 참가자를 초청하였다. 이 연구모임에서 사회정책분과가 설립되었다. 정확한 설립날짜는 당사자들도 기억하지 못하며, 대략 1978년 봄으로 추측된다.

$$- \text{III} -$$

　사회정책에 대한 사회학적 작업의 이론적 기초를 마련하기 위한 논문들을 모은 본 논문집은 내 스스로가 이 문제를 다룬 작업의 종단적 기록이다. 시기적으로 가장 먼저 쓰여진 논문(Kaufmann 1977b, 2장)은 앞서 언급한 빌레펠트 사회학 대회와 관련하여 집필 되었다. 이 논문은 한편으로는 내 초기 학문적 작업에서 이론과 실천의 문제를 집중적으로 다룬 것을 요약하고,[6] 동시에 사회정책분야에서 사회학적 연구의 개념과 그 이론적 함의에 대한 중요한 진술을 담고 있다.[7] 두 가지 측면에서 나는 이 논문이 지금까지도 유용하다고 본다. 즉 이 논문은 사회학적이며, 사회학의 실천에 대한 관계에 대하여 새로운 주제를 설정하게 할 수도 있다.[8] 물론 이 논문집에 수록된 논문이 대부분 사회정책적 현실에 직접적으로 유효하지는 않은 추상적인 수준을 가지고 있다는 비판을 받을 수도 있다. 이 논문집은 사회정책 실천가를 위한 것이 아니라, 사회정책적 관계 혹은 사회국가적 관계를 사회학적으로 분석하는데 관심을 가진 사회학이나 관련 분야의 연구자나 학생들을 위한 것이다. 여기서 논의된 분석 시각은 구체적 실천영역에서 응용이 가능하며, 이를 통해 실천에 유용하게 적용될 수 있다.

---

6) 이론과 실천 문제(Kaufmann 1969 비교)에 대한 작업은 이미 간략하게 언급된 자서전적 상황에만 기인하는 것이 아니라, 당시의 독일 학생운동에 더 많이 기인한다. 빌레펠트 대학의 설립기간이 이 불안한 시기에 놓여 있었고, 사회학과 내에 '직업활동과 관련되는' 석사과정을 설립하라는 헬무트 쉘스키의 제안도 이러한 (이론과 실천간) 긴장이 있는 분야와 관계가 있었다. 나는 사회학의 '적극적 전문화'(Kaufmann 1971) 전략을 제안함으로써 이러한 기본입장에 대한 끝 없는 논란에서 벗어나고자 하였다. 새로 설립된 사회학과는 외부에서 정해진 실천적 관심이 아니라 스스로 정한 사회학적 실천 분야를 사회학도의 전망이 밝은 잠재적 직업분야로 정의하고, 연구와 강의내용을 통해 학생들에게 이 분야의 실천에 대해 비판적인 동시에 건설적으로 접근하도록 준비시키고자 하였다. '적극적 전문화'의 개념은 이후 사회학과에서도 받아들여 사회학과 교육의 기본 원칙 개발에 영향을 미쳤다. 그러나 설립 이후에는 이 원칙이 효과적으로 추진되지 못하였다; 이에 대해서는 Kaufmann/Korff Hrsg. 1995 참조.

7) 이 논문은 이미 언급된 특별호에서 어느 정도 작업의 틀을 제공하고자 하였기 때문에 상황과 관련되는 다수의 문장과 주제를 벗어나는 언급들이 있었는데, 본 논문집에서는 이러한 부분이 생략되었다. 본 논문집은 이 논문에 앞서 1장에서 사전(Lexikon)에 수록된 사회정책의 기본 개념을 서술하는데, 이는 독자들이 사회정책에 관한 사회학적 연구의 주요한 방향에 대하여 개관을 갖게 하기 위한 것이다(1장: Kaufmann 1989).

8) 이에 대한 주요한 논문은 Neuhardt 1979; Beck 1980; Beck(Hrsg.) 1982(이에 대하여는 Kaufmann 1984c); Daheim 1989 이다. 90년대에는 이 주제가 잊혀진(아니면 내가 주의를 기울이지 않은) 것으로 보인다. '직업으로서의 사회학'(Bolte u.a. 1998)에서는 특이하게 '교수' 만을 대상으로 하고 있다.

　　2장 이후의 사회정책적 개입 문제에 대한 논문들은(3장: Kaufmann 1982a; 4장: Kaufmann 1999b) 기본적인 이론적 시각을 구체화하는 것으로 이후 조정 이론적 시각으로 발전하게 된다(5장: Kaufmann 1998b; 7장: Kaufmann 1983/2001).

　　그 연관성은 다음과 같이 확인될 수 있다. 3장은 각주 5에서 언급된 베르너 라이머 재단에 의해 지원된 연구 모임인 '국가 사회정책과 비전문가적 사회체계'와 관련되어 쓰여졌다. 여기서 처음으로 국가 사회정책과 사회내의 작용 분야 간 상호의존성이 체계적으로 논의되었고, 이에 따라 사회정책에 대한 사회학의 독자적인 시각이 발전되었다.[9] 정치학에서는 주로 사회정책적 결정 과정을, 법학에서는 사회정책의 법적 기초로서 노동법 및 사회법을, 경제학에서는 이전경제학(Transfer Economics)을 중심으로 사회정책을 경제적 맥락에서 연구하는데 비해, 사회학에서는 사회정책에 대한 사회적 전제조건과 사회정책의 사회에 대한 긍정적, 혹은 부정적 영향의 시각에서 정치 발전과 사회적 발전간 상호연관성을 연구한다. 개입이론적 시각은 후자를 다루는 것이다. 3장은 이와 관련된 내 초기 입장을 반영하며, 4장(1992년 집필, 1999년 발표)은 이 시각에 대한 최종적 입장을 밝히는 것이다.[10] 6장(1986 집필, 1990 출판)은 같은 맥락에서 사회정책과 인구발전의 관계를 대상으로 하여 개입이론적 시각을 적용한 사례로 볼 수 있다.

　　이미 빌레펠트 사회학 대회의 발표(2장)에서 '조정이론적 관점'이 소개되었지만, 이는 우선 개입의 측면에서만 발전된 것이었다. 여기서 '개입'은 행위이론적 범주이다. 개입은 입법 또는 재원을 마련하는 '중앙국가' 또는 '정치'를 동일한 행위자로 보고, 행위자의 의도는 상이한 개입형태에서 드러난다고 보는데, 이는 아직 이론적으로 구조화되지 못한, 반응을 갖는 '작용분야'와 관계 있다. 나는 '노르트라인-베스트팔렌(Nordrhein-Westfalen)의 보육정책'이라는 프로젝트를 통해 마인츠(Renate Mayntz)가 책임자였던 연구 그룹인 '수행 연구'

---

9) 이 연구모임에서 독일 사회학회 내 사회정책 분과뿐 아니라 독일연구재단의 중점과제(국가, 중계 차원과 자조)가 발전되었다: Staat, intermediaere Instanzen und Selbsthilfe 1981; Kaufmann Hrsg. 1987 참조.

10) 이 이론의 중간 단계에 대해서는 Kaufmann 1987a, 1988 참조. 개입분석적 시각과 효과분석적 시각을 연결하고자 하는 시도는 경험연구에서도 이루어졌다. 특히 Kaufmann/Herlth/Strohmeier 1980 참조.

(Mayntz Hrsg. 1980; 1983 참조)에 참가하였는데, 이 프로젝트는 국가 행위에 대한 개입이론적 시각이 고도로 발전되지 못했음을 보여주었다. 사회보험 운영 기관, 기초자치단체, 복지조직과 같이 크고 역동적인 조직이 정치적 의도와 주민의 생활상황에 대한 작용의 중간에서 특정 역할을 담당하는데, 이것이 당시 개입이론의 초점이었다.

내가 1981/1982년에 빌레펠트의 학제간 연구소(ZiF)에 초청한 국제적인 학제간 연구 그룹인 '공공부문에서의 조정과 성과통제' 연구단은 내 문제제기의 지평을 넓혔다(Kaufmann/Majone/Ostrom Hrsg. 1985). 나는 국민경제적 연구의 경험, 즉 나의 박사학위 논문지도 교수였던 요어(Walter Adolf Joehr) 교수가 가르쳐준 질서이론적 사고를 참조하여, 경제에서 '계획'과 '시장' 간에 제기되는 질서이론적 질문들을 '공공부문'의 특성과 관련지었다. 이는 다시 말해 고전적 의미에서는 국가기능이나 시장경제에 속하지 않지만, 국가의 영향력과 비국가 행위자의 행위가 동시에 나타나는 부분을 국가정책의 구조화된 영향력의 범위로 보고자 한 것이다.[11] 분명히 사회정책 기관은 공공부문으로 분류할 수 있지만, 그렇다면 공공영역이 너무 커지게 되어 학술정책, 통신정책이나 도시계획 정책도 포함될 수 있다. 나의 인식관심이 사회정책영역에 집중되었기 때문에, 나는 이후 제도화된 기관의 전부를 칭하기 위해 보다 협의의 개념인 사회부문 또는 복지부문이란 용어를 사용하게 되었다. 이들 영역은 오늘날 사회정책 또는 복지국가 정책의 직접적 대상이 되었고, 이들을 통해 사회정책적 의도가 제한적인 형태로 반영되어 생활상태의 변화가 이루어지는 것이다.

'개입'과 '조정' 시각의 차이는 동시에 역사적 차이의 표현이다. 즉, 이전의 사회정책적 개입은 단편적이고 항목별로 이루어졌다. 개입은 직접적인 욕구상황에 대한 통찰에 의해 요구되었고 직접적인 정치적 행위를 유발하였다. 그러나 정치적 개입의 누적으로 인해 국가 사회정책의 조직화된 기제가 성립되고, 한편으로는 민간경제의 사회적 영역이, 다른 편으로는 자유 결사체가 점차 통제기관 또

---

11) 이에 대해서는 7장, 특히 7.4절 참조. Mayntz/Scharpf(1995)는 이와 관련하여 '국가 근접 부문'이라 칭하였다. 조정이론적 시각에서 우리의 차이는 마인츠(Renate Mayntz)와 샤프(Fritz Scharf)는 주로 정치학에서 조정문제를 다루었고, 나는 경제질서의 측면에서 시각을 발전시켰기 때문이다. 1987-2001년간 내가 자문위원으로 활동한 '사회연구를 위한 막스 플랑크 연구소'와의 인연은 이런 관계에서 굉장히 값진 것이었다.

는 보조금의 출처가 되는 사회정책적 기제로 변화되면서, 공공부문 또는 사회부문으로 불리는 고도로 조직화된 중간 영역이 형성되었다.[12] 사회정책적 논쟁에서 사회적으로 불리한 집단의 생활상황의 개선보다는 특히 사회복지예산의 유지나 삭감에 대한 관심이 증폭될 때에는 1차적 사회정책과 2차적 사회정책을 구별하는 것이 합목적적이다(5장: Kaufmann 1998b). 수혜자의 문제를 다루는 1차적 사회정책에 대해서는 개입이론적 관찰방식이 문제를 해결하는데 여전히 도움이 되지만, 체계에 영향을 미치는 2차적 사회정책은 보다 복잡한 조정이론적 시각을 요구한다. 두 시각 모두 특수한 개별 문제 또는 제도적으로 자립적인 사회정책 영역에 한정되며, 사회국가 내의 총체적 관련성을 보고자 하지는 않는다.

- Ⅳ -

보다 명확한 대상영역의 구분을 위해 나는 일찍부터 사회정책의 역사에 대해 연구하였다. 사회정책은 항상 3가지를 의미하는데, (1) 국가 정책의 도입이나 수정을 위한 투쟁, 즉 입법차원 (Social Politics), (2) 국가 정책의 집행 (때로는 비국가 기관의 도움을 통하여 이루어지는 경우가 있음, Social Policies) 그리고 (3) 사회 혹은 정치 문제의 정의를 위한 지식층의 논의 또는 기존 사회정책 현실에 대한 비판으로서 사회과학(이는 사회정책 성립 당시부터 주도적인 역할을 하였다, Socio-political Ideas, Social Sciences) 등이다. 한 국가의 사회정책은 이념의 발전, 정치적 투쟁, 행정 집행간 상호작용에 의해서만 적절하게 이해될 수 있다. 그러나 역사적인 관찰을 통해 사회정책적 개입이 강화, 누적될수록 사회정책뿐 아니라 국가의 성격도 점차 변함을 알 수 있다.

2차 대전이 이러한 하나의 고비가 되었다. 이 당시 대서양의 동서 양측에는 정책의 문제해결능력에 대한 믿음이 존재하였다. 먼저 루즈벨트와 처칠에 의해

---

12) 특히 이러한 발전은 - 지역의 병원과 병원에서 일하는 의사 또는 치료 능력이 보다 적은 개업의 대신 - 고도로 조합주의화 된 협상체계가 성립된 보건부문에서 확인할 수 있다. 질병조합과 보건부문의 다양한 생산자 조직에서 '국가권력의 그늘 아래' 그리고 전문가집단의 날개 아래에서 이루어지는 협상을 참조하래(Doehler/Manow-Borgwardt 1992a, 1995; Kaufmann 1999a 참조).

마련된 전후 개선된 질서에 대한 개관으로서, 대서양 헌장(1941)은 모든 국민에 대해 '공포와 궁핍으로부터의 자유'를 선언하였다. 유엔의 일반 인권선언에서도 처음으로 '경제, 사회 및 문화적 권리' 개념이 형성되어, 공식적으로 인정되었다. 이 선언들로 인해 전후 복지국가 발전의 정당성이 확보되었다. 전후 지속된 수십 년간의 경제성장 기간 동안에는 그 때까지 알려지지 않은 완전고용이 있었고, 대부분의 국가에 분배문제를 해결하기 위한 활동공간이 주어졌다. 이로 인해 다양한 사회복지 급여가 확대되었고, 당시의 냉전분위기에서는 사회주의와의 경쟁 때문에 이에 대한 별다른 저항도 없었다. 그러나 브레튼 우즈 통화체계의 붕괴와 1차 유류파동(1973/74)으로 인하여 '지속적 번영이라는 짧은 환상'(Lutz 1984)이 끝나게 되었다. 실업률이 상승하고 분배에 대한 투쟁이 격화되었고, 지금도 계속되고 있다. 1980년대 국제 금융시장의 탈규제와 일반적으로 증가된 국가간 연계로 인해 국가가 갖는 사회정책 및 고용정책에 대한 자율적 행위가능성이 약화되었다. 이러한 과정에 의해 개별 사회정책을 점증적으로 최적화 시키는 것으로는 불충분하며, 보다 포괄적인 '사회전체적'(전체 사회를 조망하는) 관찰방식이 필요하다는 것이 명확하게 되었다(Kaufmann 2001a: 92ff 참조).

사회정책의 사회 전체적 기능은 맑스주의 국가이론에서 먼저 다루어졌다. 맑스주의 사회과학이 전후 자본주의의 최고점, 즉 그 해석적 결실이 가장 적을 때에 꽃을 피운 것은 역사의 아이러니다. 세계화와 동구권의 붕괴로 점차 자본주의의 어두운 면이 다시 분명해졌지만, 지나치게 전체주의적인 맑스주의 분석으로는 새로운 해석학적 효용을 가질 수가 없었다. 그러나 맑스에 의해 제기된, 하나의 경제질서 일뿐인 자본주의의 총체성에 대한 질문은 아직도 유효하다. 이로 인해 이제는 점차 복지국가 또는 사회국가라는 포괄적인 개념으로 표현되는 사회정책의 사회적 성격에 대한 질문이 가능하다. 사회국가는 얼마나 효과적으로 자본주의의 무절제를 제한하고, 사회경제적 동력에 대한 보호 역할을 수행 할 수 있는가? 국가 정책이 세계화로 인한 승자와 패자간 조정을 할 수 있는가? 또는 반대로 이미 완성된 사회국가성으로 인해 투자대상국 간의 국제경쟁에서 불이익을 받게 되고, 이로 인해 사회국가가 '잘못된 길'로 판명되는 것은 아닌가? (Habermas 1994). 사회정책이 사회전체의 통합기능을 얼마나 지속할 수 있는가?

$$- \text{V} -$$

이러한 배경 하에서 나는 1980년대 후반부터 사회국가의 필요성을 설명하고 동시에 현실에 대한 비판을 수용할 수 있는 일관된 사회국가 이론에 대한 작업에 매달리게 되었다. 즉 신자유주의와 사회민주주의의 이데올로기 논쟁과 관계없이 개혁 필요성의 본질과 시급함을 보다 명확하게 구분해 내는 사회국가 이론을 추구하였다. 새로이 등장한 다른 주제 때문에 미루어진 이 작업은 원래 예상했던 것 보다 훨씬 어려웠다.[13] 초고는 1994년 아이히스탯(Eichstaett) 카톨릭 대학의 오토 폰 프라이징(Otto-von-Freising) 강의에서 완성되었으며(Kaufmann 1996), 이후 보다 잘 정리되고 독일의 현실에 맞게 수정된 원고가 완성되었다 (Kaufmann 1997). 이 책의 2부에 다시 게재된 원고는 이 영역에서 세분화와 명확화를 위해 노력한 결과를 보여준다.

6장과 7장은 이와 관련하여 연결고리를 형성한다. 6장(Kaufmann 1990a, 1986 집필)은 복지국가 발전과 인구발전의 관계를 설명한다. 수많은 사회복지 제도는 중첩되어 '아동(후세대)이 없는 것을 보상하는 제도'(Oswald von Nell-Breuning)로 귀결되었으며, 동시에 대다수 인구를 대상으로 하는 생활환경 개선 노력의 결과로 사망률(특히 고연령층!)의 저하현상이 지금까지도 계속되고 있다. 이러한 두 가지 상이한 발전으로 인해 앞으로 수십 년간 사회정책적 재분배 체제에 과부하가 발생될 것으로 예상되는데, 특히 연금보험과 공무원연금, 의료보험 분야가 그러하다. 오늘날 사회전체에서 논의되는 이 문제에 대하여 이 논문이 독창성을 갖는 것은, 인구 발전을 복지국가발전에 대한 외부적 변수가 아니라 내부적 변수로 해석했기 때문이다. 이 논문은 한편으로는 효과분석적으로 다루어졌고, 다른 편으로는 사회정책 발전의 전체 사회적 측면이 강조되었다. 이미 언급된 7장의 1절에서는 이후 다른 논문에서 더욱 자세히 다루어지는 사회국가 또는 복지국가의 개념에 대한 첫번째 구상을 담고 있다. 또한 이 논문집을 위해 나중에 보완된 조정이론의 개념화는 주로 개별 사회정책에 대한 시각을 다룬 앞

---

13) 나는 1991-1994년 사이에 연방정부의 가족정책 자문위원으로서 5차 가족보고서의 집필에 참가하였다.

부분(7.2)과, 주로 전체로서의 복지국가적 배열(Arrangements)*에 대한 시각을 다룬 뒷 부분(7.3)을 하나의 이론적 시각에서 중재(통합)하고자 한 것이다.

7장(조정문제), 8장(복지문제)과 10장(통합문제)은 복지국가 이론의 특정 분석 차원을 보여준다. 8장(Kaufmann 1994)은 복지생산에 대한 다차원적 이론의 기본적 특징을 발전시켰는데, 제한적이지만 불가피한 국가 제도의 의미가 분명하게 강조되었다. 10장(Kaufmann 1997a)은 복지국가 이론에 대해 제공하는 해석학적 가치의 측면에서 사회학의 사회이론을 다루었다. 9장(Kaufmann 1998b)은 기본적으로 '사회국가의 도전'(Kaufmann 1997)의 내용을 스위스의 사례를 특별히 고려하여 요약한 것이다. 11장(Kaufmann 1999)은 사회국가와 관련되는 분석적 이론을 발전시키고자 시도한 것으로, 이전 장들에서 등장한 많은 논리가 재정리되었고 보다 체계적으로 상호 연관 지어졌다.[14] 이런 의미에서 이 장은 하나의 요약으로 읽혀질 수 있다. 그럼에도 불구하고 이전 장에서 서술된 모든 것이 순조롭게 연결된 것은 아니다. 특히 개입이론적 시각과 조정이론적 시각은 간략하게만 언급되었다. 파편처럼 다루어진 총체적 시각이 여기서도 아직 응집력 있는 질서를 갖추지 못한 것이다.

12장(Kaufmann 1994b, 1990년 집필)은 이러한 부족에 대한 이유를 보여준다. 정치적 사회국가 담론은 복지국가의 팽창시기에 따라서 사회정책에 고정되었지만, 복지문제는 다른 차원 - 자연자원의 보호, 위기에 대한 사전대처, 세대 간 균형, 세계화로 인한 국가기능 전체에 대한 재정균형 등 - 으로 전환되었고, 이 경향은 유럽 통합으로 인해 더욱 강화될 것으로 보인다. 최근의 역사를 통해 볼 때 국가과제는 변화되고 국가 개념 자체도 마찬가지로 변화함에 따라 점차 사회국가를 이론적 정의의 대상으로 삼는 것이 타당한가에 대한 의문도 제기되고 있다. '조정국가'의 시각도 7장에서 서술한 것처럼 조정이론적 문제제기에 따라 성립되었다. 전통적으로 사회정책이 시행되는 문제영역을 분석적으로 다루고자 한다면, 사회적인 복지생산의 문제를 사회권 융합(Inklusion)의 시각과 연결시

---

* 역자 주: 여기서 '복지국가적 배열(또는 구성)'은 wohlfahrtsstaatliche Arrangements (Arrangements of welfare state)를 번역한 것이다. 이 개념은 개별 제도보다는 복지국가 체제라 명해지는 노동, 사회, 행정 등 제도의 총체적 특성을 의미한다.

14) 추가적으로 나는 개별 논문간 관련성을 내용색인에서 명확화하고자 하였다.

켜 시발점으로 삼고, 다양한 상황에서도 그 보장이 정치적으로 가능한가를 묻는 것이 더욱 합목적적일 수 있다. 이에 대해서는 8장과 11장에서 다루어진다.

사회정책과 사회국가성의 현상에 대하여 상호 관련이 있지만, 상이한 시각을 가진 논문들을 모은 이 책을 통해 나는 독자들이 사회학적 관찰방식의 유용성을 받아들일 수 있기를 바란다. 이 책의 상이한 시각들은 사회적 및 정치적으로 사용되어왔던 관습적 용어들의 개념, 예를 들면 사회정책, 개입, 조정, 복지, 개인화, 통합, 세계화, 사회국가 등을 받아들인다. 이론을 도출하여 관련되는 실태를 관찰하면서 비판하고 이러한 용어의 함축적 의미를 발전시키고 상호 관련 짓는 것이 바로 사회학의 과제이기 때문이다. 이 노력이 성공적이라면 실천적 이유이건 학문적인 이유이건 간에 독자들은 사회적 및 정치적 연관에 대해 더 넓고 깊은 시각을 얻게 될 것이다.

– Ⅵ –

결국 여기 선택된 논문들은 일반적인 문제 의식과 관련된 사고의 발전을 보여준다. 이는 인용된 도서에서도 나타난다. 나는 이 논문들을 통해 젊은 독자들에게 저자의 발전뿐 아니라 사회정책에 대한 사회학적 논의의 변화를 보여주기를 원한다. 다양한 배경에서 쓰여졌기 때문에 중요한 논리들이 내용적으로 중복되기도 하는데, 여기서 제안된 이론적 시각들을 명확화하고 심화시키기 위해서는 이러한 중복이 오히려 도움이 될 수 있다.

저자와 전문가간의 논의에서 있었던 상호작용을 그대로 문서화한다는 의도에서 논문들을 내용적으로는 수정하지 않았다. 논문들의 완성시기가 25년에 걸쳐있고 개별 논문은 특수한 배경이나 다양한 요구 하에서 집필 되었기 때문에, 전혀 수정되지 않았다면 독자들이 이해하는데 어려움이 있을 것이다. 그 외에 내 스스로 비판적으로 통독하면서 발견한, 논리의 명확성을 해치는 문장들에는 때로 보완적인 각주를 첨가하였다. 논문들의 내용적 통합성과 시의성 간의 갈등은 나중에 첨가된 각주를 통해 내용을 보완함으로써 해결하고자 하였다. 논문들 자체는 가능한 한 그대로 두고자 하여 배경에 대한 내용 중 일부가 요약된 경우가 있을 뿐이며, 문체를 수정하거나 제목이나 인용방식만 통일적으로 수정하였다. 보다 큰 폭의 수정은 개별 논문의 첫머리에 배경 및 출처를 표기하면서 명시하였다.

이 책은 관심을 갖는 여러 명의 동료, 특히 라이프리드(Stephan Leibfried), 라이저링(Lutz Leisering), 올크(Thomas Olk)의 격려에 의해 완성되었으며, 이들에게 감사를 표한다. 또한 논문들을 이 책에 다시 게재하도록 허락해 준 출판사들에게 감사를 표한다. 마지막으로 이 책이 출판되도록 배려해준 레스케 부더리히(Leske + Buderich) 출판사에도 감사를 표한다.

2002년 1월 빌레펠트에서
프란츠-자버 카우프만(Franz-Xaver Kaufmann)

A. 사 / 회 / 정 / 책

1. 사회정책: 사회학적 시각들 ... 27

2. 사회정책적 인식관심과 사회학: 사회과학의 실천성을 위한 기여 ... 35

3. 사회정책 개입에 대한 사회학 이론의 요소 ... 75

4. 사회적 개입의 개념과 형태 ... 113

5. 과정으로서 사회국가: 2차적 사회정책을 위하여 ... 137

6. 사회정책과 인구과정 ... 153

제1장

사회정책 : 사회학적 시각들*

1.1 | 개념

    a. **학술적 개념** : 독일 국가학 및 사회과학에서 사회정책(Sozial-Politik)이라는 용어는 1848년 민주화 사건의 이전단계에서 등장하였다.* 헤겔이 도입한 국가와 사회의 구분 하에서 사회정책은 일반적으로 사회문제의 해결을 위한 시장사회적 민간 부문과 법치국가적 공공부문 간의 중재(Vermittlung)를 의미했다. 1848년 당시 사회문제는 아직 빈민(Pauperismus)의 문제로 정의되었지만, 그 이후에는 '노동자 문제'로 그 의미가 변화되었다. 이에 따라 사회정책은 1880년대 이후 산업노동자의 특수한 궁핍을 제거하는 모든 노력을 의미하게 되었다. 사회정책협회 내 강단 사회주의자들의 주장과 노동자 비스마르크의 사회입법에 의해 이 개념은 국가정책적 색채를 띠게 되었지만 직업신분, 자치단체, 기업 등의 수식어와 연결되어 계속 사용되었다.

---

*저자 주 : Staatslexikon: Recht – Wirtschaft – Gesellschaft, hrsg. v.d. Goerres-Gesellschaft. 7.Aufl., Verlag Herder, Freiburg i. Br., Bd. 5, 1989, Sp 46–50에서 전제. 편집상 수정.
*역자 주 : 1848년 부르주아와 일련의 지식인의 민주화 운동을 의미한다.

사무직 근로자들에 대해서도 사회보험이 적용되고 바이마르 시대에 복지국가 활동이 확대되면서, 이 개념은 점차 노동자 문제로부터 벗어나서 다양화되었다. 국민경제학에서 출발한 새로운 개념 정리 시도에 의해 분배문제가 개념의 중심에 놓이게 되면서, 사회정책은 이제 재분배정책으로 이해되었다. 이에 따라, 하나의 전공분야로서 사회정책에 대한 학문적 대표성의 중심은 2차 대전 후 경제학으로 넘어가게 되었다. 이렇게 사회정책을 경제학으로 '축소'하는 것에 맞서 1970년부터 사회법, 사회사, 사회학, 정치학 분야에서 사회정책에 대한 연구와 강의가 새로이 발전되었다. 여기서 사회정책 개념은 확대되고 각 학문분야에 따라 세분화되었으며 특정 문제와 연관되는 학제간의 분석이 강화되었다.[15]

외국에서 독립적인 강의 및 연구분야로 사회정책이 성립된 곳은 영국이며, 이 곳에서 '사회행정'이라는 명칭으로 발전되었다. 사회정책 개념은 2차 대전 후 국제적인 용어로 통용되기 시작하였으며, 복지국가의 정책과 유사하게 사용되고 있다.

b. **제도적 개념** : 1880년부터 1900년 사이의 독일제국 시기에 도입된 근로자 보호와 사회보험은 국가 사회정책의 고전적인 양대 분야였다. 노동법과 사회법의 내용은 지금까지 실천적인 측면에서 독일 사회정책 개념의 핵심을 이루고 있다. 독일 노동 및 사회질서부의 업무가 꾸준히 사회정책 개념의 중심에 위치하며 학술적으로는 가족, 청소년, 여성 및 노인부와 보건부 그리고 주정부의 사회부 업무영역도 이 개념에 포함된다. 개별적으로는 단체협약법, 근로자 보호, 사업장 공동결정, 고용촉진 및 취업알선, 사회보험, 사회부조, 보건부문, 특수한 집단(예를 들면, 여성, 노인, 가족, 청소년)의 생활상황의 개선을 위한 정책 등의 분야를 사회정책에 포함시킬 수 있다. 이 밖에도 교육정책, 재산형성정책, 주택정책 및 고용정책도 사회정책과 관련이 있다.

국제적으로 사회정책은 흔히 사회보장과 동일하게 해석된다. 이 잘못된 해석은 한편으로는 이 분야가 공공지출 면에서 비중이 컸기 때문이며, 다른 한편으로는 사회보장 담당기관이 유일하게 효과적으로 국제적인 연합단체를 구성하였기

---

15) 독일어권에서의 '사회정책' 개념 발전에 대한 상세한 설명은 Kaufmann 2001a 참조.

때문이다.

국제 사회정책의 기초는 특정 사회권과 이에 따른 각국 정부의 의무를 규정한 국제협약으로, 예를 들면 국제연합의 사회권 협약, 유럽위원회의 사회헌장, 국제노동기구의 협약 등이 있다.

1.2 | 사회학의 대상으로서 사회정책

사회정책이라는 명칭에 의해 함축적으로 요약되는 다양한 급여는, 역사적으로 볼 때, 대부분의 국가에서 처음부터 국가의 업무로서 형성된 것이 아니었다. 교회의 카리타스(구제), 지방자치단체의 빈민구호, 수공업 조합과 노조의 자조, 기업 내 사회정책, 도시의 사회보건, 교회와 영주의 교육에 대한 노력, 기업과 지방자치단체의 주택건설 그리고 공익적, 동업 조합적, 기타 다른 조직적 연합에 의한 당사자의 노력은, 중세부터 지금까지 사회문제의 해결을 위해 광범위하게 시도된 노력들이었다. 이후, 국가는 서서히 이러한 노력을 지원, 확대하고, 이 업무를 법률적으로 구조화하고 급여를 강제화 하게 되었다. 이 경우에도 급여제공 시설을 국유화하지 않고 단지 보조금을 지급하거나 법적으로 규제하는 경우가 대부분이었다.

따라서 국가 사회정책은 두 가지 의미에서의 개입이다. 사회정책은 한편으로는 병리적인 사회관계에 대해 개입하여 개인적인 손실 또는 사회 문제를 예방하거나 제거하거나 보상하고자 하며, 다른 한편으로는 국가가 가진 수단을 통해 개입이 이루어짐으로써 비국가적인(예를 들면 가족적이거나 집합적인) 문제해결 형태의 조건을 변화시키게 된다. 그리고 국가개입이 다양하거나 그 효과가 광범위할수록 국가 정책간에 상호작용이 일어나기 쉬운데, 이때 상호간에 보완작용을 하거나 혹은 효과가 저해되기도 한다는 점을 염두에 두어야 한다.

비록 19세기 초반에는 미약하게 출발하였지만 국가 사회정책은 최근 수십 년 간의 기대한 복지국가적 입법과 국제협약에 따라 점차 광범위하고 집중적으로 이루어지는 사회 관계에 대한 국가개입의 과정이며, 그 과정에서 수시로 발생한 저항에도 불구하고 상당한 연속성을 보이며, 초기 출발 당시에는 국가간 차이가 있었지만 점차 국제적인 수렴이 이루어지고 있다. 이처럼 다양하고 여러 분석차원에서 동시에 이루어진 역사적 사건들을 적절하게 개념화하고, 이를 통해 합리적인 현실파악에 대한 가능성을 여는 것이 사회학과 이 영역과 관계가 깊은 정치학의 과제이다. 이 때 사회정책은 네 가지 의미에서 사회과학적 분석의 대상이 된다:

a. **사회정책 제도의 도입을 위한 정치적 투쟁으로서의 사회정책(Social Politics)** : 여기서는 이념, 구조, 이해관계가 사회문제와 사회정책적 문제의 정의와 해결에 어떤 영향을 미쳤는가라는 측면에서 정치 행위자의 투쟁에 관심을 갖는다. 우선적인 학문적 관심은 보다 큰 사회 개혁적 의도의 비중과 정도가 입법과정에서 어떻게 나타나는지에 있다. 사회과학은 사회적 문제상황을 주제로 삼고 분석하며, 사회정책 제도의 효과와 무효과를 예측함으로써 정치적 의도의 실현 과정에 영향을 미치고자 한다.

b. **사회문제해결을 위한 제도적 절차로서의 사회정책(Social Policy)** : 일단 도입된 정책분야의 범위 내에서 사회복지 급여에 대한 계획, 조직 및 중개의 다양한 과정이 나타나게 된다. 이러한 사회정책적 개입의 현상과 이 과정에 참여한 사람들에 대한 영향이 집행연구와 평가연구의 대상이 된다. 사회정책 실천에 대하여 사회학은 본질적으로 사회정책이 영향을 미치는 방식과 효과의 조건을 탐구함으로써 기여한다. 이 밖에도 정치 및 사회 구조, 지배적인 사회 이념과 상황에 대한 정의, 행위자의 구성과 수혜자의 특성 그리고 사회정책적 개입 형태 간의 관계를 밝혀냄으로써 사회정책적 문제와 작용분야에 대한 복잡한 현실의 재구조화가 가능하다.

c. **사회문제 해결에서 규범적–인지적 체계로서의 사회정책** : 모든 사회정책적 행위의 개념은 (1) 바람직한 사회 상태에 대한 비교적 지속적인 이념, (2) 현재 상태에 대한 진단과 (3) 문제라고 판단되는 상태가 어떻게 변화될

수 있는가에 대한 예상에 근거한다. 정치적인 사고모델에서 이 세 요소는 (1) 목적, (2) 상황 그리고 (3) 조치 등으로 표현되는데, 사회정책적 문제에 대한 이러한 단순한 행위이론적 이해는 사회정책적 개입이 다양해지고 상호작용이 많을수록 적절하지 못하게 된다. 사회학은 다양한 사회 이념과 사회진단 그리고 이와 관련된 정치적 개념들을 체계화하고, 이것들을 담당 행정기관의 사회적 위치나 이해관계와 관련시킬 수 있다. 사회학은 이 외에도 체계이론 또는 상호작용이론의 개념을 이용하여 사회정책적 개입의 복합적 모델을 설정할 수 있다.

d. **복지국가발전의 축적된 과정으로서의 사회정책** : 사회정책제도의 확장과 이와 병행된 사회적 불평등 및 사회적 불안의 해소 그리고 인간능력의 개발 등에 근거하여 2차 대전 이후 발전된 산업사회에는 비교적 높은 수준의 사회 평화와 정치적 안정이 달성되었다고 보여진다. 그러나 외부요인의 발전(경제성장의 약화, 인구의 노령화, 사회 문제 범위의 변화)과 내부요인의 발전(과도한 법제화, 관료화, 경제화와 전문화의 결과로 인한 문제)으로 인하여 복지국가적 배열(Arrangements)에 의한 효과성이 저하되고 있다는 징후들이 나타나고 있다. 사회이론적으로 철저히 구축된 복지국가이론을 통해 사회학은 이와 관련된 거시사회적 연관성을 이해 시키고자 한다.

1.3 | 연구전망

이전의 사회정책론(예를 들면, Zwiedineck-Suedenhorst 1911, Preller 1962)과 달리 오늘날에는 가치지향이나 규범적 목적이 사회정책 연구의 문제설정을 더 이상 직접적으로 결정하지는 않는다. 사회적 가치이념(예를 들면, 평등, 복지 또는 사회보장) 또는 정치적 목적(예를 들면 정치적 불만의 해소, 국민 보건 또는 주민의 교육수준의 향상)은 사회정책적 문제와 과정의 구성요소로 간주되

며, 이것들이 사회과학 연구의 대상이 된다. 사회정책 현실은 여러가지(인도주의
적, 권력정치적, 경제적, 관료적, 전문가적) 동기와 목적의 결과로 이해되며, 사
회정책의 효과는 기본적으로 정치적 행위자의 의도와는 별개로 연구된다. 그럼
에도 불구하고 문제제기 시에는 연구자의 가치 판단이 포함된 대상에 대한 사전
이해가 상당한 역할을 할 수 있다.

이제 예시적으로 현재 독일에서 수행되는 네 가지 연구방향을 살펴보자.

a. **삶의 질과 사회정책제도에의 의존성** : 여기서는 우선적으로 사회정책의
목적변수를 조작화 한다. 삶의 질을 표현하는 것으로서 사회지표는 인구의
복지관계 및 생활상황을 공간, 사회적 소속, 시간적 흐름에 따라 세분화하
여 측정하고 서술한다(Glatzer/Zapf 1984; Wiegand/Zapf 1982). 이는
사회정책 제도에 따른 삶의 질의 변화를 연구하기 위한 전제조건이 된다;
이를 위해 오늘날에는 점차 모델 형성을 위한 복잡한 방식과 시뮬레이션이
사용되고 있다.

b. **사회정책적 개입의 형태와 효과방식** : 정치적 행위자의 의도와 사회정
책적 제도의 실질적 효과는 보통 부분적으로만 일치한다. 이는 한편으로는
제도의 형태에, 다른 한편으로는 효과가 '굴절될' 수 있는 사회적 및 개인
적 상황에 기인한다. 따라서 광범위하고 다양한 연구들은 개별 사회정책
제도의 효과 방식에 초점을 맞춘다. 그 결과를 체계화하고, 일반화하는 범
주에서 해석하는 것이 사회정책 개입에 대한 사회학 이론의 목적이다
(Kaufmann 1982a; 1988).

c. **사회정책의 역사** : 개별 사회정책입법의 완성과 이에 따른 '전환'에 대한
연구에 병행하여, 점차 개별 시기나 정치적 방향 등 개별국가에 대해 종합
적인 서술이 이루어지고 있다. 이는 국제 비교를 위한 전제조건을 제공하
며, 이를 통해 복지국가 발전에 대한 심도 있는 이해가 가능하게 된다
(Flora/ Heidenheimer Hrsg. 1981; Flora Hrsg. 1986ff). 이 외에도 사
회사적 발전과 정치 제도간의 복잡한 관계를 밝히고자 하는 연구들이 진행

되고 있다(Tennstedt 1981; Sachße/Tennstedt Hrsg. 1986).

d. **복지국가 이론** : 사회정책은 근대화하는 사회가 계급투쟁의 제도화와 이를 통한 규제, 생활상의 주요위험에 대한 집합적 사전 예방 그리고 인간능력의 유지와 발전을 위한 많은 제도(건강, 교육, 직업훈련, 행위능력 제고)들을 통해 스스로 안정화하는 하나의 방식이다. 서유럽과 일부 영국 연방 국가에서 발전된 복지국가적 사회(화) 형태의 본질적 특성은 의회민주주의, 사적 자본주의의 경제형태 및 중앙국가에 의해 규제되는 확대된 사회부문의 결합이다. 사회부문에는 사회보장, 교육, 건강, 사회복지부문의 시설이 포함된다.

이러한 구조적 연관에 내재하는 동력으로 인하여 복지국가적 사회(화) 형태의 미래에 관한 상이한 전망이 등장하게 된다. 이론적 분석에서는 맑스주의에 따른 위기진단과 복지국가의 관계에 대한 조정이론적 분석 및 질서정책적 분석이 경쟁하고 있다.* 양 진영 모두에서 인정하는 사회적 관계뿐 아니라 간단히 '국가'라 칭해지는 것의 복잡성에 따라 전체 인구에 대한 총체적 사회정책(Gesellschaftspolitik)의 모든 프로그램은 환상처럼 보여진다.* 사회정책(Sozialpolitik)의 이해에 대한 사회과학의 기여는 역사적으로 발전된 사회정책적 실천의 복잡성을 점차 개념화 하는 것에도 있는 것이다.

---

* 역자 주 : 조정정책적 이론은 국가가 사회의 한 부분체계로서 다른 부분체계를 조정한다는 시각의 이론이고(정치학적 입장), 질서정책적 이론은 시장과 공공부문간의 관계에서 국가를 보는 시각의 이론이다(경제학 내지 법학적 입장). 7장에서 조정정책적 시각이 잘 나타나 있다.

* 역자 주 : 여기서의 총체적 사회정책(Gesellschaftspolitik)은 사회정책(Sozialpolitik)과 그 의미가 다르다. 총체적 사회정책(Gesellschaftspolitik)은 전체 사회에 대한 정책이라는 의미를, 사회정책(Sozialpolitik)은 계급 또는 계층의 갈등과 관련된 규범적인 지향을 갖고 있다.

제 2 장

사회정책적 인식관심과 사회학 : 사회과학의 실천성을 위한 기여*

사회정책이라는 용어를 어떻게 해석하는가는 일단 논외로 하고, 사회정책적 인식관심이란 '사회정책'의 '개선'과 '합리화'를 지향하는 학문적 관심을 의미한다. 사회학적 사회정책 연구에서 사회정책적 인식관심은 사회정책적 실천을 특정 이론적 관점과 관련되는 사례로서 다루지 않을 때 나타난다. 즉 다른 이론과의 관계에서 사회정책을 다룰 경우 사회정책적 실천은 자립적인 관심의 대상이 아니며, 단지 학문내부적(이론적) 인식관심의 충족을 위한 대상이 되기 때문이다. 이러한 연구들은 본 논문의 핵심적 대상이 아니다. 사회정책적 문제, 그 문제 자체를 위해 다루는 사람은 이런 특수한 지식의 생산을 통해 연구대상이 되는 현실의 잠재적 개선 또는 적어도 현실에 미칠 영향을 염두에 두는 것이다.

개인적 연구동기를 어떻게 판단하든지 간에 직업으로서의 사회학은 응용 사회과학 연구가 어떻게 제도화되고 정당화되는가 그리고 사회학의 전문지식이 이 때 어떤 역할을 하는가에 대하여 관심을 두지 않을 수 없다. 나는 이 문제를 좀더 철저하게 다루고자 하는데, 이는 내 스스로 사회정책 전체분야가 사회학이라는

---

* 저자 주 : 원래의 논문은 18회 사회학 대회(빌레펠트)에서 발표됨. Soziologie und Sozialpolitik, hrsg. von Christian von Ferber und Franz-Xaver Kaufmann, Sonderheft 19 der Koelner Zeitschrift fuer Soziologie und Sozialpsychologie, Westdeutscher Verlag Opladen, 1977, S.35-75에 수록됨. 본문은 축약되고 수정됨.

학문의 응용분야 중 가장 미래가 밝다고 생각하기 때문이다.

　　나는 우선 사회정책적 인심관심이 점차 사회학에 의존하게 하는 변화된 ‘상황’에 대해 간략하게 언급하고자 한다. 이렇게 나타난 사회학에 대한 기대는 아직 모호하다. 이 상황에서 사회학은 이러한 기대를 특수한 방식으로 충족시킬 학문적 이유가 있는지 또는 지금까지의 지배적인 태도, 즉 응용에 무관심한 학문활동이라는 것이 사회학의 일반적인 행위공리로 계속 유지될 수 있는가에 대해 스스로 질문해 보아야 한다. 나 자신도 사회정책적 인식관심을 특별히 고려하는 것은 사회과학적 지식의 응용조건이 개선된다는 것을 확신할 때 비로소 옹호될 수 있다고 생각한다. 이를 위해 이러한 응용조건이 먼저 성찰 되어야 한다. 다음 절에서는 사회정책적으로 발생한 사회학적 지식에 대한 수요가 형성되는 맥락과 사회학적으로 분석된 응용의 맥락을 고려하여 조직과 효과의 측면에서 사회정책적 문제를 재구성하는 것이 특별히 전망이 밝다는 점을 서술하고자 한다. 마지막 절에서는 사회정책 연구의 조직사회학적 효과분석 이론이 주는 함의를 서술하고자 한다.

2.1 ｜ 사회학에 대한 사회정책적 관심의 조건

　　사회학자의 사회정책에 대한 관심은 사회학 이론의 발달과는 거의 관계가 없다. 단지 네오맑시스트의 정치경제학적 논의의 진전에 따라 국가기능에 대한 사회이론적 분석이 이루어졌고, 이와 관련하여 사회정책이 본질적으로 자본주의 사회 내 체계통합과 사회통합, 특히 노동력의 재생산 조건을 보장하거나 ‘임노동관계의 유지’를 위해 존재한다는 명제가 어느 정도 일관성을 가지고 주장되었다 (Bergmann u.a. 1969; Mueller/Neusueß 1970; Offe 1972a; Lehnhardt/Offe 1977). 잠재적인 사회정책의 기능이 발견되었음에도 불구하고 (비스마르크는 이미 의식했지만!) 사회정책에 대한 자립적인 관심이 생성되지는 않았다. 페르버(Ferber 1977)가 이미 밝혔듯이 당시까지의 사회학적 이론구성에서는 사회정책을 학문적으로 접근하는데 있어서 도움이 될만한 지향점이 없었다. 따라서 현재 사회학이 사회정책에 대해 갖는 관심은 학문 내부적 요인이 아니라 외부적인 요인에 의해 설명될 수 있다. 실제로 우리는 사회정책적 문제에 대한 이해가 정치적으로 영향을 미치는 여론에서 뿐 아니라 60년대 이후 사회정책 제도의 실질적 발전에서도 상당히 변화하였음을 확인할 수 있다.

한편으로 사회정책분야는 국내정치 전체에서 그 의미가 확장되었는데, '총체적 사회정책 (Gesellschaftspolitik)'이라는 경쟁적 용어는 정치적인 형성권(形成權)과 고려되는 제도의 종류가 '고전적인' 사회(보험)정책(Sozialpolitik)을 분명히 넘어서는 것을 보여준다. 2차 대전 후 독일 재건 당시에 사회정책의 주요 분야로 보여졌던 개인의 소득보장이나 소득재분배 문제 대신 사회적 생활관계의 정치적 형성 문제가 사회정책적 관심의 중심에 놓이게 되었다. '삶의 질'이라는 공식은 이러한 생각의 변화를 – 단순히 경제적 수치에 집착하는 소득보장정책으로부터 사회적 생활관계에 대한 정치적 형성, 즉 생활상황의 결핍된 질에 대하여 계획되고 의도적으로 영향을 미치는 것으로의 – 거의 모두에게 수용 가능한 개념으로 표현한 것이다. 재정적인 측면에서 이러한 '사회정책적 환경'의 변화는 소득보장급여에 비해 상대적으로 서비스급여가 증가함으로 나타났다. 입법 측면에서는 새로운 보호 및 참여 규정이 만들어졌고, 공적으로 제공되거나 공공재원이 투입되는 서비스, 예를 들면 직업 전환훈련, 재활 또는 상담에 대한 권리가 부여되었다(Badura/Gross 1976). 동시에 중앙의 사회정책과의 관계에서 지역적 사회정책의 의미가 증가되었다. 이를 위해 사회적 생활관계의 다양성에 따라 분산된 영향력의 행사가 요구되었으며, 획일적인 규제에 의한 영향력 행사는 제한적으로만 가능하였다(Kaufmann/Schneider 1975). '사회계획'이라는 표어 아래 기초자치단체가 이끄는 지역의 기본적 인프라의 형성과 사회복지 서비스의 확장을 요구하는 사회정책 운동이 형성되었다(Kuehn 1975; Herlyn u.a. 1976). 이러한 발전으로 야기된 사회정책에 대한 사회학의 의미의 확대는 명성이나 연구비에 집착하는 사회학자의 희망 사항일 뿐 아니라, 사회과학에 민감한 실천가들의 공통된 의견이었다. 또한 연방정부의 응용관련 사회과학 연구 지원에 대한 5차 연구보고서의 서론에서도 이러한 내용을 발견할 수 있다.[16]

실천적 관심은 사회과학의 전문지식을 사회정책적 의도에 따라 응용하여 투입가능 하게 하기 위한 광범위한 분야에서의 시도, 예를 들면 '경제 및 사회 변혁을 위한 위원회'(Bolte 1975), 또는 학제간 연구프로그램인 '노동의 인간화 (Boehle 1977)' 그리고 '비관료적 사회 환경의 조성'(Kaufmann Hrsg. 1977)'에서 명확하게 나타났다. 부가적으로 언급되어야 할 것은 사회학의 연구를 필요로 하지 않는 연방정부나 주정부의 사회보고서나 다양한 자문 위원회에서도 사회학자의 역할이 커지고 있다는 것이다(Krueger 1975a; Mayntz u.a. 1975). 마지막으로 소위 사회지표의 연구방향을 언급하고자 하는데, 사회지표는 국제적으로 사회과학과 정치 및 행정의 중요한 협조 분야로 인식되고 있다(Zapf 1972; Werner 1975).

지금까지의 사회학과 사회정책간 현실적 관계에 대한 서술에도 불구하고 아직 사회학에 대한 사회정책 측의 관심에 근거가 되는 특별한 기대가 분명하게 드러난 것은 아니다. 이는 단순한 기술상의 문제가 아니라 지배적인 의식과 관련이 있기 때문이다. 내 생각으로는 사회정책 실천이나 사회학 모두에서 사회학이 이와 관련하여 어떤 기여를 할 것인가에 대해 분명하게 인식하지 못하고 있는 것이다. 나는 이 질문 자체가 사회학적 주제라고 생각하며, 다음에 서술되는 생각들이 설득력이 있다면, 기본적으로 실천측에서보다는 사회학에서 그 지식의 응용 조건을 더 잘 성찰할 수 있음을 의미한다.

먼저 사회학에 대한 사회정책적 관심이 생성되는 맥락을 보다 상세하게 살펴보자. 사회적 생활관계에 대한 정치적 형성권은 쉽게 요구될 수 있지만, 실현되기는 어렵다. 이는 특히 정치적 및 행정적 실천 측에서 전문적인 현상을 다룰 때 어려움을 갖는다는 점과 실천에서 많이 활용되고 있는 법적, 의료적 및 경제적 관점만으로는 적절한 대답을 찾기 힘들다는 점 때문이다. 왜 그런가? 사회학이 실천을 개선하기 위해 밝혀야 할 실천적 문제관련 요소들은 무엇인가?

---

16) "주민들의 공공서비스에 대한 요구와 사회정책적 문제로 인해 사회과학적 기초지식(자료, 문제분석, 진단)에 대한 수요가 늘고 있다. 독일 내 사회과학 연구는 광범위한 분야에서 이러한 수요를 충족시키지 못하고 있다. 이는 정치와 행정에 대한 현실적인 연구의 필요성뿐 아니라 사회발전에 대한 예측이 필요하다는 것을 의미한다. 현재로서는 사회과학 연구에서의 문제제기와 한편으로는 연구관심 간에 그리고 다른 편으로는 정치, 행정, 법률분야 및 인구의 실제 문제 간에 상당한 거리가 존재하고 있다."(Bundesminister fuer Forschung und Technologie 1975, Ziff.111).

이 문제에 대한 대답을 찾기 위해 이미 간략하게 언급된 사회정책에 대한 이해의 변천과 함께 나타난 독일 내 실천적 사회정책의 강조점 변화로부터 출발하고자 한다. 이전의 사회정책에 대한 이해는 '사회적 시장경제'라는 용어에 의해 정확하게 표현되는 사회관에 기초하였다. 적어도 사회화된* 생산 영역에서는 모든 생산과정에 대한 시장 정향적 조정이 최적으로 간주되었다. 이와 관련하여 사회정책에 대해서는 주어진 재분배과정을 통해 모든 국민에게 그들의 욕구를 구매력 있는 수요를 통해 시장에서 표출, 충족시키기 위한 충분한 기회를 제공하는 과제가 부여되었다. 노동자보호와 단체협약의 영역을 제외한 다른 생산 영역은 사회정책적 관심의 밖에 있었다. 그러나 이는 사회적 생활관계에 대한 정치적 형성 가능성이 사회정책적 관심의 중심으로 이동하면서 변화 되었다. 이제는 – 시장 정향적 조건 하에서는 생산이 불가능하거나 주변적인 측면에서만 생산 가능한 – 소위 '공공재' 생산의 확대가 목표가 되었다. 국가가 사회정책의 구조 형성적 의미를 진지하게 고려할 때, 구조적인 측면에서 비시장적으로 조정되는 생산 영역이 현저하게 확대된다.

이데올로기 또는 이해관계에 의해 조건화 된 이유들은 논외로 하더라도 사회정책의 이러한 변화들의 근거가 되는 현실적 문제상황과 실태를 살펴 보면 우리는 시장의 실패라 칭해지는 공식을 발견하게 된다. 어떤 이유에서건 특정 재화 또는 서비스의 공급을 통해 의도되지 않은 불평등이 나타날 수 있으며, 이는 소득재분배로 제거되기 힘들다는 데에 대해서 광범위한 합의가 존재한다. 이러한 사회 형성적 국가행위에 대한 '부정적인' 논거를 통해 지금까지 사회정책의 적용분야를 해석하는 학문이 제대로 다루지 못한 첫번째 대상 문제가 제기된다. 즉, 시장의 조정기능에 대한 대체물이 발견되어야 한다는 것이다.

국민경제학자들을 매료시키고, 사회학자도 그 현실적 의미를 과소평가하지 않아야 할 시장기제의 능력은 다음 문제를 동시적으로 해결할 수 있다는데 근거한다:

---

* 역자 주 : 여기서의 사회화된(vergesellschaftet) 이란 용어는 국유화와 동일한 의미가 아니라 분업화되어 상호 의존적이라는 의미이다.

a. 재화의 생산가능 스펙트럼에서 수요관계를 결정할 수 있다는 것

b. 수요를 충족하기 위한 재화생산에서의 자원할당 비율을 결정할 수 있다는 것

c. 중앙의 통제 없이 경제주체의 생산활동을 조정하는 것.

이러한 문제가 시장에 의해 얼마나 '최적'으로 해결되는가 하는 논쟁적인 문제는 살펴보지 않는데, 이는 시장을 통해 비중앙 집권적으로 조정되는 효율적인 기제가 성립한다는 것에 대하여는 부르주아 경제학의 비판자들도 동의할 것이라고 생각하기 때문이다. 공공재의 생산에서도 이러한 시장기제와 같이 수요를 확정하고 할당을 결정하며, 생산활동이 조정될 수 있는 기능적 등가물이 발견되어야 한다. 나는 이 분석에 등장하는 이 첫번째 대상 문제를 사회정책의 조정문제라 칭한다.

두 번째 대상 문제는 소득재분배 대신 공공재의 생산에 초점을 맞춘 사회정책의 결과가 수혜자에게 어떠한 효과를 가져다 주는지를 관찰할 때 제기된다. 사회학적 시각에서는 이러한 발전으로 인해 질적으로 새로운 사회화의 단계가 진행된다고 보는데, 그 이유는 주민의 생활조건과 생활기회가 정치적 결정과 행정적 조치에 의해 직접적으로 좌우되기 때문이다. 새로운 것은 개인의 사회적 의존이 아니라 이 의존이 정치−행정적으로 중개되는 특정 형태이다. 소득기회, 즉 시장의 교환조건과 시장에 영향을 미치는 사적 자본의 공급 권력에 대한 의존 대신에 법적권리와 협상기회 그리고 정치 행정체계의 대표자와 이에 영향을 미치는 조직화된 이해세력 간의 정의권에* 대한 의존이 등장하게 된다(Baier 1977). 이를 통해 발생하는 욕구표출과 욕구충족의 의존성이나 그 어려움이 시장관계에서 보다 적지 않다는 것과 효과적인 사회적 통제기회가 일반적으로 시장관계에서 보다 더 높지 않다는 전제에 대해서도 여러 가지 근거가 존재한다(Kaufmann/Grunow/Hegner 1974).

---

* 역자 주 : 정의권(Power of Definition)이란 대상이 되는 현상을 정의하는 권한이다. 다양한 사회세력들은 각기 자신들에게 가장 유리한 정의가 통용되고 이에 따라 정책이 만들어지도록 하고자 노력하는데, 필자는 사회 과학자들이 정의권을 갖고 있다고 본다.

이 문제를 욕구충족의 기준에 근거한 시장실패 때문에 사회정책적 재화를 공적으로 생산하는 것이 요구된다는 사실과 연결시키면, 우리는 두 번째 대상 문제에 이르게 된다. 이는 특정 재화를 시장에 의존하지 않고 생산함으로써 주민에게 특정재화를 효과적으로 공급할 수 있어야, 즉 주민의 생활상황을 개선할 수 있어야 함을 의미한다. 이 영역에서는 현금이 의사소통 또는 조정 중개자의 역할을 하지 못하기 때문에, 즉 보험료나 요금이 발생 비용을 충족시키거나 공급자의 활동을 조정할 수 없기 때문에, 충족되어야 할 욕구나 특정 제도에 의해 충족되는 욕구의 정도를 조사할 수 있는 다른 의사소통 구조가 필요하다. 지금까지 경제적 분석에 비유하여 설명하고자 한 것을 직접적으로 표현하면 사회정책의 효과성, 즉 사회정책 제도가 주민 또는 특정 인구집단(목표집단)의 생활상황에서 결핍된 요소에 바람직한 방향으로 어느 정도 영향을 미쳤는가이다. 이는 내재적인 규범적 문제(누가 무엇을 바람직하다고 하는가?)뿐 아니라 이 규범적 문제를 야기시키는 사회정책적 문제의 구조 때문에 매우 어려운 질문이다. 이 구조에서는 한편으로 정치적, 행정적 조치와 다른 한편으로는 사회정책적 의도에 따라 사회적 지위가 낮거나 사회적으로 불리한 사람이 서로 맞닥뜨리기 때문이다. 이 때 영향을 받게 되는 생활상황의 요소와 관련하여 사회정책 기관과 당사자간 시각의 불일치가 존재하는데, 이 상황에 대한 반응이 '사회문제'에 대한 사회학적 논쟁으로 간주될 수 있다(Albrecht 1977).[17]

이제 우리는 사회학에 대한 사회정책의 변화된 관심에 대한 이유가 두 가지 문제, 즉 조정의 문제와 효과성의 문제임을 확인할 수 있다.

---

17) 사회정책의 사회학 이론은 체계기능 및 개인기능적 문제를 동시에 고려해야 한다는 Ferber (1977: 21ff)의 요구는 이러한 시각에 대한 호소이다.

연구문제의 형성과 적절한 가설의 설정 시에 인식관심과 응용관련성에 대한 기대, 즉 여기서 언급된 사회적인 형성맥락을 고려한다는 것이 이미 오래 전에 변화된 학술적 작업의 정당성에 대한 기초를 해치지는 않는가? 중요한 사회정책 이론가의 다음의 개념정의에서 표현되는 것처럼 내 주장이 이미 낡은 규범주의적 입장으로 퇴보하는 것을 의미하는 것은 아닌가?

"(사회정책은) 입법과 행정을 통해 사회적 모순에 대항하고자 하는 의지에 따라 좌우되는데, 갈등관계에 있는 사회계급 간의 이해관계에 대한 이러한 의지의 결과를 우리는 물질적 의미의 사회정책이라고 부르기 때문이다. 이 때 우리의 견해로 분명한 것이 한가지 있다: 사회정책은 계급정책이나 한 계급에 의한 또는 한 계급을 위한 정책이 아니라 사회의 목적을 지속적으로 달성하는 것을 보장하기 위한 것이며, 결국은 사회전체를 유지, 다양화, 촉진하며, 전체를 위해 어떤 계층이나 하나의 계급을 지원하는 것이다... 이에 따라 사회정책의 목적은 항상 동일하다: 통일체로서 건강하고 힘있는 사회의 유지 – 특히 부분의 갈등에 의해 전체가 위협을 받지 않도록 하며 이를 위한 직접적 제도, 즉 이 목적을 향해 가기 위한 방법 – 는 변화될 수 있으며, 사회정책적 제도의 직접적 대상도 변화될 수 있다: 이는 전체사회의 이익을 위해 지원이 필요하다고 판단되는 집단을 의미한다. 모든 사회정책적 문제는 사회적 유기체를 위해 필요한 것에 대한 주관적 견해의 차이에 그 뿌리가 있다....모든 사회체계는 그 사회에 대한 견해, 즉 사회적 이상을 가지며, 사회적 이상의 속성과 종류에 따라 그 해결이나 실현을 위한 과제와 수단이 결정된다, 즉 각 사회적 이상은 변화가능한 사회정책에 대하여 경계를 설정하게 된다."(Zwiedineck-Suedenhorst 1923: 109–131)

이 진술에서 내 논의와 관련하여 흥미로운 점을 찾을 수 있는데, 한 편으로는 여기에 사회정책에 대한 사회이론적 성찰, 즉 사회학이 기여할 수 있는 부분이 존재하며, 다른 편으로는 사회정책을 학문적으로 발전시키는데 있어서의 어려움을 이미 고려하고 있기 때문이다: 사회정책의 내용적 정의에 합의하는 것이 불가능한 결정적인 이유는 역사적으로 가변적인 대상에 대한 인식관심이 다양하기 때문이며, 이로 인해 사회정책을 어떻게 정의하든 그 정의는 항상 역사적으로 나타나는 결정(Bestimmung)과 관계되는 환원주의적(reduktionistische) 정의가 되기 때문이다. 다른 편으로 쯔비디넥-쉬덴호르스트(Zwiedineck-Suedenhorst)의 진술은 사회학의 진보에도 불구하고 해결되지 않은, ‘사회목적의 지속적 달성의 보장’ 이란 공식의 어려움을 보여준다. 사회의 목적에 대한 공식은 확인할 수 없을 뿐 아니라, 전체로서의 사회가 이성적 인간 행동의 대상이 될 수도 없다. 모든 사회학 분야의 합치된 견해에 따르면 ‘사회의 목적’ 에 대한 탐색은 결국 난관에 봉착하게 된다.

뿐만 아니라 사회정책적 이론 형성을 위한 선별기준이 되는 특정 사회정책적 ‘목적’ 또는 ‘가치적 관점’ 을 결정하는 것 또한 만족스럽지 못한데,[18] 이러한 규범적인 결정은 논의되기 조차 힘들며 – 사회적으로 인정을 받더라도 – 보통 목적의 구체화단계에서 주관적 해석의 요소가 반영될 수 밖에 없기 때문이다.[19] 그 결과 사회정책론을 독립적인 학문으로 성립시키려는 지금까지의 모든 시도에서는 역사적으로 ‘사회정책’ 분야로 다루어진 특정 측면을 사회정책의 원래의 대상으로 삼든지 아니면 사회정책을 내용적으로 확정시키지 않고 형식적인 틀만 갖추어야 하는 어려움이 나타났던 것이다.[20]

역사적으로 되돌아보면 사회학과 사회정책의 관계는 다양하지만 문제가 없지는 않았다. 실천적 사회정책과의 당황스런 관계는 학문분야 중 사회학만이 유일하게 가졌던 것은 아니다. 정책의 모든 개념처럼 ‘사회정책’ 이란 용어는 독일

---

18) 이러한 가치 관점은 “인간 자체의 가치”(Preller 1962: 291), “정의”(예를 들면 Liefermann-Keil 1961) 또는 “사회적 불평등에 대한 해소”(Molitor 1972: 194ff; Krueger 1975: 247ff)등으로 표현된다.

19) Kaufmann 1973: 115ff 참조 – ‘사회정책적 목적’ 의 자의성에 대한 좋은 사례로 경제학과 사회학 협회(사회정책 협회)의 사회정책위원회에서의 논의의 결과를 들 수 있다: Sanmann Hrsg. 1973. 이러한 자의적 경향은 이후에 서술되듯 사회정책적 실천에서는 명백한 합리적기준이 없다는 것에 기인한다. 과학은 따라서 이러한 실천에 자신의 합리성을 맡겨버리거나 학문적 인식과 문제처리의 현실적 구조를 동시에 고려하여 현실적 문제를 재구성해야 하는 딜레마에 놓이게 된다.

20) 사회정책에 대한 학문적 논의가 끝없는 개념논쟁에 의해 특징 지워지는 것은 사회과학의 세분화된 체계에서 전문가 대표들이 부딪히는 특성화의 어려움 때문만은 아니다. 이러한 논쟁에 대한 소개와 노후화 되지 않은 분석적 명확성을 갖춘 입문서로는 Bortkiewicz 1899 그리고 Kleinhenz 1970; Winterstein 1970을 참조하라.

어에서 기본적으로 세 가지의 다른 의미를 가지고 있다: i) 사회정책은 우선 정치적 결정에 의해 제도화되는 공공 사업과 정치적 행위영역을 의미한다: 정책(policy)으로서의 사회정책. ii) 사회정책은 이러한 사업의 제도화와 집행 및 그 반대를 위한 정치적 의지형성을 의미한다: 투쟁(politics)으로서의 사회정책. iii) 마지막으로 사회정책은 첫번째와 두 번째 의미의 사회정책의 합리화 또는 적어도 학술적 해석과 설명을 시도하는 사회과학의 세분화된 부분영역을 의미한다: 사회과학으로서의 사회정책. 이러한 사회정책 용어의 세가지 의미 자체가 사회정책 개념의 불명확성의 원인이 되기도 하지만 동시에 사회정책과 관련된 모든 현실적인 사회과학적 연구는 – 물론 세 차원을 모두 동등하게 다루지는 않겠지만 – 반드시 세가지 의미의 차원과 관련이 있다. 실제로 가변적임에도 불구하고 사회정책에 역사적인 정체성을 부여하는 것은 사회정책의 세가지 의미 차원간의 관계이다. 사회정책은 – 역사적으로 – 사적 자본주의 사회구성체의 자기 유지 및 전환의 중요 계기가 된다(Heimann 1929; 1963).

상황이 이렇기 때문에 사회 정책의 대상영역이나 기능과 관련한 논쟁들 – 예를 들면 체계통합, 생활관계의 개선, 사회문제의 해결, 사회화 – 또는 대상이 되는 목표집단과 관련하여 사회정책 영역에 대한 명확한 경계가 없다는 것은 놀라운 일이 아니다. 대상영역의 정체성은 – 물론 정확한 개념정의의 시도가 성공하지는 않겠지만 – 사회적으로 사용되는 사회정책 용어의 의미에 의해 보장되는 것이다. 물론 이러한 용어 사용은 – 사회정책의 역사나 학문적 성찰이 보여주듯 – 변화가능하며, 학문에서 사회적인 개념정의 과정에 결정적으로 기여하였음을 알 수 있다.[21]

따라서 내용적 또는 물질적인 측면에서 사회정책적 인식관심은 가변적이라는 것이 받아들여져야 하며, 이러한 고려를 기초로 사회정책에 대한 사회학적 작업에 대한 체계적인 출발점이 구성된다: 이것은 곧 사회학적 설명을 필요로 하는 사회정책의 학문적, 정치적 그리고 행정적 차원간의 관계이며, 그 관계를 밝힘으로써 사회학적 및 사회정책적 인식관심을 중개하는 가능성의 지평을 열게 된다.

---

21) 이에 대한 요약은 Kaufmann 2001a 참조

오늘날 사회학적 인식관심은 거의 전부 이론적인 인식관심이라고 이해되며, 지배적인 인식관심은 실천적 적절성이나 실현조건과는 관계없는 이론의 개발에 집중되어 있다. 사회학적 인식관심의 지배적인 형태는 과학이론적 지향에 따라 설명되어질 사회적 사실을 사회정책의 질 자체의 향상을 위해서라기보다는 특정 이론을 증명하는 도구나 가설의 오류를 확인하는 증거로서 다루고 있다. 응용차원을 등한시 하는 것은 뒤르껭(Durkheim 1893/1976: 222)의 '모든 현실적 시각을 등한시하는 것이 가장 큰 인식의 진보를 가져다 준다'는 지적을 근거로 한다. 일단 자연과학의 모델에 따르는 사회과학자는 가장 일반적으로 적용되는 공리를 얻음으로써 실천에 대해 가장 많은 인식의 향상을 가져온다고 보는데, 그 이유는 이러한 공리의 진단적인 진술로부터 동어반복적으로 형태를 변형함으로써 다양한 형태로 실천에서 응용이 가능하다고 보기 때문이다(Albert 1960; Opp 1967). 해석학에 따르는 사회과학자는 이와 반대로 사회학적 인식관심이나 현실정의가 사회적 의식으로 확산되고, 이로 인한 변화를 통해 실천에 대한 학문의 성과가 보장된다고 주장한다(Habermas 1970: 305ff). 이들 입장은 공통적으로 연구과정에서 사회학적 지식의 응용 관련성을 의도적으로 고려하는 것이 비록 해를 끼치지는 않지만 불필요하다고 주장한다. 만약 이 연구자들이 원칙적으로 그들의 작업을 사회적으로 유익하다고 관찰한다면 (따라서 예를 들면 사회과학의 발전과 인간적 진보간에 어떤 형태든 최소한의 잠재적인 관계가 있다고 본다면) 이 입장은 과학적 인식과 사회적 행위간에 끊임없는 관련성 또는 총체적 우연성을 가정한다고 볼 수 있다.[22]

---

22) 독일 사회학에서의 소위 실증주의 논쟁(Adorno u.a. 1971)은 대부분의 참가자가 당연하게 생각한 것처럼 '사회과학의 논리' 문제가 아니라 바이어가 지적한 것처럼 '사회과학 이론과 사회과학 실천간의 관계'에 대한 것이었다(Baier 1966: 69). 당시 사회과학의 '논리'에 대한 과학이론적 논쟁에서 원래의 문제는 사회과학자의 올바른 행동 기준에 대한 질문이었으며, 따라서 윤리적 또는 현실적 문제였다. 이 논쟁에서 학문의 실천성에 대한 요구가 제기되었다(Kaufmann 1969). 또한 Touraine 1976을 참조하라.

사회과학적 지식의 응용관계를 등한시 하는 것은 다음 두 가지 경우에만 정당화될 수 있다: i) 과학적 진리가 어떤 경우에든 성취된다는 가정, 즉 우리 논의와 관련하여서는 사회과학, 정치(politics), 정책(policy)이 자동적으로 합리성이 가장 높은 수준에서 발전된다는 가정; ii) 그렇지 않다면 사회과학적 지식의 성취와 인간의 효용을 위한 응용간에 구조화될 수 있는 관계가 전혀 없다는 가정으로, 우리 논의와 관련하여서는 실증주의적인 인식관심과 규범적인 인식관심 간에 원칙적으로 호환가능성이 없다거나 사회과학적 지식과 실천적 지식간에 건널 수 없는 간격이 있다는 가정이다. 첫번 째 입장은 순진한 합리주의 또는 이상주의 (이성의 간계)라고 칭할 수 있으며, 두 번째 입장은 결국 가치허무주의 또는 인식비관주의를 의미한다.

이러한 입장들과는 달리 이 논문에서는 사회학적 통찰을 사회학적 작업의 조건을 성찰하는데에만 일관되게 사용할 것을 주장한다.[23] 사회학을 연구한다는 것은 곧 '사회과학적 지식' 이라고 사회적으로 인정 받는 정보와 의미들을 생산하기 위해 특화 된 사회적 행위라고 이해된다. 우리의 지식(그리고 가치)의 옳음에 대하여 사회를 초월하는 어떠한 보장도 받지 못한다는 것, 즉 '신과 인간과 역사가 없는 사회에서의 사회철학의 불가능성'(Touraine 1976: 222)이 전제된다. 또한 동시에 공간적, 시간적 그리고 사회적으로 주어진 특정한 상황에 살며, 언어, 문화, 사회 관계와 사회적 행위에 의해 정의되고 명확화 되고 정당화되는 인간이 전제된다.

이러한 '사회학적 세계관' 의 기초 위에서도 사회학적 이론화나 모든 응용관계를 등한시 하는 기초연구를 선택하는 것에 대하여 실용적인 논거, 예를 들면 이를 통해 달성되는 '인식의 발달' 이 제시될 수 있다. 이러한 논거의 정확성은 그러나 더 이상 경험의 문제나 사회과학의 논리 문제가 아니다. 이 논리에 따른다면 특정 기초학문에 내재하는 선별기준이 응용관련 진술체계에 대해서 불충분하기 때문에, 응용관련 연구 시에는 응용 연관성을 기대할 수 있는 추가적인 선

---

23) 여기서 함축적으로 제시된 이론과 실천의 문제를 잘 요약한 Beck 1974를 참조하라. 알버트 (Hans Albert)와 달리 벡은 기본적 가치를 학문적 성찰에 끌어들일 것을 주장하였으며, 내 입장은 그의 입장과 같다.

별기준을 발전시켜야 한다는 주장도 성립될 수 있다(Beck 1974: 233ff도 유사함).[24]

우리의 인식과 행동을 정확하다고 보장할 수 있는 사회 초월적인 심판자를 기대할 수 없다면, 원칙적으로 한 연구자의 행위와 행위결과에 대해 다른 사람에 비해 더 많은 가치를 부여할 수 없다는 추론이 나온다. 단지 우리는 전문화에 기초하여 연구자들이 특정한 형태의 사회적 지식을 생산하며, 이 지식은 현재의 지배적인 생각의 테두리 안에서 사회적 현실의 정의(Definition) 과정에 영향을 미칠 정도의 질을 갖추고 있다는 것만 확인할 수 있다. 생산된 지식은 그 질이 충분히다고 평가 받는 정도로만 – 사회적으로 정의할 수 있는 권한을 가진 사람, 즉 다른 연구자나 이런 지식을 어떤 이유에서건 진리라고 수용하는 사람에 의해서만 – '진리'의 성격을 갖추게 된다. 진리로 인정 받을 수 있는 지식에 전문화한 행위의 맥락에서 학문이 사회적으로 제도화되었다는 시각에서 보면, 각 학문은 특정 상황에 대하여 그들의 정의권(定義權)을 사회적으로 인정 받고 유지하는 것에 기본적인 관심을 갖는다. 이러한 이해관계를 관철하는 것은 제약을 주는 조건과 관련 있는데, 결국 '진리'로 인정 받을 수 있는 지식을 성취하려는 의도가 있는 행동 방식만 학술적이라고 인정되는 것이다.

만약 상대적인 자율성이 학문의 성과에 대해 양보할 수 없는 전제가 된다고 가정한다면 특정 상황에 대하여 사회적으로 인정되는 정의권은 이러한 자율성을 인정하는 전제가 된다는 것을 고려하여야 한다. 그렇다면 특정 상황에 대한 정의권을 주장하고, 경쟁적인 정의에 대항하여 이 정의권을 관철시키지 못하고 사회학이 어떻게 학문적 독립성을 지속적으로 유지할 수 있는가라는 질문이 제기된다. 이는 사회학적 지식을 이러한 상황에 대한 학문외부적 인식관심과 관련시키는 정도만큼 가능할 것이다. 이로써 사회학은 기본적으로 다음의 기로에 서 있다;

---

24) 우리의 입장은 응용관련 연구가 명확한 실천적 이해관계를 가지고 있어야 한다거나 나아가 독립성을 위태롭게 해야 한다는 것이 아니다. 우리의 주장은 단지 연구자의 지식과 연결이 가능한 응용연관을 문제형성과 가설설정 시 미리 고려하는 것, 즉 이후에 얻어진 지식을 사용할 사람의 상이한 이해관계를 미리 고려할 것을 연구자들에게 요구하는 것이다. 이러한 이해관계는 그러나 선별기준이 아니라, 재구성될 문제연관의 요소로서 연구자의 구상에 포함된다.

a. 계속해서 (이성의 간계가 자신의 편에 있다고 믿고) ‘이성의 간계’를 기초
   로 하여 학문활동을 하는 것, 즉 사회학에 의해 생산된 지식이 그들에게 영
   향 받지 않는 채널을 통해 사회적 유용성을 갖게 된다고 믿든지,

b. 적어도 전문성의 일부분야를 세분화하여 그 세분화된 영역이 학문적인 동
   시에 실천적인 인식관심을 갖도록 하든지.

적어도 지배적인 사회적 관심이 자신들에게 유용한 정보를 스스로 창출하는
방식을 알고 있고, 또한 사회학자들이 어떤 상황에서는 학문 외적인 목적을 위해
도구화 될 수 있다고 가정되기 때문에, 내 생각으로 전문분야는 이러한 (학문 외
적인) 활동을 자신의 통제 하에 두는 것에 관심을 갖게 된다는 것이다. 그러나 이
러한 형태의 사회학 활동에 대한 특수한 요구조건이나 자신의 과학성이 정의되
는 기준간의 관계가 고려되어야 한다.

지금까지의 서술이 명확하게 보여주는 것처럼, 모든 응용관련 연구에서는 학
문과 실천의 중개문제가 그 문제연관의 구성 동기가 되며, 이 구성동기는 실천적
인 이유에서만 무시될 수 있다. 이와 달리 다음에서는 사회정책적 인식관심을 추
구할 경우 현실적인 이유로 인해 사회과학적 지식의 응용조건을 체계적으로 고
려해야 하는 것에 대해 살펴보고자 한다. 응용관련 사회과학의 발달은 그들의 응
용조건을 함께 고려하는 이론을 필요로 한다. 이러한 이론은 우선 사회학자가 현
실의 변화라는 관점에서 사회정책적 문제를 다루는 것이 전망이 있는가를 보여
주어야 한다. 현재의 지배적인 생각과 달리 나는 사회과학적 지식의 현실적 유용
성이 연구자가 실천에 대해 평가하는 것에 의해 결정되는 것이 아니라, 사회과학
적 지식이 학문에 상응하는 방식으로 현실에서 응용될 수 있는가에 의해 결정된
다고 본다. 즉 여기서 중요한 것은 사회정책적 이해의 충족이 아니라 사회정책적
인식관심의 충족이다! 이후에서는 사회정책적 인식관심이 사회과학적 행위에 의
해서 기본적으로 적절하게 충족될 수 있으며, 특히 문제제기에서 체계적으로 고
려될 경우 더욱 그렇다는 것을 살펴보고자 한다.

2.4 | 사회학적 지식의 정치적 계획, 결정, 행위에 대한 중개 시 한계와 가능성

여기서 다루고 있는 문제는 흔히 전환 또는 이전의 문제로 좁게 해석되어 왔다. 이 문제에 대한 이러한 해석은 기본적으로 학문체계로부터 현실적 맥락으로의 전달이 일방적 과정이라고 전제하기 때문이다: "학문의 성과는 그 결과를 사회의 다른 부분체계에 대해 전달하는 것이다. 결국 (학문의) 산출이 (다른 부분체계에) 투입되어 계속 가공될 때 성과가 되는 것이다. 성과는 그 자체로서의 진실이라는 측면에서 생산된 것이 아니라, 우리에게도 관심을 갖게 하는 응용의 조건에 따르게 된다."(Luhmann 1975: 21). 이렇게 해석되면 우리의 문제는 너무 쉽게 교육의 영역과 권고의 수준 – 이 때 물론 실천에서 쉽게 이해 가능한 용어를 사용하여야 한다 – 으로 변하게 된다. 당연히 언어적 의사소통은 모든 의사소통, 특히 연구자와 실천가간의 의사소통의 기본적 전제조건 이다. 하지만 우리가 관심을 갖는 의사소통 문제는 더 뿌리깊은데 놓여 있다. 추상적인 체계이론적 관점에서 루만은 이 문제를 다음과 같이 서술하였다:

"나는 다음에서 학문체계와 응용체계에 대해서 설명하고자 하는데, 이는 결정과정을 조정하는 상대적으로 지속적인 선택기준과 정향구조가 양쪽 모두에 존재함을 전제로 한다. 이러한 세분화(다원화)는 정향구조가 다를 때 의미를 가진다. 학문체계와 응용체계간의 관계는 차이를 최소화하는 것을 이상으로 삼을 경우 적절하지 않다. 응용체계는 – 그것이 정치체계, 경제체계, 군사체계, 교육체계 중 어떤 것이라 해도 – 세분화의 근거가 되는 스스로의 기능을 충족시켜야 한다. 이는 학문체계에도 동일하다… 이러한 조건하에서 학문의 응용이 가능하기 위해서는, 다음과 같은 질문이 제기된다: 기능적 세분화를 위해서 만들어진 간격의 어느 범위까지 상호 의사소통이 가능한가?"(Luhmann 1975: 17f.)

우리가 다음에서 사회과학적 지식의 중개가능성에 대해서 논의할 때, 이는 자의적 목적을 위하여 학술 개념, 문구 또는 정보 등을 수용하거나 완전히 다른 동기에 의해 내려진 결정을 정당화하기 위하여 학술적 전문지식을 상징적으로 사용하는 것을 의미하지 않는다. 여기서의 중개가능성이란 특정 실천적 목적을 위한 기본적으로 검토 가능한 유용성(Tauglichkeit), 즉 실천적 상황에서 오해의 여지없이 행위에 적절한 사회과학적 지식의 수용을 의미한다. 이러한 의미에서 중개가능성은 분명히 여러 요인에 의존하는데, 적어도 4개의 주요차원으로 구분될 수 있다:

a. 사회과학적 지식이 전달되는 사회적 실천의 수용조건.
b. 응용가능한 지식에 대한 사회학의 생산성에 대한 조건[25].
c. 중개될 지식의 종류(예를 들면 정보, 문제형성, 학문적 관점)에 따른 조건.
d. 특정 의사소통 형태(예를 들면 방송, 전문잡지, 향상교육 세미나, 평가, 사회통계보고서, 자문, 인사이동)에 따른 조건.

이 문제들의 전체적인 틀에 대한 연구가 아직 초기에 머물러 있기 때문에[26] 여기서는 이 주제에 대한 논의전개를 위해 몇 가지 방향만 제시하고자 한다.

2.4.1 중개가능성의 한계

고도로 조직화되고 분업화된 행위체계의 맥락에서 직접적으로 실천과 관련된 지식은 그 입장과 역할이 고유하여 상당히 세분화되고 전문화된 것으로 취급되어야 한다. 학문적 지식은 역할 차원에서 볼 때, 해당 활동의 역할이 전문화되어야만 실천적으로 유효하다(Hartmann 1968). 이것은 사회정책 영역에는 전문직 의사에게만 해당하며,[27] 사회법은 법학에서 등한시되는 분야로서 학문체계와 실천적 행위간에 전문성의 특수한 관계가 아주 제한적으로만 존재한다고 볼 수

---

25) 이 논문에서는 이러한 현실적 문제의 인지적 측면에 대해서만 서술한다; 조직적 측면에 대해서는 Kaufmann/Lohan 1977 비교.
26) Ford 1968; Horowitz 1971; Wissenschaftszentrum Berlin 1975; van den Daele/Weingart 1975; Scharpe 1976; Badura 1976 참조.
27) 본 논문이 1976년에 쓰여졌음을 상기하기 바란다!

있다. 사회학적인 직업교육 과정에서의 전문화는 아직 초기단계에도 미치지 못한다. 또한 이러한 상태가 직접적인 전문화 노력에 의해 쉽게 변화가능 하지도 않다: 조직에 특수한 문제정의 차원에서 사회학의 방향이 바뀐 후에야 비로서 역할 차원에서 행위에 유효한 사회학적 지식에 대한 욕구가 생성될 수 있다.

내가 판단하기에 사회정책적 실천을 사회과학 내에서 보다 많이 받아들이도록 하는 가장 가능성이 높은 상황은 사회정책적 실천에서 문제에 따른 압박이 강해지고 – 단지 정당성의 이유에서라도 – 사회과학적 전문지식이 필요하다고 생각하며 사회학의 각 분야가 그 발전에 따라 적절한 정보를 해당 조직에 전달할 수 있는 상황이다. 따라서 의사소통의 첫째 조건은 인적 교류이다. 그러나 이 때 사회학은 그 분야가 추구하는 적합성의 기준을 어디서 얻을 수 있는가라는 질문이 제기된다.[28] 사회정책 실천에서 사회학이 현실문제에 대한 실현 가능한 해결책을 제시해 줄 것이라고 기대한다면 이는 현실적이지 못하다. 모든 현실적인 문제해결을 위해서는 다양한 상황적 요인들이 고려되어야 하며, 이들은 제한적으로만 일반화될 수 있다. 이 때에는 실천가의 경험, 직관, 수단들이 보통 더 우월하다.

연구자나 실천가 모두 사회과학이 실천에 대해 기여할 수 있는 것을 적절히 평가하지 못한다는 것은 사회과학과 사회적 실천간의 지배적인 관계가 역설적임을 보여준다. 실천가에게는 (학문으로부터) 추가적으로 배울 수 있는 것이 이미 당연하게 받아들여진 것이라면, 그에게 문제가 되는 것은 학문적 작업에서는 너무 특수한 것이다. 반면 학자들은 실천가의 시각이 너무 협소하며, – 실천문제가 자신들의 기대와 맞지 않을 경우 – '실천문제'가 이론적으로 불투명한 이유를 편협성 또는 권력에 대한 암투 때문이라고 추측한다. 의사소통과 인지적 제한에 의한 것으로 보여지는 한계들을 보다 분명하게 서술보면 다음과 같다:

---

28) 실천가에게 사회학으로부터 무엇을 기대하는가 또는 왜 실망하는가를 물어볼 경우, 보통 사회학이 제공하는 것은 너무 이론적이거나 행위에 적절하지 않다는 대답을 얻는다. 그들은 사회학으로부터 무엇을 시작할 수 있는 (구체적) 정보를 요구하는 것이다. 어떤 정보를 필요로 하는가를 물으면 실천가는 보통 학문적 연구문제의 형성을 위해 필요한 일반론적 대답을 하지 못한다. 단지 실천의 문제와 정보욕구가 분명히 제시된 경우 이러한 정보(예를 들면 시장조사나 여론조사)를 제공하는 것이 기본적으로 가능하게 되는 것이다. 그러나 이 경우 사회학자들은 특별한 관심을 가지지 않는다.

a. **상이한 일상세계** : 사회적 행위는 항상 일상세계에서 이루어지는데 이는 사회학적 사고를 형성할 때 볼펜, 녹음기 또는 타자기를 사용하는 것과 같다. 사회과학적 명제가 가장 구체적인 경우에는 일상 세계의 추상에 해당하며, 이 때 학자가 다루고자 하는 실천은 이러한 추상을 통해서만 전달된다. 빈곤이 냄새가 난다는 것을 읽을 수는 있지만 실제로 냄새를 맡지는 못하는 것이다 – 추상은 냄새가 나지 않는다! 이에 추가적으로 우리가 흥미를 갖는 사회정책의 일상은 조직화된 실천이며, 모든 조직화된 실천은 특히 외부에 있는 사람은 알 수 없는, 일상의 내부적 특성을 가지고 있다.

b. **상이한 인식관심** : 실천적 사고는 항상 상황에 따라 다르며 구체적인 일상 속에서 해결되어야 하는 과제와 관계가 있다. 즉 상황, 해결되어야 할 문제, 이용 가능한 자원에 대한 특수한 인식에서 출발하며, 이러한 행위의 배경요소를 연결시켜 성공 가능한 행위계획이 수립된다. 이것이 성공하지 못하면 지금의 행위맥락에 대한 인식에 의문이 제기되고, 이에 따라 인식의 수정(문제의 정의를 변경하거나 고려되지 않은 자원을 포함시켜)을 통해 해결하고자 한다. 학문적 사고와 행위는 이와 달리 다수의 상황에 의미가 있는 일반화 가능한 지식을 얻고자 하는 것이다.

c. **상이한 이론** : 실천가도 일상용어의 범주이건, 실천에 특수한 조정언어의 개념이건 또는 일상용어의 요소로 굳어버린 학문적 용어건 간에 일반화된, 상황과 연계되지 않은 지식을 가지고 있다. 이러한 일반화된 지식은, 학문적 이론과 유사하게, 인지 구조로서 – 적절한 전문지식을 선택하는 기준이 되고 제도내부적 사회화 과정에서 습득되는 – 작용한다. 따라서 '실천적 이론' 이라는 용어를 사용하는 것이 타당하다. 실천적이라는 것은 이를 통해 완성된 지식의 조작이 행위와 관련되며 인식 자체를 위한 인식이 아니라는 의미이다; 추상성은 – 학문의 도움 없이는 – 보통 대표화 (Typifikation)의 수준을 넘지 못한다.

d. **상이한 유지조건** : 우리는 사회 내에서 고도로 다원화되고 조직화된 부분

영역을 전제로 하고 있다. 개별 조직(각 부처, 위원회, 시의 사회과, 연구소)뿐 아니라 조직 내 부서들과 부서장도 행위능력을 유지, 향상시키기 위해 주어진 조건 하에서 행동한다. 사회이론적 차원에서 루만(Niklas Luhmann)은 이러한 상황을 일반화된 의사소통 매개체의 다원화로 개념화 하였다: 간단하게 표현하면 학문은 진리라는 매개체로, 정치는 권력과 법이라는 매개체로, 경제는 돈이라는 매개체로 의사소통 하는 것이다. 이 매개체들은 (부분체계에) 특수한 유지조건을 정의하고, 행위의 의도와 부분체계에 특수하지 않은 자원을 수용하는 데에도 상당한 영향을 미친다. 진리가능성의 시각에서 생산된 지식의 수용은 따라서 이러한 지식이 예를 들어 권력, 법 또는 돈과 교체가능 하다고 인정 받는가에 따르게 된다.

여기서 제시된 학문과 실천의 상이한 정향의 구조적 조건은 – 분명하게 말하지만 – 실천을 보다 학문화 하더라도 제거하기 힘들다. 그렇다면 어떻게 실천의 학문화가 가능한가? "응용연관 연구의 가능성은 응용영역이 과학적이지는 않더라도 합리화될수록 증가한다"(Luhmann 1975: 33). 따라서 여기서 결정적인 것은 '합리화' 내지 '과학화' 가 의미하는 것이 무엇인가 이다.

2.4.2 조직화된 실천의 학문화

여기서 다루는 것은 실천에서 보통 상상하듯, 학술적 정보의 단순한 적용이 아니며, 이는 정보란 학술적이든 아니든, 항상 정보일 뿐이기 때문이다. 학문화는 실천적 이론과 관계되어야 하는데, 이는 곧 실천이 결정하고 동시에 이해하는 정보 내지 인지 구조의 선택 기준에 적합하여야 함을 의미한다. 학문화는 여기서 이러한 선택기준의 체계화, 특수화 및 일반화를 의미한다.

사회학적 통찰은 실천적 이론의 구성요소가 될 때에만 실천적으로 유효할 수 있다. 학문적 개념과 공리는 학문화의 과정에서 현실적 문제에 대한 인식과 정의를 변화시키며, 이를 통해 문제해결 행위를 변화시킨다.

'응용관련 사회과학의 기초연구'(Kaufmann/Lohan 1977) – 그리고 한 정책영역의 학문화가 아직 발달되지 못한 상황에서는 이것만이 가능하다 - 의 성과는 대략 다음과 같이 결정된다 :

- 실천적인 문제형성의 시각에서 세분화된 문제정의

- 특정 문제의 원인과 관련성에 대하여 정치적으로 영향을 줄 수 있는 상황과 제도를 고려하여 가능한 한 일반화된 진술의 획득

- 문제해결과정에서의 정보의 획득에 적절한 자료의 개념과 자료확보 방법의 발전.

나는 지금까지의 서술에서 실천에서의 역할 차원과 조직 차원을 명확하게 구분하지 않았다. 논의를 발전시키기 위해서는 '행위' 의 개념은 상호작용 하는 개인의 차원으로 제한하고, 조직의 목적지향적 활동은 '계획' 과 '결정' 이라는 용어로 표현할 필요가 있다. 결정은 조직의 맥락에서 사회적 행위를 프로그램화 한다, 즉 결정은 - 결정자의 역할과 관련 하여 - 문제의 분업적 해결을 위한 사회적 행위이다. 조직 차원에서의 문제제기는 역할 차원보다 더 복잡하며, 조직차원에서의 문제제기는 행위에 특수한 동인을 추상화 함으로써만 합리적으로 구조화될 수 있다. 결정은 따라서 구체적 행위문제와 일상적 상황을 일반화하는 요소와 관련이 있다. 다양한 조직 차원과 문제해결을 위하여 이러한 생각을 분업이 고도화된 경우에 적용할 경우 우리는 사회적 행위의 조직화 정도가 증가할수록 실천적 이론의 추상성도 증가해야 한다는 결론에 이르게 된다.

이에 따라 우리는 실천에서도 학문적 방법과 구조적으로 유사한 문제, 즉 일반화 가능한 지식의 확보문제에 도달하게 된다. 그러나 이에 필요한 추상성은 보통 실천적 인식관심의 시각에 놓인 것이 아니라, 이미 주어진 인지적 및 조직적 구조의 확장과 세분화의 조건과 관계가 있다. 이를 통해 왜 정치권에서 '응용연관 사회과학적 기초연구' 의 필요성을 인정하기 시작하면서도 사회과학의 성과에 대해서는 불명확한 기대를 하는 지가 밝혀지게 된다. 즉 사회과학이 스스로 문제제기를 재구성하기 때문에, 사회과학의 일반적 성과는 실천의 현실적 시각에서 벗어나게 된다. 이것은 보통 일상을 변화시키는 결과를 낳기 때문에, 이미 맞다고 인정되는 지식을 수용할 경우에라도 수용 시 적용에 대한 저항이 있는 것이다. 그러나 수용된 후 이에 따라 사업이 전개될 경우 사회과학적 지식은 조직화

된 실천에서 실질적으로 문제해결 능력을 제고할 수 있다. 이 관점에서 '계획'은 문제정의('목적'), 상황분석('상태')와 기존 자원('사업')간의 관계에 대한 시각을 가지고 실천적 문제연관을 결정에 초점을 맞추어 합리적으로 재구성하는 것이다.

지금까지 살펴본 바에 따르면 사회과학적 지식을 학문에 상응하는 방식으로 수용하기 어렵게 하는 의사소통의 한계에도 불구하고, 실천의 성과가 사회적 행위에 대한 지식을 전제로 하고 실천의 효과성이 조직을 통해 제고되어야 할 경우, 사회과학적 지식에 대한 잠재적 욕구가 실천에 존재한다는 결론에 이르게 된다. 이러한 조건은 사회정책의 모든 분야에서 상당한 정도로 주어져 있으며, 따라서 우리는 사회정책 분야에서 사회과학적 지식에 대한 정의 가능한 욕구 – 이에 대해서는 서로 병행되는 인식관심에 따라 기본적으로 의사소통이 가능하다 – 가 존재함을 확인할 수 있다. 따라서 사회정책에 대한 학문적 작업 시에 응용관계를 체계적으로 고려할 것을 사회학도에게 권유하는 것이다.

2.4.3 학술적 사회학의 단점

간스(Herbert J. Gans)는 연구결과를 실천에 부적절하게 만들기 쉬운 학술적 사회학의 특성에 대한 목록을 만들었다:

- 사회학은 '사회과정의 참여자보다는 관찰자에게 적절한 이론과 개념'을 생산한다,

- 사건의 원인이 되는 광범위하고 비개인적 인과관계, 즉 사회적 맥락에 대한 형성적 개입에 직접적인 의미가 있는 요인에 주로 관심을 가진다,

- 학술적 사회학의 보편주의로 인해 실천적–정책적 욕구를 충족하기에는 너무 높은 일반성을 추구한다,

- 추상적 학술적 용어는 정치적 강령의 발전에는 중요한 역할을 하지만 정책 계획자의 목표 설정을 위해서는 세분화되어 있지 않다,

- 사회학자들은 사회의 부분영역보다는 사회 전체를 대상으로 하고자 하며, '이로 인해 반대나 갈등의 정도가 과소평가' 되기 쉽다(Gans 1976: 239ff).

위 인용에는 사회과학의 시각 – 그 산출물의 응용 관련성을 고려하지 않는다는 – 이 명확하게 언급되어 있다. 실천적 문제와 관련성을 갖기 위해 필요한 일반화는 실천에서 이루어진 추상수준에 맞추어야 하며, 그 이상으로는 특정 조직적 및 인지적 발달단계에서 응용할 수 있을 정도에서만 추상화 되어야 한다. 따라서 실천의 개선을 추구할 경우 실천의 문제정의와 실천에서 지배적인 법적, 조직적 및 인지적 조건을 인정해야 한다. 하지만 여기서 핵심은 문제에 대한 정의를 학문적 행위의 지침으로 받아들이거나 실천에 학문적 이론을 맞추는 것이 아니라, 기존의 학문적 입장과 이론을 적용하여 실천의 문제제기를 재구성하는 것이다. 추상성의 정도를 선택하는 것이나 문제제기 시에 고려되는 범위는 연구결과가 가정하는 응용 관련성에 따라 상당히 다를 수 있다. 이 점에서 사회학자의 행위에 '정치적' 동기가 등장하게 된다: 어떤 문제를 재구성 할 것인가, 어느 정도의 일반화 수준에서 다룰 것인가, 누구의 이해관계를 고려할 것인가 등의 문제는 부분적으로만 학문내부적 기준에 근거하여 결정된다. 연구결과의 응용 관련성을 고려하는 사회학자는 그것을 등한시하는 학자보다는 정치적인 맹인이 될 가능성이 오히려 적은 것이다.

2.5 | 문제로서 사회정책의 학문화

앞에서의 서술들은 기초연구에서의 인식관심에 대해서와 같이 사회학내 사회정책적 내지 응용과 관련되는 인식관심에 대해서도 독립적 지위를 부여하여야 한다는 주장에 대한 근거를 아주 일반적인 형태로 제시하였다. 선택된 추상수준은 학문 분야에서 – 그 분야를 위해 논문이 작성되는 – 이러한 생각들을 반영하게 된다. 물론 사회정책 현실을 보다 체계화, 특수화 및 일반화하여 이해 가능하게 한다는 사회학의 특별한 기여와 실천에 대한 이러한 학문적인 이해에 기초하는 보다 합리적인, 즉 증가하는 조직화에 대하여 보다 효과적인 사회정책적 문제해결이 가능하다는 통찰도 사회정책 실천에 직접적으로 중개 가능해야 한다. 이

제 사회과학의 구성 시에 (연구 구상 시에) 학문 응용에 대한 성찰을 해야 한다는 우리의 지금까지의 주장에 따라 사회학적 지식을 사회정책적 맥락에 어떻게 중개 시킬 수 있는가를 보여주고자 한다.

2.5.1 학제간 연구방식의 필요성

우선 학문의 전문성과 관련된 어려움을 언급하고자 한다: 가능한 한 보다 높은 일반화를 지향하는 기존 학문분야의 인식관심은 특정 이론의 시각에서 현실을 재구성하고자 한다. 이러한 선택원칙은 응용관련 연구에 연계되기 어려운데, 응용연구를 위해서는 선택원칙이 실천의 문제정의를 고려하여야 하기 때문이다. 응용관련 사회과학을 발전시키는 것이 불가능하지는 않은데 – 경제학의 경우를 보면 알 수 있다 – 경제정책 또는 기업관리 이론은 경제학 이론의 공리만 포함하는 것이 아니라, 보통 심리학적, 사회학적, 법적, 정치학적 요소를 포함하고 있다. 현실 문제를 학문적으로 재구성한다는 것은 보통 다양한 전공분야의 진술들을 모아야 하는 것을 전제한다. 응용관련 이론형성은 한편으로는 보다 공간적, 시간적, 사물적에 대하여 제한된 유효성을 가지며 다른 편으로는 불가피하게 다학제적이 된다.

학제간 공조의 어려움 때문에 보통 전공학문에서의 다학제성에 대한 필요성은 잠재적인 수준에 머물러 있다. 실천 문제의 재구성시에는 보통 지배적인 전공분야의 시각을 기초로 하며, 다른 전공분야의 시각은 열등한 지식수준을 갖는 보조적 학문 – 또는 가공된 잡다한 이론 – 으로서 포함되게 된다. 실천에서 이러한 일방적인 시각을 받아들일 경우, 실천이 심리학화, 경제학화, 법학화, 사회학화 또는 정치학화 되는 것이다. 이것은 본질적으로 전문가들이 그들의 학문교육 과정에서 종류가 같은 틀에 맞추어 인지방식을 습득하기 때문이며, 이를 통해 다시 실천의 문제를 쉽게 이해할 수 있다. 그러나 실천의 문제가 특정 학문에 의해 개념화 될 경우, 학문체계의 틀 안에서는 체계화와 심화된 분석이 용이하게 된다. 이 때 실천적 문제는 그 다차원적인 형태로 이해되는 것이 아니라 이론에 의해 조건화 된 선택에 의해 이해되며, 이것이 다시 현실에 대한 이해에 영향을 미치게 되는 것이다.

이러한 상황에서 만약 사회학이 응용관련 학문이고자 할 경우 딜레마에 놓이게 된다: 사회학이 특정 사회 현실에 대한 해석의 독점을 주장하고 - 다른 인문학이나 사회학이 하듯 - 학문적 관점간의 경쟁에 뛰어들어야 할 것인가 아니면 가능한 사회실천적 성찰을 기초로 하여 행위영역의 세분화에 따라 사회학적 시각에 필요하게 된 특수성을 강조할 것인가?

이와 관련하여 사회학이 갖는 어려움은 모든 현실이 사회적으로 이루어진 것이기 때문에 어떤 의미에서 사회학은 어디에나 존재하지만, 특정 분야에 대한 권리를 주장할 수는 없다는 것이다. 이러한 인상은 다른 특화된 학문이 한 사회분야에 대한 권리를 주장하지 않을 때, 예를 들어 가족분야에서 다른 학문이 다루지 않기 때문에 가족사회학이 기초학문이 된 것에서도 확인된다. 보통 사회학은 특정 사회영역의 학문적 정의나 설명을 위해 다른 학문과 경쟁한다: 의학과는 건강부문에서, 법학과는 공공행정분야에서, 경영학과는 기업분야에서, 교육학과는 학교부문에서 등등. 전체적으로 아직 덜 학문화 된 사회정책 분야에서 사회학은 문제를 구조화하는 기초학문으로 인상을 굳힐 기회를 갖고 있다. 이는 그러나 특정 사회정책적 문제의 재구성을 위해 작업하는 사람이 문제영역에 적절한 다른 학문에 대한 지식을 갖추고 있을 때, 즉 아마추어적인 잡다한 이론구성을 하지 않을 때에만 가능하다.

2.5.2 사회정책의 학문화의 부족

'전체적으로 보아 사회정책이 아직 사회적 실천 분야 중 덜 학문화 된 분야'라는 주장은 사회정책이 경제화 및 법률화 되었다는 인식과 배치되는 것처럼 보인다.[29] 여기서 사회정책적 결정의 정당화에 법적 및 경제적 논리가 지배적이라

---

29) 가장 먼저 Achinger 1958; 이 후 von Ferber 1967; Tennstedt 1976. 그러나 분명히 해야 할 것은 법적 경제적 해석 범주가 지배적임에도 불구하고 사회정책의 학문화에 도달하지는 못했다는 것이다.

는 것과 사회정책적 제도가 본질적으로 법규와 돈에 의해 조정되는 것을 부정하고자 하는 것이 아니다. 문제는 이러한 법과 돈에 의한 실질적 조정이 학문적 기초에서 이루어지는가, 즉 법적 및 경제적 체계화 내지 일반화의 산출이 사회정책적 결정에 유효한 가이다. 이는 부정될 수 있는 것이다: 오래 전부터 법학에서는 사회법을 등한시한다고 주장되었고, 경제학에서는 할당에 따른 소득분배를 이론적으로는 설명할 수 있었지만 개인간 재분배에 대해서는 기술적(記述的) 수준에 머물러 있다는 것이 알려져 있다. 특히 경제학은 사회정책의 분배정치적 공리 - 후생경제학의 선험적 인식이 보여주듯 - 를 발전시킬 수 없었다(Kuelp 1975). 나아가 분배시각이 사회정책적 사건들을 보는 유일하게 유효한 경제학적 관찰방식인지 의문을 갖게 된다. 알려진 바와 같이 공공부문에 대한 경영학은 거의 존재하지 않으며, 보건경제학도 초기에 머물러 있다. 사회 현실의 특정 분야에서 아직 각 개별학문이 체계적으로 활동하지 않고 있다는 것은 결국 해당 실천영역이 학문화 되지 않았음을 의미한다. 사회보험자 또는 자치단체의 서비스 행정에 대학졸업자가 적다는 것도 결국 학문화의 정도가 낮다는 정황증거가 된다.

우리는 많은 영역의 사회정책 현실이 단지 짜깁기 식으로(사후 대처적으로) 규범화 되어 있다고 - 새로운 사회법전의 일반규정에서도 사회보험법의 체계화가 잘 이루어지지 않은 예를 보더라도 - 가정할 수 있다.[30] 또한 돈이 아니라 서비스에 대해 문제가 제기될 경우 정확하지 않은 법률 개념과 재량권 부여로 인해 법규에 의한 효과적 조정이 어렵다 - 그리고 이러한 상황에 적절한 행위방식에 대한 일반적 지식이 없기 때문에 이는 합목적적으로 보이기도 하다. (이렇게 될 때 사회정책 업무의 한계는 동원 가능한 인적, 재정적 수단과 관련되며, 수단의 투입에 대한 효과성을 비교 평가하는 기준은 거의 존재하지 않는다.) 사회정책 실천의 합리화가 부족하기 때문에 바로 이 분야가 정치권의 득표를 위한 공약이나 상징으로 사용되며, 정치학자들은 사회정책에 대한 비판적 시각에서 체계유지나 대중의 충성이라는 측면을 주제로 삼는 것은 전혀 놀라운 일이 아니다. 오늘날 사회정책이 단지 권력합리성의 측면에서만 설명된다면, 이는 사물합리성이

---

30) 이 문제에 대해서는 Deutscher Sozialgerichtsverband 1970을 참조하라.

아직 개념화 되지 않았기 때문이다. 실천적 문제의 정의는 대개 단순한 목표나 여러 개의 작은 목표를 지향하며, 이 경우 목표는 행위자간 서로 모순되거나 시간의 경과에 따라 변화하기도 한다. 이는 형식적으로 조직화된 협력체계에서 공식적인 목적이 실제적인 목적이나 관련 당사자의 행위에 대한 의도와 일치하지 않기 때문에 일반적으로 발생한다. 따라서 학문화의 실천적 유효성은 시간의 경과에도 불구하고 높은 내적 일관성과 높은 안정성이 유지될 수 있도록 하고, 이에 따라 현실적으로 유효한 목표의 설정과 변경을 통해 일관성이 제고되도록 기여할 수 있는 조건에서 찾아질 수 있다.

2.5.3 사회정책에 대한 사회과학의 유용성과 적합성

실천영역의 학문화는 다양한 차원에서 현실에 대한 이해의 변화를 전제로 하는, 아주 복잡하며 선험적으로 정형화하기 불가능한 과정이다. 즉,

- 사회적 차원에서 실천의 특정 영역을 정당화하고 이에 따라 정책의 전제가 되는 논리구조를 변화시키거나 명확화 하여야 하며;
- 조직 차원에서 특정 문제의 해결을 위하여 사회정책 제도에 대한 결정을 내릴 때 결정에 대한 준비와 조정을 위하여 문제제기를 변화시키거나 명확화 하여야 하며;
- 역할 차원에서는 전문화라는 의미에서 행위에 대한 지식을 변화시키거나 명확화 하여야 한다.

특정 실천 영역의 '합리화'는 이외에도 다양한 차원에서 현실을 이해하는데 있어서의 예상되는 변화가 어느 정도 일관성 있게 또는 적어도 모순되지 않게 이루어져야 함을 전제로 한다. 이 경우 다양한 차원의 문제에 대한 이해관계를 학문적으로 재구성하면 실천가에게도 적절한 결과가 도출된다; 그렇지 않을 경우 학문적 재구성이 실천으로부터 지나치게 이론적이라는 비판을 받게 된다.

위에서 간략하게 정리된 생각이 맞다면 우리는 역설적이지만 실천의 합리화와 이를 학문적으로 적절하게 재구성하는 것은 서로를 조건화 한다는 신뢰할만한 결과에 이르게 된다. 실천의 학문화는 따라서 현실의 이해에 대한 상호적이며

점진적인 접근 과정이라는 것을 알 수 있다. 우리가 학문적 시각에서 생각하기 때문에, 학문과정의 초기에는 응용관련 학문에 대한 윤곽을 실현 가능하고 합리화된 실천으로부터 추론할 수 밖에 없고, 현재의 실천을 단순히 개념화 할 수는 없다. 따라서 이러한 상황에서 응용관련성이란 직접적인 현실지향을 의미하지 않는다. 실천에서 그들의 행위에 적합한 현실에 대한 정의를 기초로 어느 정도의 체계화나 일반화를 하였을 경우 합리성이 진척되는 것이다. 사회과학의 체계화나 일반화의 산물이 적합하다고 인정될 경우 사회과학이 실천에 대해 기여할 수 있는 것이다. 이러한 적합성은 문제의 이론적 재구성에 실천의 문제시각이 포함될 때에 비로소 생겨나게 된다.

적합성만으로는 사회과학적 지식의 중개에 대한 충분한 동기가 부여되지 못한다. 적합성은 필요한 동기도 되지 못한다. 우리는 사회과학적 지식이 실천에서는 항상 유용성의 시각에서 판단되며, 때로는 응용된다는 것을 알지만 유용성이 반드시 적합성을 갖는 것은 아니다. 유용성은 용역과제를 주는 쪽의 지위를 올려주거나(예를 들어 부처의 간부), 자신의 이해관계를 정당화 하기 위한 정치적 목적 또는 단순히 논리의 다양화를 위한 학문적 명성의 도구화(예를 들면 평가)에서도 발생할 수 있다.[31] 응용과 관련된 이해관계라는 시각에서 우리는 이러한 '현실적 유용성'을 세 가지의 일반적인 차원으로 구분할 수 있다:

a. **알리바이로서 사화과학** : 여기서는 학문적 진술의 내용은 전혀 중요하지 않으며, 학문에 대한 요구는 단지 학문의 중요성을 도구화 하기 위한 것이다. 중요한 것은 지출된 예산항목, 얻어진 명성, 비결정을 감추기 위한 시간 벌기 등이다.

b. **정당화에 대한 도움으로서 사회과학** : 앞의 사례와 달리 여기서는 학문적 진술이 선택적으로 사용된다. 지식은 그러나 본질적으로 실천에 응용하기 위해 사용되는 것이 아니라, 기존의 입장을 정당화하기 위한 것이다.

---

31) 현실적인 개관에 대해서는 Bartholomaei 1977 참조.

c. **합리화에 대한 도움으로서 사회과학** : 여기서 사회과학적 지식은 우리가 지금까지 언급한 의미에서 현실에 대한 이해를 변화시키기 위해 수용된다. (연구자들에게) 기분 좋은 일은 아니지만 이런 식으로 학문이 사용되는 것은 제한적으로만 통제될 수 있다.

또 다른 어려움은 단지 정당성을 위하여 그들의 지식을 사용하더라도 연구자가 거부하지 않거나(Krueger 1975a) 심지어는 용역으로 인한 연구 활동의 산물이 알리바이로 사용된 후 부처(용역 발주자)의 서랍에 방치되어 있는 것을 오히려 좋아할 수 있다는 것이다!

지금까지 언급한 것들은 사회학적 지식이 사회정책 실천에서 '적합'하게 사용되지 못하고 있음을 보여주고 있다. 이는 이러한 과제에 대한 사회학의 준비가 불충분하였을 뿐 아니라, 사회정책 실천에서의 수용성이 불충분하기 때문이기도 하다. 그러나 실천적 사회정책이 (경제적 또는 정치적으로 조건화 되어) 정당화의 압력 하에 놓일 경우, 기존 사회정책적 현실의 합리성 부족을 밝히고, 사회과학적으로 분석하도록 요구 받게 된다. 그러나 이러한 분석이 직접적으로 실천에 적용된다는 것을 의미하는 것은 아니다. 이미 앞 절에서 살펴본 바와 같이 사회과학적 분석이 실천에서 적합성을 갖기 위해서는 사회적, 조직적, 역할 차원에서 사회과학적 지식의 확산이 필요하며, 물론 초기에는 합리화와 관련된 응용을 기대하기 힘들다. 많은 경우에 사회과학적 지식은 정당화를 위해 사용된다.

따라서 현재의 시점에서는 사회과학자가 연구결과에 대한 사회정책 실천에서의 수용 가능성을 고려하여야 한다. 수용 가능성은 필연적으로 조건화 된 것이 아니라, 역사적으로 조건화 되었으며 부분적으로 극복 가능한 것이다. 이러한 상

황은 응용 지향적인 사회학자에게 – 자신의 활동을 진지하게 생각할 때 – 실망
스러운 것이기는 하지만 불가피하다. 사회과학이 지적인 자기만족에 머무르지
않으려는 한 사회적 실천의 규범적인 모델을 구성하거나 반대로 왜 합리적인 실
천이 불가능한가를 이론적으로 도출하는 것만으로는 충분하지 않으며, 나아가
이 사회의 실천에 대하여 구체적인, 즉 상당히 조직화된 형태로 접근하여야 한
다. 그러나 지금까지는 이러한 작업이 대다수의 사회학 이론가들이나 경험적 사
회연구자에게 너무 많은 노력을 요구하는 것으로 비추어져 왔다.[32]

2.6.1 출발점

사회정책에 대한 사회학적 작업의 일반적 목적은 사회정책적 현실에 대한 사
회학적 분석을 기초로 사회정책적 문제를 재구성하는 것이며, 기존의 실천영역
과 관련된 문제에 대한 정의보다 더 높은 일관성, 일반성 및 전문성을 갖추는 것
이다. 그러나 이러한 정의가 개별적 실천 행위에 적용되기 위해서는 지나치게 일
반적이어서는 안된다.

이를 위한 첫번째 과제는 사회과학적 인식을 이용하여 실천적 문제를 재구성
하는데 유용한 공통적인 틀을 확인하는 것이다. 여기서 찾고자 하는 것은 사회과
학적 분석이 가능하며, 동시에 실천에서 이해 가능한, 실천의 문제의식을 드러낼
수 있는 문제에 대한 선택기준 이다.

전통적인 사회 정책론은 그 분석틀을 정치적 정당화에서 찾았으며, 이로부
터 특정 사회정책 제도의 도입 근거를 찾았다. 이러한 정당화는 너무 일반적이거
나 아니면 구체적 문제(예를 들면 선천적 장애아에 대한 재활기회의 부족)에 지
나치게 직접적으로 연결되었다. 따라서 '사회정책적 목적' 이라는 일반적인 개념
도 모호한데, 추상적인 경우 정의, 평등, 건강 또는 사회보장 등 사회적인 가치이
념의 성격을 띠기도 하고, 구체적인 경우 특정 사업 – 예를 들면 다음 년도 병원

---

32) 여기서 조직 맥락에서의 연구에 대한 접근의 어려움, 예를 들면 미처 예기치 못한 연구의 지체
　　나 한계 등에 대해 지적하고자 한다.

의 설립 - 을 의미하기도 한다. 이 딜레마를 해결하는 것은 이러한 정확하지 않은 용어사용방식을 '지도이념', '목적', '목적체계' 등으로 구분하는 것만으로는 불충분하다(예를 들면 Sanmann 1973a). 이러한 분석은 사회정책의 일관성을 목적개념의 서열화의 시각에서 관찰함으로써 규범적 논리 영역에 머무르게 되는 것이다. 이렇게 되면 목적 또는 목표는 구체적 행위와 관련되어 비로소 유효하게 되며, 이러한 행위관련성이 고려되지 않을 경우 공식적인 목적의 실제 의미를 알 수 없게 된다.

우리는 보통 조직화된 사회적 행위의 영역에서 조직의 공식적인 목적과 조작적인 목적이 동일하지 않다는 데에서 출발해야 한다(Thompson 1957: 87ff). 체계이론적 시각에서 주장하듯 어느 정도의 비일관성은 복합적 문제를 성공적으로 해결하는 전제가 될 수도 있다(Luhmann 1973). 체계이론의 이러한 규범적인 가변성이 실천적인 원칙이 될 경우에는 물론 정책 현실은 실제로 단지 공식적으로만 규정된 임의성의 경향을 갖게 되고, 정치적 행위의 내용적 정당화의 어떤 형태도 눈 가리고 아웅이라는 식으로 인식되게 될 위험이 있다. '정치적 계획'에 대한 요구는 정치적 행위의 조정가능성에 대한 질문을 다루며 따라서 정치에서 실천적 이성(합리성)을 요구하는 것이다. 이에 기여하는 것이 보통 사회정책적 인식관심의 구성요소이지만 이 문제를 너무 일반적인 차원에서 다루게 되면 규범성의 함정에 빠지게 된다. '합리적 정치'에 대해서 전체사회적 차원에서 논의하기는 힘들며, 이미 제도화된 특정 정책영역과 관련하여서만 논의할 수 있다. 여기에 사회정책과 그 부분영역이 속하는데, 이 분야는 아직 제대로 합리화되지 못한 상태이다. 따라서 한편으로는 합리화 가능성의 문제와 다른 한편으로는 정당화의 문제를 연결하는 발단이 발견되어야 하며, 이를 통해 실천의 응용에 대한 관심과 학문적 인식관심이 수렴하게 된다.

사회정책의 합리성이라는 것은 특히 조정가능성과 효과성의 측면에서 문제가 될 수 있음을 이미 언급하였다. 여기서는 사회정책이 어떤 목적을 추구하는가가 문제가 아니라 사회정책이 추구한다고 하는 목적을 실제로 달성하는가 만약 달성하지 못한다면 그 이유가 무엇인지가 문제되는 것이다. 이것이 직접적인 사회과학적 문제 제기이다. 지금까지 이 관계를 밝히고자 한 노력들은 본질적으로 정치과정에서 정해진 한계, 즉 사회정책적 행위가 권력관계에 종속되었던 것과 관련이 있었다(Widmaier 1977 참조). 이 논리는 상황이 용이한 경우에도 사회정책이 왜 '사회적'이지 못한가를 밝힐 수는 있지만, 목적달성의 잠재력을 제고하지는 못한다. 즉, 논쟁이 되는 것은 사회정책의 일반적 정당화가 아니라 – 이는 보통 수용된다 – 구체적 사업과 그 결과이다. 사회정책의 '개선'과 '합리화'에 관심을 두는 학문은 따라서 사회정책적 사업과 그 조정 조건 및 효과를 연구하여야 한다.

2.6.2 사회정책적 재화와 생활상황

이러한 연구도 규범적 전제를 갖는다: 특히 국가 행위는 그 결과에 따라 평가되어야 한다는 것을 전제로 하며, 이는 효과통제의 가능성을 통해 모든 합리적 계획이나 정치 권력에 대한 통제가 가능해 지기 때문이다. 조직과 효과라는 시각에서 사회정책을 다루는 것은 사회정책에 대한 효과분석의 조건을 개선하는 것을 목적으로 하는 것이다.

여기서 조직사회학적인 문제, 즉 효과분석적 이론의 실현 가능성과 문제점에 대해서 자세히 살펴보기는 힘들며,[33] 우리는 기본 가정과 방법론상 출발점에 대해서 살펴보고자 한다. 이 이론에서 사회정책이란 일반 주민이나 특수한 인구집단(목표집단)의 생활상황에서 부족한 요소에 영향을 미치기 위해 정치적으로 정당화되고 형식적으로 조직화된 협동체계의 다양한 요소가 공동 작용하는 것이다. 여기서 사회정책은 사회정책적 구상이나 특정 제도의 도입을 위한 정치적 투쟁(politics)이 아니라, 사회정책적 재화의 제도화된 생산형태(policies)와 그 조정조건을 의미한다. '사회정책적 재화'란 목표집단에 속한 사람들의 직접적 이용이 가능하며 그들의 생활상황과 관련이 있는 재화를 의미한다.[34]

---

33) 수행 및 평가연구는 이러한 시각을 진전시킨 1970년대와 1980년대의 주요연구방향으로 볼 수 있다.

사회정책적 재화에는 다음이 포함된다:

– 부여된 권리(예를 들어 근로자, 세입자, 사회보험의 피보험자, 도시계획과 관계되
  는 당사자 등),

– 현금급여(예를 들면 연금, 주택수당, 생계부조),

– 시설에의 접근가능성(예를 들면 사회정책의 기본시설),

– 서비스에의 접근가능성(예를 들면 교육, 건강, 상담시설).

사회정책적 재화 생산의 조정 조건에 대한 분석은 시장과 보통선거라는 제도
화된 통제기제가 목적에 적절한 조정을 성취하지 못하기 때문에 필요하다
(Dahl/Lindblom 1953). 이는 대부분의 참여 및 협상모델에 대해서도 동일하다:
이들은 한편으로는 보통 정치과정의 투입측면과 관련이 있고, 다른 편으로는 사
회정책적 제도가 일반적으로 대상으로 하는 사회적 약자나 그 집단의 이해관계
를 대변하지 못하기 때문이다(Bethusy-Huc 1965: 87). 또한 기존의 급여제공
을 위한 기존의 행정적 (조정)과정도 사회적 약자에게 그들의 권리를 실현하게
하는 기회를 오히려 훼손한다(Kaufmann/Grunow/Hegner 1976). 사회정책적
행위의 목적도 계속 불명확하기 때문에 사회정책 제도의 효과에 대하여 일반적
으로 수용되는 기준을 설정하기 힘들다. 보건, 근로에 대한 권리 내지 교육, 사회
보장, 생활조건의 평등 등 사회적으로 수용되는 정당화 공식들은 성공기준이 불
명확하고 실제 효과도 밝혀지지 않은 제도를 포함하고 있다. 그 결과 특정 사회
정책 제도마다 상이한 '성공' 여부를 결정할 수 있게 하는 세분화된 환류 기제가
없는 것이다.

---

34) 바이서(Gerhard Weisser)에 의해 사회정책에 대한 논의에 도입된 '생활상황' 이란 개념은 좀
    더 사회학적으로 손질되어야 한다. 이 개념은 기본적으로 정책에 의해 영향을 받을 수 있는 인
    간 생존에 필요한 모든 요소와 조건을 의미한다. 따라서 생활상황의 개념은 그 경험적 개념화
    에 따라, 즉 정치적 의도와 제도의 분석 후에 결정된다. 주택정책이 없는 한 주택은 생활상황이
    라는 분석적 개념의 요소가 아니다. 그러나 생활상황의 요소, 그 특징적 형태 및 그 분배가 사
    회정책적 문제정의에 결정적이라는 시각에서 생활상황 개념은 연구전략적 의미를 가진다.

2.6.3 효과분석

효과분석 논의의 출발점은 사회적 생활관계에 대한 정치적 형성의 문제는 조건과 관련된 정책을 통해서 확인 가능하며, 단순히 결정기준을 얻는 문제가 아니라 일정한 변화가 성취되는가의 문제라는 주장이다. 어떤 효과가 있는가는 결국 실천에서 시험해 봐야 알 수 있으며, 사회과학의 기술적 잠재력이 적기 때문에 성공이 확실한 행위에 대한 권고가 금방 가능할 것으로 보이지 않는다. 실험적인 개혁방식을 통해 사회정책 제도를 시험해 보는 것은 가능하고 필요하지만, 이것도 대부분의 제도가 무기한의 법률에 근거하는 독일의 경우 미국에서 보다 힘든 것처럼 보인다(Kaufmann/Schneider/Herlth 1974). 따라서 효과분석에 유용한 방법이 미국에서 발달되었다는 점은 놀라운 일이 아니다. 지금까지의 용어사용에서는 명확하지 않지만 다음과 같이 효과분석 방법들을 구분할 수 있다:

a. **효과(impact)분석(좁은 의미의 효과분석)** : 여기서는 대체로 그 형성에 연구자가 참가하지 않은 특정 제도의 효과를 확인한다. 학문적 연구는 의도된 정치적 행정적 영향력 하에 있는 요인을 고려하여 가능한 효과관계를 재구성하는 것과 관련이 있다. 보통 효과는 종단 연구의 형태로 확인이 되며 실제로는 보통 횡단적 연구를 기초로 가상적으로 시간적 흐름을 재구성하거나 실험상황과 유사하게 현장의 변수를 통제 및 다양화하여 이루어진다. 효과연구는 지금도 독일 사회정책에서 이용 가능한 도구인데, 이는 사회정책 실천과 학문간 협조가 없이도 가능하기 때문이다. 학문쪽에서 효과분석을 시작할 수 있는 것이다.[35]

b. **개입연구** : 개입 연구란 연구자가 의도적으로 연구대상분야에 개입하여 개입에 의해 도출된 변화를 확인하고자 하는 연구전략을 말한다. 이 연구전략은 권력을 전제로 한다. 연구자는 이러한 권력을 보통 위임 받는 형태로 갖게 되는데, 이러한 프로젝트는 연구자와 연구 대상간 지위의 현격한

---

[35] Herlth/Kaufmann/Strohmeier 1976; 1980 참조. 효과연구의 방법에 대해서는 Bisky 1975 참조.

차이를 전제로 하거나(일탈집단은 지금까지 개입연구의 우선적 연구 대상
이다) 연구 현장에서 권력을 가진 행위자의 지지를 전제로 한다.[36]

c. **행위연구** : 행위연구의 우선적 목표는 연구자와 나중에 연구주체가 되어
야 하는 연구 ʻ대상ʼ 간의 지속적인 협조이다. 기본적으로 연구대상은 연구
자와 함께 문제제기와 결과의 해석, 때로는 개별 연구단계의 계획과 수행
에 참가한다.[37]

d. **평가연구** : 여기서는 부분적으로 a부터 c까지 언급된 활동이 포함된다.
이상적인 경우 평가연구는 개입연구와 효과연구의 요소를 연계한다; 즉
통제가능성의 측면에서 상이한 다수의 대상분야에 대하여 사회과학적으로
통제된 개입의 효과를 상호 비교하는 것이다. 수준은 높지만 현실적 또는
재정적인 이유로 하기 힘든 이러한 연구설계는 사회적 관계의 형성과 관련
되는 일반화 가능한 지식을 도출하는데 가장 크게 기여할 수 있다.[38] 그러
나 보통은 개별 사업에 대한 평가에 머물고 있다.[39]

연구자가 경험의 획득을 위해 사회 현장에 개입하는 경우 그 성공기준은 연
구자에 의해 결정될 수 있지만, 실제 사회정책 연구에서 가능한 효과분석의 경우
현실에 대한 해석과 관련시켜서만 실천의 효과기준이 설정될 수 있다. 이러한 효
과기준의 결정에는 규범적인 시각이 포함되며, 이는 연구자가 특정 실천영역에

---

36) 연구대상으로서 조직을 다루는 것은, 연구자가 이 사실을 인식한다면 자동적으로 개입연구의
범주에 든다: 연구를 하기 위한 접촉도 연구자의 개입에 포함된다. 개입연구에 대한 개관은
Kahn 1974 참조.

37) Haag 1972; Moser 1975 참조. 행위 및 개입연구는 연구자의 직접적 통제 하에 효과를 창출
하는 것을 지향하며, 이에 따라 개념적으로 자연과학적 실험에 가깝다. 물론 주변조건과 재생산
의 조건(결국 결과의 일반화 조건)은 보통 불확실하다.

38) 이러한 연구의 종류와 일반화 가능한 평가가능성에 대해서는 취학 전 아동의 지원 프로그램을
2차 분석한 Bronfenbrenner 1974를 참조하라.

39) 평가연구에 대한 개관은 Struening/Guttentag 1975 참조. 특히 사회정책 분야에 대해서는
Rossi/Williams 1972; Thompson 1975 참조. 독일의 정치체계에 대한 평가시도에 대한 개관
은 Derlien 1976 참조. 성과통제의 개념의 명확화에 대해서는 Bohme/Koenig 1976 참조. 평
가에 대한 방법론적 이해에 대한 발전은 Kaufmann/Strohmeier 1981 그리고 본서 4.4 및
4.5 참조.

서의 공식적 및 실질적 목적을 고려한 후 비교적 복잡하고 다단계적인 문제를 재구성하여 얻게 된다(Kaufmann 1977a).

2.6.4 조직간 분석

효과분석은 현실적인 이유때문에 보통 사회정책적 문제 중 특정 영역에 제한된다. 이 경우 연구구상이나 자료해석 시에는 이러한 단편성을 체계적으로 고려하지 않는 오류를 범하기 쉽다. 이를 피하기 위해서는 사회정책의 산출과 관련되는 적절한 재구성이 필요하다. 어느 정도의 범위에서 재구성 할 것인가는 사례별로 결정될 수 있다. 기본적으로 다음의 상황을 고려하여야 한다:

- 정치적인 권한부여 과정(법률, 시행령, 예산안)
- 상이한 공공 및 민간 단체(민간 복지단체)와 시설
- 목표집단에 속하는 사람의 문제상황, 욕구표출, 생각과 능력 및 그 변화

실천을 사회과학적으로 재구성할 때 우선적으로 중요한 것은 위에 언급된 차원의 관계, 즉 한편으로는 정치적 권한부여와 이에 대한 조직화(집행과정으로서), 다른 편으로는 최종 급여를 제공하는 시설과 목표집단에 속한 사람간의 관계(선택 및 상호작용과정으로서)이다.

복합적 관련성 속에서 사회정책적 문제의 해결책을 재구성하고자 할 때 우리는 다단계적 문제해결과정의 시각에서 출발하여야 한다(Kaufmann/Schaefer 1977). 의도된 효과, 즉 특정 개인의 생활상황 요소(예를 들면 집세인상에 대해 성공적으로 대처하거나, 정형외과의사의 진료를 받거나, 교육적으로 능력 있는 선생님이 있는 유치원에 가거나)의 변화는 보통 다양한 담당기관(연방, 주, 광역, 기초단체)에서 역할을 수행하는 사람과 조직이 관련되는 결정 고리에서 맨 마지막을 차지하는 한 부분이다(Scharpf/Reissert/Schnabel 1976). 대부분의 정책영역과 달리 사회정책영역에서는 사회정책 법률의 집행이 연방이나 주정부의 산하기관에만 국한되지 않는다는 것이 특징적이다. 보통 사회보험기관이나 보험의

사협회, 기초자치단체, 상공회의소 또는 민간의 복지기관 등 법률적으로 자립적인 단체도 관련된다. 반면 국가는 직접적인 지시권한이 없고 제한적인 감사권만 가지고 있다. 이제 사회정책적 행위의 조정가능성의 문제는 보다 명확해진다: 합리적인 조정수단으로서 국가의 지시권을 전제하는 것이 이 경우 불가능하다; 국가는 관련 기관들의 자율성에 대한 요구를 염두에 두어야 하며 따라서 법 집행 시 이들 관련자들과 갈등관계에 놓일 수도 있다.

특정 사회정책 제도의 담당 행정기관은 보통 주민들에게 최종 급여를 제공하는 시설(예를 들면 병원, 청소년종합시설)과 다른 것이며, 다수의 경우 급여제공 기관이 지시를 받는 기관(예를 들면 보험의사협회에 대한 의사의 관계)이 아니라는 것을 고려하면, 사회정책적 문제를 다루는 것이 기본적으로 얼마나 복잡하고, 우연적인 것인가를 알 수 있다. 급여를 제공하는 체계가 어느 정도라도 기능 한다는 것이 놀라운 것이다. 무슨 이유에서 혹은 무엇으로 인해 문제해결능력이 좌우되는가? 돈과 법이 일정한 역할을 담당하지만, 조직 내부적 및 조직간 관계에 의해 비연속적으로만 기능 한다는 것을 우리는 알고 있다(Grunow/Hegner 1977). 만약 특정 대상영역에서 사회정책의 효과를 연구하고자 할 경우, 목표집단에 대해 대표성이 있거나 체계적으로 추출된 표본을 대상으로 하는 것 만으로는 충분하지 못하다; 여기서 확인된 효과는 이전 수준에서의 결정과는 전혀 관련 없는 원인에 의해 조건화 되었을 수도 있기 때문이다. 사회정책의 효과는 동시에 조정의 문제, 즉 특정 문제를 해결하기 위하여 제도화된 상이한 조직간의 조정 방식의 문제이다. 이 때문에 사회정책적 문제를 적절하게 재구성하기 위해서는 조직사회학적 및 효과분석적 시각에서 보완하여야 한다. 가장 전망이 밝은 것은 조직간 관계에 대한 체계이론적 재구성인데, 이러한 방식으로 조직의 환경으로 포함되는 수혜자를 고려하여, 한 조직의 산출이 다른 조직에 대해 갖는 관계와 상이한 조직의 산출의 실질적 합이 가장 빨리 재구성될 수 있기 때문이다.

2.6.5 당사자에 대한 고려

이와 관련된 마지막 고찰로서 조직 내 및 조직 간 관계의 네트웍을 연구해 보면, 사회정책 급여의 수혜자 - 그 욕구나 성향, 능력이나 기대 - 는 그 결정과정에 아무런 역할을 하지 못하며, 조직 내 그리고 조직 간 이해의 갈등과 그 조정이 결과에 결정적이라는 것을 알 수 있다. 이 문제는 사회정책 제도가 수혜자의 생활상황의 개선을 위해 만들어 졌고, 적어도 이러한 이유로 정당화된다는 것을 생각하면 더욱 심각한 문제가 아닐 수 없다. 이 배경에는 수혜자들의 생활상황의 개선이 어떤 유용한 부가적인 효과를 낳을 것이라는 기대가 있기 때문이다: 예를 들면 예방교육을 통하여 산업재해가 적게 발생하는 것, 아동에 대한 양육이 개선되는 것, 평생교육의 기회를 보다 많이 제공 받는 것, 현 정부에 대한 만족 등의 부가효과를 기대한다. 게다가 특정 시설이나 서비스를 행정적으로 제공하는 것은 보통 이 서비스나 시설이 비용과는 관계 없이 특정 개인에게 전달되어야 한다는 공공의 관심으로 설명되기도 한다 - 가장 명확하게는 보건과 교육분야에서 나타난다. 이처럼 사회정책 급여의 효과에 대해서는 공공의 관심이 있지만, 사회정책 제도가 당사자에 대한 효과의 조건을 적절히 고려한다고 보기는 힘들다. 따라서 조직분석적 관찰방식이 효과분석적 관찰방식에 의해 보완되어야 하는 것은 큰 의미가 있는데, 이렇게 되어야 의도에 맞는 사회정책적 문제의 재구성이 가능하기 때문이다.

보통 제도화된 사업을 조사하지 않고서는 원하는 효과를 확인하기 힘들다. 그러나 반대로 제도화된 사업에만 의존할 경우 문제해결을 위한 실천의 선택적 시각만으로 당사자의 문제상황을 보는 위험에 빠지게 된다. 이 때 문제를 단순하게 보지 않기 위해서는 특정 사회정책 제도가 만들어진 근거가 되는 정치적 및 규범적 정당성을 다시 살펴보아야 한다. 일반적으로 사회정책적 행위의 정낭화 공식에는 추상적 형태로라도 기대되는 당사자의 이해관계와 특정 제도의 공식적 목적이 포함되어 있다. 이들을 문제정의에 포함시킬 경우 공식적인 목표를 효과 설정의 기준으로 관찰하게 되며 이를 통해 당사자의 시각이 직접적으로는 포함되지는 않지만 적어도 조직 외부적인 기준을 갖게 되는 것이다. 이외에도 학문적 문제재구성의 과제에는 당사자의 욕구와 이해관계를 해석하고 조사하는 것이 포함된다.

실천적 문제정의에 대한 관련을 잃지 않으면서 '조직적 관점'을 벗어나는 다른 가능성은 개별 문제해결 단계의 목적을 보다 포괄적인 목적에 대한 정의로 상대화 하는 것, 즉 예를 들면 의료보험조합과 보험의사협회의 결정을 의료행위의 조건과 의사와 환자간 관계에 대한 작용의 시각에서 다루는 것이다. 이 때 포괄적인 해석학적 목적 공식은 사회적 가치인 '건강'이 되는데, 이는 비록 추상적이기는 하지만 모든 관련자들에게 부정될 수 없는 가치이다. 이 정당화 공식이 자의적으로 되는 것을 피하기 위해서 물론 개별 연구별로 구체적으로 특성화되어야 한다.

이러한 시각에 따르면 '공식적인' 사회정책적 목표는 이데올로기로 폄하 되는 것이 아니라 반대로 일반적으로 수용되는 사회정책 행위의 정당화 공식이 되며, 동시에 부족하다고 판단되는 생활상황 요소를 대상으로 하는 문제 재구성의 출발점이 되는 것이다. 아직까지는 일반적인 문제제기(예를 들면 '신체장애인의 재활')도 제도화된 실천에서의 문제해결과 그 필요성을 이론적으로 재구성하는 형태에서 개념화 되어 조작 가능한 성공기준이 도출될 수 있다.

2.7 | 요약

여기서 서술된 접근방식을 기초로 할 때 사회정책적 문제제기의 합리적 재구성은 세가지 연구단계를 전제로 한다:

1. 문제에 관련되는 이해관계와 영향을 받을 가능성 등 그 규범적인 (정당화하는) 전제와 관련 문제에 대한 기존의 (학제간) 지식을 포함하여 영향을 받게 될 문제의 맥락을 해석하는 것, 즉 실천적 지향의 시각에서 해결될 문제를 재구성하는 것.

2. 문제처리, 프로그램 구조, 통제구조, 의사소통구조 및 인사구조의 조직화
   된 행위맥락과 문제해결에 관련된 조직간의 관계를 분석하는 것.

3. 문제처리의 다양한 단계의 효과와 문제의 해석과 관련하여 그 일관성을 연
   구하는 것.

　이러한 세 가지의 분석이 성공하는 만큼 우리는 사회정책 문제에 대한 이론을 가지게 되며, 이 이론들은 실현된 실천적 문제해결의 효과에 대한 비교연구의 준거틀이 될 수 있다. 이론들은 상이한 문제해결 단계에서 서로 연관되는 효과기준을 설정하고, 상이한 문제해결에 대한 시도를 평가하며 합리적인 사회정책에 대한 기대를 명확화 하는데 도움을 준다.
　이러한 효과결정의 기초가 있어야 현재에는 '값비싼 사회비용'이라고 논의되는 사회정책 제도의 효율에 대한 문제를 제기하는 것이 비로소 의미를 가질 수 있다. 효과문제는 우선 사회학적인 문제이며, 효율 및 경제성 문제는 경제학적 문제이다. 사회정책 문제의 사회학적 재구성은 따라서 경제학에 우선되어야 한다. 이 생각이 맞다면 사회정책적 문제해결의 효과에 대한 질문은 전망이 밝고, 현재의 실천에 비추어 보더라도 절대로 사회학적 작업에 의해 비판되지 못하는 분야가 아니다. 권력이 있는 사람은 정책을 단순한 상징으로 사용하는 것에 관심을 가지기 때문에, 특정 정책영역을 명확화하고 부족한 효과성을 밝히는 것은 보통 정치적으로 '바람직' 하지 않다. 효과를 고려하는 것은 실천을 변화시키는 것에 도전하는 것이며, 이는 대개 많은 저항 없이 이루어지기 힘든 과정이다.

제 3 장

사회정책 개입에 대한 사회학 이론의 요소 *

기존의 정책에 대한 이해는, 일반적으로 정책에서 설정된 목표 달성을 위해 필요한 수단이 사용된다면 달성되는 것이 당연하다는 것에서 출발하였다. 60년대 초반에야 비로소 – 우선 미국에서, 1969년 이후에는 독일에서도 – 정책에 대한 새로운 이해가 등장하였는데, 정책적으로 바람직한 효과가 성취되도록 하는 것이 문제로 설정되었다. 정책은 더 이상 행위이론적 시각에서 단지 조건, 목적, 사업 등의 관계로서가 아니라, 체계이론적 시각에서 각 단계간 상당한 정도의 (선택적) 우연성(Kontingenz)에 의해 특징 지워지는 다단계적인 '정치적 과정'으로 이해되게 되었다. 이러한 정책에 대한 새로운 이해로 인하여 사회과학에는 수많은 연구분야가 새로이 등장하게 되었는데, 여기서는 정책학, 사회지표운동, 평가연구, 수행연구 등 제목만 언급하고자 한다[40]. 이러한 연구분야는 보통 정책

---

* Staatliche Sozialpolitik und Familie, hrsg. von Franz-Xaver Kaufmann. (Soziologie und Sozialpolitik, Band 2) Verlag Oldenbourg, Muenchen-Wien 1982, S49-86에 게재되었음. 여기서는 일부 생략되고 표와 이에 대한 설명이 첨가되었음.

40) 영어개념을 사용한 것은 응용관련 사회과학의 이러한 운동의 기원이 미국에 있음을 보여주기 위한 것이다. 유럽에서 미국의 이론들을 수용할 때, 특히 사회정책분야에서 현저하게 나타나는, 정책의 상이한 제도적 전제들을 일반적으로 고려하지 않고 있다. 미국에서는 대부분의 사회정책관련 법이 처음부터 한시적이며 따라서 독일에서보다 쉽게 수정 가능하다. 이러한 차이에 대해서는 여기서 자세히 다룰 수 없으며, 유럽, 특히 독일의 상황이 본 논문의 이론적 시도에 대한 주된 경험적 배경이 된다.

의 개별 과정(내지 정책 프로그램)이 분리 가능하다는 것과 상당히 단순화된 생각을 전제로 하였는데, 최근에는 상호 의존적 정치과정이나 프로그램에 대한 보다 복잡한 생각에 의해 대체되고 있다.

이러한 발전은 정책에 대한 학술적 이해의 진보뿐 아니라 정책과 관련된 실질적인 변화에 기인한다. 20세기 이후 국가활동의 획기적인 확대경향으로 인해 국가 행정이 지속적으로 성장하였으며, 이로 인해 기존의 정치적 의지형성(정책결정)의 능력을 넘어서는 조정 및 협력 문제가 발생하게 된 것이다. 그리고 국가 활동이 특정 활동분야와 관련하여 확대됨으로써 개입의 밀도가 높아지고 정치제도의 실질적 상호의존성이 높아져서 그 효과가 통제 불가능한 방식으로 강화되거나 중화(中化)되게 되었다. 다시 말해 정책 과정의 실질적 효과사슬이 한편으로는 길어지고, 다른 편으로는 복잡하게 된 것이다. 정치적 행위자가 목표를 설정하고, 제도를 결정하고, 이를 통해 정책적으로 의도된 효과를 발생시키는 정책모델은, 절대적 영주에 의한 지배라는 역사적 상황에서는 적절하다. 그러나 이 모델을 민주적으로 선출된 의회의 결정에 적용할 경우 시대에 맞지 않게 된다. 혁신적이고 목표지향적 정책의 작용분야는 이해관계와 적대적인 권력관계뿐 아니라 점차 이전 정책 결정의 결과에 의해 좁혀지고 있다.

이러한 상황은 정책을 사회과학적으로 다루기에 아주 좋은 기회를 제공하는데 현실 정책의 조정 필요성에 따라 전체에 대한 개관과 새로운 절차가 필요하게 되었다. 이에 따라서 정치 협상에서의 적절한 관계와 정책 수단이 작용하는 다양한 분야의 특성에 대한 복잡한 생각을 발전시킬 수 있도록 체계화와 일반화가 요구되는 것이다. 정책자문에 대한 필요성은 - 짐작컨대 - 관련 학문분야에 대해 이론 형성 및 경험 연구에 새로운 자극을 주게 될 것이다. 학문체계 내부에 있는 응용지향 연구에 대한 (정치적 도구화에 따른 이해관계를 고려할 때 타당한) 저항을 고려하더라도 지금까지 정책과 관련된 사회과학의 결실은 실망스러운 것이다. 이론적 측면에서의 비판적 입장 내지 고도로 추상적인 체계화 시도와 경험적 측면에서의 귀납적인 일반화 시도 사이에 응용관련 기초연구라는 개념으로 표현되는 광범위한 분야가 놓이게 된 것이다(Kaufmann/Lohan 1977: 280ff). 응용

관련 기초연구의 목표는 실질적 문제의 해결에 직접적으로 기여하는 것이 아니라, 학문적 및 실천적 경험의 구체적 형태가 합리적인 문제해결에 투입될 수 있도록 이론적 전제조건, 즉 개념적 및 방법론적 전제조건을 설정하는 것이다.

정치–행정적 실천의 사회과학적 설명 및 체계화의 성과가 적은 것은, 연구활동이 부족했다라기보다는 연구분야 자체의 간계(奸計)에 의한 것으로 설명될 수 있다. 이는 이미 잘 알려진 것처럼 조직이나 그에 속하는 사람이 외부인사에 의해서 연구되어지는 것에 대한 저항을 의미하는 것이 아니다. '연구대상의 간계'는 오히려 이미 언급된 실질적 복잡성, 즉 다양성과 상호의존성에 기인했다. 정치 – 행정적 현실에 의해 강조되는 모든 사례의 특수성과 '정치 과정' 이론의 일반성 사이에서 – 그리고 현실의 재구성을 위하여 사회과학적 개념을 추상화하고 동시에 현실에 적절한 문제설정을 인지적으로 중개 가능케 하는 – 중간 정도의 추상 수준을 찾기란 아주 힘든 것이다. 사회정책의 사회학적 개념화와 사회정책적 개입형태의 체계화에 대한 이후 서술은 이러한 방향으로 나아가기 위한 하나의 시도이다.

3.1 | 사회학 이론의 대상으로서 사회정책적 개입

앵글로색슨 및 프랑스 언어권과 달리 독일에서 '사회정책'이란 용어와 학문분야는 이미 100년 이상의 전통을 가지며, 이 대상에 대한 학문적 품위에 관해서는 새로운 언급이 필요 없을 것이다. 그러나 '사회정책'이란 개념 정의를 위한 다양하고 새로운 시도는 조심스럽게 이루어져야 한다. 우리가 사회정책(사회에 대한 정책[Gesellschaftspolitik] 또는 국내 정책 내지 가족정책, 건강정책, 사회보험정책 또는 교육정책 등이 아니라 사회정책[Sozialpolitik])을 응용관련 사회학 이론형성의 출발점으로 삼는 정당한 이유는 무엇인가? 중요한 논거는 다음과 같다.

1. 용어사적으로 '사회정책' 개념은 19세기 중반 사회과학의 형성을 배경으로 시장이 지배하는 사회 내의 '개인영역'과 법치국가적 '공공부문'의 중개를 표현하기 위하여 등장하였다(vgl. Pankoke 1970: 특히 177ff). 따라서 이 개념은 역사적으로 사회이론적 맥락을 갖고 있다.

2. '사회정책' 개념은 학문분야와 실천분야에 이미 확고히 자리잡았으며, 실천측에서는 비록 한시적으로나마 사회보장 분야로 의미가 축소되기도 했지만 지난 십 여년동안 다시 분야가 확대되어 (예를 들면 지방자치단체에 의한 사회정책에 의해) 학문측에서의 개념 범위와 유사하게 되었다. 이 개념은 지난 20년 동안 국제적으로도 자리잡게 되었다.

3. '사회정책' 개념은 정책 관찰 시 중간적 추상수준을 갖추고 있다. 즉 '정책' 또는 '사회에 대한 총체적 정책(Gesellschaftspolitik)'처럼 일반적이지 않으며, 반면에 제도적 경계를 통해 직접적으로 '가족', '청소년', '근로자보호', '교육', 또는 '보건' 등과 같이 그 영역이 확인가능할 만큼 구체적이지도 않다.

4. '사회정책'의 다양한 부분영역에 대해서 이러한 수준에서의 이론적 재구성을 정당화하는 공통적인 사회학적 특징을 거론할 수 있다.

마지막으로 언급된 논거를 논증하는 것이 바로 본 논문의 직접적 대상이 된다. 역사적으로 '사회정책'이라 일컬어진[41] 다양한 형태는 법학에서는 보통 '노동법 및 사회법', 경제학에서는 '분배정책' 또는 '이전경제'라는 제목으로 다루어지고 있다. 정치학과 사회학에서는 사회정책이 분야의 명칭으로 사용되며, 경제학에서의 분배이론적 시각에 견줄 만큼(Liefermann-Keil 1961; Griliches u.a. 1978) 일반적으로 인정되는 이론적 시각이 없다.

---

41) 독일에 대한 최근의 개관은 Frerich/Frey 1996; Lampert 1980/1998: 17-115; Schmidt 1998; Hockerts 1998 그리고 Bundesministerium fuer Arbeit und Sozialordnung und Bundesarchiv 2001 참조.

3.1.1 규범적인 시각에서 효과분석적 시각으로

기존의 사회학 및 정치학 이론[42]을 비교할 경우 '사회정책'이 국가 정책의 부분이나 영역으로 개념화 된다는 데에는 대부분 일치하고 있다. 이것은 역사적으로 사회정책이 국가와 사회 간의 관계에 관련 되었다는 것과 '산업적' 또는 '지방자치단체의' 사회정책이라는 용어에서는 사회정책 제도의 비국가적 행위자가 드러난다는 것을 감안하면 당연한 것이 아니다. 실제로 국가적으로 시행되는 제도가 광범위하게 비국가적, 즉 국가 기관의 지시에 묶이지 않는 기관(사회보험, 민간기관, 지방자치단체 등)에 의해 수행되며, 국가적 및 사회적 조정이 논쟁적이라는 점은 독일 사회정책에서 끊임없이 볼 수 있었던 경험적 특성이다.

그럼에도 불구하고 이론적 발달을 위해 국가를 사회정책의 출발점과 정치적인 결정점으로 받아들일 필요가 있는데, 이를 통해 국가가 다른 사회정책 수행기관(그리고 그 배경이 되는 사회적 이해관계)에 대해 갖는 관계에 근거해 논쟁이 되는 국가의 조정 범위가 연구될 수 있기 때문이다.[43]

사회정책은 국가의 다른 정책 형태와 어떤 점에서 구분될 수 있는가? 사회정책을 특별히 다루는데 대한 정당성은 무엇인가? 이 점에서 – 사회정책에 대한 다양한 정의나 해석시도가 보여주듯 – 연구자간의 견해가 상당히 다르다.

개념에 대한 논의를 더 상세히 다루지는 않겠지만, 기본적 지향을 다음과 같이 구분할 수 있다:

1. 제도 지향적 구분: 실천관련 문헌에서 자주 쓰이며, 제도별로 담당기관을 기준으로 구분한다. 이 구분은 이론형성 시 추상화의 시각이 유용한지를 경험적으로 검토하는 데만 유용하다.

---

42) 독일어로 된 부분적으로 경쟁적이지만, 보완적인 이론으로는 Murswieck Hrsg. 1976과 Ferber/Kaufmann Hrsg. 1977에 수록된 논문을 참조하라.
43) 독일과 같은 연방국가의 경우 국가란 주어진 권한에 따라 중앙국가(연방) 또는 지방국가(주정부)를 의미하며, 어떤 경우 두 차원 모두를 고려한다.

2. 목적 내지 가치 지향적 구분: 사회정책 정의를 위한 오래된 추상화 시도의
   대부분은 사회정책 제도의 규범성을 지향하는데, 예를 들면 사회정책을 자
   유, 복지, 사회보장 또는 사회정의를 목적으로 하는 정책이라 정의한다.
   목표설정의 내용을 보다 추상화 한 정의로는 쯔비디넥-쉬덴호르스트
   (Zwiedineck-Suedenhorst)를 들 수 있다: "사회정책은 사회적이라는 것
   을 목적(의 일부)으로 의식하는 실질적인 행위와 실천적인 의지를 포함한
   다" (1911: 37).

3. 사회정책의 규범적 정의에 반대하는 입장에서는 정치적 행위자간에 규범
   적인 시각과 목적은 서로 다르며, 연구자도 기초가 되는 규범적 입장의 유
   효성과 강제성을 인식하는 것이 불가능하다고 비판한다(Lehnhardt/Offe
   1977: 100). 대신 사회정책을 사회적인 기능에 의해 정의하는 것, 즉 사회
   정책이 특정(구체적으로 자본주의) 사회 형성의 맥락에서 수행한 성과에
   의해 정의할 것을 제안한다. 예를 들면 작세와 텐스테트(Sachße/
   Tennstedt 1980: 14)는 렌하르트와 오페에 이어 사회정책을 "임금 노동
   의 특수한 형태에서 투입 가능한 노동력의 양을 생산, 유지, 보장하기 위한
   국가 제도의 총합"이라고 정의한다. 물론 이러한 기능적 정의 시도에서 어
   떠한 기능에 대한 결정도 기능이 결정될 준거가 되는 유기적인 연관에 대
   한 가정을 전제할 수밖에 없다는 반론이 제기될 수 있다. 그러한 '준거틀'
   의 결정시에는 (흔히 감춰진) 규범적인 결정에 의해서만 전환될 수 있는 다
   양한 선택가능성이 있는 것이다. 위의 '기능에 따른 정의'의 상대적 자의
   성은, 예를 들어 수급 자격자의 범위가 점차 자영자나 비근로 활동자로 확
   대되거나 수급자격이 비자영 근로관계 뿐 아니라 시민권자로 확대되고 있
   다는 것을 고려하면 확인될 수 있다. '기능' (부분체계의 그 상위 단위에 대
   한 관계)과 '성과' (부분체계의 다른 부분체계에 대한 관계) (Luhmann
   1981: 81ff)의 구분을 통해 이러한 생각을 더 명확히 할 수 있다. 분명히
   사회정책은 사회적 연관의 유지에 기여했지만, 단순한 안정화가 아니라 생
   산 및 재생산 관계의 전환에 기여한 것이다(Heimann 1929). 사회정책이
   - 뒤에서 서술하겠지만 - 주민의 생활조건과 관련된 상이한 기능적 부분

체계의 성과와 관련되기 때문에 '전체에 대한' 기능은 상대적으로 모호하거나 중첩된다. 그러나 성과는 서술 또는 설명될 수 있다.

4. 그러나 국가정책 방향의 특수한 차이는 규범적일 뿐 아니라, 인지적 전제에 따라 정의될 수 있다. 우리는 사회정책이 어떤 상황에 작용하거나 작용할 수 있는지를 물어봄으로써 작용분야를 기준으로 사회정책을 정의할 수도 있다. 이러한 정의에 대한 노력도 오랜 전통을 가지고 있다. 사회정책의 경제적 시각은 아직도 바그너(Adolph Wagner)의 고전적 정의인 "분배과정에서 발생한 폐해를 입법수단을 통해 제거하고자 하는 국가의 정책"(1891: 4)을 참조하고 있다. 보르키비즈(Bortkiewicz)의 "사회정책은... 입법과 행정으로 표현되는 사회적 적대감에 대한 국가의 입장"(1899: 334f)이라는 정의는 사회학적으로 보다 잘 표현된 것처럼 보인다. 수많은 사회정책 이론가들은 그를 좇아 사회정책의 작용분야를 상이한 계급 또는 집단 간 관계라고 보았다. 이와 대조적으로 복지를 강조하는 신진 연구자들은 개인이나 집단의 경제적 및 사회적 위치 또는 '생활상황'이 사회정책의 원래적 작용분야라고 주장한다.[44]

정책적으로 바람직한 효과(동시에 바람직하지 않은 부작용은 배제)를 도출하는 것이 관건이라고 생각하는 새로운 정책이해의 시각에서는 맨 마지막에 언급된 관찰방식을 이론적 고려의 출발점으로 삼는 것이 바람직하다. 이를 통해 우리는 이미 베버(Max Weber)가 사회정책에 대한 학술적 작업 시 제시한 요건을 갖출 뿐 아니라 나아가 정치, 경제 및 사회학에서의 새로운 발전에 직접적으로 연관되며, 동시에 오래된 사회과학적 전통과도 관련성을 갖게 된다.

---

44) 바이서(Weisser, 1959: 635)는 '생활상황'이라는 개념을 "장애가 없이 철저한 자기의식을 가진 개인이 삶의 의미로 보는 인간의 기본적 관심사의 성취를 위해 외적 상황이 제공하는 활용 공간"이라고 보았다. 이 개념의 발전에 대해서는 Moeller 1978; Clemens 1994를 참조하라.

3.1.2 '사회적 관계'에 대한 국가의 개입으로서 사회정책

이미 언급한 바와 같이 '사회정책'의 개념은 헤겔(Hegel)의 국가와 시민사회로의 구분을 배경으로 하여 19세기 중반 다양한 정치적 성향을 가진 사상가들에 의해 사용되었다.[45] 이와 관련하여 언급되어야 할 독일 사회과학의 창시자들 - 릴(W.H. Riehl), 바더(F.v. Baader), 몰(R.v. Mohl)과 슈타인(L.v. Stein) - 은 사회라는 개념과 사회문제를 해결할 수단에 대해 이견을 가졌다. 그러나 이들의 사회문제에 대한 정의는 상이한 소유관계에 의해 조건화 된 사회적 불평등과 그로 인한 무산 대중의 궁핍화라는 점에서 대부분 일치하였다. 이에 따라 사회정책은 국가가 사회 관계에 대해 개입하여 사회문제를 해결하는 것과 관련 있었으며, 몰과 슈타인은 서로 다른 점을 강조하여 그 사상을 발전시켰다(vgl. Angermann 1962; Boeckenfoerde 1963/1976). 그러나 국가의 사회정책 실현 가능성은 사회적으로 불리한 집단이 국가에 영향력을 발휘할 수 있는 만큼만 현실화될 수 있다. 따라서 보통선거법의 의미와 '국가'와 '사회'의 중개로서의 사회정책 정의가 강조된 것이다. 오늘날 우리는 체계이론적 관찰 방식을 가지고 (1) 선거권자와 정치 (2) 정치와 행정 (3) 행정과 대중 등의 관계를 구별하여 국가와 사회세력간 이중 관계를 명확하게 구분하고, 정치적 프로그램의 형성에 영향을 미치는 사람이 반드시 수혜자와 동일하지는 않다는 것을 분명히 하고 있다.

한 국가의 외교정책의 작용분야는 국제 관계 내지 관계가 발생하는 정치적 맥락에 있다. 경제정책의 작용분야는 시장 정향적으로 조정된 경제 체계라 볼 수 있다. 이 때 경제정책이 구분되는 것은, 자본주의 사회에서 경제적 재화의 생산과 분배가 시장지향적으로 조정되는 부분체계로 세분화되었기 때문에 가능한 것이다. 그러나 사회정책의 작용분야는 어떻게 경계지을 것인가? '사회 (Gesellschaft)'라는 용어가 오늘날 국가를 포함한 '총체적 연관'을 일컫는 것이라는 데 일치하고 있기 때문에 사회정책의 작용분야는 더 이상 헤겔의 (국가와 구분된) 사회개념과 동일시될 수 없다. 이러한 사회정책 작용분야의 모호함은 '경제'와 같은 부분체계에 통일적인 맥락이 없기 때문이다. 사회정책 제도의 수

---

45) 여기에 대해서는 Kaufmann 2001a: 12ff를 참조하라.

혜자는 '경제적 또는/그리고 사회적으로 절대적으로나 상대적으로 약자인 다수의 '개인'이지만 상이한 수준에서 사회적으로 조직화되었거나 분리되어 있으며, 이들 다수의 개인을 보다 면밀히 관찰할 경우 특정 사회적 특성(예를 들면, 근로자, 부모, 환자, 학생 등)의 시각에서만 수급자격이 주어지고 수혜대상이 되는 것이다.

이미 보편적인 용어 관습에 따라 우리는 사회정책의 작용분야를 기술적 및 규범적 요소, 즉 '인간 간의' 그리고 '평등 및 정의를 지향하는'의 의미가 결합된 의미를 가진 '사회(적) 관계'라 칭하고자 한다. '사회적'이라는 용어를 선택한 것은 의도적인데, 이는 근대 사회 관계(동등한 권리를 가진 인간간 관계로 개념화 되는)의 본질적 요소를 포함하기 때문이다. '사회 관계'란 자연인의 생활관계를 특정 역사적 조건 하에 주어진 사회적 가능성의 시각, 특히 비교가능성의 시각에서 보는 것이다.[46] 이 때 비교 가능한 것은 사회적으로 정의된 지위특성의 범주나 참여가능성의 범주(생활상황의 특성: 근로관계, 소득, 주택관계, 의료보장, 이의제기나 근로자 참여권리 등)에 따른 자연인이 된다. 특정 지위특성에 특정 참여가능성의 결핍이 나타나고(이는 항상 정상 수준 또는 다른 지위그룹과의 비교를 함축한다) 정책적 제도가 이러한 결핍을 제거하고자 할 때 사회정책적 제도라 불리는 것이다.[47] 이 개념은 일단 분석적 목적을 위한 것이다. 이 개념은 대부

---

46) 사회이론적으로 참여가능성의 조정이란 주제는 융합(linklusion)이란 주제로 전환될 수 있다: "이에 따르면 모든 개인은 모든 기능분야에 대하여 접근할 수 있어야 한다. 모든 사람은 법적 능력이 있고, 가족을 이룰 수 있고 정치 권력을 행사하거나 통제할 수 있어야 한다; 모든 사람은 학교에서 교육 받아야 하며 필요한 경우 의료를 제공받으며, 경제활동에 참여할 수 있어야 한다. 융합의 원칙은 한 사람이 어느 하나 또는 단지 하나의 집단에 속하기 때문에 발생하는 연대를 대체한다"(Luhmann 1980: 30f; vgl. Parsons 1972: 32ff). 루만(1981)이 이미 서술하였듯, 융합의 원칙은 모든 복지국가적 동력의 기초가 된다. '사회적 관계'라는 개념에는 – 맑스의 생산관계 개념과 유사하게 – 그 생존을 위해 인간이 맺어야 하는 불가피하며, 의지와 무관한 관계(Marx 1859: 8)를 함축하고 있다: 노동관계 또는 세입자 관계로서, 직업단체 또는 사회보험 등의 가입자로서, 사회복지 서비스의 수급자 또는 행정기관의 대상으로서 자급자족의 가능성이 점차 사라짐으로써 이 관계를 맺게 되는 것이다. 이 때 (맑스는 언급하지 않았지만) 이러한 관계의 선택 시 다양한 가능성이 있을 수 있지만, 근대의 참여형태에 전형적인 형식성 때문에 그 의지와 무관하다고 볼 수 있다.
47) 따라서 '사회적 그룹간 관계'라는 작용분야에 대한 이전의 정의와 생활상황 간에는 모순이 없다. 두 개념 모두 연관된 현상의 상이한 면을 보여주는 것이다. 이전의 정의는 보통 노동자문제로부터 출발하여 사회정책을 사회적 계급 또는 집단으로서 노동자의 참여가능성의 확대로 보고자 하였다. 그러나 근로자 지위와 관련된 참여가능성이 개선되면서 표면적으로는 '계급성격'이 없어지게 되었다, 즉 사회적 연결이 보다 복잡해지자 근로자와 비근로자를 다른 지위특성(예를 들면 교육 받을 권리를 가진 자 또는 60세 이상 노인)으로 분류하게 되었다.

분의 사회정책 제도의 공식적 의미를 포괄하지만 (예기치 못한) 다른 효과나 의
도가 나타날 수도 있다. 예를 들어 조직능력이 있는 다수의 개인과 관계 있을 때
는 참여가능성의 개선에 따라 보다 거대한 권력집단의 등장이라는 정치적 부작
용을 수반할 수 있으며, 이는 또한 개별 행위자가 의도한 것일 수도 있다. 우리가
정책 제도 중 사회적 약자 집단의 참여가능성을 높이는 것을 사회정책 제도라고
본다면, 이는 정책 제도의 일차적 적용분야가 참여가능성의 영역에서 찾아져야
함을 함축한다. 예를 들어 경기부양정책으로 사업체의 경제 여건을 개선하는 목
적 외에 일자리 창출도 기대하였다면 참여기회(가능성)가 제공되었다는 점에서
이를 사회정책적이라고 볼 수는 있지만, 우리의 분석 개념에 따르면 경제정책적
제도의 부수 효과일 뿐이다.

3.1.3 다단계적 과정으로서 사회정책적 개입

지금까지 언급된 효과지향적 관찰방식과는 다른 시각에서 우리의 논의와 관
련하여 제기되는 비판은 과연 "국가의 행위가 사회 관계에 작용할 수 있는가?"이
다. 즉 "국가 행위가 본질적으로 사회적 관계를 결정하는 사회적 조건에 영향을
미치는 것에 국한되는 것은 아닌가?"라는 질문이다. 이에 대한 대답은, 초기 사
회정책에서 국가 개입은 국가로부터 자유롭다고 생각된 '사회적 공간'에서 이루
어졌지만, 사회정책이 발전된 결과 이로 인해 사회 계급과 집단간 관계가 영향을
받게 되었다. 사회정책 제도로 말미암아 사회적 관계가 변화되고 사회정책의 필
요성도 변화하게 된 것이다. 다양하게 발전된 사회정책은 그 자체가 사회적 관계
의 요소가 된 것이다(Achinger 1958). 이로 인해 어느 정도 이미 확고해진 사회
정책 제도가 국가개입의 새로운 대상이 되었다, 즉 확대, 수정 그리고 폐기 되었
다. 사회정책 담당 행정기관도 - 사회정책 수급자에 의해 조직된 집단과 유사하
게 - 정치적 결정과정에 적지 않은 영향을 미치게 된 것이다.

이처럼 위에서 언급된 분석적 어려움을 극복하기 위해서는 이미 이론적 논쟁
에 소개된 새로운 두 시각, 즉 정치 과정의 다단계성에 대한 정치학적 시각과 사
회적 현실의 상이한 차원에 대한 사회학적 구분을 접목시킬 필요가 있다. 정치과

정의 다단계성에 대한 생각은 정치에 대한 체계이론적 관점과 관련하여 발전되었다(첫 시도는 Easton 1965a, b). 기본적 생각은 (원칙적으로 권력분리에 기초한다) 정치와 행정의 구조적 분리지만, 이들은 정보처리 과정상 광범위하게 상호 관련되어 있다고 보는 것이다. '정치체계'의 산출 (예를 들면 법률)은 '행정체계'의 투입이 된다. 전자는 후자의 정보와 성과에 의존하고, 후자는 다시 정치적 결정과정에 대한 투입 또는 환류 기제(이에 대해서는 Deutsch 1963)로 개념화 된다.

이 단계적 관찰방식은 다단계적으로 발전될 수 있다. 정치 및 행정체계 내에서도 구조적으로 산출-투입 그리고 환류 관계로 연결되는 세분화된 부분체계를 확인할 수 있다. 이러한 방식은 기획이론에 영향을 주게 되는데, 이후 다단계적 기획의 문제로 다루어졌다(vgl. Luhmann 1968; Ozbekhan 1969). 그 농안 발전된 정책집행에 대한 강조는 국가 제도가 다양한 관계에 대한 개입이란 점에서 개념화 되고 결정될 뿐 아니라, 정책결정자 아닌 다른 행정담당 기관이나 시설에서 집행할 수 있다는 것을 보다 면밀하게 관찰한 결과이다(vgl. Pressman/Wildavsky 1973; Scharpf et al 1976). 이에 따라 정치과정에 대한 이전의 규범적 입장과는 다른 시각이 나타나게 되었다. 행위이론적 입장에서 목적-수단 관계에 따르는 정책 개념 대신 한편으로는 정치적 생각('목적', '강령')이 구체화되어 제도로 대치되고, 다른 편으로는 각 단계 – 즉 관련되는 각 체계 – 에 (목적의 변화, 집행상의 부족 또는 부정적 결과 등의 형태로) 영향을 주는 요소를 고려할 수 있는, 다단계적으로 정치과정을 파악하는 체계(간)이론적 입장이 나타나게 된 것이다. 이 문제는 우선 집행연구라는 제목 하에 다루어지고 있다(Windhoff-Heritier 1980; Mazmanien/Sabatier 1981). 그러나 정치과정에 대한 경험연구를 통해 정치적 기획과 정책 집행의 분리가 과장되었을 수도 있다고 밝혀지기도 하는데, 이는 두 영역간에 충분한 연계가 있어야 효과적인 정책이 가능하다는데 근거한다. 따라서 정책집행문제를 조정이론적 시각에서 보다 포괄적으로 관찰하고자 하는 시도가 이루어지고 있다.[48]

---

48) 이런 내용을 마인츠(Mayntz 1980: 14ff)는 '정책 프로그램의 집행'이란 연구보고서에서 서술하고 있다. 1981/82 학술연도에 빌레펠트 대학의 학제간 연구소에서는 국제 연구그룹이 조직되어 '공공부문의 조정과 효과통제'라는 주제를 다루었다(vgl. Kaufmann/Majone/Ostrom Hrsg. 1985). 쾰른의 사회연구를 위한 막스 플랑크 연구소에서는 1988년 이후 이 주제를 체계적으로 연구하고 있다(vgl. Mayntz/Scharpf Hrsg. 1995).

사회 현실을 다차원적 현상으로 개념화 하는 것은 구조기능주의 입장에 기인한다. 파슨스(Talcot Parsons)는 '사회구조의 네 가지 조직차원'을 구분하였고 이를 근거로 AGIL 모델의 기능적 요건을 분석하였다.[49][*] 파슨스는 이러한 조직차원이 위계적 결정과 관계있다고 보았는데, 즉 사회적 차원의 구조와 과정이 '제도적 차원'에서 가능한 것을 결정하며, 이것이 다시 '주변적 차원'을 결정하며, 또한 후자가 '기술적' 또는 '기초적' 차원을 결정한다고 보았다. 파슨스에 의하면, 근대 사회에서 전체 사회적 차원은 주로 (더 이상 종교적이 아니라) 정치적으로 문제제기가 이루어지는데, 바꾸어 말하면, 전체 사회에 대한 조정이라는 지위가 정치체계에 주어지며, 그 규범적 및 사실상의 능력에 대해서는 문제가 제기되지 않는다. 이는 예전의 정치 이론에 대한 시각과 유사하다.[50]

파슨스가 주장한 사회이론을 발전시킨 루만은 파슨스의 중앙화 된 사회적 통합기제의 형성에 대해서 다른 입장을 취하는데, 사회적 진화 과정에서 분화된 '기능체계'(국가, 경제, 가족, 종교, 학문, 교육 및 보건 등)의 상대적 자립화와 사회구조(사회적, 조직적, 상호 작용 차원으로 구분됨)의 다양한 차원에서 증가된 독립성을 주장한다(Luhmann 1975). 이미 우리가 정책과정 이론에서 살펴본 것과 같이 복합적 이론모델을 형성할 필요성이 나타난다. 다음에서는 루만의 세 가지 차원의 개념을 살펴보되, 파슨스가 도입한 (물론 강조점이 다르기는 하지만) '제도적 차원'과 복잡한 사회학적 분석에 불가결한 '개인 차원'을 추가적으로 고려하여 살펴본다(vgl. Kaufmann 1982b: 256ff).

루만은 한 저서에서 복지국가의 기능문제를 다루면서 "사회국가라는 고전적 개념은 오늘날 자기해체를 경험하고 있다"(Luhmann 1981: 7)고 진단하였다. 복지국가의 정치 이론을 발전시키려는 그의 시도는 가능한 한 정치적인 것(의무

---

49) 다음에서 서술되는 것은 Parsons(1959)의 요약을 바탕으로 한 것이다. 또한 Parsons/Smelser(1956)와 Johnson(1961: 214ff)의 명확한 해석을 참조하라.

* 역자 주: AGIL 모델은 적응(Adaptation), 목표설정(Goal Attainment), 통합(Integration)과 잠재적 패턴 유지(Latent Pattern Maintenance)로 이루어진다.

50) 알려진 바와 같이 맑스로부터 시작된 분석, 즉 자본주의 사회구성체에서 자본의 가치창출에 대한 욕구에 국가가 의존한다는 주장은 이 입장과는 정반대에 있다. 루만은 이 문제를 '기능적 지위'의 문제로 파악하였다; 이에 대한 요약은 Leisering 1979: 28ff 참조.

화하는 결정의 생산자로서)을 축소해야 한다는 결론에 이르게 된다. 국가는 국가가 가진 의사소통 기제인 법과 돈을 가지고 성취할 수 있는 과제만 담당해야 한다는 것이다. 루만은 교육 및 사회정책을 국가가 능력으로 볼때 수행하기 어려운 전형적인 영역으로 진단하였다. 넉넉치 못한 국가예산을 두고 내려진 이 결론은 이 영역에 대한 국가 개입의 축소를 권고하는 것으로 해석된다.[51] 루만이 자신의 논의를 '복지국가 위기' 진단에 직접적으로 연관시키지는 않았지만 그 방향으로 논의하고 있는 것이다. 즉 '복지국가의 논리'는 보상(참여가 아니라!)이라는 원칙에 근거하며, 제한 없이 상승될 수 있다고 보는 것이다. 이로 인해 한편으로는 국가재정의 과부하가 나타나며(재정 위기) 다른 편으로는 정치체계의 결정요구에 대한 과부하(조정 위기)가 나타나게 된다. 결과적으로 사회정책 급여가 축소되는 결과를 낳게 되고 따라서 국민의 불만이 증가하게 되는 것이다('정당성 위기').[52]

복지국가 발전이 후유증을 가진다는 것에 대해서는 동의하지만, 중요한 것은 지금까지의 복지국가 정책의 행태를 근본적으로 위협하는 순환적인 위기 상황이 실제로 어느 정도까지 왔는가 라는 질문이다.[53]

사회 문제가 국가 제도에 의해 직접적으로 해결되지 않는 것이 전형적이란 점에서 내 입장은 루만과 일치하는데, 그 이유는 여기서 문제가 되는 참여가능성이 그의 이론에서의 정치체계와는 무관하기 때문이다.[54] 사회정책 제도는 경우에 따라 새로운 국가행정조직을 필요로 하거나 기존의 조직들에게 의무를 부과한다, 즉 사회정책의 행정기관은 반드시 공권력을 가져야 하는 것이 아니며, 담당

---

51) 루만의 진단은 국가가 국가에 특징적인 권력과 법이라는 의사소통기제를 투입할 경우 이 기제의 작용의 한계에 유의하라는 것으로 해석될 수도 있다. 이 경우 루만의 입장은 본 글의 의도와 일치하게 된다. 그러나 이 경우 왜 그 한계가 사회정책을 사례로 하여 제시되며 경제지원정책에 대해서는 언급이 없는지 알 수가 없다.

52) Vgl. Narr/Offe 1975; Kielmannsegg 1976; Strasser 1979

53) 이에 대한 증거는 지금까지 별로 존재하지 않는다; 이에 대해서는 Flora 1979 참조.

54) 정치체계를 단순히 '의무적 결정을 가능케 하는' 기능으로만 파악할 경우, 자연인의 참여 가능성(즉, 조직 성원으로서의 권리를 제외하고)은 능동적 및 수동적 선거권 내지 법적 보호에 대한 권리에 제한되게 된다. 이에 따라 루만의 이론은 국가(개념)를 법치국가로 보게 되는 것이다. 그의 논의는 이미 오랫동안 논쟁이 된 법치국가와 사회국가의 관계에 대한 문제를 – 이 배열이 곧 복지국가의 문제를 형성하는데 – 아주 추상화 하여 과연 그가 '복지국가에 대한 정치이론'(1981: 11)을 다루는가를 의심케 하고 있다.

업무는 국가나 비국가 기관(예를 들면, 영리 추구의 단체, 지방자치단체, 공익적 단체)이 수행할 수 있다.[55]

독일의 현실이 분명히 보여주듯, 사회국가의 이념과 현실은 정치기구가 복지급여제공 기관을 국유화하도록 강제하는 것이 절대 아니다. 그러나 국가내적 차원 혹은 국제적 차원[56]에서의 사회권에 대한 협약은 복지국가 프로그램의 핵심이 무엇인가를 명확하게 보여준다: "모든 인간은 개별 국가의 조직과 지원수단을 고려하여 국가내부 제도와 국제 협력에 의해 자신의 존엄과 인성의 자유로운 발달을 위해 반드시 필요한 경제적, 사회적, 문화적 권리를 누릴 수 있는 권리를 가진다".[57] 따라서 이미 언급된 융합의 개념과 같이 여기서는 분명히 보상이 아니라 참여를 다루고 있다. 이러한 권리를 보장하기 위한 국가의 개입가능성이 제한적이기는 하지만 국가가 보장의무를 다하지 않아도 된다는 충분한 근거가 되지 못한다. 국가의 작용이란 곧 사회 내 다른 부분체계에 대한 작용이기 때문에 사회정책적 문제는 다음과 같이 요약될 수 있다: "자연인의 생활유지에 중요한 급여를 제공하는 조직의 활동(융합이라는 원칙의 의미에서)에 영향을 미치기 위해 국가의 개입은 어떻게 이루어져야 하는가?"[58] 따라서 사회정책 과정에 대한 사회학적 분석은 제도적 차원에서 국가 개입, 조직 차원에서 공공 및 비영리로 조직된 행정기관 그리고 상호작용 차원에서 개인의 참여기회 등과 관련 지어 재구조화되어야 한다. 이를 통해 사회정책 과정의 다단계에 대한 구상이 사회적 현실의 상이한 차원과 연계될 수 있다.

---

55) 보험, 교육 및 보건부문에는 법에 따라 상이한 기구가 공존한다는 것이 명확하게 드러난다.

56) 국가 내 차원에서는 특히 소위 사회국가 조항(헌법 20조 I항과 28조 I항) 그리고 사회법전 1권의 1조부터 10조에 언급되어 있다. 국제적 차원에서는 유럽연합의 사회헌장과 UN의 인권선언(22조부터 27조까지)에 언급되어 있다.

57) 인권선언의 22조; 다음과 같은 권리가 포함된다; 노동에 대한 권리(23조), 휴식과 여가에 대한 권리(24조), 적절한 생활유지, 출산과 아동보호(25조), 교육(26조), 문화적 생활에 대한 참여(27조), 또한 Zacher 1980a를 참조하라.

58) 파슨스의 이론이 사회의 구조 및 규범적 연관을 지나치게 강조하듯, 루만의 이론은 사회적 연관의 우연성(Kontingenz)을 극대화하고 있다. 이로 인해 사회적 현실의 규범적 및 전통적인 잔재를 과소평가하고 있다. 그러나 루만의 사회이론에 근접하는 상황에 한 사회가 놓여 있다고 할지라도, 충분한 참여동기를 제공할 수 있을지는 의문시된다(Doering/Kaufmann 1981 참조). 루만의 사회이론이 요구하고, 그 이론으로 가능해진 추상수준은 대상에 근접한 분석을 하고자 할 때 지나치게 많은 우연성을 가진 일반성으로 나타나게 된다!(이 부분은 원고에는 포함되어 있었으나 인쇄되지 않았음).

3.1.4 사회정책적 개입의 모호성

사회정책에 대한 사회학 이론의 대상은 '사회적 관계'에 대한 국가의 개입, 보다 명확하게 말하자면, 인간이 일상생활을 영위하는 구조화된 조건에 대한 개입이다. 여기에는 생산(노동)과 재생산(사회화, 노동력의 재생산, 경제 외적인 목적으로 사용되는 시간)의 영역이 포함된다.

이와 관련하여 사회정책이 갖는 세가지 기본적 특성을 확인할 수 있다:

1. 사회정책은 항상 이미 구조화된 '사회 분야'에 대한 국가의 개입을 의미한다. 국가제도에 따라 어떤 결과가 나타나는가는 이 분야의 특성에 의존한다. 이 점에서 사회정책을 사회학적으로 관찰하는 것과 국가를 중심으로 생각하는 정치학적 관찰간의 차이가 있다. 사회학적 관찰방식은 따라서 다시각적으로 이루어져야 한다, 즉 한 사회정책 과정에 참여한 모든 행위자의 가능성과 한계를 모두 고려하여, 이 시각들을 연계함으로써 인식을 얻게 된다.

2. 사회정책은 목표집단 내 개인적 복지 차원의 개입을 의미한다. 각 정치 행위자가 어떤 이유로(예를 들면 선거전략 또는 혁명시도를 저지하기 위해 또는 실업 대졸자를 위한 일자리를 만들기 위해) 사회정책 제도를 옹호하든지 간에 항상 '공식적' 이유는 모든 국민 또는 특정 집단의 상황을 개선하는 것이며, 보통 결정된 제도와 선언된 '목적' 간에는 상당한 관계가 있다.[59]

---

59) 복지관계의 개인화는 서양 자본주의 사회의 규범적 개인주의뿐 아니라 근대 사회의 진화조건의 분석에서도 나타난다. 분화된 사회구성체에서 기능적으로 다원화된 사회구성체로의 전환은 구조적으로 '개인의 자유화'(가장 먼저 Simmel 1890) 또는 보다 극적으로 표현하면 인간의 사회적 의미를 그 개인의 사적 영역과 사회체계의 환경요인의 지위에서 찾게 되었다. 이를 통해 융합이라는 개념이 중심에 서게 된다(Luhmann 1980: 30f 참조). 물론 사회정책적 목표설정을 개인의 복지라는 차원에 한정할 경우, 사회국가가 담당할 프로그램이 제한되지 않는다는 결론에 부딪히게 된다.

3. 사회정책 제도에서는 개인적 효용(수익)이라는 가정과 함께 집합적 의미를
생각하여야 한다.[60] 각 개인의 욕구 충족 – 물론 아주 널리 받아들여지지
만 – 이 공적인 개입을 정당화하지는 못한다. 공적 개입은 오히려 '공공의
이익'을 전제하는데, 물론 흔히 다양한 (때로는 대립적인) 논리가 사용된
다:

a. 공공재 이론은 시장조정에 따른 생산에 의해 충족되지 않는 '공공의 욕
   구' 또는 '집합적 효용'이 있다고 가정한다. '사회정책적 재화'는 이 때
   전형적으로 '가치재(merit goods)'로 분류되는데, 이는 개인에게 속하
   는 효용(예를 들면 학교교육)이 발생하지만 동시에 공공적 이해관계가
   있는 '외부효과'(예를 들면 노동력의 질적 발달)를 가져오는 재화를 의
   미한다.[61] 공공이해는 개인적 욕구의 충족 내지 비충족 시 발생하는 예
   상되는 결과에 관계된다. 이 때 경제학 이론은 우선 특정 재화의 생산
   및 분배 관계 내지 외부효과의 경제적 효용과 비용 측면을 관찰한다. 이
   는 그러나 집합적 의미의 한 측면에 불과하다.

b. 다른 시각은 사회문제에 대한 사회학 이론에서 나타난다. 개인적 고통
   또는 사회적 일탈의 모든 형태가 사회문제가 되는 것은 아니다. 오히려
   특정 사회적 상황을 '사회문제'화 하기 위해서는 집합적 정의(定義) 과
   정을 필요로 한다. '사회문제'의 논거를 심층적으로 밝히려고 하면, 사
   회문제의 결정과 중요도 판단에 대한 견고한 기초가 있는가에 대하여
   의문을 갖게 되고, 결국 '사회적 무질서'라는 생각에 부딪히게 된다. 즉
   규범적 시각이나 전형적 사건 그리고 그 원인 및 결과에 대한 유사이론
   (Quasi-Theorien)에 의해 사회적 무질서가 다루어지고 있다. 상이한
   '정의자(Definitor, 예를 들면 인구의 다수, 정부대표, 사회학자나 당사
   자)'는 규범적 시각뿐 아니라 '유사 이론'에 대해서도 이견을 가지고

---

60) '집합적 효용' 대신 의도적으로 '집합적 의미'라는 용어가 사용되었는데, 이는 문제제기를 경
제학적 또는 공리주의적으로 전환되지 않도록 하기 위함이다.
61) 가치재에 대한 이론은 Head 1974, Wittmann 1978: 15ff를 참조하라.

있다(Albrecht 1977). 사회문제의 정의에 대한 합의가능성은 일반적으로 공유되는 질서에 대한 생각에 달려있는 것이다. 이 생각에 의하면 '공공이익'은 비용-효용 계산이 아니라, 사회질서(이 사회질서에 대한 이념적 특성이 문제가 되는 상황에 대한 평가기준이 된다)에 대한 잠재적 위협과 관계되며, 인지적 선별 기준으로는 문제 상황에 관련된 당사자의 수, 부담의 집중도, 예상되는 부정적 결과의 정도 등이 적용된다 (Haferkamp 1977: 204ff 참조).

c. 마지막으로 '공공이익'은 정치적 지지에 대한 관심 또는는 항상 다소간 불안정한 '공공질서' 또는 '대중의 충성' (Narr/Offe Hrsg. 1975)의 안정화로서 정치와 관련하여 직접적으로 결정될 수 있다. 앞에서는 사회관계에 대한 영향이 자체로서의 목적이었지만, 여기서는 직접적 혹은 간접적으로 사회의 문제상황에 영향을 미치고자 하는 국가의 노력을 통해 정치 행위자가 '보상 받는다'고 보는 것이다.[62]

이 세가지 전형적인 근거를 마련하고자 하는 노력에서 나타난 공통점은 개인적 복지증진의 집합적 의미를 전제로 하고 있으며, 이 집합적 의미는 정치적 입장에 따라 상이하게 평가된다는 것이다.

이 세가지 시각을 요약하면 사회정책 제도의 도입과 집행이, 구조화된 영향력 행사기회에 따라 많거나 적은 영향력을 행사하는 상이한 이해관계에 어떻게 그리고 왜 관련을 갖는가를 알 수 있다.

따라서 사회정책적 개입은 항상 모순되는 두 입장을 가지고 있다. 사회정책 제도가 항상 제시된 목표집단의 이해관계와 관련되어 성립되는 것도 아니며 '선을 행하고자 하는' 국가 제도가 항상 당사자로부터 동의를 받는 것도 아니다. 국가의 개입 시도는 그 해석과 그 객관화 가능한 성과와 관련하여 개입분야 내에 유효한 조직적, 인지적, 규범적 구조에 의해 굴절된다. 이 '굴절'은 단순하게 정

책 실패와 동일시 될 수 없다. 이러한 굴절은 이미 언급된 사회정책 과정의 선택적 우연성(contingence)의 표현이라고 볼 수 있으나 그렇다고 해서 완전히 돌발적이어서 전혀 영향을 미칠 수 없는 형태로 발생하는 것은 아니다. 만약 그렇다면 (돌발적이고 영향을 미칠 수 없다면) 사회정책 조정이론에 대한 관심은 환상일 뿐이다. 그러나 특정 사회정책 제도의 의미, 즉 명백한 목적 또는 의도된 주요 작용에 대해서 광범위한 합의가 존재하며(vgl. Kaufmann 1977a), 국가개입의 모든 형태가 동일한 효과를 거두는 것이 아니며 임의적 굴절을 고려해야 한다는 가정이 받아들여져야 한다.

이제 본 논문의 두 번째 부분은 성공적인 사회정책 개입의 조건과 한계에 대한 논의를 위하여 체계적으로 개념적 기초를 살펴보고자 한다. 이는 당연히 사회정책적 개입에서 정치적 의사결정 기제를 통한 조정만으로는 부족하다는 전제에서 출발한다. 그 기제에서 정치적으로 해결할 문제가 선택되며, 사회정책 제도의 집행에 대한 기초적 조건이 형성된다. 그러나 그 작용방식과 실제 효과에 대해서는 언급되지 않는다. 이어지는 논의에서는 사회정책 제도의 작용방식의 전형적 형태를 재구성하여, 이를 통해 효과와 관련되는 사회정책 분석에 대한 이론적 근거를 제공하고자 한다. 사회정책 제도의 작용방식에 대한 관련 가설들의 형성과 경험적 검토는 사회정책에 대한 사회과학의 응용관련 기초연구의 핵심문제, 즉 효과 및 조정문제를 밝히는데 본질적으로 기여한다.

3.2 | 개입형태

이미 서술된 사회정책적 맥락의 복잡성 때문에 단순화를 통해서만 이론적 작업이 가능하다. 보다 정확하게 말하면 단순화된 작업가정의 선택과 그것의 일관된 적용에 따라 이론의 해석적 가치가 결정된다. 사회학적으로 연구된 사회 정책론을 발전시키는 것은 일반화된 실천적 문제제기와 사회학적 통찰을 연결하는 것이기 때문에 단순화를 위한 가정의 선택기준은 양자 모두를 고려하여야 한다.[63] 이것이 앞 절에서 서술한 사회정책에 대한 사회학적 이론의 적용문제에 해당하는 것이다. 이것을 질문으로 구성하면 어떻게 그리고 어떤 조건하에서 국가에서 만든 제도가 '사회적 관계', 즉 주민의 근로 및 생활조건에서 특정 효과를 낼 수 있는가이다. 이 질문은 실천적으로 유효하며, 충분히 일반화되었으며, 사회학적 개념이나 방법을 통한 분석에 적절하다.

이제는 사회정책 제도와 이 제도에 대한 우리의 경험을 비교하면서 정리할 수 있는 시각을 발전시키고자 한다. 이미 언급된 문제설정에 따라 우리는 사회정책 제도를 그 효과방식에 의해 체계화할 수 있다. 따라서 이론적 노력의 목표는 질서시각을 발전시켜 사회정책 제도의 효과방식에 대하여 현존하거나 경험 가능한 영역을 비교하면서 파악하여, 이를 통해 체계적인 일반화에 이르고자 하는 것이다.

상이한 개입형태에 대한 다음의 서술은 이런 일반화에 대해 기여하고자 한다. 여기서는 사회 관계에 대한 국가 개입이 전형적인 효과를 목표로 하며, 선언적이거나 실질적인 다수의 사회정책적 의도가 소수의 범주적 효과로 축소될 수 있다는 단순화 가정들에서 출발한다. 사회정책적으로 의도되는 효과는 네 가지 형태로 분류된다:

1. **개인의 법적 지위의 개선** : 헌법에 따라 기본권 또는 법적 권리로 표현된, 사회 내의 가능성에 참가할 수 있도록 사회에서 인정하는 권리의 개선을 말한다. 그 사회적 실현은 추가적인 지위를 부여하는 과정에서 제 3자가 이를 실질적으로 인정할 것을 전제로 한다.

2. **사회경제적 약자에 대한 자원의 지원** : 자원(특히, 시간, 돈, 재산)은 기본적으로 개인에 의해 자유롭게 처분 가능하지만, 보통 욕구충족을 위해서는 불충분할 수 있다. 모든 사회적 참여는 경우에 따라 접근하기 힘들 수도

---

63) 물론 사회학적 시각이 다른 사회과학의 시각보다 전체 사회정책적 문제를 더 잘 재구성할 수 있다는 주장이 아니다. 여기서는 실천적 사회정책 문제를 다루는데 불가피한 다 학제간 분석 시각에 경제학적, 정치학적, 법학적 시각 외에 사회학적 시각을 추가함으로써 체계적인 기초를 구축할 수 있다는 주장을 하는 것이다.

있는 특정 자원을 전제로 한다.

3. **개인의 기회구조의 개선** : 사회적 참여는 참여가능성의 제공을 전제로 하며 지위, 자원 그리고 능력에 따라 실현될 수 있다. 자원과 달리 기회는 사회적, 공간적 및 물질적 환경의 요소이며, 이는 개인이 아니라 제 3자에 의해 주어진 조건(예를 들면 접근, 지불의도, 욕구 그리고 협조자세)에 따른다.

4. **개인의 행위능력(역량)의 개선** : 역량(능력; Kompetenzen)은 개인의 행위능력(교육, 건강, 지식, 기능)과 행위태도(규범적 지향, 성과에 대한 태도 또는 특수한 동기)의 전제가 된다. 역량은 사회 활동의 필요 조건이다.

이러한 체계화(〈도표 3.1〉 참조)는 이전의 기초적 연대(각주 7 참조)에 대한 기능적 대체물로서 앞에서 서술된 융합의 원칙에 관련되어 있다. 이 표는 근대의 욕구충족, 이익표출 그리고 문화동향의 전형적인 형태에 대한 참여를 위하여 네 개의 상이한 전제가 존재함을 보여준다. 자급자족의 가능성이 줄어들고 개인이 점차 시장이나 공공의 공급에 의존하게 된 만큼,[64] 그리고 인간의 삶에 필요한 것이 조직된 구성물 – 이 구성물의 자기 동력은 개인의 경험영역과 영향가능성을 넘어선다 – 의 공급에 의존하게 된 만큼, 참여를 실현하기 위해서는 거대 조직에 대항하여 개인의 특수한 권리가 정의되고 보호되어야 하고, 또한 주위환경에서 이용 가능한 기회나 행위가능성을 제공받아야 하며, 특정 행위능력이 요구되며 – 대부분의 다른 참여형태에서는 간접적이지만 적어도 시장공급의 영역에서는 – 돈을 필요로 하게 된다. 이러한 네 개의 사회적 참여에 대한 전제조건은 아주 제한적 범위에서만 대체 가능하다. 고소득을 가진 개인은 행위능력의 부족을 자

---

64) 나는 단순화를 위해서, 정치적 및 문화적 참여가능성에 대하여 사용하기에는 다소 부적절한 경제적 용어를 사용하였다. 이미 알려진 바와 같이 봉건적 부양체계의 해체는 국가가 정치적 지배 체제로 성립됨으로써 완성되었다. 봉건적 관계에서도 피지배 계층에게 권리가 일부 보장되었던 것처럼 국가 발전에서도 지배권에 대한 제한이 있게 되었다. 이는 시민적, 정치적, 사회적 권리의 점진적 도입을 통해 이루어 졌으며, 이러한 현상은 마샬(T.H. Marshall 1949/1992)의 복지국가 논의에서 개념화 되었다.

문이나 법률적 대리인에게 돈을 지불하여 보완할 수 있고, 먼 거리에도 불구하고 어떤 서비스를 이용할 수도 있으며 또는 행위능력이 적은 개인에게 무보수의 변론을 통해 법적 지위 내지 기회를 개선함으로써, 손해를 덜 보도록 할 수도 있다. 그러나 소비자 보호의 예가 보여주듯 이러한 보상에는 한계가 있다. 약자를 지원하기 위해 설립된 기관들이 결국은 행위능력이 더 큰 사람들에게 더 많은 도움을 주는 경우가 흔하다. 위에 서술된 것은 기본적으로 사회 참여에 대한 네 개의 상이한 필요조건이며, 공동작용을 통하여 충분 조건을 이루는 것이다. 따라서 이 도식은 개인의 생활상황에 대한 네 개의 범주적 측면을 다루는 것이며, 다양한 개별 영역(예를 들면 노동, 주택, 보건, 기본시설[Infrastruktur] 등)에서 세분화시킬 수 있다.

　사회정책 효과에 대한 이러한 유형화도 개입형태를 특성화 하지는 못하는데, 여기서는 가능한 효과만을 살펴보았을 뿐이며, 항상 다단계적이고 복합적 제도의 형태로 나타나는 개입 자체를 다룬 것이 아니기 때문이다. 따라서 구조화 시각으로서 이 유형화가 사회정책제도의 분석에 적절한지 살펴볼 필요가 있다. 특수한 형태의 제도 대부분이 이 네 가지 효과의 형태 중 하나로 분류된다면, 서로 다른 개입형태의 특성화와 그 작용방식에 대한 연구의 출발점이 되고 해석학적으로 효용이 큰 단순화에 성공한 것이라 볼 수 있다.

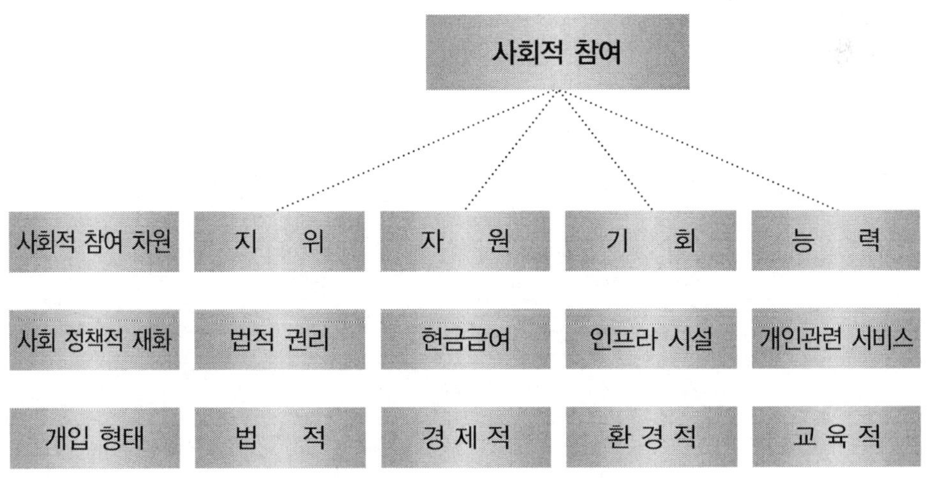

〈그림 3.1〉 사회적 참여와 사회정책적 개입

3.2.1 법적인 개입형태 : 개인(다수)의 법적 지위의 향상을 위한 제도

보호 받을 권리(예를 들면 여성이나 아동 근로에서)를 부여한 개인적 및 집합적 노동법은 사회정책적 개입의 가장 오래된 형태이다. 법적 관계의 조성, 예를 들면 소비자 보호의 강화, 공공부조 또는 정보제공에 대한 법적 권리, 부모의 양육권 및 임차권 등은 현재까지도 사회정책적 개입의 본질적 형태이다.

법적 개입형태는 국가의 전형적 조정 수단인 법(규범)의 도입과 혼동되지 않아야 한다. 법치국가성에 따라 국가의 모든 개입 형태는 법을 기초로 하기 때문이다. 사회정책 분야의 법률 중 다수는 사회정책 제도 수급자의 법적 지위에 직접적으로 관련된 것이 아니다. 그 의미에 따라 약자로 인정되는 사람의 지위를 법적 관계에서 강화시키고자 하는 법규정의 도입 시에만 법적인 개입형태로 분류되는 것이다.[65] 이 때 관심이 되는 것은 법적 관계의 내용(예를 들면 연금의 인상은 내용적으로 경제적 개입형태로 분류된다)이 아니라, 법적 권리(부조 또는 시혜와 다른)라는 사실 자체이다.

기본적으로 사회정책 영역에서 법적 개입은 다른 영역에서와 다르지 않다. 따라서 효과적인 권리 보호의 조건에 대한 연구는 법학 내의 법사실 연구와 법사회학에서 이루어질 수 있다.[66]

여기서 의미하는 법적 개입을 논하기 위해서는 개인에게 정해진 권리를 부여하되, 특정의 법적 의무자가 반대편에 있다는 전제를 필요로 한다. 모든 사회 상

---

65) 초기 자본주의 시대에는 (적절하게도) 권력의 차이가 무엇보다 재산 또는 무산에 기인한다고 보았지만, 후기 자본주의, 즉 복지국가적 조건 하에서 권력 차이는 본질적으로 조직화 정도에 달려있다. '자연'인이 '법'인에 맞서 있는 것이 전형적이다, 즉 법적 관계의 한편으로는 개인이, 다른 편으로는 분업화된 조직(예를 들면 기업, 사회보험, 병원, 사회복지 담당기관이나 그 법적 행위자)이 있는 것이다. 형식적 조직이라는 원칙이 관련자와 당사자를 명확히 구분한다(Kirsch 1971: 31). 이 때 조직과 개인의 상호작용 방식에 전형적인 불일치(Inkongruenz)가 형성되는데, 이를 Coleman(1979: 77f)은 "개인은 다른 개인을 선호하고, 협동적인(조직내) 행위자는 협동적인 행위자를 선호한다"라고 보았다. 이에 따라 당사자의 절차에 대한 권리와 행정적 결정에 대한 법원의 검토가능성은 사회정책의 효과에 대한 중요한 계기가 된다.

66) 법적 개입형태와 관련되는 나 스스로의 연구경험은 세무행정과 관련이 있다(vgl. Grunow et al 1978). 사회정책 영역에서의 법적 개입의 효과분석에 대한 시도는 Boehle/Altmann 1972; Binkelmann u.a. 1972를 참조하라. 국가규범의 집행과정에서 다단계성을 충분히 고려한 복잡한 연구는 내 생각으로 독일어 권에서는 환경보호규정의 집행을 사례로 연구한 Hucks u.a. 1980 밖에 없다.

황이 법적 규범화에 적절한 것은 아니다. 행위방식과 결정에 따른 성공 여부가 구체적 상황에 따라 다를 때, 즉 특수한 상황에 전적으로 의존할 때, 일반화에 강조점을 두는 법적 규제의 형태는 실패하게 된다(vgl. Pankoke 1977). 이는 보통 사회정책의 영역에서 개인 관련 서비스에 해당한다. 이 분야에서 법적 규제는 보통 재량권을 부여하고, 명확하지 않은 법률개념을 사용한다.

법적 개입이 사회적으로 효과를 갖게 되는 주요 조건은 해당되는 법의식의 발생과 확산이다. 이 때 고려해야 할 점은, 전문성을 가진 법조계의 외부에서는 법률 관계에 대한 기본적 인식이 확산되기 위해 상당한 시간이 필요하다는 것이다. 이는 이미 조직화된 행위주체(예를 들면 기업이나 행정기관, 사회복지기관 등에 있는 법률적 지식이 없는 직원)나 법의 혜택을 받게 될 전형적인 수혜자, 즉 그들에게 주어진 권리를 기초로 청구권을 가진 사람들에게도 해당된다. 이 때 공공의 법의식은 특정 사회적 맥락에서 해당 법률 관계가 널리 알려질수록 그리고 이러한 사회적 배경에서 의사소통의 밀도가 높을수록 빨리 성립된다고 볼 수 있다(vgl. Grunow et al 1978: 95ff). 반대의 경우 법적 개입은 아주 느린 속도로 효과가 나타나며, 법 개정을 자주 할 경우 법의식의 불안정을 초래하여 결국 법적 개입의 효과를 저하시킬 수 있다.[67]

이 개입형태의 효과에 대한 특별한 한계는 다음의 상황에서 발생한다. 먼저 법적 개입이 직접적으로 이해관계가 대립되는 상황에 관여하게 되어, 보다 힘있는 세력이 이러한 변화를 저항 없이 받아들일 것인지를 예측하기 어려운 때이다. 모든 사람이 규범을 당연하게 따라야 하는 것으로 생각하지는 않는다. 규범에 따라야 할 사람이 사회적으로 힘이 있고(권력의 차이는 결국 사회적 약자에게 불리하다) 그들의 이해관계에 반할 경우 규범에 대한 수용여부를 감독해야하는 문제가 발생한다. 이를 위해서는 기본적으로 공적 감독 뿐 아니라 동료 또는 조직내부적 통제, 그리고 그 규범에 의한 수혜자에 대한 다양한 형태의 변호 등이 고려될 수 있다.

---

67) Kaufmann 1985 참조. 특히 이것은 새로운 이혼법의 발효 이후 이혼건수의 감소에서 확인할 수 있다. 가족법의 효과에 대해서는 Simitis/Zenz 1975 참조. 유사한 상황을 통일 후 발견할 수 있다.

보통 '아래로부터의 통제', 즉 규범에 의한 수혜자와의 직접적 관계에서 규범수용을 하도록 하는 것이 가장 효과적일 수 있다(예를 들면 노사협의회). 재판이나 감독관청은 갈등이 내재된 법률관계가 증가하면 금방 과부하를 갖게 된다. 그럼에도 불구하고 법적 개입형태는 결국 국가의 감독과 재판에 의해 결정된다. 사회정책 제도에서 이러한 감독권은 비영리 또는 민간 행정기관에서보다 공공 행정기관에서 더 널리 사용되고 있다. 근로감독제의 도입은 가장 오래된 사회정책 제도 중 하나이며 근로자 보호의 효과를 위한 본질적 조건이 되고 있다(vgl. Nahnsen 1975).

따라서 여기서는 다단계적 통제를 고려하여야 한다. 재판에 의한 통제는 이전의 통제과정에서 선별된 경우에만 효과적이다. 또한 규범으로 인해 혜택을 받는 사람은 (규범의 적용을 받는 사람에게도 가끔 해당한다) 보통 법률지식이 적고, 법에 대한 생각이 가변적이며 현실에 대한 인식이 법에 근거하지 않은 법적 문외한이라는 것을 고려해야 한다. 사회적 관계를 법적으로 강제하고자 하면 많은 경우 지속적인 상호작용의 관계를 해치게 되며, 일상적 통제기제가 사회 통제의 의미를 가질 경우, 예를 들어 가족 내, 이웃간의 임대차 관계, 소기업 및 개인 관련 서비스 등의 사회분야에 대한 법적 개입으로 인하여 오히려 역기능적 부작용이 나타날 수 있다.[68]

법적 개입형태는 기본적으로 일반화 가능성이 높다, 즉 국가전체에 대한 개입의 도구로서 아주 적절하다. 국가기관이 스스로 비용부담을 의무화하지 않을 경우, 국가에 부과되는 비용은 비교적 낮다. 비용은 보통 감독 및 재판 비용이다. 이와 달리 법적 개입 시 제3자의 비용과 관련하여 상반되는 이해관계가 존재할 경우, 체계적인 규범위반이 예상되는 것이다. 법률관계가 제3자간 관계일 경우 사회적 약자의 권리보장을 위한 감독과 법률 자문은 비중앙화 되어야 한다. 조직 내부에서의 집행과 관련된 문제는 비교적 적으며, 핵심문제는 집행과 제도의 수용(수혜자는 지식과 행위능력, 규범을 준수해야 하는 자는 상반되는 이해관계)의 영역에 있다.

---

68) 의사와 환자의 관계에 대해서는 Kaufmann(Hrsg.) 1984a를 참조하라. 법적 개입 형태에 대한 보다 자세한 내용은 Kaufmann 1988과 그 책의 다른 논문을 참조하라(Grimm/Maihofer Hrsg. 1988).

3.2.2 경제적 개입형태: 개인의 소득관계를 개선하기 위한 제도

개인의 경제적 상황, 즉 직접적인 물질적 욕구를 충족시키는 능력은 생활상황의 핵심 영역이다. 사적 자본주의적으로 조직된 경제체제라는 조건 하에서 경제적 상황은 본질적으로 기간에 따른 가처분 소득에 의존한다. 재산이나 노동을 근거로 이러한 소득을 올리지 못하는 사람들을 위해 오래 전부터 소득보장제도가 존재해 왔다. 행정기관이 불가피하게 공권력적으로 개입하거나 강제할 수 있는 자격을 갖추어야 하는 법적 개입과 달리 경제적 개입형태의 경우 강제력은 제한적으로만 해당한다. 민주적인 법치국가에서 조세와 공공 비용(예를 들면 사회보험료)의 징수에는 법적 기초가 있어야 하고, 크고 작은 징수에 대한 저항이 있을 수 있으며, 경우에 따라서는 징수를 위해 공권력이 투입되어야 한다. 그러나 경제적 개입에 대해서는 이미 국가 및 사회적 행정기관의 업무분담이 이루어지고 있다. 적어도 독일에서는 근로소득세 및 사회보험료의 납부에 기업(사업주)이 직접적으로 관련되며, 개인간 재분배에 핵심적인 사회보험 행정기관은 노사의 대표가 참가하는 자치행정기구에 의해 운영되고 있다.* 이러한 독일 사회보험의 기본 구상은 지난 20년간 (사회보험자간) 재정 조정을 위한 국가의 직접 개입에 의해 점차 약화되었다. 이는 '사회(복지)예산'을 통일하기 위해 시작되었으며, 지금은 해당 통계가 발간되고 있다. 경제적 개입형태는 빈민구호와 민간조합 내지 동업조합에 의한 보험에서 발전하였다. 점증하는 국가의 영향은 케인즈 주의 경제이론에 기초하는데, 즉 "모든 사회지출은 당해 기간의 국민소득에 의해 충당되어야 한다"(Mackenroth 1952: 45)는 것이다.

연방노동부에서 정기적으로 발표하는 사회예산에는 '현금급여'는 포함되지만, '현물급여'나 '일반 복지서비스'는 포함되지 않는다. 국민경제적 관찰 방식으로는 실물이전도 소득재분배로 관찰될 수 있지만, 후자의 경우 나의 분류로는

---

* 역자 주: 이는 독일에서 사회보험 행정에서의 자치행정으로 일컬어진다. 정관이나 예산뿐 아니라 법률에 의해 위임된 주요 사항에 대해 결정할 수 있는 자치행정기구는 근로자와 사용자 대표 그리고 경우에 따라서는 국가와 지방자치단체의 대표가 (급여가 없다는 의미에서) 명예직으로 활동한다. 따라서 독일의 사회보험 행정기관은 정규직원은 사무총장에 의해, 자치행정기구는 이사회 의장에 의해 대표된다. 전체 조직의 대표는 당연히 이사회 의장이다.

경제적 개입의 범주에 포함되지 않고, 환경적 개입 범주에 속하게 된다. 즉 실물이전은 생산조건의 측면에서나 수용 내지 효과에 대한 조건의 측면에서 소득이전과는 전혀 다르며, 당사자의 시각에서도 소득의 요소로서가 아니라 생활상황의 다른 차원으로 비춰지는 것이다. 따라서 경제적 개입형태는 가처분 소득을 수혜자가 직접적으로 사용할 수 있도록 함으로써 그들의 생활조건을 변화시키는데 영향을 미치는 공공제도만을 포함한다. 그러나 이 때에도 경제적으로 불리한 개인의 경제적 상황을 개선할 경우 사회 정책적이라 말할 수 있다. 현금급여에 대하여 새로이 수급자격을 부여하거나 조세의 경감 내지 조세의 종류를 없애는 것은 분석적으로 법적 개입형태로 분류되지만, 급여나 조세 수준의 조정은 경제적 개입형태로 분류된다.[69]

경제적 개입의 효과방식에 대한 다음 서술에서는 사회정책적으로 의도된 주된 효과와 그 급여측면을 살펴보고자 한다. 급여제공의 비용부담 측면, 즉 재정은 이 개입형태의 주요 한계로 보여진다. 추가적인 현금급여는 불가피하게 부담금 또는 다른 분야에 대한 공공 지출의 삭감을 전제로 한다. 순 재분배 효과라는 측면에서 경제적 개입의 효과는 본질적으로 부담의무와 수급자격에 대한 다양한 법규정의 선택에 달려있다. 이것은 오래 전부터 경험적 경제연구의 대상이 되어왔다.[70] 특별히 화폐가치의 안정성은 매우 중요하다. 인플레이션이 강할수록 결국 사회적으로 약자계층에 대한 분배결과는 불리해질 가능성이 높다(Wuergler 1973; Streissler 1973; Borner 1974). 경제적 개입의 집행은 상대적으로 단순하며, 수급자격 확인이 서면으로 단순화될 경우 기본적으로 중앙 집권적으로 이루어질 수 있다. 급여에 대한 수용은 기본적으로 높다. 즉 알기만 한다면 수급권자가 그 수급자격을 현실화한다고 볼 수 있다. 여기서 유연한 의사소통 기제로서

---

69) 이것은 한편으로는 정의에 따른 것이며, 다른 편으로는 합목적적이다: 급여 내지 부담 크기의 조정은 절차와 무관하다. 추가적으로 언급되어야 할 것은 다른 국가의 경우 국가에 의해 공표된 최저임금이나 임금상승이라는 도구는 소득분배에 대한 법적인 영향력이 크다는 것을 보여준다는 것이다. 독일의 경우 이 영역은 단체협약의 자율성에 따르게 되어 있으며, 이로 인해 여기서 언급되고 있는 국가중심 시각에서 벗어난다.

70) 가장 먼저 Schmidt et al 1965, 이후 특별 연구영역인 "Mikroanalytische Grundlagen der Gesellschaftspolitik"에서의 연구 결과, 즉 Krupp et al 1981; Schmaehl 1982 참조.

'현금'의 장점을 알 수 있는데, 현금은 추상성이 높기 때문에 특히 일반화하는 제도로 투입될 수 있다. 현금은 임의적 욕구의 충족에 적절하기 때문에 효용과 관련하여 모든 사람에게 높은 평가를 받는다고 볼 수 있다(Heinemann 1969 참조).

그러나 이와 동시에 경제적 개입을 통하여 미세한 조정을 원하거나 목적에 연계된 현금급여를 통해 가처분 소득의 증대를 넘어서는 특수한 효과를 기대할 경우, 특별한 문제가 발생할 수 있다. 예를 들어 공적부조의 생계부조나 주택수당에서 확인되는 것처럼 사회정책적 선택에 따라 현금급여를 지급받기 위해서는 수혜자가 중복되는 다양한 조건을 갖추어야 하고, 광범위한 사실조사를 필요로 한다. 이 경우 행정비용이 상당한 규모로 증가되기 때문에 의도된 선택성을 실현하기 위해서는 분권화 되어야 한다.

경제적 수급권이 100% 실현되는 것은 수급조건이 (1) 단순하고 일반적이어서 알아보기 쉬울 때, (2) 인구에게 광범위하게 알려졌을 때, (3) 차별적인 것이 아닐 때 가능하다. 급여제공의 법적 조건이 복잡할수록 그리고 수급자격의 조건이 특별할수록, 법에 의거하여 수급을 기대할 수 있는 (수급자격 사실에 대한) 일반인들의 인식확산은 기대하기 어렵다. 또한 수급기준이 세분화될수록 행정기관의 결정상황이 복잡해지고 수급권자와 급여지급기관의 직원간 상호작용의 직접적 과정이 중요하게 된다. 따라서 경제적으로 개입할 때에는 선별 기준을 어느 정도로 증가시키는 것이 실질적인 개선 효과를 가져오는가, 즉 분배효과와 빈곤경감에 대한 기여도는 아직도 풀리지 않은 문제인데, 이는 사회적으로 취약한 집단이 관청에 가는 것을 가장 싫어하며 동시에 관공서에서의 행위능력도 상대적으로 적은 것과 관련이 있다.[71]

경제적 개입에 있어서 효과방식의 한계는 현금급여가 특정 사회적 행동방식을 변화시킬 것을 목표로 할 경우에 나타난다. 주택수당과 같이 목적에 연계된

---

71) 독일의 현재 빈곤대처의 상황에 대한 것은 Hauser et al 1981 참조; 공적부조 분야에서 관공서와의 접촉 문제에 대해서는 Grunow/Hegner 1978와 Grunow/Hegner, in Kaufmann 1979: 349ff참조. 공적부조와 주택수당의 효과방식의 연구는 Kaufmann/Herlth/Strohmeier 1980: 243ff 참조.

급여에서도 행동 수정의 유인효과는 의문시된다. 경제적 개입형태는 수급자의 선호가 받아들여질 수 있고, 필요한 재화와 서비스는 시장 방식에 의해 공급되는 모든 경우에 투입된다. 소득재분배는 사회정책 개입에서 '사회적 시장경제'의 개념을 그대로 반영하는 형태이다(Kaufmann et al 1980: 120ff).

3.2.3 환경적 개입형태: 개인에 대한 기회구조의 개선을 위한 제도

법적 및 경제적 개입형태가 국가 사회정책의 소위 고전적 영역임에 반해 다음에서 서술할 사회정책적 개입형태는 1960년 이후에야 의도적인 정치적 개입형태로 등장하였다. 이는 사회국가성의 영역으로서 일단 행정학적 관점에서는 '생활에 대한 배려'로(Groettrup 1973), 경제학적 관점에서는 '기본구조'로 (Frey 1972; Asam 1978), 사회학적 관점에서는 '사회적 서비스'(Badura/Groß 1977; Gartner/Riessman 1978)로 다루어진다. 이 세 개념의 범위는 동일하지 않지만 많은 부분이 겹치며 지면관계 상 보다 명확한 경계를 설정하지 않고자 한다.[72] 여기서 다루는 급여는 보통 지방 차원에서 제공되는데, 담당기관은 아주 드문 경우에만 중앙국가이며(예를 들면 실업보험기관), 일부 경우에 주정부가(예를 들면 학교 및 대학교), 대부분의 경우 지방자치단체나 민간기관(대중교통, 체육시설, 병원, 유치원, 상담소, 공공주택건설, 청소년 및 노인서비스)이 담당한다.[73] 이러한 종류의 시설은 아주 오래 전부터 있었지만, 정치적 과제로서는 1차 대전 이후 서서히 논의되기 시작되었고, 60년대 중반 이후 체계적으로 논의되었다.

사회정책적 시각에서는 이처럼 거대하고 다양한 제도영역이 두 가지 측면으로 파악될 수 있다:

1. 공간적으로 제약된 공급으로서 그 급여는 수혜자와의 직접적 접촉을 전제

---

72) 사회환경적 개입의 개념에 대해서는 Kaufmann/Schaefer 1979: 40ff를 참조하라.
73) 공공의 계획과 관련하여서는 영리기관의 급여가 간접적으로 고려될 수 있지만 이러한 제한적 사례는 더 이상 언급되지 않는다.

로 한다. 이러한 공간적 제약에 의해 공급과 수요 양 측면에서 특성을 갖는다. 건물을 갖춘 시설이 있어야 하며, 수혜자 자신도 공간적으로 제약되어 있다. (이는 인간 존재의 주거성에서 나오며, 자동차 시대에도 그 의미는 크게 다르지 않다.) 따라서 제공되는 급여는 이용될 공간의 제공(예를 들면 공원, 스포츠시설, 언어실습실) 또는 개인관련 서비스로서 (돈이나 상품과 달리) 임의로 이동하는 것이 불가능하다. 이러한 급여가 효과적이기 위해서는 수혜자에게 근접한 거리에 위치하여 접근 가능한 거리(수혜자의 이동성에 따라)에서 제공되어야 한다.[74] 이러한 사회정책적 개입을 환경조성의 시각에서 다룰 필요가 있다(Kaufmann/Schaefer 1977 참조).

2. 대인관계 서비스의 영역에 대해서는 단지 환경적 관찰방식만으로는 적절히 파악하기 힘들다. 이는 공간적으로 근접한 곳에서 제공한다 하더라도 사회정책적으로 의도된 효과를 이끌어내기 힘들다. 여기서의 효과는 시설의 직원과 클라이언트간 의사소통에 결정적으로 의존한다, 즉 사회정책적으로 유효한 급여는 인간간 접촉에 의해 직접적으로 제공되며, 또한 본질적으로 그것을 전제한다. 따라서 필요한 시설이나 직원을 공급하는 것뿐 아니라 서비스의 정해진 질을 제공해야 기대되는 효과가 발생할 수 있다. 이 두 번째 측면은 다음의 '교육적 개입'이라는 제목 하에서 다루게 된다.

공공부문은 '삶의 질'이란 개념을 통해 (그 행위를) 정당화하면서 1970년대 이후 주민의 생활조건 및 보장에 대한 책임을 증가시켜 왔다. 이러한 개입의 특징은 공간적 환경조건과 관련된 욕구를 만족시키기 위해 제공되는 것으로 주민의 지속적 환경을 조성하는 것에 초점을 맞춘다. 이러한 개입의 효과는 조성된 시설이나 제공되는 서비스가 실제로 그 목표집단의 생활상황에 도달되는지 혹은 필요한 경우 이용할 수 있는지 여부에 달려 있다. 공간적 근접성은 무엇보다도 이동이 어려운 인구집단에게는 필요한 조건이지만 충분 조건은 아니다

---

74) 특정 조건 하에서 가능한 시설의 이동(버스를 통한 이동도서관, 이동응급실 등)을 통하여 제공되는 서비스는 아직 많이 이용되지 않고 있다. 다기능적 연계의 중요성은 앞으로 증가할 것으로 예상된다.

(Goeschel u.a. 1979 참조).

환경적 개입형태의 문제를 면밀하게 살펴보기 위해서는 먼저 국가개입의 사회정책적 이유를 물어야 한다. 즉 "왜 이러한 급여를 시장이나 지방자치단체의 자치행정 또는 비영리단체의 재량에 의해 제공하지 않는가"라는 질문이 제기된다. 그 배경은 융합의 문제, 즉 사회정책적으로 볼 때 이용기회의 평등화로 해석될 수 있다.[75]

특정 급여의 공급에 대한 시장순응적 조정에 의해서는 공간적 그리고/또는 사회적 불균형이 나타나며, 보다 높고 평준화된 보장수준에 대하여 공공의 이해가 존재한다고 여겨질 경우에 비로소 환경적 개입이 사회정책적으로 정당화된다. 재화의 이동성(그리고 부분적으로 분리가능성)이 적은 것은 시장의 조정에 따른 공급에 대해서 수혜자가 많은 비용을 지불할 자세가 안 되어 있거나 능력이 적다는 것을 의미하고, 결국 수요측면에 문제가 있음을 의미한다. 공급의 불균형은 또한 지역적 생산(자치단체의 상이한 재정능력에 따른)이나 비영리 생산(상이한 기관간 조정의 부족으로 인해)의 경우에도 나타난다. 이로 인해 국가는 계획, 재정지원 그리고 경우에 따라서는 규제와 감독을 통해 공급에 대한 영향력을 갖고자 하는 것이다.

환경적(개입)분야에서 국가개입의 종류와 정도는 법적 및 경제적 개입형태에 비해 훨씬 복잡하다. 즉 급여제공의 다단계적 관찰방식이 필요하며, 국가 및 비국가 기관간 공동작용에 큰 비중이 놓이게 된다. 달리 표현하면 급여제공 과정의 상이한 단계에서 전환 작용(Konversionsleistungen)이 다르며, 때문에 더 우연적(kontingent)이 된다는 것이다(Herlth 1982). 이 분야에서도 법적 기초와 재정지원이 큰 역할을 하지만 마지막 급여까지 관철되는 것이 아니며, 여기에서 마지막 급여는 특수한 욕구 충족을 위해 준비된 특정 이용기회를 제공하는 형태로 나타난다.

---

75) 이 때 특정 시설을 이용하는 것은 개인적 및 집합적 효용을 동시에 증가시키는 것(가치재)이라고 전제한다. 집합적 효용의 이유는 사회적으로 인정되는 가치지향(교육, 노동, 건강등에 대한 권리) 또는 필요성에도 불구하고 급여를 받지 않을 때 사회적으로 해롭다고 여겨지는 결과가 나타나기 때문이다. 이에 대해서는 Kaufmann/Schaefer 1979: 33ff; Kaufmann 2002a: 57ff 참조.

여기서의 문제를 이론적으로 재구성할 때 "국가가 그 주민의 물리적, 사회적 환경의 조성에 어떻게 영향을 미칠 수 있는가"라는 질문이 제기된다. 가능한 한 단기 효과분석 차원에서 보았을 때(하지만 본 논문의 논리에는 맞는), 국가개입은 공간활용 계획(국토의 지역개발계획)에서 시작된다. 이 공간활용 계획은 지방자치단체 차원에서 계속되며, 보다 공간이 세분화되어 주택과 관련된 삶의 질, 즉 주민의 주거와 주거환경에 결정적으로 영향을 미치게 된다(Strohmeier 1983). 공간활용 계획 외에 예를 들면 병원수요계획, 노인요양계획, 청소년 지원계획 등의 전문계획이 세워지는데, 그러한 능력은 지방자치단체의 성격에 따라 차이가 있다. 관련 기관들이 계획수립에 대한 자격을 갖고자 하며 계획에 대한 결정에 영향을 미치고자 하는 것은 당연한 것이다. 따라서 첫 번째 결정적인 전환효과는 계획 차원에서 이루어지는데, 여기서 개별 기관의 상대적 비중도 결정된다고 볼 수 있다.

다른 어떤 개입형태에서도 환경적 개입분야처럼 사회정책 급여 담당 기관의 이해관계가 급여제공의 절차와 밀접한 관련을 갖지는 않는다. 이 분야에서는 급여 자체뿐 아니라 다른 기관과의 경쟁에서 특정 기관의 '세력'이 결정되는 것이다. 이에 따라 계획에 대한 권한의 중앙화 및 분산화의 관계가 중앙의 정치적 주제일 뿐 아니라 경제적 주제가 되는 것이다(Schaefer 1982). 이 때 문제는 급여제공과 관련하여 필요한 각 단계에 대한 계획수립 권한의 중앙화와 분산화의 합목적적 관계를 얻는 것이다. 권한이 명확하고 서로 조정되었을 경우 주어진 재원의 틀 안에서 계획을 집행하는 데에는 별 문제가 없다. 본질적 난관은 국가와 중계 기관 간 공동작용의 필요성에 있는데, 독일의 정치체계에서 국가는 중계 기관에 대하여 그 의도를 관철할 권력을 상당히 제한적으로 가지고 있다. 이러한 한계는 급여제공과 관련하여서는 긍정적 측면일 수도 있는데 중계 기관이 기본적으로 지방에 있으며 주민에 친숙하기 때문에, 즉 중앙 기관보다 특수한 관계와 문제상황을 더 잘 안다고 볼 수 있기 때문이다.[76]

---

76) 환경적 개입에서 '친주민성' 문제의 상이한 측면에 대해서는 Kaufmann(Hrsg.) 1977; 1979 참조. 환경적 요소가 많은 사회정책 프로그램의 집행에 대해서는 Dahme et al 1980; Doms Kuehn 1984 참조.

환경적 개입형태의 효과에 대한 두 번째 한계는 문제를 가진 개인이 주어진 기회를 이용하는 차원에 있다. 여기서 문제가 되는 것은 수혜자들의 생활조건이 서로 다르고 다양한 상태라는 것과 관련이 있다. 낮은 소득은 다른 문제상황과 중복되기는 하지만 주된 이유가 아니다(Hauser 1981 참조). 문제(욕구)가 많은 주민들은 환경관련 시설의 서비스를 자주 이용하지 않는데, 서비스 이용에 특수한 선별성이 존재하는 것으로 보인다. 비록 스스로의 결정에 의해 이용되는 시설에 대해서는 이러한 문제가 연구되지 않았지만, 개인관련 서비스 분야에서는 이와 관련되는 명확한 증거가 있다.[77]

선별적 이용의 문제는 다음과 같이 네 단계로 재구성될 수 있다(Wirth 1982):

1. 사회복지 서비스에 대한 수요 발생은 기본적으로 서로 다른 인구집단 내의 문제발생 정도, 개인적 행위능력 그리고 필요한 자원(지식, 돈, 특히 시간)의 이용가능성에 의존한다.

2. 특정 수요상황에 있다는 것이 특정 수요를 표출하는 것, 즉 특정 시설을 이용하고자 결정하는 것과 동일하지 않다. 어떤 문제가 처음 발생할 경우 해당 기관은 아직 그 개인을 알지 못하며, 이로 인해 특정(정신적, 시간적 그리고 재정적) 비용이 발생하는 탐색과정이 필요하다. 어느 정도로 특수한 수요가 발생하느냐는 한편으로는 주관적으로 느끼는 문제 또는 고통의 압박에 따르며, 다른 편으로는 해당 기관의 적절성, 이용가능성, 접근가능성에 대한 인식에 따른다.

3. 서비스에 대한 신청을 수혜자 스스로 해야 하는 기관에서는 지원단계를 거쳐야 하는데, 이 때 해당기관의 수용능력과 선택이 결정적인 역할을 한다. 사회 서비스 분야에서는 해당 기관의 직원이나 시설 자체의 이해관계가 상

---

77) Wirth 1982; Asam 1978; Skarpelis-Sperk 1978; Kaufmann/Herlth/Strohmeier 1980: 125ff, 315ff 참조.

당한 비중을 갖는 특수한 접수전략이 발전된다. 이에 따라 흔히 중증의 경우보다 성공가능성이 높은(따라서 기관의 정당화 가능성이 높아지는) 경증이 선호된다.

4. 문제가 있는 지원자를 수용할 경우 구체적 이용은 보통 수혜자와 시설 직원간 상당한 시간을 요하는 상호작용과정에 의해 이루어 지는데, 전형적으로 유지/보호적, 치료적, 양육적 서비스 또는 상담이 제공된다. 이용은 예외적인 경우에만 일회적이며, 일반적으로 클라이언트가 지속적으로 참여할 것과 이를 위해 동기화 되었을 것을 전제로 한다. 효과의 (판단)기준으로서 이용에 따른 (개입의) 성공여부는 결국 개인간 관계에 의존하며, 이에 대한 영향력 행사 가능성은 다음에 서술될 개입형태에서 살펴본다.

3.2.4 교육적 개입형태: 개인의 행위능력과 행위자세의 개선을 위한 제도

이미 앞 절에서 언급된 바와 같이 사회적 참여는 항상 행위능력과 행위태도를 전제로 한다. 행위능력이 사회적으로 바람직한 참여의 범위 내에 있는 한, 모든 사회성원의 행위능력의 제고에 대해서 규범적으로 뿐 아니라 실질적으로 상당히 큰 공공의 이해관계가 존재한다. 많은 제도 – 예를 들면 일반교육을 위한 학교나 건강부문 – 는 일반적인 행위능력의 제고나 재생산을 위하여 만들어졌다. 여기서도 남용 가능성은 피할 수 없는데 건강하고 지적인 범죄자는 잡기 힘들다!

그러나 교육적 개입[78]에 포함되는 제도의 대부분은 특별한 행위능력의 개발, 예를 들면 직업교육, 특수한 문제상황에 대한 상담, 특수한 상황에 대한 정보제공 등을 목적으로 한다. 이처럼 공급 형태에 이미 내용적 조정이 이루어져 있는데, 특정 사회문화적 자산은 강조되고 다른 것은 등한시되는 것을 의미한다. 이러한 내용적 조정은 일반교육에서도 이루어지는데 교과내용 결정 시 고려된다.

교육적 개입은 일반적으로(예를 들면 아동과 청소년 내지 사회적 주변집단의 구성원) 또는 특수한 방식(운전면허 소유자, 조세 납부자, 양육권을 가진 사람, 장애인)으로 사회적 행위능력에 제약이 있다고 보이는 개인과 직접적으로 관련된다. 제도의 사회정책적 목적은 전형적으로 교육적, 상담적, 재활적, 정보적 노력을 통해 행위능력을 제고하는 것이다. 따라서 일반 문화에 존재하는 특정의 사회문화적 자산을 개인의 능력 제고를 위해 제공하며, 이를 통해 참여가능성을 증가시키고자 하는 것이다.

교육적 개입은 또한 문제를 가진 개인과 관계 있는 제3자와 관계될 수 있다. 우선 양육적, 치료적, 상담적, 지원적 직업에 대한 직업교육이 이에 해당한다고 볼 수 있다. 또한 특정 문제집단 – 예를 들면 최근 국제 기관에서 지정한 '누구(여성, 아동, 장애인 등)를 위한 해'에서 나타나듯 – 에 대한 공공 사업을 생각해 볼 수 있다. 이 모든 사업에 공통적인 것은 개인의 사회문화적 능력의 실현 또는 강화를 목적으로 내용적 측면에서 사회적 학습 과정에 영향을 미치고자 하는 것이다. 이것 또한 다단계적 과정으로서 – 법적 및 경제적 개입형태의 경우와 같이 – 이에 필요한 전환과정은 기본적으로 유사한데, 항상 학습을 가능하게 하고 능력을 개발하기 위해 지식과 동기를 연계하는 것과 관련이 있다. 이러한 학습과정은 전형적으로 개인간 의사소통을 전제로 한다.[79] 여기에서는 이와 관련된 의사소통이론, 사회심리학 및 교육학에 대해서는 언급하지 않고자 한다.[80]

---

78) 이 개입형태의 명칭에 대해서 여러 번 논란이 있었는데, 특히 이 개념에 의료적(치료적 개입의 일종으로서) 개입을 포함하는 것이 지나치게 인위적이라는 지적이 있었다. 영어에서는 나는 – '대인적 사회 서비스'라는 개념에 의존하여 – '대인적 개입'이라고 쓰는데, 개인관련 개입이라고 번역될 수 있다. 실제로 최후의 급여는 결국 '인간에 대한 작업'이다. 그러나 개인의 행위능력의 재생산과 제고를 이 형태의 중심에 놓을 경우 '교육적 개입'은 두 가지 측면에서 문제를 해결할 수 있다: 이 용어는 치료적 행위의 영역에서 환자의 자기치료능력의 강화(예를 들어 재활이나 건강상담)를 강조하며, 의료 체계에서의 타인의 결정 형태(수술, 투약)를 제한 시킨다. 또한 모든 사회정책적 개입과정의 다단계성을 고려할 경우 마지막 단계에서는 결국 질(Qualification)과 질 통제에 대한 동기화를 다루게 되며, 이는 '교육적'이라는 용어가 결코 이탈된 개념이 아님을 보여준다.
79) 이로써 우리의 생각은 프로그램화 된 학습 과정까지 이어지게 된다. 이러한 학습과정도 보통 그 효과를 확보하기 위해서는 개인간 관계에서 발생하는 동기강화를 필요로 한다.
80) 여기에 대한 조정이론적 시각에서의 참고문헌은 아직 별로 없다. Corwin 1973; Kogan 1978; Luhmann/Schorr 1979; Domscheit/Kuehn 1984; Groß 1981; Cerych/Sabatier 1986을 참조하라.

국가는 이러한 사회적 학습 과정에 영향을 미칠 수 있는 어떤 가능성을 가지고 있는가? 교육적 개입이 사회 내에서 정치적 논쟁의 대상이 되는 것은 드물지 않은데(예를 들어 Luhmann 1981; Groß 1981 참조), 이러한 개입에 대한 우려는 규범적 측면뿐 아니라 효과와 관련된다. 원하는 효과가 의식상태와 문제인식 및 능력의 변화, 즉 개인관련 특성에 있는 한 다원화된 사회에서 이러한 방향을 누가 결정하는가, 국가가 그런 자격을 얼마나 가지고 있는가라는 질문이 제기되는 것이다. 최근에 교육적 의도를 가진 정치적 개입의 시도를 관찰할 수 있는데, 예를 들어 건강에 대한 계몽, 교통에 대한 지도, 소비자 계몽 등에서 볼 수 있다.[81] 대중매체 시대에 정보는 기본적으로 중앙에 의해 조정이 가능하지만 오늘날 일반적으로 수용되는 다단계적 의사소통 이론(예를 들어 Watzlawick 1969 참조)에 따르면 그 효과는 제한적이다. 사회적 의사소통 과정에서 강화되지 않으면, 정보는 다시 잊혀지고 행위에 유효하지 않게 된다. 이 때 사회적 의사소통은 강화, 재해석 또는 약화하는 방식으로 작용할 수 있다. 이 때문에 국가의 사회적 학습에 대한 영향력은 우연적(kontingent)이 되며, 국가 제도에 의하여 학습내용을 직접적으로 조정할 가능성도 제한받게 된다.

성공가능성이 훨씬 높게 보이는 것은 간접적 제도, 특히 사회정책적 시설에 종사하는 직원의 직업능력과 전문화를 위한 제도이다.[82] 이와 달리 학교 내 학습 과정에 대한 특수한 조정형태로서 교과과정의 개발은 그 결과가 만족스럽지 못하다(Knab 1981). 그러나 이 (교육적 개입) 분야도 아주 광범위한 영역이다.

어쨌든 이 영역에서 국가의 영향력 행사가능성은 논쟁적일 뿐 아니라 통제되기도 힘들다고 볼 수 있다. 개입적 및 상황적 요소의 영향이 크기 때문에 평가연구는 일반화된 결과를 보여주지 못한다. 그러나 이러한 상황에도 불구하고 국가기관은 자신의 활동에 대한 관찰보다는, 이후에 비생산적으로 결론 내려질 수 있는 추가적 통제를 위해 노력하고 있다.[83] 어떤 경우건 이 분야에서는 클라이언트

---

81) R. Mayntz(1980a: 6)는 이와 관련하여 '설득 프로그램'이란 용어를 쓰고 있다. Dahme et al 1980을 참조하라.
82) 기초 영역의 개혁을 위한 이러한 제도의 의미에 대해서는 Domscheit/Kuehn 1984 참조.
83) 약물상담기관 분야에 대해서는 Raschke/Schliehe 1979를 참조하라.

의 이용에 대한 동기화 내지 참여자세가 제도의 성공에 결정적인 요소가 된다고 볼 수 있다. 이와 관련하여 클라이언트의 참여자세를 해치는 법제화, 관료제화 및 전문화의 부작용이 밝혀지고 있으며, 행위능력의 제고를 위한 사회적 상호작용의 적절한 형태로서 자조 혹은 집합적 자조의 다양한 형태에 대한 제도화 가능성이 탐색되고 있다(예를 들면 Badura 1979; Badura/v.Ferber(Hrsg.) 1981; Badelt 1980; Gretschmann 1980 참조). 아직 끝나지 않은 이러한 시각들은 자조능력의 제고를 통해 개인관련 서비스의 비용을 낮추고자 하는 논의에서도 의미가 있다. 이 논리가 사회적 서비스의 축소에 대한 정당화 도구로 사용되지 않기 위해서는 교육적 개입의 효과를 위한 조건을 철저히 조사하여 밝혀야 한다. 이 때 사회적 학습의 조건뿐 아니라 서비스 제공을 담당하는 직원의 동기화 조건에 대해서도 주의를 기울여야 한다. 교육적 개입의 효과를 확인하는 것이 쉽지 않지만, 모든 근대적 교육체계의 성공에 근거하여 비추어볼 때, 교육적 개입에 대하여 국가가 가진 가능성은 오늘날 흔히 추측되는 것만큼 적지는 않다. 물론 중요한 점은 이러한 개입이 상당한 정도로 보완적인 사회적 서비스(예를 들면 가족 또는 사회적 연결망)에 의존한다는 것이다. 국가, 중계 집단(시민단체), 집합적 자조 조직 (단체, 집단) 간에 가능한 공동작업의 형태는 아주 다양한 것으로 나타났다.[84]

3.3 | 요약

본 논문의 목적은 사회정책 제도의 분류를 위해 그 효과방식의 조건에 따라 분석적으로 유용한 범주를 개발하는 것이었다. 그 결과는 〈도표 3.2〉에 요약되어 있으며 이에 대해서는 더 이상 언급하지 않는다. '개발된 유형은 적용 가능한가' 라는 것이 보다 중요한 문제이기 때문이다.

---

84) Kaufmann 1987; Fuchs 1996 참조.

차원 \ 개입 형태	법 적	경 제 적	환 경 적	교 육 적
1. 작용방식	법적(관계의) 보호를 통해 사회관계의 법적인 토대에 작용	1차 소득의 개인간 재분배에 의해 가계의 가처분 소득의 구조에 작용	공간활용과 기본 시설의 설립을 계획하여 공간적인 참여가능성을 확대하는데 작용	개인에 대해 사회문화적인 능력을 개발(향상)시키고, 학습과정에 내용적으로 영향을 미침
2. 전형적 제도	보호, 참가, 신청, 이의제기에 대한 권리부여와 참여의무. 행정처리 규정, 소송가능성, 감독기관	조세와 보험료, 이전급여, 감·면세	도시발전계획, 사회발전계획, 주택건설, 복지 및 상담시설에 대한 지원	전문화, 교과목, 교육, 상담, 재활, 정보 등 제공 자조행위에 대한 지원
3. 사회정책적으로 의도된 결과	사회적으로 취약한 개인의 참여가능성과 관련하여 법적지위 강화	불충분한 1차 소득을 가진 사람에 대해 가처분소득을 증가시킴	생활 상황에 영향을 미치는 환경에 대한 참여기회와 질의 개선	정당한 참여기회와 관련하여 개인의 행위능력을 제고시킴
4. 담당기구	(반드시) 국가	국가, 또는 준국가 기관 부분적으로는 자치행정기관	국가기관과 시민단체의 공동 작용	국가, 시민단체, 집합적 자조단체
5. 실현상의 주요 문제	법에 대한 이해, 규범의 동일성	재원	조직간 조정, 이용	효과를 위한 조건으로서 개인간 의사소통
6. 규칙의 일반화 가능성	높음	높음	낮음	낮음
7. 공공 비용	낮음	높음	높음 (분배에 의존적)	가변적
8. 수행가능성	중앙 – 분산 약간 어려움	중앙 쉬움	중앙 – 분산 약간 어려움	분산 어려움
9. 수용성	이익과 능력에 의존적	목적에 부합할 때 쉬움	선택적, 가변적	통제불가, 논쟁적

〈그림 3.2〉 사회정책적 개입형태

정치적 개입의 유형화는 이미 다양하게 존재하지만(Kaufmann/Rosewitz 1983 참조), 개입의 개념은 상이하며 그 체계도 각각 다르다. 따라서 논문의 첫 부분에서는 두 번째 부분에서 제시된 유형에 대한 기초가 서술되었다. 나의 유형화는 샤프(F. Scharpf)[85]나 마인츠(R. Mayntz)[86]와 유사한 점이 있다. 이들의 분류시도는 (대부분의 다른 분류시도와는 달리) 대상 또는 제도와 관련시키거나 분석적 시각과 제도적 시각을 연계하지 않고 분석적 시각을 우선시 했다는 점에서 나의 시도와 유사하다. 여기서 제안된 유형화는 국가의 수단과 의도된 효과를 연계하는 관점을 일관되게 유지하고자 하였으며, 이를 통해 다양한 차원에서 차이점을 가지며 서로 다른 조건과 규칙성에 대해 가능한 한 명확하게 구분하고자 하였다(〈도표 3.2〉 참조). 개별 차원의 특성을 이 유형과 연계한 것은 대부분이 아직은 가설적이며, 물론 개별 연구결과에 의해 증명되어야 한다. 개별 사회정책제도는 다수의 개입형태의 요소가 서로 연계되며, 이 측면을 분석적으로 분리 가능하다고 보는데, 예를 들면 연금에 대한 수급자격과 연금급여의 액수간, 교육시설의 제공과 교사 양성 및 교육 내용간의 구별이 가능하다고 본다. 이 분류는 정책적 제도의 계획, 집행 및 효과에 대하여 급속히 증가하는 연구 결과들을 상호 관련 짓는 시각에서 체계화하며, 이를 통해 분산된 지식의 일반화가 가능하도록 하기 위해서 만들어진 것이다. 본 논문의 틀에서는 기존의 지식에 대하여 이런 작업을 할 수 없었음을 언급해 둔다.

---

85) Scharpf(1976: 15)는 경제적 및 사회적 과정을 조정하기 위한 국가의 (영향력을 행사하는) 도구를 네 가지로 분류하였다: (1) 강제력을 동원하는 명령과 금지를 통한 직접적 행위조정 (2) 긍정적 및 부정적 유인, 예를 들어 보조금이나 조세감면을 통한 간접적 행위조정 (3) 기본시설 제공을 통합 간접적 행위조정 (4) 국가에 의한 직접적 서비스 제공 등이다.

86) R. Mayntz는 이전에 (1977: 59f) 정치적 프로그램 형태를 7가지 범주로 유형화하였으며 최근 (1980: 5f) 다섯 가지 형태로 축소하였다: (1) 규제 정책 (2) 유인과 재정적 이전 (3) 기본시설과 기술적 서비스에 대한 공적인 제공 (4) 정보 및 설득 프로그램 (5) 절차규범의 제정 등이다.

제 4 장

사회적 개입의 개념과 형태[*]

4.1 | 사회문제와 개입

사회문제에 대하여 대처가 필요하다는 것은 사회정책 및 사회사업적 시각에서는 당연하다. 이러한 당연성에도 불구하고 "어떤 기준에 의해 무엇이 사회문제로 간주되고, 어떤 이해관계가 그 배경이 되며, 어떤 경우에는 개입하지 않고 그것이 스스로 진행되도록 방치하는 것이 더 낫지 않은가?" 라는 질문이 제기될 수 있다. 이러한 검토는 개별 사례에 실제 적용될 수 있으며, 때문에 어떤 문제제기는 그 자체가 의심스러울 수도 있다. 그러나 이런 경우가 있다 하더라도 문제제기조차 하지 않을 수는 없다. 문제는 해결되어야 하며, 그렇지 않다면 문제가 아니라, 정상, 운명 또는 일시적 혼돈이다. 문제의 개념에는 지속적인 결핍이 있다는 것이 포함되며, 행위를 통해 개선되고 적어도 개연적으로는 해결될 수 있다는 것을 의미한다.

---

*1992년 집필, Handbuch sozialer Probleme, hrsg. von Guenther Albrecht/Axel Groenemeyer/Friedrich W. Stallberg. Westdeutscher Verlag, Opladen/Wiesbaden 1999. S. 921–940. (역자주) 이 원고를 저자의 요청에 의해 2판(2004년 발간) 원고로 대체함. 이로 인해 본 논문집의 원래 참고문헌에 몇 개의 문헌이 추가되었음.

정치인, 의사, 사회복지사 또는 그 밖의 사회분야 전문가들의 전문적 낙관주의는 그 조치(제도)의 문제해결능력과 관련해서 일관적이지 않다. 한편 행위로 이어지기 위해서 성공에 대한 전망이 필요하며, 이러한 행위는 목적의 가치, 도달 가능성 또는 문제의 긴급성과 해결에 대한 전망 등을 통해 제 3자의 지지 또한 확보해야 한다. 따라서 성공에 대한 믿음은 잠재적인 문제해결자의 시각에서는 필수 불가결한 것이다. 그러나 많은 제도가 시행 이후에 별로 성공적이 아니라고 판정되거나, 이 제도로 인해 달성하고자 한 결과 외에 미처 예상치 못하였거나 고려하지 않았던 여러가지 부작용이나 후속문제가 흔히 발생하곤 한다. 비판자의 눈에는 이러한 실패가 개입이라는 전체 사업에 의문을 제기할 근거가 되는 것이다.

유럽에서는 초기 산업화의 '사회 문제'에 대한 논의에서 네 가지 기본 입장이 발전되었으며, 이는 오늘날의 사회문제의 해결에 대한 정치적 담론에서도 나타나는데, 상이한 복지문화(이에 대해서는 Kaufmann 1991a, 2003 참조)의 요소로 해석될 수 있다:

1. **보수적 입장 :** 사회적 문제상황이란 기존 질서의 훼손을 의미한다. 정치적 주요 문제는 질서의 회복이며, 발생하는 결핍(Noete)을 해소하는 것이 아니다. 이를 위해서는 경우에 따라 윤리적 동기를 가진 부조가 필요하기도 하지만 문제 해결에 효과적인가에 대해서는 회의적이다.

2. **자유주의적 입장 :** 사회적 문제상황은 동적인 사회에서 전개 과정상 나타나는 긴장의 표현으로서 사회적 변화에 불가피한 현상이었다. 결핍을 체계적으로 특히 국가 제도로 해결하고자 하는 시도는 실패확률이 높고 비생산적인데, 그 이유는 의도적 문제해결시도는 사회적 문제상황을 스스로 극복할 수 있게 하는 자기 치료적 힘의 동력을 약화시키기 때문이다.

3. **혁명적 입장 :** 사회적 문제상황은 기본적으로 왜곡된 발전의 표현이며, 급진적 구조변화에 의해서만 해결될 수 있었다. 구체적 문제상황에 직접적으로 초점을 맞춘 제도는 징후에 대한 단순한 대처일 뿐이며, 이는 급진

적 변화에 대한 압력을 순화시킨다는 측면에서 비생산적이다.

4. **개혁적 입장** : 사회적 문제상황은 그 자체로서 진지하게 받아들여져야 하며 그 수정이나 극복이 원칙적으로 사회적 진보를 나타낸다고 보았다. 따라서 문제에 상응하는 제도를 발전시키고 제도화 시키고자 하였으며, 사회적 결핍이나 부족상황을 예방하거나 적어도 교정적으로 영향을 미치거나 또는 그 결과를 보상적으로 약화시키고자 하였다.

사회문제와 문제해결의 범주 안에서 생각하는 것과 사회정책의 모든 전통은 분명히 사회개혁적 복지문화선상에 있고, 정치적 논쟁에서 서로 다른 복지문화의 시각에 대하여 비판하게 된다. 이 때 논의는 인지적 내지 규범적인 사회 문제 정의의 요소 자체 또는 구체적 처리 내지 해결책과 관계될 수 있다. 후자의 경우에는 성공에 대한 조건과 효과의 한계뿐 아니라 사회 제도로 인한 결과 문제를 다룰 수 있는 논리적인 담론을 필요로 한다.

문제해결, 계획 또는 지원이라는 개념이 이미 언급된 전문적인 낙관주의를 표현하는데 반해 개입은 사회개혁적 담론의 기본 개념으로서 요구되는 불확실성을 표현하고 있다. 따라서 최근에는 이 개념이 사회사업이나 사회정책의 학술적 기본개념으로 자리잡고 있다. 본 논문은 이 개념의 함의를 명확화 하고 그 해석학적 결실을 밝히고자 한다.

4.2 | 개입 개념의 함의

1819년 영국에서 필 법(Peel Act)에 의해 국가가 처음으로 아동의 산업체 근로를 제한하고자 했을 때, 이는 국가의 간섭(Interference; Einmischung)이라 여겨졌다. 개입(Intervention)이라는 개념이 보다 기술적인 주체-객체 관계를 강조하는 반면, 간섭이라는 표현은 관여(Eingriff)를 통해 변화되어야 하며 그 의도에 반응할 수 있는 사회적 관계와 관련이 있음을 분명하게 보여준다.* 고전적인 정치적 행위모형은 목적, 상황, 제도 등 기본개념과 함께 관여(Eingriff)를 확정된 상태와 관련되는 목적지향적 조치로 파악하는 반면, 개입 개념은 문제가 되는 연관의 복합적 재구성을 가능하게 하는 것으로 파악한다.

1. 개입의 개념에는 행위자의 관점이 아니라 행위 관찰자의 관점이 채택된다. 이에 따라 행위의 개념은 보다 복잡하게 재구성된다: (a) 행위자가 (b) 특별한 의도를 기초로 (c) 그 행위의 효과와 관련되는 특정 가정 하에서 (d) 특정 제도를 통하여 (e) 정의된 상황을 변화시키기 위해 개입하는 것이다. 강조할 것은 이 관점에서 행위자의 특정 행위뿐 아니라, 행위자의 특성 자체, 예를 들면 지식, 상황판단, 자원 등이 포함된다는 것이다. 따라서 문제는 주어진 목적 하에서 상황을 변화시키기 위하여 어떤 것이 더 적절한 조치인가가 아니라, 행위자가 그에게 주어진 수단에 의해 특정 의도를 어느 정도 실현할 수 있는가 이다.

2. 관찰에 포함되는 것은 또한 개입분야의 특성, 즉 개입 주체가 되는 행위자의 조치가 작용하게 될 구조화된 관계이다. 이는 사회적인 개입, 즉 사회적 관계의 변화를 목적으로 하는 개입에서 특히 중요하다. 이러한 개입분야는 관찰 및 반응능력이 있는 행위자에 의해 형성되는데, 이들 행위자는 개입 주체의 의도에 대해 긍정적 또는 부정적 입장을 취하며, 조치(개입)에 순응하거나 예견되지 못한 일탈적 행동양식을 취할 수도 있다. 따라서 사회적 개입은 명백하게 정의된 상황이 아니라 개입 이후에 비로소 그 반응이 개입 주체에게 알려지는, 다소 불투명한 상태와 관계가 있다.

3. 사회적 개입은 보통 단일한 행위자가 아니라, 다단계적 개입과정의 틀에서 활동하는 다수의 행위자를 포함한다. 물론 주사를 놓거나 상담을 위한 대

화를 하거나 청소년을 처벌하는 것 등의 개별 행동은 개인차원으로 해석하는 것이 가능하지만, 그 자체로서는 심각한 문제를 해결하지 못하는 상대적으로 미약한 것이라 할 수 있다. 특정 질병을 가진 환자를 치료하는 것, 직업선택 문제 또는 가정 내 갈등의 해결 또는 청소년 범죄자를 교정하는 것 등과 같이 아주 예외적인 경우에만 개별적 개입이 이루어진다. 큰 수술이나 사회정책 프로그램과 관련시킬 때 개입의 다단계적 성격과 개인적(후자의 경우 또한 협동적인) 행위자 다수의 참여가 분명해지는 것이다.

4. 무엇을 관련되는 개입으로 볼 것인가는 – 관찰자 중심 개념에 따를 때 – 개입하는 행위자가 아니라 학술연구자에 의해 결정된다. 이를 통해 흔히 행위자의 다양한 동기나 불명확한 의도가 아니라 개입과정의 재구성에 필요한 의도가 관찰자에 의해 확인되며, 관찰자는 이 때 행위자 개인의 차원에서 유의미한 관련을 갖는다고 추측되는 효과의 맥락을 고려하여야 한다. 따라서 사회적 개입은 사회적 연관에 대한 의도적 개입의 사회과학적 재구성을 위한 분석적인 기본 개념이다. 따라서 개입 사건을 얼마나 복잡하게 재구성할 것인지는 예상되는 관련성의 도달거리에 달려 있다.

그렇다면 이렇게 해석된 개입 개념의 효용은 무엇인가? 사회적 개입과정에 대하여 다수의 행위자가 참여한다는 것이 정상적인 경우라면 고려해야 할 맥락에 대한 그들의 통찰이 제한적이며, 행위 시각이 왜곡될 수 있음을 고려하여야 한다. 학문적 재구성에 의해 다양한 행위자의 상이한 시각이 고려될 수 있고, 따라서 행위자에게 성공적인 행위의 조건을 보다 잘 인식하게 하며, 그 맥락을 잘 파악할 수 있게 하는 것이다. 복잡한 개입 및 효과모델(4.4 참조)의 개발은 집합적 학습과정의 구성 요소인데, 우리가 사회개혁적 입장을 유지하기 위해서는 이러한 학습과정의 가능성과 성공을 가정할 수 밖에 없다.

참고문헌에서 예방과 개입이라는 개념은 흔히 경쟁적인 관계로 사용된다. 양자를 동시에 사용하고자 하면 보다 명확한 용어 사용이 필요한데, 그 의도에 따라, 즉 예방의 개념은 가능한 위험, 방해 또는 문제가 되는 과정을 피하고자 할 경우에, 개입의 개념은 이미 나타난 위험, 방해 또는 문제가 되는 과정을 다룰 때 쓰고자 한다. 예방은 문제 사건 발생의 위험을 감소시키고자 하며, 개입은 경과에 영향을 미치며 이로 인한 손실을 축소하고자 한다.

대상이 되는 행위의 맥락 중 어떤 부분이 문제가 되는 과정으로 정의되며, 어디에 예방 영역 및 개입 영역의 경계가 있는지는 물론 관찰자의 인식관심에 달려 있다. 보다 일반적으로 말하자면 다단계적인 인과분석적 행위모델과 관련하여 '예방의 논리'는 개입의 시점을 가능한 한 앞당길 것을 요구한다 (Brandstaedter/von Eye 1982; Herriger 1986; Feser 1990).

따라서 예방과 개입 간에 본질적인 차이는 없으며, 단지 분석적 차이가 존재하는 것이다. 따라서 이후에서는 예방을 자립적 영역으로서가 아니라 개입의 한 부분으로 다루고자 한다. 참고문헌에는 카플란(Caplan 1964)에 근거하는 상반되는 개념 사용 전략도 발견되는데, 이들은 모든 개입을 예방으로 칭하며 개입의 위치에 따라 1차적 예방(위험감소, 발생율의 저하), 2차적 예방(조기발견, 전염율의 감소) 그리고 3차적 예방(후속손실 및 재발위험의 축소)으로 구분하였다. 예방은 보통 가능한 손실과 관련하여 미리 조치하는 것이며 보통 개입 행동을 포함한다. 따라서 예방은 행위자의 실질적 이해관계를 의미하며, 오토(Otto 1991: 73)는 예방이 점차 사회적 개입을 정당화하는 마술 주문이 되었다고 주장하였다.

나는 사회정책적, 의료적, 심리적, 사회교육적, 사회사업적 제도의 기본 개념으로 '개입'이 '예방' 보다 더 적합하다고 보는데, 이는 행위에 대한 관찰자의 시각을 함축하며 모든 개입의 불확실성을 다룰 수 있기 때문이다.

후렐만(Hurrelmann 1990)과 바두라/파프(Badura/Pfaff 1989)에 따르면

사회적 개입이 이루어질 수 있는 작용분야의 구조는 다음과 같이 단순화시킬 수 있다:

a. 생활상황(4.6 참조)은 특수한 기회구조와 위험으로 특징지워질 수 있는데, 이러한 기회구조와 위험은 그 수혜자 또는 관련 당사자에게 특징적인 기회와 부담이 될 수 있다. 사회적 관계의 분배 모형은 정치적, 사회경제적 및/또는 사회문화적 불평등의 표현이다. 이 분배모형의 수정은 관계에 중점을 두는 개입의 과제가 될 수 있다. 이 때 보통 1차적 예방의 의미에서 개입이 이루어진다. 이 개입은 한편으로는 특별한 범위에서 이루어지며, 다른 편으로는 특수한 정치적 위험이 나타날 수 있다(Pransky 1991).

b. 특정 생활상황에 의해 결과되는 위험과 부담들은 사람에 따라서 상이한 형태로 인지되고, 느껴지고 처리된다. 따라서 한편으로는 이로 인해 생긴 스트레스와 다른 편으로는 당사자의 대처능력 수준에 따라 이러한 부담이 어느 정도의 손실 – 건강, 학습능력, 동기구조, 동원 가능한 자원 등의 – 을 야기시키는 지가 결정된다. 위험을 피하는 행동방식과 부담을 처리할 능력 내지 가능성을 지원하는 것은 1차적 예방, 여기서는 행위 지향적 개입으로 분류될 수 있다(Gulotta 1987).

c. 방해하는 사건 – 사고, 질병, 일자리 또는 주거지의 상실, 범죄, 학습장애 등 – 이 발생할 경우 방해하는 사건의 흐름에 영향을 주거나 차단하기 위한 개입(수정적, 치료적, 지원적 개입을 통해), 혹은 2차적 결과의 최소화를 위한(재활적 또는 보상적 지원을 통한) 개입이 가능하다. 참고문헌에는 전자의 경우를 2차적, 후자의 경우를 3차적 예방이라 칭하고 있다.

이미 언급된 개입 개념의 조작화에는 특징적인 어려움이 있으며, 방법론적으로 2가지 차원에서 달리 생각할 필요가 있다. 한편으로는 복잡한 효과모델의 측면에서 성공적 개입의 조건을 살펴보는 것이고, 다른 편으로는 - 투입되는 기술과는 별개로 - 개입이 항상 개입주체와 개입의 객체간의 직접적 또는 간접적 상호작용으로 이해되는 사회적 맥락에서 이루어진다는 것이다. 특정 개입의 성공은 기초가 되는 기술(예를 들면 치료나 심리 상담에서의 특정 절차 또는 사회사업적 지원에서의 현금 및 현물 급여 시 절차)뿐 아니라, 항상 이러한 사업의 사회적 맥락에 의해 결정된다는 것이다. 이 사회적 맥락에 따라, 예를 들면 수혜자가 특정 개입에 대해 어느 정도의 신뢰나 불신을 가지느냐에 따라 참여 태도가 결정된다.

이 문제는 평가연구(Evaluationsforschung)의 발전을 통해 분명히 알 수 있다. 평가연구(예를 들어 Beywl 1988; Guba/Lincoln 1989; Hellstern 1991)의 새로운 결과들은 시기 분류나 강조점에서는 차이가 있지만, 다음에 대해서는 일치한다: 우선 시작단계에서 결과의 측정문제를 다룬다. 이러한 인식관심은 자신의 개입의 합리성을 확신하고, 그 결과가 무엇인가를 알고자 하는 순진한 시각에 해당한다고 볼 수 있다. 1970년경 평가연구는 실험적 사고가 지배하는 폐쇄된 형태로 발전되었다. 평가의 목적은 프로그램의 효과를 측정하는 것, 즉 자연과학적 실험에 유사한 조사개념을 통해 특정의 개입 효과를 측정하는 것이다. 개입 전후 또는 치료 유무 그룹간 관찰된 목적 변수의 차이는 개입의 효과로 해석되었다. 단순한 행위이론적 모델과의 유사성은 여기서 명백하게 드러난다. 목적은 이미 알려져 있고 명백하며, 그 맥락(배경)도 동일하지만, 조치의 목적달성에 대한 유용성만 문제시되었다.

이후 이러한 전제 조건 자체가 문제시 되었으며 목적이 주어졌다는 것도 개입 당사자의 일방적인 통제 및 정당화를 위한 것으로 비춰졌다. 프로그램의 효과라고 주장된 것도 맥락의 변화에 따라 설명될 수 있었으며 조사설계도 의도된 효과만을 조사하도록 구성되었기 때문에 의도되지 않은 부작용을 조사할 수 없었다. 또한 흔히 프로그램의 범위나 의도가 문제시 되거나 또는 관찰 시점에 따라 가변적인 것으로 나타났다. 이러한 비판을 통해 특히 개입 주체(보통 개입을 재정적으로 지원하는 정부조직) 중심의 시각을 가지고는 교훈적 결론을 얻기 힘든 것으로 나타났다. 이에 따라 다른 가치관 – 예를 들어 당사자(개입 객체)의 시각 – 이 효과연구의 기준으로 받아들여지게 되었다.

평가연구의 방법론이 발전될수록 이러한 응용관련 연구에 요구되는 조건들 간의 모순이 명확하게 드러나게 되었다. 알브레히트(Albrecht 1991)가 보여준 바와 같이, 이러한 방법론상 딜레마에 따라 측정의 유효성, 결과의 일반성, 응용관련성의 고려, 기존 지식에 관련된다는 의미에서의 학문적 유효성 등의 기준을 동시에 충족시키는 연구 설계를 실현하는 것은 거의 불가능한 것처럼 보이게 되었다.

이후 점차 실험적 사고 모델은 비판되었다. 이 모델의 함축적 인식 목적은 인과적 분석을 통하여 효과를 발생시키는 데 대한 일반화된 진술을 하는 것이었다. 실험 설계에 기초하는 설명모델은 프로그램으로 칭해지는 개입에 따라 결과가 생성되게 하는 인과적 과정이 유발된다고 보는 것이다. 이 때 인과성은 조사되는 것이 아니라 가정되는 것이다. 새로운 연구틀은 이와 달리 사회적 개입에서의 프로그램 효과는 측정 가능한 효과에 따른 크기라는 의미에서 보통 명확하게 확인될 수 없으며, 효과연구의 교훈적 성과는 개입 효과(를 미치는) 방식을 밝히는 것에서 출발한다. 이 때 연구의 대상은 더 이상 예상된 목적변수의 변화가 아니라 다단계적으로 개념화 된 개입 과정 자체와 이를 통해 함의된 성공에 대한 조건이 되는 것이다. 과정에 의한 작용은 더 이상 인과적 가설에 의해 기대되는 것이 아니라 '효과방식의 모델' 로서 가설적으로 구축되며, 그 이후 경험적으로 검증되게 된다(Breedlove 1972; Kaufmann/Strohmeier 1981 참조).

평가연구의 계속적 발전에 따라 앞서 언급한 하나의 주체에 의한 보델이 아니라, 이처럼 다양한 시각을 고려하여 연구자가 설정한 의도된 효과의 완성 모델도 문제시 되게 되었다. 이에 따라 반응적 평가 모델이 만들어지게 되었는데

(Guba/Lincoln 1989), 여기서는 연구자가 자신을 특정 문제의 해결에 관심을 갖는 행위자 망 내에서 상호작용적 학습과정의 요소로 이해하며, 그 관찰을 통해 당사자간 교환 및 학습과정에 자극을 주는데 기여하고자 한다. 이러한 연구자에 대한 추가적 요구, 즉 그의 진단적, 분석적 및 의사소통적 능력에 대한 요구는 일반화된 지식에 따르는 사회과학적 사고와 결정적으로 분리됨을 의미한다. 평가연구는 이 때 행위자의 일상적 이론의 개선이라는 의미에서 실천을 개선하고자 하는, 특정 장소와 시간에서 일어나는 일회적인 사건의 요소로 이해된다.

이 논리의 차원에서는 인과적 설명모델과 존재론적 행위모델은 명확히 구별되며, 후자는 당사자간 의사소통적 논의에 의해 발전될 수 있다. 이와 관련해서 인과적 가설은 주변적인 역할만을 담당하게 된다. 여기서는 오히려 당사자의 행위 조건과 결과에 대한 의사소통을 유지하고, 관찰을 통해 그 내용을 개선하는 것이 주된 목적이 된다. 이에 따라 이미 70년대에 실험적 평가연구에 대항하는 모델로 소개되었으나 방법론상의 문제 때문에 과학성을 인정받지 못한, '행위연구'(Haag 1972; Moser 1975) 또는 '행위지향적 병행연구'(Gruschka 1976)라는 명칭으로 알려진 연구들의 주요 요소들이 다시 수용되게 된다.

'반응적 평가'라는 개념에서는 개입의 개념이 의문시 된다. 모든 당사자의 동등한 협력 – 결국 당사자의 동등성 – 에 따라 개입의 개념에 특성적인, 개입 행위자와 반응하는 수혜자간의 긴장이 없어지게 된다. 그러나 이 관계에서 당사자간 실제적 권력관계가 없어지게 될 가능성은 적다. 실제 상황에서 행위자는 정해진 책임과 자원을 가지며 서로 다른 입장을 가진다. 이로 인해 상이한 개입의 기회가 주어지고, 개입 시각은 이를 재구성하여 결실을 가질 수 있다고 보는 것이다. 권력관계를 간과하고자 하는 연구전략은 도움이 되지 않는다.

개입의 개념에 대한 보다 기본적인 비판은 급진적 체계이론에서 제기된다 (Willke 1984, 1987; Teubner/Willke 1984; Teubner 1988). 루만(Luhmann)의 자기유지적 체계 이론에서 심리적 체계 및 사회적 체계는 자기환원적 폐쇄성 및 '조작적 폐쇄성'을 갖는 것으로 가정된다. 즉 이러한 체계가 무엇을 인지하든지 그것은 체계 내 특성을 근거로 이루어지며, 인지된 환경요소의 특성을 근거로 이루어지는 것이 아니라는 것이다. 조작적 폐쇄 체계는 이에 따라 내부적으로 항상 재생산되는 구조에 따라 특수하지만 기본적으로 환경에게는 불투명한 선택성을 발전시키게 된다. 이 이론에 의하면 사회적 개입은, 한 체계가 다른 체계에 대해 특정 의도를 실현시키고자 하는, 즉 다른 체계에서 특정 효과를 야기하고자 하는 두 사회 체계간 의사소통으로 이해된다. 양 체계의 작용이 자기 환원적이기 때문에 개입 체계의 의도가 개입 되어지는 체계에 의해 올바로 이해될 가능성은 희박하다는 것이다. 또한 개입을 통해 개입 체계가 미치고자 하는 영향 – 개입되어지는 체계에 의해 의도된 효과가 발생하도록 처리되는 것 – 도 가능성이 희박한데, 이는 개입되어지는 체계가 받는 영향이 개입체계의 자기환원이 아니라, 스스로의 자기환원에 의해서 처리되기 때문이다.

이 이론은 성공적인 개입에 장애가 되는 어려움에 대해 주의를 환기시키고, 모든 종류의 실천가가 갖는 전문가적 낙관주의의 허상을 깨는데 기여하였다. 물론 자기유지적 체계 이론은 개입의 성공조건을 지나치게 높게 설정하는 경향이 있다. 개입 시에는 보통 다른 체계의 구조를 변화시키고자 하는 것이 아니라, 다른 체계에게 주변적일 수 있는 특정한 행위를 수정하고자 하는 것이다. 이 때문에 행위를 조건화하는 관계에 대한 개입이 (맥락에 의한 조정) 보통 행위에 직접 영향을 주고자 하는 개입보다 성공가능성이 높다(Willke 1996). 구조를 변화시키고자 하는 개입의도가 역효과를 가질 수 있다는 경고는 진지하게 받아들여질 필요가 있다.

이는 예를 들어 단순한 경제정책적 개입주의에서도 나타났다. 시장경제 체계는 임의로 조작하기 힘들다. 새로운 시장이론은 따라서 시장 정향적 그리고 반시장 정향적 개입을 구분하여 시장의 외부적 조정가능성의 한계를 지적한다. 시장 정향적 개입은 예를 들어 소득재분배이며, 가격통제는 이에 속하지 않는다. 가격통제는 시장에 의한 조정의 핵심 요소인 자유로운 가격형성을 불가능하게 하기 때문이다.

이러한 경제 질서정책의 사례는 사회적 개입이론에 대해 두 가지 측면에서 교훈이 된다:

a. 시장모델의 경우 우리는 특정 체계의 기능 조건에 대하여 이론적으로 발전되고 경험적으로 확인된 생각을 가지고 있다; 여기서는 (효과에 대한) 전망

이 있거나 없는 개입간에 상대적으로 명확한 구분이 가능하다. 따라서 시장 이론은 개입 조건, 즉 효과를 이끌어내는 조건을 세분화하고 있다. 이 이론은 정당화되지 않는 개입 낙관주의에 한계를 지울 뿐 아니라 성공적인 개입 조건을 세분화하고 있다 – 예를 들어 환경에 유해한 생산형태를 축소하기 위하여 환경비용을 내부에서 부담하도록 하는 권고를 생각해 볼 수 있다. 자기 유지적 체계가 기본적으로 불투명하다고 인정되더라도 반응양식을 관찰함으로써 그 선택성과 내부적 작용양식에 대한 추론이 가능하다고 볼 수 있는데, 이 추론에 의해 이론적 모델로의 일반화가 가능하다. 이러한 모델이 얼마나 현실성이 있는가는 기초적인 관찰의 집중도와 정확성에 달려 있다.

b. 반대로 이 예에서 우리는 개입하고자 하는 심리적 맥락 및 사회적 맥락에 대한 우리의 생각이 얼마나 제대로 완성되지 못했는가를 알게 된다. 흔히 좋은 의도와 해당 자원만 있으면 특정 효과를 낼 수 있다고 생각하는 것이다. 이와 달리 과학적 시각에서는 명확한 체계모델 또는 효과모델의 근거 위에서만 개입에 대한 성공가능성이 합리적으로 논의될 수 있다는 점이 강조되어야 한다.

4.5 | 개입의 기술적 핵심과 사회적 맥락

이쯤에서 과학이론에 근거하는 중간 정리를 시도해 보자: 효과는 역사적이고 일상적인 사건흐름에 놓인 특성이 아니라, 한 관찰자가 사건흐름 전체에서 설명적 또는 형성적 의도를 가지고 선택하여, 원인과 효과라는 사고체계에 의해 양자를 연결시키는 두 가지 또는 다수의 상황 간의 증명 가능한 관계이다. 원인과 효과라는 범주는 경험 가능한 것의 진정한 특성이 아니라 사건에 대한 사유를 통한 행위의 범주이다.

이는 결정 순간에 행위의 불확실한 전제조건을 배제하도록 강요되는 현실에서의 행위자에게도 당연히 해당하는데, 그렇게 하지 않으면 "나무 앞에서 숲을 보지 못하게 되는", 즉 발생될 어려움으로 인하여 특정 목적을 추구하지 못하게 되기 때문이다. 확신을 가진 행위자는 일상 이론을 가지며, 즉 특정 상황에서 자신의 행위에 대한 성공조건에 대한 직관적 지식을 믿는다. 그러나 이 지식은 정교하거나 그렇지 않을 수 있고, 현실에 적합하거나 그렇지 않을 수도 있다. 차이가 있는 상황을 인식하고 비교적 목적에 맞는 수단을 결정하는 수완은 전문적 능력에 달려 있으며, 이는 또한 잘 정리된 학문적 기초에 근거한다(Breedlove 1972; Kaufmann/Strohmeier 1981). 모든 성공적 개입은 '기술'의 문제이지 '학문'의 문제가 아니다. 즉 이는 무엇보다도 '실천', 즉 적절한 상황인식 (Aristoteles)에 근거한 영리한 행위를 전제로 한다. 여기에서는 보통 학문적 지식보다 경험이 더욱 중요하다. 그러나 실천적 개입 시에는 학문적 지식이 인식능력을 향상시키고 문제해결능력을 발전시키는데 기여할 수 있다.

응용과 관련된 학문적 지식은 행위자에 대한 관련성이란 점에서 이론적으로 구조화된 지식과 차이가 있다. 응용관련 학문은 알려지지 않은 원인적 요소의 공동작용에 대한 설명이 아니라, 특정 행위자에 대하여 정형화되는 문제제기와 이상적인 (보통 가치에 의해 정당화된) 의도에 근거한 주요 시각들을 결합시키는 것이 중요하다. 즉 특정의 실천적 문제를 학문적 개념의 도움으로 재구성하여 이를 통해 중간정도의 추상 수준에서 일반화하며, 실천가에게 인식 및 행동에 연계될 수 있도록 하는 것이다(Gans 1976; Kaufmann 2002c, 2장).

'사회적 개입'의 고전적 논리는 특정 문제로부터 출발하여 그 조건을 분석하고 개입목적을 정의하며, 그 수행을 위한 프로그램을 개발하여 그 효과를 관찰하고 필요한 경우 프로그램을 수정한다. 평가연구의 기초가 되는 이러한 시각은 보통 특정 '중심 행위자'의 관점에서 출발하며 개입과정의 의사 소통적 측면이나 실질적 측면보다는 기술적 측면에 주의를 기울인다. 이 차원에서 다양하고 복잡성을 갖는 효과 모델이 발전되는데, 이는 블랙 박스 형태의 단순한 인과모델로부터 다면적 통제차원과 환류 고리를 갖는 총합적(cybernetic) 모델에 이르기까지 다양하다.

현실의 특정부분에서 일어난 것을 설명하기 위한 효과 모델의 구축은 순수하게 이론적 작업이다. 복잡한 효과모델을 구축하는 것은 동일한 대상영역과 관련하여 보다 덜 복잡한 효과모델에 대한 경험을 가졌을 경우에만 의미가 있다. 효과모델의 복잡성은 그 자체로서 현실적합성이 높다는 것을 의미하지는 않는다. 기본적으로는 단순성의 원칙이 적용되기 때문이다. 동일한 설명력을 갖는 경우보다 단순한 효과모델이 선호된다. 그러나 사회과학적 관련성의 특수성, 즉 사회적 현실이 고도로 연계되어 있다는 특성은 당연히 단순한 효과모델이 일반적으로 높은 설명력의 요건을 갖추지 못함을 의미한다. 이로 인하여 사회적 개입의 기술적 핵심이나 성공조건과 관련된 일반화 가능한 지식은 보통 불분명하게 된다.

사회적 개입은 어떤 경우든지 의도나 상황에 대한 정의에서 서로 상이한 관련 행위자 간의 광범위한 관계의 맥락에서 이루어진다(Kaufmann 1987a; Dumas 1989). 이러한 관계의 맥락이 실천 관련 문헌에서는 보통 명확하게 드러나지 않지만, 사회과학적 개입연구의 본질적 연구분야가 된다.

여기서 출발점은 개별적인 개입 행위자의 행위가 항상 제도적 맥락에 있다는 통찰이다. 이 제도적 맥락은 행위자의 행동에 대한 전제, 다른 행위자와의 관계뿐 아니라 그것이 부담이 되든 이익이 되든 개입의 대상이 되는 사람의 지위를 결정한다. 예를 들어 개별 사회사업가는 보통 국가가 정한 규정을 충족시켜야 하고, 공공 재원에 의존하는 관청 또는 시설의 직원이라는 것이 결정된다. 또한 사회사업적 행위의 수혜자는 분리된 개인이 아니라 보통 가족이나 특정 연결망의 구성원이며, 자신이 속한 사회적 분위기에서의 경험에 의해 영향을 받는다. 이러한 맥락은 개별적으로 실제 행위자의 시각이 아니라 이 행위에 거리를 두고 관찰하는 사람의 시각에 의해 비로소 관찰되며, 6.2에서 언급된 차원에서 이러한 연관은 재구성될 수 있다.

개입 개념의 이점은 사회적 개입의 맥락과 형태를 – 개입의 실천적 조건이 명확화되도록 –일반화하는 방식으로 유형화가 성공할 때 비로소 가시적이 된다. 이것이 구체적으로 어떤 의미를 갖는가는 대상과 연결되어야만 설명될 수 있다. 필자의 연구분야에 따라 다음에서는 사회정책적 개입 영역을 사례로 설명하고자 한다(기본적으로는 Kaufmann 1982a, 2002 3장).

개입의 유형화는 다양한 방식으로 이루어질 수 있다. 예를 들면 특정 제도, 특정 문제상황 또는 사회적 개입에서 특징적인 목표 집단 등을 기준으로 할 수 있다. 이 때 중요한 것은 기대되는 효과를 기술하고 이를 위해 유용한 수단을 나열하는 것이다. 이는 영국에서 '사회행정' 또는 미국에서 '사회문제와 사회사업'에 지배적이었고 독일에서 사회정책과 사회사업에 대한 관찰방식을 형성하였던 고전적인 규범적 시각이다. 이 시각의 장점은 실천에 대한 근접성인데, 이는 보통 특정 중심 행위자의 시각에서 출발하기 때문이다. 그러나 이 시각에서는 이미 언급된 중심 행위자의 시각을 넘어서는 구조적 시각이나 다관점적 시각을 적절하게 고려하기 힘들다. 사회정책 및 사회 사업적 논의에 이러한 시각을 도입한 것은 사회학적 분석의 특별한 성과라 볼 수 있다.

다음에서는 투입되는 사업을 그 효과방식과 한계에 따라 체계화하는 다른 시각을 소개하고자 한다. 우선 두 가지 개념, 즉 '행위프로그램'과 '조정기제'(Windhoff-Heritier 1980: 42ff 참조)를 명확히 구분하고자 한다. 행위프로그램의 체계화는 지배적 의도에 따라 이루어진다(예를 들면 행동의 규제, 결정과정의 규범화, 소득재분배 또는 사회복지 서비스의 제공). 조정기제는 '추구되는 프로그램의 목표 또는 효과가 달성되도록 하는 방식'과 관계가 있다(Windhoff-Heritier 1980: 46). 정치적 제도를 구분하고자 하는 많은 시도가 보통 이 두 차원 중 단지 한 차원과 관계가 있었으며, 정책의 내용적 측면을 간과하고 맥락을 고려하지 않았다. 이러한 체계화들은 주로 목적 지향적인 규범적 시각에 대한 반응으로 이해될 수 있고 분석적으로는 유용성이 적은데, 실천적 시각에서는 정책 프로그램의 효과방식이 항상 내용적 맥락에 의해 결정되기 때문이다.

따라서 나의 체계화 시도는 현실에 가까운 유형화를 추구하며, 사회정책의 주요 정책영역에 따른다. 행위자 동기의 다양성과 목적의 불명확성에 기인하는 어려움을 피하기 위해 나는 일관되게 관찰자의 시각을 취하며, 프로그램이나 목적 대신 특정 제도의 종류로부터 기대 가능한 전형적인 효과에 대해 고려하고자 한다(보다 상세하게는 Kaufmann/Rosewitz 1983을 참조). 전형적인 효과는 행위자가 목적으로 설정한 것이나 부수적인 효과로 판명되는 것 또는 관찰자의 시각에서 비의도적인 부작용으로 판단되는 것과 관계없이 나타난다. 이러한 효과는 개입과정을 관찰함으로써 경험적으로 확인할 수 있지만 일반화하기 위해 정형화가 필요한 것이다.

여기서 주장되는 사회정책에 대한 사회학 이론의 관점에서 보면 사회적 개입은 그 의도에 따라 정치 및 법적으로 유형화되는 목표집단의 생활상황과 관계가 있다. 이 개념을 처음 도입한 바이서(Weisser)는 생활상황을 "장애 없이 철저한 자의식을 가진 개인이 삶의 의미라고 할 수 있는 인간의 기본적 관심사를 성취하기 위해 외적 상황이 제공하는 활용공간"이라고 정의하였다(Weisser 1959: 635). 수혜자와 관련지어 내려진 (생활상황의) 정의는 '철저한 자기의식에 근거하여 결정적이라고 생각되는 기본적 관심사' 라는 개념을 통해 주관적으로 전환된다. 우리는 이 대신 '외부상황이 인간의 기본적 관심사의 충족을 위해 제공하는 활용공간(여건)' 이라는 정의를 관찰자의 시각에서 정형화하고자 하며, 특히 모든 인간을 생활에 적절한 사회적 부분체계로 융합(Inklusion)시켜야 한다는 명제에 의해 사회이론적으로 정당화되는 사회적 참여 관점에서 시도하고자 한다 (Marshall 1964에 관련지은 Luhmann 1981: 25ff 참조).

사회적 참여는 기본적으로 네 가지 형태를 가진다:

a. **참여권리** : 국가적으로 보장된 법적 권리로서 이는 공민권, 자유권과 함께 시민의 법적 지위를 결정한다. 이를 통해 다양한 사회적 부분체계의 급여에 대한 접근과 참여에 대한 권리를 갖게 된다.

b. **화폐적 자원** : 화폐의 점유는 전형적으로 근로 또는 사회적 권리와 연계되

어 있다. 이것은 경제체계의 생산물에 대한 참여를 보장한다.

c. **기회** : 학교, 병원, 스포츠시설, 청소년 상담소 또는 노인요양시설 등 특정
시설에 대한 접근가능성은 공적으로 제공되는 현물 및 서비스에 대한 참여
를 현실화한다.

d. **능력** : 생활과정에서 습득된 능력과 동기화는 과거에 있었던 사회 참여 과
정(특히 가족, 학교, 직업활동)에서 축적된 개인의 자산이다.

인간의 기본적 관심사의 충족을 위해 외적 상황이 제공하는 활용공간, 즉 법
적 지위, 처분 가능한 화폐 자원, 접근 가능한 기회, 습득된 능력 등 네 차원에 의
해 생활상황이 추상적이지만 광범위하고 상호주관적으로 동의 가능한 방식으로
기술될 수 있음을 보여준다.

사회적 개입을 유형화하기 위한 이 제안은 생활상황의 네 가지 차원과 관련
된다. 법적 개입형태는 법적 권리를 결정하고 보장하며, 경제적 개입형태는 가처
분 소득에 영향을 미친다. 환경적 개입형태는 인프라 공급, 즉 기회구조에 영향
을 미치며, 교육적 개입형태는 능력의 개발과 재생산과 관계있다. 사회정책적
(또한 사회 사업적) 제도는 그 전형적 효과에 따라 이러한 네 가지 개입형태로 분
류될 수 있다. 예를 들면 임차인 또는 노동자 보호에 대한 규정, 그리고 연금이나
공적부조에 대한 법적 청구권과 법원에 의한 권리보장은 모두 사회적 취약 계층
에 대한 법적 지위를 개선하고자 하는 것이다. 이 때 사회보장 관련법뿐 아니라
조세법 및 준조세법도 고려될 수 있다. 공공 주택건설에 의한 주택의 제공은 환
경적 개입형태로, 주거수당 관련 법은 이와 달리 경제적 개입형태로 분류할 수
있다. 처음에는 환경적 개입형태와 교육적 개입형태를 명확하게 구분하는 것이
어려울 수 있는데, 보통 사회복지 서비스는 기회를 제공하는 것과 개인관련 서비
스 자체 등 양자를 모두 포함하기 때문이다. 그러나 예를 들어 시설의 수용능력
을 확대하는 사업(환경적 개입)은 보호 담당 직원의 훈련과 관련된 사업(교육적
개입)과는 분명히 다른 성격을 갖는다.

이러한 구분의 해석적 효용은 무엇인가? 나는 개입형태의 효과방식이 상이한 집행 조건에 달려 있다는 것, 즉 특정한 효과를 달성하기 위해서는 항상 유의해야 하는 상이한 맥락들의 조건에 달려 있다고 주장한다. 이와 관련하여 정치적 개입과정은 불가피하게 다단계적 성격을 지닌다는 것, 즉 개입 프로그램을 형성하는 입법부와 관장부처의 관료가 직접 프로그램을 수행하는 것이 아니라 제3자, 즉 지방정부나 지방자치단체, 사회보험자, 민간 복지기관 그리고 때로는 민간기업조차 사회복지법의 집행에 참여한다는 것을 상기시키고자 한다. 어떤 제도가 제도의 목적상 변화시키고자 하는 사회 관계에 대해 어느 정도로 작용을 하는가는 '집행구조', 즉 집행차원에서의 서로 다른 행위자간 관계에 달려 있는 것이다(Mayntz 1980; 1983 참조).

'정책 산출물(policy output)' – 예를 들면 지출된 금액 또는 건설된 주택 내지 시설 등 정책 프로그램의 결과 – 은 사회적 개입의 종료를 의미하는 것이 아닌데, 이는 제도가 수혜자에게 미치는 개입효과, 즉 '정책 영향(impact)'에 달려 있기 때문이다. 따라서 누가 특정 급여를 수급 하였거나 배제되었는가, 급여수급이 수혜자에게 어떤 효과를 가져왔는가를 살펴봐야 한다. 이러한 방식으로 우리는 사회적 개입에서 여러 작용단계를 구분하여, 논리적으로 효과에 필요조건이지만 충분조건이 되지는 못하는 이전 단계를 살펴볼 수 있다. 각 작용단계에는 행위프로그램에는 포함되지 않은 추가적인 배경관련 요소가 추가된다. 주 정부 및 지방자치단체 차원의 정치적 영향, 예견되지 못한 재정적 한계, 수혜자들의 저항 또는 무지 등이 그것이다. 이러한 사회적 개입의 종단적 시각이 여기서는 자세히 언급될 수 없지만 개입과정을 선형적으로 재구성한다는 점에서 이론적인 단순화를 의미한다. 보다 복잡한 재구성은 여러 작용단계 간에 발생하는 환류를 고려하여야 한다.

다음에서는 영향력을 갖는 환경조건을 네 개의 개입형태로 설명함으로써 그 이점을 명확하 하고자 한다.

4.7.1 법적 개입형태

법적 개입형태의 목적은 법적 관계의 정립과 보호를 통해 사회적 관계의 법적인 기초를 조성하는 것이다. 이는 보호, 참여, 수급 또는 이의 제기권의 제공 그리고 절차 및 참여의무의 규정, 감독기관의 설치 및 법원의 확인을 보장함으로써 이루어진다. 사회정책적 측면에서는 사회 참여와 관련하여 사회적 약자의 법적 지위를 강화하는 것이다. 이것은 현실적으로 항상 달성가능한 것이 아닌데, 개별 사례의 상황적 이유 뿐 아니라 개입형태의 특성과 관련되는 이유 때문이다.

법적 개입형태의 성공조건을 밝히려면 무엇보다 조정도구로서의 법의 효과를 일반적으로 조건화하는 시각이 유용하다. 법의 조정작용은 규범에 대한 동의와 수용 자세 뿐 아니라, 경찰과 관공서의 지원 그리고 법원의 실천에 의존한다 (Kuebler 1984; Grimm/Maihofer 1988 참조). 국가의 법규가 효과를 가지기 위해서는 그 자체가 아니라 수용에 의존하는 것이다. 이것은 특히 노동법이나 사회법 분야에서 흔히 볼 수 있는데, 법규에 의해 권력관계를 변화시키고자 하는 경우가 이에 해당한다. 법적 조정이 지나치게 되면 법 준수상의 한계뿐 아니라, 집행상의 현실적인 한계에 부닥치게 된다. 하나의 행위영역과 관련된 법규가 많아질수록 법은 복잡해지고 선택적인 법적용에 대한 재량의 기회가 많아지는 것이다. 일반적으로 사회적 약자는 법에 의해 주어진 기회를 적용할 능력이 적고, 법적 분쟁에 필요한 재정동원의 제약으로 인해 법적 개입의 성공이 의문시되는 것이다. 법적 개입형태의 어려움은 개인이 자신의 이해관계를 위한 법 적용의 기회가 다르다는 것이다. 부분적으로는 행위능력이 적은 개인을 위해 당사자의 단체(예를 들면 노동조합, 세입자 단체)가 대신 활동할 수 있는데, 예를 들면 대표소송을 통해 후속효과를 기대할 수 있다. 사회적 취약성은 법을 통해 완전히 보상될 수 없으며 다른 세 가지의 개입형태를 통한 보상적 개입이 추가되어야 한다.

4.7.2 경제적 개입형태

경제적 개입은 소득분배에 영향을 미치는 작용을 하는데, 국가의 제도는 다양한 곳에서 투입될 수 있다. 예를 들면 보조금이나 단체협약에 대한 규제를 통하여 1차 소득에 영향을 미치거나, 조세와 보험료를 통한 1차 소득의 경감을 통해서 혹은 이전급여를 통한 2차 소득을 제공함으로써 경제적 개입이 이루어진다. 이는 보통 국가나 국가에 의해 권위가 부여된 기관, 예를 들면 집중적인 법적 규제를 받는 사회보험자를 통해 이루어진다. 징수측면에서 조세저항이 있을 수 있으나 급여에 대한 수용성은 높으며, 제도의 집행도 기본적으로 쉽다. 어려운 점은 재원조달이며 저항으로 가시화되는 징수의 어려움 뿐 아니라, 경제주기 그리고 예산에 대한 협상 시 재원확보 경쟁에서 어려움이 나타난다. 이 때 예산과정에 대한 영향력으로 명확하게 되는 권력관계가 중요한 역할을 한다.

경제적 재분배 과정에서 목적 달성도를 높이고자 할 때 특히 고려해야 할 문제가 발생한다. 흔히 할당된 재원이 실제 의도된 목적을 위해 지출되는지 또는 단순히 사중효과 (死重효과: Mitnahmeeffekte)가 발생하는지에 대하여 확인이 힘들며, 목적에 부합하는 급여를 지급할 때 복잡한 절차로 인해서 수혜자의 접근이 어렵게 되는 경우도 적지 않다.

4.7.3 환경적 개입형태

환경적 개입은 공간이용에 대한 계획과 기본 인프라 제공을 통하여 공간적으로 주어지는 참여가능성을 배분하는 것과 관계가 있다. 해당하는 제도의 행정기관은 보통 중앙국가가 아니라 중앙국가의 법적 틀 내에서 활동하는 주정부나 지방자치단체이다. 이 영역에서는 보통 집행구조가 복잡하고 긴장이 존재하는데, 이는 배분에 대한 결정과 이에 따른 재원의 지원에 대하여 아주 상이한 이해관계가 존재하고 지역적 상황이 결정과정에 중요하기 때문이다. 이 개입 형태에는 입법기관의 의도와 수혜자에 대한 효과 사이에 중층적인 집행구조가 등장한다. 사회정책적으로 의도된 주요 효과, 즉 사회적 취약층이 보다 많이 이용할 수 있는 기회를 제공하고자 하는 환경부분의 개선은 지역적 이해관계에 의해 흔히 좌절된다. 이에 추가적으로 수급에 대한 적절한 조정의 문제가 발생하는데, 보통 수급자격은 있지만 욕구가 적은 그룹이 이러한 기회 제공을 이용할 수 있는 행위능력을 갖기 때문이다. 이들은 급여를 제공하는 담당직원의 선호에 의해서도 흔히 혜택을 받는다(Wirth 1982; 1991 참조). 서비스를 제공하는 기관은 자주 성공이 보장되는 수혜자를 수용하는 특수한 선별성을 갖기도 한다. 환경적 개입형태에서 우리는 두 가지의 어려움을 확인하는데, 첫째는 집행구조 내 행위자간 분배에 대한 갈등이며, 둘째는 수급자에 대한 선별성이다.

4.7.4 교육적 개입형태

능력의 결핍은 사회적 약점을 지속시키는 원인이다. 사회적 능력과 인적 자산의 개발은 예방적 복지정책의 가장 효과적인 형태이며, 동시에 정치 및 경제적 시각에서도 효율적이다. 인적 자산의 개발은 보통 부모, 교사, 의사, 상담가에 의해 이루어지는 개인에 대한 노력을 전제로 한다. 교육적 개입의 어려움은 상호작용적 차원, 즉 상호작용의 질에 있으며 입법 차원과는 거리가 멀다. 국가 제도가 사회사업 서비스에 대한 공급(환경적 개입)을 넘어서서 인적 자산의 개발에 대해 얼마만큼, 어떤 경로로 지원할 수 있는가의 문제는 오늘날까지도 논쟁적이다(예를 들어 Groß 1982 참조). 효과는 서비스를 제공하는 직원에 대한 훈련과 해당 일자리의 인기를 높이는 노력에 의해 가장 먼저 나타날 수 있다(Domscheit/Kuehn 1984 참조). 전문화에 대한 제도 외에 당사자나 그 주변의 자조 행위를 얼마만큼, 어떻게 강화할 수 있는가에 대한 질문도 제기 된다(Kaufmann 1987 참조). 이러한 개인관련 서비스 분야에서는 법에 의한 국가 조정의 한계가 특히 명확하다. 기능적으로 적합한 조정형태로는 전문성과 연대성을 들 수 있지만 이들은 법적인 규제가 원하는 대로 반응하지 않는다. 실천에서 사회사업 서비스의 제공은 환경 및 교육적 개입의 결합적 작용을 전제로 하기 때문에 교육적 개입의 효과는 환경적 개입 형태의 제약도 고려하여 예측되어야 한다.

사회정책적 개입과 사회사업적 행위는 상호 중복되는 문제영역과 관계가 있는데, 흔히 유사한 목적을 추구하지만 상이한 수단을 사용한다. 정확하게 말하자면, 사회정책적 시각에서 사회사업은 특정 도구를 의미한다. 보다 분석적으로 말하면 사회사업은 사회정책적 개입의 특정 작용단계를 의미한다.

유럽 대륙법 체계에서 사회정책적 개입의 기초가 되는 것은 개입의 제도적 전제와 전형적 수단을 정의하는 법률이다. 법률적 기초와 정치적 예산결정을 근거로 특정 급여를 제공하도록 위임을 받은 조직이 만들어지며, 이 조직은 반드시 국가일 필요가 없으며 지방자치단체나 비영리단체, 또는 영리목적의 단체일 수 있다. 이러한 기관에 의해 법률적 근거가 구체화되고, 실행 프로그램으로 전환되어 서비스를 제공하는 직원의 중개에 의해 수혜자에게 제공된다. 보통 특정 목적 집단(예를 들어 노인, 환자, 장애인, 실업자, 아동 등)에 집중된 특수한 사회복지 서비스는 욕구를 가진 개별 수혜자에게 실제 제공되는 정도만큼 그 목적을 달성하는 것이다. 이러한 상호작용의 차원에 사회사업이 치료나 교육과 함께 위치하는 것이다. 따라서 제도적 기준, 조직적 준비, 상호 작용적 서비스 전달과 복지효과의 공동작용이 개별 사례에서 성공할 때 비로소 복지생산이 이루어진다(Kaufmann 2002c, 8장 참조).

이러한 사회학적 시각에서는 사회사업의 특성이 아주 불완전하게 나타난다. 사회복지사는 여기서 정책 프로그램의 집행 공무원으로 등장할 뿐이며, 그 행위의 배경 상황을 반영하지 못한다. 사회사업 업무에는 사회정책적 규범화의 대상이 될 수 없는 개별 사례의 특성이 포함되어 있으며 이를 통해 비로소 성공적 개입을 가능케 하는 추가적인 시각이 등장하게 된다.

이 시각에서 사회 사업적 행위의 중요성은 다양한 개입형태의 상호 반응 작용으로 나타나는데, 이것이 "효과적으로 되도록 놔두어야" 한다. 여기서도 아직 사회 사업적 개입의 다양한 형태(예를 들어 Mullen/Dumpson 1972 참조)가 구

---

*역자주: 본 절 이후의 부분은 1999년 판에는 없었던 부분으로 2004년 판에 삽입되었다.

분되지 않았다. 그러나 네 가지 개입형태의 구분을 통해 사회사업의 기본적 딜레마 내지 규범화와 사례지향성간 또는 관료제와 전문성간 등 이미 알려진 갈등을 재구성할 수 있다.

일반화된 조정기제로서 법과 돈은 상호 작용적 상황에서도 공식적으로 소통되어야 한다. 사회복지사의 재량은 여기서도 조직 또는 법률적 규정에 의해 제한되어 있다. 그럼에도 불구하고 사회복지사는 법적 및 경제적 개입형태의 효과를 제고하는데 기여할 수 있다. 클라이언트가 법원에서 수급권을 인정 받도록 사회복지사가 도울 때, 그는 법적 개입이 효과를 갖도록 하며, 수급에 대한 권리를 조사하고 여러 급여를 통합적으로 제공할 때 클라이언트의 경제적 자원을 보강하여 경제적 개입이 효과를 갖도록 하는 것이다. 여기서도 사회복지사는 클라이언트의 노력에 의존할 수 밖에 없으며, 필요한 경우에만 자신의 조사를 통해 보완한다.

개인관련 서비스는 수혜자의 공동작용에 본질적으로 의존한다(Wirth 1982). 이는 일단 지원단계에서 해당하며, 아주 열악한 경우에만 욕구가 있는 자의 신청이 없어도 지원이 이루어진다. 수급단계에도 해당하는데, 공동작용에 대한 요구는 서비스의 종류에 따라 다르다. 추가적으로 이 서비스의 목적은 보통 클라이언트의 행위능력을 개선하고 재생산하는 것이며, 개입의 의도된 효과는 클라이언트의 행위에서 나타난다. 교육적 개입형태는 이러한 '공동생산적' 측면 및 능력관련 측면을 직접적으로 다루며, 본질적으로 개인관련 서비스의 특성을 재구성하는 것이다. 그럼에도 불구하고 교육적 개입형태는 상호 작용적 서비스 제공으로 축소되어서는 안 된다. 교육적 개입형태는 제도 및 조직적 차원에서 서비스 생산의 조건을 다루며, 작용측면에서는 의도된 효과와 관계가 있다(건강부문에서의 사례는 Badura/Siegrist 1999 참조).

사회사업적 행위의 특성은 – 적어도 그 규범적 형태에서 – 다양한 개입형태의 효과를 클라이언트의 욕구와 관련 지어 결합시키는 것이다. 예를 들어 과도한 부채를 가진 가계는 채무자에 대한 법률 상담, 재정적 지원, 보다 값싼 주택 및 양육과 생활전반에 대한 상담을 필요로 한다. 이러한 결합가능성에 의해 치료활동 또는 교육활동과 사회사업은 구분되는 것이다. 사회사업은 공식적 측면 및 비공식적 측면을 연계하여 클라이언트의 삶에 대한 시각과 자조능력을 개선하기

위해 클라이언트의 생활상황을 개별측면에서 뿐 아니라 통합적인 측면에서 바라
보는 것이다. 이는 이상적인 형태로서 독일에서는 아직 현실화되지 않았으나, 스
웨덴에서는 보다 잘 실현되었다고 볼 수 있다(Schwarze 2003).

이제까지의 서술은 개입형태를 분석적으로 다룬 것이다. 동일한 활동이나 제
도는 다양한 개입형태로 분류 가능하다. 예를 들어 주택수당에 대한 권리를 실현
하는 것은 법적 차원 및 경제적 차원에서, 주택수당을 지원 받아 새로운 주거지
를 얻게 된다면 환경적 차원에서 개입효과를 가져오는 것이다.

4.9 | 요약

사회적 개입은 보통 '사회적 개입의 논리'로 재구성될 수 있는 핵심기술을 가
지고 있다. 그러나 제도의 성공은 다양하고 현실적인 배경조건에 의존하며, 이를
밝히는 것이 사회적 개입에 대한 사회학 이론의 주된 대상이 된다. 사회정책적
개입을 사례로 하여 생활상황의 개념으로 객관화된 수혜자 시각의 의미와 여러
배경요소의 영향을 살펴보았다. 본 논문은 다양한 배경조건을 체계화하고 사회
적 개입을 유형화하기 위하여 인간 생활상황의 기본적 요소와 관련되는 전형적
효과의 기준에 따라 네 가지의 개입형태, 즉 법적인 지위, 경제적 자원, 환경적
기회 그리고 개인관련 능력을 제안하였다. 마지막으로는 이러한 분류가 사회사
업적 행위의 재구성에 대해서도 유용함을 보여주었다.

이러한 유형화는 법규와 행정구조에 의존하는 사회정책적 현실의 체계화와
는 다르다. 이 유형화는 한편으로는 상이한 사회정책적 기술의 성공 조건을 명확
화 하고, 다른 편으로는 이러한 기술이 작용하는 배경을 명확히 하는 목적을 가
지고 있다. 필자는 이 시각이 실천에서의 상황정의에 유용하도록 충분히 구체화
되었다고 본다. 물론 이것은 연구와 행위자에 대한 일상이론에서 그 개연성이 확
인되어야 한다.

제 5 장

과정으로서 사회국가 : 2차적 사회정책을 위하여 *

5.1 | 짜커(Hans F. Zacher)에 있어서 사회국가의 과정성

　법학자인 짜커의 논문에서 사회과학자들을 매료시키는 것은 사회법을 법규범의 합으로만 이해하는 것이 아니라, 경제 및 사회적 사실과 관련을 지으면서 사회국가에 대한 생각을 발전시키는 것이다. 짜커는 기본법(헌법) 중 그 강제성과 의미에 대하여 논쟁이 되는 사회국가 조항을 내용적으로 확정하였고, 이를 통해 법적 효력을 갖게 하는데 기여하였다.[87] 그의 사회국가에 대한 정의는 우선 법적인 것으로, 사회국가의 강령에서 지속되는 갈등을 논외로 하지는 않지만 이 개념에서 이데올로기적이고 정치적인 색채를 없애고, 법학자에게는 이미 갈등이 내재된 현실적 요소가 불가피하게 정상적이라는 것을 명확하게 하였다.

---

* Verfassung, Theorie und Praxis des Sozialstaates(사회국가의 이론과 실천). Festschrift fuer Hans F. Zacher zum 70. Geburtstag(짜커 교수의 70세 기념 출판물), hrsg. Von Franz Ruland/Bernd Baron von Maydell/Hans Juergen Papier. Verlag C.F. Mueller, Heidelberg 1998, S 307-322에 수록됨. 원고를 편집상 수정함.

87) 그의 주요 관심사에 대한 학문적 성과의 최고봉은 그의 교수자격 논문인 "Sozialpolitik und Verfassung im ersten Jahrzehnt der Budnesrepublik Deutschland"(Zacher 1980)와 Handbuch des Staatsrechts der Bundesrepublik Deutschland에 수록된 "사회적 국가 목적(Das soziale Staatsziel)"이다(Zacher 1987/1993).

이러한 탈극화(脫劇化)는 정치적 갈등이나 동시대 정신의 운동에 의해 자극을 받는 사회과학자에게는 도전적이며, 사기를 떨어뜨릴 만큼 냉정한 것이다. 짜커에게 사회국가는 독일 역사의 의심할 여지없는 성과, 즉 표본이 되는 사례이다. 국제 비교의 시각에서 복지국가 발전을 관찰할 경우에도 독일 사례의 파라다임적 의미를 부정하기 힘들다. 다른 곳에서는 - 물론 짜커의 강력한 지원에 의해서지만 - 사회법이 이렇게 제도적으로 독립되지 않았으며, 이는 법원 뿐 아니라 학술 연구와 강의에서도 마찬가지이다. 사회법은 독일 사회정책 발달의 토대가 된 것이다. 결국 이로 인해 자유주의 경제학자가 오랫동안 요구하였고, 고조된 국제 경쟁 때문에 점차 논란이 되는 '경제에 대한 사회국가적 부담의 경감'에 대해 독일의 사회체계는 비교적 많은 저항을 할 수 있었던 것이다. 시장경제와 사회법은 '사회적 시장경제'라는 평화적 공식에도 불구하고, 지속적인 긴장관계에 있으며, 이 둘의 만남은 일종의 균형을 찾는 것이다. 이는 자유와 평등의 상호화해가 항상 어려운 것처럼 쉽지 않은 문제이다(Zacher 1981/1993: 191). 자본주의 시장경제의 자기동력과 이에 기인하는 문제상황에 대한 정치적 반응간의 긴장은 국제 비교시각에서 보면 복지국가 발전의 특성으로 인식된다.

복지국가 발전에 대한 기존의 사회과학적 관찰은 기원론적 또는 위기이론적 시각에 근거한다. 최근 다수의 문헌들은 다양한 국가에서의 제도적 발전의 공통점과 차이점을 설명하고자 하며, 기능주의적으로는 산업화와 도시화라는 공통적 도전의 의미를(Rimlinger 1971), 갈등이론적으로는 정치적 권력관계를(Esping-Andersen 1985), 제도적으로는 이전의 사회정책적 결정이 이후 체계의 발전에 대해 갖는 의미를(Rieger 1992) 강조한다. 그러므로 기원론에서는 현재의 사회정책을 이해하기 위해 과거가 갖는 의미가 논의된다. 위기이론적 시각에서는 이와 달리 사회정책의 현재를 주로 미래의 시각에서 바라본다. 여기에서는 지금까지 사회국가의 성공에 대하여 의문을 제기하고 '복지국가의 위기'(Offe 1972, Habermas 1985)가 초래될 수 있는 문제 상황을 진단한다. 이처럼 기원적 시각이 사회국가 또는 복지국가를 역사적으로 형성된 것으로 관찰하는 반면, 위기이론적 시각은 소멸 가능한 것으로 본다. 그러나 양자 모두 짜커가 '과정으로서의 사회국가'라는 용어로 표현하고자 한 복지국가 발전의 내부적 동력에 대해서는 관심이 적다. "부정적으로 표현할 경우, 사회정책은 공동 존재로의 통합을 멈추면서 현재 상태에 정적으로 머물 수가 없다. 긍정적으로 표현하면, 사회국가는 영속적인 발전 또는 보다 현실적으로는 영속적인 변화과정에 있다. 즉 그 본질에 따르면 사회국가는 과정이다."(Zacher 1978/1993: 75)

나는 다음에서 짜커가 아직 체계적으로 서술하지 않은 생각을 특정 측면에서 발전시키고자 한다. 사회국가 발전의 과정성은 우선 무엇보다도 그 결과가 부분적으로만 예견 가능한 사회적 개입의 다양화, 집중화 및 확대에 있다. 이 개입은 법률과 그 집행규정 뿐 아니라 부여된 업무에 대한 전문화 – 이에 따라 클라이언트에 대한 관계와 반응을 규정된다 – 를 통해 특수한 상황지식과 전문성을 발전시킨 조직의 발전에서도 동시에 나타난다. 사회국가의 개입(과정)이 진전될수록 다양한 사회정책 제도의 작용영역이 중복될 가능성이 커지며, 이에 따라 예기치 못한 효과가 발생할 수 있다. 개입 확대의 결과 사회정책은 정치적 과정에 다시 영향을 미치게 되고, 국가의 조정능력에 대한 새로운 요구가 생겨나는데, 이는 제도가 도입되게 된 원래의 문제와는 제한적으로만 관계가 있을 뿐이다. 사회정책적 개입의 이러한 후속문제를 정책적으로 다루는 것 또한 사회정책 – 흔히 '사회개혁'이라고도 표현됨 – 이지만, 이는 완전히 다른 성격을 가지며 2차적 사회정책이다. 그리고 오늘날에는 정치가들이 1차적 사회정책이 발전하는 배경이 된 원래적 의미의 사회문제보다 2차적인 사회정책 문제에 대해 훨씬 더 많은 관심을 기울이고 있는 것처럼 보인다. 다음에서는 이 두 가지 사회정책의 차이를 설명하고자 한다.

사회국가의 개념 자체는 이미 두 가지 측면에서의 단순화를 포함하는 의미이다:

a. 기본법의 사회국가 조항인 20조와 28조 1항에서 볼 수 있는 것처럼, 독일

에서 사회적 의무는 국가가 가지는 다수의 본질적 특성 중 하나에 불과하다. 이 개념을 어떻게 해석하든 국가의 과제가 사회적인 것만 포함한다고 해석하기는 힘들다.[88]

b. 독일 내 논의에서 자주 인용되는, 헤겔에 의해 도입된 '국가'와 '시민사회'의 구분에 따르면 사회정책은 양자의 중개와 관련이 있다(Pankoke 1970). 국가의 사회적 과제는 사회 관계에 대한 개입을 통해 성취된다. 사회국가성의 담론적 서술은 국가의 활동 뿐만이 아니라 '국가'와 '사회'의 관계까지도 그 대상으로 하여야 한다.

c. 국가와 사회의 관계는 국가별로 다르다. 복지국가에 대한 국제 비교에서 규범적 정당성 뿐 아니라 국가에 대한 이해 그리고 정치, 경제 및 사회적 관계에 대한 제도적 규정의 측면에서도 특성적인 차이가 나타난다.[89] 복지국가 발전은 국가의 전통이라는 틀 안에서 발전하며 그 주창자들은 자신들의 세계관을 발전시키게 되는데, 독일에서는 예를 들어 '사회적 시장경제'라는 생각 그리고 이미 언급된, 독일 최초의 사회국가 이론가인 스타인(Lorenz von Stein)에게 영향을 미친 헤겔의 유산도 이러한 세계관에 속한다(Boeckenfoerde 1976).

d. 국가의 전통 속에서도 '국가'와 '시민사회'의 관계는 역사적으로 가변적이다. 이는 국가 행위의 정당성이나 제도적 관계 그리고 그 변화에 모두 해당한다. 물론 이런 변화가 자의적인 것은 아니다. 대부분의 국가에서 제도적 발전에서의 경로 의존성을 발견할 수 있다. 국가 개입의 종류에 대한 이

---

88) 이는 국제적으로 통용되는 명칭인 복지국가에 대해서도 동일하다. 이 명칭은 독일에서는 '국가의 과도한 보장' 또는 일반적으로 '정도가 지나친 사회국가'에 대한 외국의 개념을 비판적으로 칭할 때 사용된다. 각국이 자신의 전통과 명칭을 발전시켰기 때문에 한 국가를 넘어서는 문제 제기 시에는 국제적으로 통용되는 '복지국가'라는 개념을 쓰고, 이와 달리 독일과 관련하여서는 사회국가 또는 사회적 시장경제라는 용어를 쓰는 것이 적절하다. 국제비교 시각에서도 이 용어를 통해 전형적으로 독일적 색채를 띠는 복지국가라는 의미가 드러나게 된다.

89) 이에 대해서는 Kaufmann 2001b에서 상세히 서술함.

전의 결정은 명확히 인식할 수 있을 정도로 이후의 발전을 규제한다. 기본적인 방향전환은 아주 드물게 된다. 제도적 해결책이 될 만한 어떤 개혁을 하고자 할 때 개혁의 노선은 본질적으로 기존의 해결책과 이와 관련된 체제에 대한 구상에 따라 결정된다(Doehler/Manow 1995).

다음에서는 시장 지배적인 사회(화) 형태를 주장하는 자유주의 모델이나 국가 계획에 의한 발전을 지향하는 사회주의 모델과는 판이하게 다른, 근대화의 한 형태를 구성하는 동인이 되는 복지국가 발전을 역사적 맥락에서 서술한다. 이 때 생성되는 복지국가적 배열(Arrangements)의 본질적 특성은 시장경제적 재화생산과 국가가 규제하는 노사관계, 소득보장, 기본적 서비스 생산 사이에서 보완적이지만 긴장적인 관계에 있다. 따라서 국가, 경제, 사회구조 간의 복잡한 관계와 관련되며, 이 틀 안에서 국가와 시장경제간 구조적 경계는 기본적으로 유지되지만, 개인의 복지에 대한 요구는 정치적 책임의 대상이 된다(Kaufmann 1994, 본 서 7장 참조). 또한 경쟁에 의해 결정되는 사적 자본주의적 생산양식의 지속적 동력과 일단 만들어진 사회국가적 조직의 제도적 관성간의 긴장관계가 기본적으로 존재한다. 사회적 시장경제의 불안정한 상황에 대하여 독일에서 인식되는 이러한 긴장은 복지국가 발전의 길을 선택한 모든 민족 국가에 대해 건설적인 도움이 된다. 국가가 – 시장이 자신에 의해 야기되는 '창조적 파괴 과정'(J.A. Schumpeter)의 결과를 고려할 수 없기 때문에, 즉 경쟁에 의해 결정되는 동력의 결과를 예견할 수 없기 때문에 – 그 법질서를 통해 개인에게 기본적인 보호를 제공할 수 있다는 기대가 사회국가적 발전을 이루는 배경이 되었던 것이다. 그러나 개인에게 주어지는 기본적인 보호가 정적이지 않다, 이는 사회국가의 제도, 특히 사회보장체계가 경제적 발전에 의존하기 때문이다. 따라서 사회국가의 과정성은 짜커(1978/1993: 73f)가 제안한 것처럼 상승하는 기대의 문제일 뿐 아니라 스스로 변화하는 문제상황의 결과이다.

국민의 복지를 위한 국가 주도 프로그램은 사회민주주의나 기독교 사회주의 운동의 고안물이 아니며 국가이념 자체처럼 오래된 것이다. 근대 초기의 국가에서 영주의 책임은 그 신민(臣民)의 '안전, 복지 및 행복'에까지 걸쳐 있었으며, 이는 '좋은 경찰(Polizey)'을 통해 실현된다고 믿어졌다(Preu 1983; 실천과 관련하여서는 Dorwart 1971). 이러한 배경에는 행복(Eudaimonia)이라는 개념에 의해 개인과 집단적 복지간의 상승작용(Synergie)이 당연하다는 아리스토텔레스의 정치 사상이 뒷받침하고 있었다. 선한 일을 하는 사람은 결국 공동선을 촉진하는 것이었는데, 아직 공공과 개인의 차이가 분명하지 않았던 것이다.

스미스(A. Smith)도 신민에게 자신의 이해관계를 추구할 자유를 주라고 주권자에게 권고할 때, 아리스토텔레스의 '국가지도자와 입법자를 위한 학문'(Winch 1984)의 전통 하에 있었던 것이다. 이와 달리 훔볼트(Wilhelm von Humholdt)는 국가의 복지 목적에 대하여 완강하게 거부했으며, 국가의 과제를 안전 보장으로 축소하라고 권고하였다(Humboldt 1792/1982).

널리 알려진 것처럼 이러한 자유주의 사상은 유럽대륙에서는 제대로 관철될 수 없었다. 이는 강력한 국가의 개념을 발전시키지 못한 앵글로색슨 지역에서 실현되었다. 그럼에도 불구하고 대륙에서는 산업화의 기초로서 경제적 자유의 원칙이 관철되었다. 이 시민사회의 구조가 자유주의자가 원하던 것과 같이 동등한 사유재산을 가진 자의 결사와 경쟁에 의해서가 아니라, 유산 부르주아와 무산 프롤레타리아간의 계급차이에 의해 형성되면서, '국가'와 '시민 사회'간에 긴장이 흐르는 전선이 형성되었다. 19세기 중엽 생성되기 시작한 '사회정책'의 이론은 이러한 계급갈등의 중재를 다루었다. 국가의 제도는 우선 비연속적인 개별 사업에 제한되었다.

경제적 자유에 대한 요구가 강력해 짐에 따라 - 독일 관세동맹의 설립 이후 - 국가가 규제할 경우 그 근거를 제시해야 할 만큼 개입은 예외적인 것으로 간주되었다. 이제 국가 제도가 투입되기 위해서는 문제로 인한 엄청난 압박을 필요로 하게 되었다. 영국과 같이 프로이센에서도 아동노동에 따른 피폐가 사법적(私法的) 고용관계의 자유에 대한 국가의 첫 번째 개입이었다(1839). 곧 '금지' 조치만으로는 아동노동을 규제하는 것이 불충분하며, 해당 규범의 집행을 위해서 추가적인 개입이 필요하다는 것이 밝혀졌다. 이 예에서 한 특정 영역, 즉 노동자의 건강에 대한 보호영역에서 사회정책적 개입의 확대와 집중의 과정을 명확히 알 수 있다(Windhoff-Heritier u.a. 1990). 독일에서는 1891년 근로감독제도가 지속적이고 제도적인 형태로 발전되기까지 50년 이상이 걸렸고, 지금 회고하면 이 시간들은 산업노동과 밀접하게 관련된 사회 문제를 해결하기 위한 목적지향적 과정이었으며, 규제적인 1차적 사회정책의 전형으로 볼 수 있다.[90]

이러한 발전이 불가피한 것이 아니라 독일의 국가중심적 시각 때문이라는 것은 이와 대비되는 영국의 사례에서 알 수 있다. 영국에서는 공장감독제도가 도입되었지만 사업주는 공장감독관의 감독권을 제한하였고, 안전규칙이 증가하였음에도 불구하고 노동조합이 노동자 보호를 자신의 과제로 인식할 때까지 제대로 집행되지 않았다. 즉 점차 사업장 안전과 보건의 문제가 단체협약의 대상이 된 것이다(Windhoff-Heritier u.a. 1990: 43ff).

문제의 구조에서 유사성을 보이는 두 번째 사례인 산업재해의 경우는 2차적 사회정책의 문제와 연결되어 있다. 사업주 책임에 대한 민법에 의한 판례는 국가에 따라 달랐다. 예를 들어 프랑스 법원은 사업주의 과실에 대한 책임의 원칙을 광범위하게 해석하였는데 영국도 이와 유사하였다.[91] 독일에서는 이와 달리 "엄격하게 형식화된 증거규정에 따르는 재판 절차에 따라 원고는 피고의 과실을 증명할 의무를 가졌으며, 이는 결국 재판에서 패배하는 것을 의미하였다. 이처럼 법률과 법적 보장이 별개로 되어 피재자가 재판상 불리한 취급을 받는 것이 사용자책임을 개혁하는 논의에서 가장 중요한 쟁점이 되었다"(Ogorek 1975: 97). 건

---

90) 그 시대의 사람들에게는 이 과정의 목적지향성이 그다지 명확하지 않았을 것이다. 물론 영국의 선례가 있었지만, 개입의 확대는 - 프로이센이라는 지역을 감안할 때 - 항상 논쟁을 수반하였다(Milles/Mueller 참조).
91) 프랑스에 대해서는 Ewald 1986 참조; 번역상의 결함이 있는 독일어판에 대해서는 Soziologische Revue 18(1995) 581-583에 수록된 나의 서평을 참조하라. 영국에 대해서는 Koch 1992: 32ff 참조.

강을 해치는 근로조건에 반대하는 수많은 파업에도 불구하고 성장기에 있던 독일 산업에 부담을 주지 않고자 비스마르크는 근로자보호와 근로감독을 강화하는 것에 반대하였고, 그 대신 산재보험(1884)이라는 사회보험적 해결책을 선택하였다. 이후 일단 사업주대표만이 행정책임을 가졌던 동업조합이 어느 정도 효과적인 산재 예방 기관이 되었다.* 산재원인이 업종별로 특수하게 나타나기 때문에 업종별로 조직된 산재보험 행정기관은 아주 적절한 것으로 여겨졌다. 이미 1884년의 법에서 동업조합은 산재예방에 대한 권한을 위임 받아 예방의무의 준수를 감독할 수 있도록 되었다. 이러한 재량권적 위임은 무엇보다도 보험료를 낮추기 위한 경제적 이유에서 다양하게 이용되었다. 1890년의 산재보험법 개정에서 동업조합은 산재예방규정을 제정하도록 의무화 되었으며, 이로 인해 상호 독립적이고 판이하게 구조가 다르며 자체적으로 법규제정의 권한을 가진 두 개의 기관 – 산재보험기관과 사업장 감독기관 – 이 사실상 동일한 업무영역에서 활동하게 되었다(Windhoff-Heritier u.a. 1990: 26).

다음에서는 이 사례를 통해 명확하게 된 복지국가 발전의 제도적 특성을 보다 일반화하는 형태로 서술한다.

5.4 | 사회정책적 개입과정의 단계

거시적인 시각에서 복지국가 발전을 살펴보면 제도의 기원과 발전이 대체로 서로 관련되지 않았으며, 사후에야 그 관련성이 인식되고 조정되는 다수의 과정에 의해 구성되어 있다는 것을 알 수 있다. 산업화 및 도시화 그리고 이에 따른

---

* 역자주 : 독일에서 사회보험 행정기관은 자치행정기구를 설치하도록 되어 있다. 자치행정이란 피보험자와 사용자의 대표 (실업보험의 경우 국가나 지방자치단체의 대표도 포함됨)가 정관 제정 및 개정 뿐 아니라 규정의 제정, 예산, 기관 대표의 권리 등을 갖는 것을 의미한다. 산재보험의 경우 사용자가 보험료의 전액을 부담함에 따라 초기에는 사용자 대표만이 자치행정기구에 참여하였고, 근로자는 자문의 역할만을 하였다. 그러나 2차 대전 이후부터 노사의 대표가 참여하고 있다. 산재보험의 보험기관은 지역별 및 산업별로 조직된 동업조합이다.

사회문제의 결과로 인한 경제 및 사회적 구조변화의 유사성에도 불구하고 사회정책적 문제해결은 국가별로 다른 양상을 보여왔다. 특히 사회정책의 선구적 국가들은 특성적인 '형태(Stil)'를 발전시켜 왔으며, 국가들을 보다 자세히 관찰할 경우 유사점을 발견할 수 있다. 국가 개입에 대한 원인과 정당성 뿐 아니라 문제해결에서 '국가'와 '사회'의 관계와 선택된 조직형태도 개별 국가의 환경에 의해 만들어진 것이다.

사회정책은 국내정치의 한 부분이며, 따라서 특수한 세력관계와 정치적 결정구조에 의해서도 결정된다. 사회정책적 결정은 보통 결정과정에 참여하는 사람의 서로 다른 이해관계를 반영시키는 타협에 의해 매듭지어지는 복잡한 과정이다.[92] 따라서 국가성의 구조, 지방자치단체의 자율성, 교회와 국가의 관계, 사용자와 근로자간 관계의 종류, 민간의 이해관계 대표를 수용하는 공적인 제도화 형태 등이 제도적 발전의 방향에 영향을 미치는 것이다. 이러한 정치체계의 일반 구조적 특성 외에도 이미 이루어진 사회정책적 결정의 독립적 영향도 예상할 수 있다.

다음에서는 국가별 차이가 존재한다는 것을 전제로 하지만 이에 대해서는 논의하지 않고자 한다. 우리의 목적은 사회정책의 제도적 발전의 형식적 공통점을 단계별로 유형화하는 것이다.

a. 첫 번째의 사회정책적 개입(sozialpolitische Primaerintervention)은 보통 공적으로 논의되는 특정의 정치적 문제상황에서 출발한다. 첫 번째 사회정책적 개입은 여론과 정치과정에서 어떤 문제에 대한 정의가 결정되는지 그리고 이미 존재하는 국가의 개입도구와 문제해결을 위한 국가개입 이전에 존재한 자치단체, 사업주 또는 민간복지기관의 경험에 의존한다. 사회정책적 개입의 시행가능성, 즉 발견된 제도적 해결책의 성공가능성은 정치과정에 '선택적 유사성', 즉 사회 분야의 제도 구조간 병행(Parallelen), 상동(Homologien) 또는 유추(Analogien)가 많이 고려될수록 높아진다(Rieger 1992: 57). 따라서 흔히 국가 규정은 이미 존재하는 전(前)국가적

---

92) 사회정책에서 행위자의 구성과 제도화 과정의 관계에 대해서는 Rieger 1992: 36ff를 참조하라.

문제해결 사례와 연결되며, 국가 개입에 의해 이들은 강화되거나 대체되는 것이다.

b. 한번 결정된 해결책이 정치적으로 도입되었을 때, 즉 책임이 법적으로 정의되고 책임을 갖는 행위자와 자원이 주어진 후 그 해결책이 더 이상 목표 달성에 부적합할 때, 사회정책적 개입의 강화에 대한 이유로 작용하게 된다. 강화의 주요 형태는 다음과 같다:

- 규정의 밀도와 통제비용의 강화 내지 추가 : 국가 개입 이전 방식으로 문제 해결을 촉진하고 지원하는 방식이 있는 경우 또는 국가가 직접 새로운 해결책을 제도화하는 경우, 국가 개입은 흔히 일단 결정된 해결책의 불완전한 효과로 인해 추가적인 규정을 통해 기존 제도의 효과를 제고하고자 한다.

- 기존 규정을 새로운 목표집단으로 확대 : 산업노동에서 청소년을 보호하고자 하는 첫 번째 개입은 점차 여성과 산업노동자 일반으로 확대되었고, 결국 특정 경제분야의 모든 경제 활동자로 확대되었다.

- 사회적 문제상황과 해결방식의 다양화 및 보완적 해결책의 개발 : 예를 들어 비스마르크의 폐질보험에서 '노령'은 나중에야 비로소 '폐질'과 구분되는 독립적인 위험으로 분류되었다. 아동노동의 금지는 일반적 교육의무가 도입된 다음에야 효과적으로 되었다.

- 추가적인 국가 조정기구의 설립 : 국가의 조정능력 확보를 위한 조치로서 관장부처 기능의 세분화, 감독기관, 위계화 및 중앙집권화를 도모하는 것이다.

- 결정된 규정에 대한 법률해석 : 당사자의 이의제기권 부여와 법원의 추가설치를 통하여 이루어진다.

c. 지속적인 국가 개입 강화의 결과로 국가가 책임을 지고 통제하지만 반드시 국가에 의해 집행되지는 않는 복합 체계의 성립을 생각할 수 있다. 이러한 체계의 틀 내에서 활동하는 행위자 - 특히 조직 형태의 집합적 행위자를 포함하여 - 는 점차 자기이해관계를 발전시키게 되며 제도화된 체계의 발전에 점차 영향을 미치게 된다. 이는 전문가적 평가나 단체의 권력이 커지기 때문에 일어나게 된다. 사회정책적 기구의 구조적 특성과 직접적으로

관련되는 이러한 이해관계는 사회정책 발전의 국가적 특성을 안정화 시키는데 큰 의미가 있다. 구조화된 (연합)단체가 (사회정책적) 기관의 공식 조직이나 정치적 통제의 외부에 형성되고, 이 단체는 관련 연구 기관과 함께 공동의 이해를 생성하여 특정 체계의 계속적 발전을 구조화하는 네트웍(정책 집단; Policy Community)을 형성하게 된다.

d. 특정 문제영역에서 개입의 강화와 개입의 축적은 구별되어야 한다. 공장감독 체계 내의 노동자보호와 산재보험 체계 내 예방간의 관계에서 보듯 여러가지로 정의된 문제상황은 일단 독립적 문제해결방식을 가질 수 있으나, 그 적용이 확대되면서 다른 분야의 문제해결방식과 중복될 수 있다. 고전적인 사례로는 마켄로트(Gerhard Mackenroth)가 연구한 '사회복지급여의 연계'를 들 수 있다(Mackenroth 1954). 예를 들어 의료보험, 폐질보험 그리고 새로 도입된 요양보험 간에 또는 교육정책, 청소년정책과 가족정책 간에 또는 오늘날 많이 논의되듯 고용정책 사업과 공적 부조 간에 다양한 접점이 있다. 이 때 효과와 관련되는 연관은 불명확하지만 효과연관에 대한 주장들이 다수가 되면, 결국 정책결정자의 문제정의를 변화시킬 수 있다.

e. 재정적 측면에서 개입의 강화와 축적은 사회정책이 요구하는 공공 재정을 지속적으로 확대시키게 된다. 이 때문에 사회보장 지출률이 상승하고 국가 부문의 비율이 상승하게 된다. 이러한 지속적인 상승경향은 세 가지 요소의 공동작용에 의한다:

- 급여에 대한 권리의 확대, 예를 들어 사회복지급여의 상승(이전 비율)

- 급여권을 가진 대상의 확대(수급자격자의 비율)

- **인구학적 변화** : 연령집단 간 관계와 이를 통해 조세나 보험료를 납부하는 사람과 급여 수급자 간의 관계를 변화시킴(인구 비율).[93]

---

93) 이러한 상이한 요소가 사회복지지출의 장기적 상승에 대해 갖는 영향에 관해서는 OECD 1985 참조.

이제 이러한 발전을 1차적 및 2차적 사회정책을 구분하는 시각에서 살펴보자. 분명히 국가의 첫 번째 개입은 1차적 사회정책의 영역에서만 이루어졌다. 이때에는 정치적 대응 과정에 도덕적 분노와 (또는) 사회적 위기현상이 존재하였다. 정치가 새로운 제도로 대응한 문제는 분명히 사회적 – 비록 그 개념이 다르게 해석되기도 하지만 – 통합의 부족 문제라고 정의되었다.[94]

앞서 사회정책적 개입 강화의 측면에서 논의된 제도도 1차적 사회정책의 맥락에 속한다. 1차적 사회정책은 첫 개입의 목표나 첫 번째 문제의 범위 내에서 문제정의가 확대되는 것과 관련된다. 그러나 첫 개입과 달리 후속 제도의 형성 시에는 이전 제도의 작용(방식)이 고려된다. 이와 관련하여 개입 효과에 대한 경험적 지식으로서 – 제도가 가지는 효과에 대한 정치가의 기대를 충족시키기 위한 – 실천가의 지식(예를 들어 공장감독관, 보건공무원, 보험전문가 등)이 점차 축적된다.

추가적인 조정 차원이 구축되고 법원의 검토가능성이 제공됨으로써 1차적 및 2차적 사회정책간 경계가 모호한 부분에 도달하게 된다. 이 부분은 한편으로는 이미 결정된 제도의 효과를 제고하기 위한 것이고, 다른 편으로는 이로 인해 개입구조의 복잡성이 증가되고 자기동력이 생성되는데, 이를 조정하는 것이 2차적 사회정책의 본질적 대상이 된다. 개입이 양적으로 확대될수록 내부 구조가 성장하고 이와 관련되는 갈등의 질이 변화하게 된다.

사회정책적 개입에 대해 이해관계 형성이라는 반응이 나타날 때 체계의 자기동력은 가시화 된다. 이는 의료보험 관련 분야에서는 일찍이 가시적으로 되었는

---

94) 19세기에 '사회적(Gesellschaftlichen)' 또는 '사회적(Sozialen)'이라는 개념은 일단 부정적으로, 즉 결핍에 대한 경험으로 평가되었다. 이와 반대되는 긍정적 사회상이란 보수주의자들에게는 국가, 시민사회 그리고 가족이 아직 분화되지 않은 혁명전의 사회로서 고도로 통합된 상태였다. 진보주의자들에게 긍정적 사회상은 평등과 박애의 기초 위에서 자유롭다고 생각되는 개인들이 구성한 사회였다. 라틴어 '사회(socialis)'의 두 번역 모두 개인의 자유화로 인해 결국 인간 간 관계의 질서가 문제가 된다는 것을 의미한다. 사회적이라는 것은 자유주의 시장사회에는 없는 것이다. 당시 생성되고 있던 사회학은 이 주제를 수용하였고 사회적 통합과 개인의 융합의 문제로 분화시켰다. 이에 대해서는 Kaufmann 1997a, 본서 9장 참조.

데, 의료보험조합에 대응하여 의사의 집합적 경제적 이해관계를 대표하는 라이프찌히 연맹(1900)이 설립되었을 때 분명하게 관찰할 수 있다.[95] 이미 알려진 바와 같이 의사들의 격렬한 파업의 결과로 양 진영의 단체가 설립되었고, 1913년 결국 의사 단체와 의료보험조합 간 베를린 협약이 체결되었으며, 이는 독일 의료부문에 대해 국가 감독 하의 조합주의적 규제가 시작되는 시점이며, 지금까지도 이 분야에 대한 국가 조정방식의 대표적 사례가 되어 왔다(Doehler/Manow-Borgwardt 1992).

이 사례는 또한 2차적 사회정책의 성격을 보여주고 있다. 의료보험조합에 의해 의사집단의 손상된 자율성과 보험환자의 (낮은) 진료비로 인한 불만은 분명 의료보험조합의 설치로 인한 결과지만 그 해결은 환자의 이해관계와 간접적으로만 관련이 있었다. 그 대신 의사 단체와 질병금고 간 이해관계의 조정이 요구되었는데, 이는 국가의 중재와 이후 국가의 입법(1923년 베를린 협약이 연장될 때 처음으로 긴급시행령에 의거)에 의해 완성된다. 국가의 투자에 의해 입원 진료가 확대되고 병원이 근대화되자 1970년대에는 의료부문의 비용이 급속히 상승하여, '의료부문의 비용폭증'이라는 상황에 대한 정의가 나왔으며 정치권도 점차 의료부문에서의 비용 축소정책 내지 '수입에 따른 지출정책'을 추구하게 되었다. 의료부문의 협의제도가 도입되고(1977) 전문가위원회가 설립된 이후 점차 제도적 조성을 통해 의료부문의 행위자가 체계의 목적에 따라 - 질적 수준은 높고 경제적인 환자보호가 가능하게 - 행동하도록 유인하는 것이 국가의 과제라는 생각이 점차 강하게 수용되었다. 정치적 의도는 여기서 더 이상 환자를 위한 개입이 아니라 전체로서 환자보호의 복잡한 체계를 조정하는 것이며, 특히 지출상승을 제한하는 시각이 강조되었다.

2차적 사회정책의 특성은 우리가 사회정책의 특정 제도적 부분체계가 아니라 다양한 제도적 부분체계 간의 관련성을 생각할 때 명확하게 된다. 제도적 부분체계들 간의 관계는 서서히 그리고 다양한 차원에서 형성된다. 여기서 기본적인 것은 명확화나 권한의 경계 그리고 드물지 않게 조정을 필요로 하는 다양한 제도영

---

95) 1900년경 의사들의 다급한 상태와 당시 의료보험조합에 의한 진료에 대해서는 Tennstedt 1977: 77ff 참조. 독일 의료부문의 제도적 발달에 대한 사회학적 분석은 Mayntz/Rosewitz 1988: 117ff와 Kaufmann 1999a 참조.

역 간의 실질적 상호의존성이다. 특히 영향력이 큰 것은 관장부처의 재조직화와 '사회'라는 명칭이 포함된 부처 내에서 다수의 부분영역에 대한 권한을 하나로 연결하는 것이다. 물론 대부분의 국가에서 복지국가 정책의 모든 영역은 이제 복잡하게 되어 보통 여러 개의 부처가 담당하고 있다.[96]

계속 중요한 역할을 하는 것은 흔히 다양한 학문의 연구활동에 의해 완성되는 포괄적인 체계화이다. 독일에서의 예를 들면, 지난 20년 동안 사회법전의 편찬을 위해 제도를 통합하며 수정하는 프로젝트이다(Zacher 1974). 이 과정이 늦어지고 공동규정의 가능성이 상황이나 이해관계에 따른 특수주의의 한계에 부딪히고 있지만 사회법원과 사회법학 간의 교류에 의한 사회법의 발전은 그 자체로서 사회영역의 중요한 자립 과정이며 2차적 사회정책의 요소이다.

이보다 덜 성공적인 것으로는 중기 재정계획의 틀에 포함되는 사회예산의 제도화를 들 수 있다. 모든 사회복지지출을 하나의 결산서에 포함시킴으로써 공공업무 영역의 통일이 상징화되었고, 현재에는 사회복지 지출율이 시간적 및 국제 비교에서 하나의 표준이 되었다.[97] 무엇보다도 경제정책과 사회정책 간의 증가하는 긴장 때문에 이러한 단순화된 측정치는 극단적인 성격을 가질 수도 있다. 다양한 사회복지급여가 합목적성, 경제성, 효과성에 의해 검토되는 것이 아니라, 전체로서 '사회국가' — 보다 정확하게는 사업주가 지켜야 하는 단체협약과 사업주를 제약하는 노동법을 포함하여 비용을 발생시키는 사회예산의 현금, 현물, 서비스 급여 전부에 대해 — 가 세분화되지 않았다는 비판을 받는 것이다. 또한 경제학자가 사회정책의 이점을 생각하지 않고 비용만 인식하는 것처럼, 사회국가라고 하면 '위기' 외에 아무런 다른 생각이 없는 사회과학자들은 이러한 사회국가에 대한 총체적 비판에 일조하고 있다.

---

96) 60년대 이후 노동 및 사회 질서부에서 주기적으로 발간하고 있는 '사회보장에 대한 개관'은 문제 및 제도연관이 점차 얼마나 광범위하게 되고 있는지를 잘 보여준다. 이 정기간행물은 최근 '사회법에 대한 개관'으로 명칭이 변경되었으며 1995년에는 3쇄까지 발행되었다.

97) 사회복지 지출율이 목적에 따라 다양하게 정의되며 항상 비교 가능한 것이 아니라는 것을 유념해야 한다.

짜커는 과정으로서의 사회국가라는 생각을 통해 사회정책의 학문적 관찰방식에 동적인 시각을 도입하였으며, 여기서는 이 시각을 사회정책 제도 발전의 측면에서 심화시켰다. 여기서는 두 가지의 동력이 구별되었다: 첫번째 동력은 사회정책의 목적과 사회정책적 개입의 실제 결과 간의 긴장에서 발생한다. 두 번째 동력은 사회정책적 개입의 제도적 및 조직적 후속문제, 즉 체계의 성격에 기인한다.[98] 두 가지 동력에 대한 정치적인 조치를 구분하기 위해 1차적 및 2차적 사회정책의 개념을 제안하였다.

사회정책적 개입의 달성 가능한 효과가 그 주창자와 여론의 기대에 미치지 못하거나 특정 개입의 성공에 따라 다른 유사한 문제영역으로 확대하고자 할 때, 보통 사회정책적 개입의 강화를 위한 정치적 압력이 형성된다. 사회적 문제상황과 이에 대한 규범적 정당화 그리고 목적지향성이 정치적 결정에 대한 기준이 되는 한 1차적 사회정책이라고 말할 수 있다.[99] 이는 도덕적으로 정당화되며, 19세기 중반부터 나타난 사회정책의 개념이나 이와 유사한 개념인 '사회국가' 또는 '사회적 시장경제의 규범적 특성을 결정하는' 의미의 사회정책이다.

이와 달리 오늘날 사회국가의 비용축소, 삭감 또는 합리화를 추구할 경우, 우리는 지금까지의 경험을 통해 예산삭감의 배분에 대한 권력과정에서 가장 욕구가 많은 사람들이 흔히 도외시 된다는 것을 알고 있다. 이는 공공의 용어사용에서는 다들 회피하는 파라독스, 즉 '비사회적 사회정책'이라 볼 수 있다. 이를 옹호하는 사람들은 '사회국가의 개조' 또는 '사회적 종합대책(Sozialpaket)'이라는 용어를 사용하지만 일반적으로는 '사회국가에 대한 공격', '사회성의 해체(Sozialabbau)'와 같은 용어로 표현된다.

요양보험 – 1차적 사회정책에서 마지막 대규모 제도로 볼 수 있는 – 의 도입

---

98) 짜커도 이 동력의 문제가 되는 측면을 진단하였으며 2차적 사회정책의 의미에서 제도적으로 다룰 것을 제안하였다; Zacher 1984 참조.

99) 이 말이 1차적 사회정책의 영역에서는 정치적 행위자의 권력 및 이해관계의 시각이 아무 역할을 하지 않는다는 것을 의미하는 것은 아니다.

을 제외하고는 70년대 이후 독일의 사회정책은 사회적 문제상황에 대한 영향을
주 목적으로 하지 않고 -처음에는 사회적 문제상황을 해결하기 위해 도입되었지
만 오늘날에는 제도적인 자기가치를 형성하여 원래의 동기와는 무관하게 정치적
주의를 끌고 있는 - 개입장치에 영향을 미치는데 주력하고 있다. 여기서는 더 이
상 사회적 관계에 대한 개입이 아니라 제도화된 체계(특히 단체협약부문, 사회보
장 그리고 서비스 생산 등)의 보장과 조정이 문제가 되는 것이다. 이러한 제도도
사회정책 체계의 유지와 효율성 제고 그리고 선언된 목적과 관련된 성과제고에
적절하다는 것으로 정당화되지만, 이러한 구실은 일반적 가치 영역에 머무를 뿐
이며 정치 행위자의 문제정의에 더 이상 영향을 미치지 못한다. 그 대신 예를 들
면 지출의 제한, 특정 집합적 행위자의 지위와 권한, 위계, 경쟁 또는 협상체계와
같은 특정 조정수단의 가치, 재원 또는 급여계산규정의 변경 등과 관련이 있다.
이러한 제안들과 결정들의 배경은 더 이상 사회적 요구의 시급성이 아니라 개별
체계의 조정요구 또는 권력 있는 행위자의 분배적 이해관계에 의해 결정된다. 이
를 표현하기 위해 2차적 사회정책이라는 개념을 제안하였다.

　　2차적 사회정책의 비중이 증가하면서 연구 과제도 변하고 있다. 이는 사회법
뿐 아니라 사회학에도 해당한다. 다양한 사회정책 제도 간 관계와 그 제도적, 행
정적 조정에 대한 연구가 전면으로 부각되고 있다. 이 때 양자 간의 다른 시각을
상호 진지하게 받아들임으로써, 즉 공동의 연구대상을 상호보완적으로 탐구할
때 사회법학자와 사회과학자의 공동연구는 성과가 있을 것으로 보인다.

제 6 장

사회정책과 인구변동[*]

6.1 | 문제제기

사회정책과 인구 변동의 관계는 일방적인 인과관계나 교환관계의 사고로는 적절하게 파악하기 힘들다. 이 두 가지 사고 모형은 연구자나 정치 행위자가 파악할 수 있는 짧은 기간에 벌어지는 상호작용이라는 가정에서 출발하기 때문이다. 이것은 개별 사회정책 제도와 인구변동(예를 들면 특정 사망원인의 감소, 특정 인구이동의 발생과 종료 또는 특정 여성 인구의 출산율 변화 등)의 특정 측면 간의 상호작용의 맥락을 부정하는 것이 아니다. 이러한 단기적 영향을 증명하는 것은 인구학에서의 정치제도의 효과분석 — 특히 여기서는 그 가능성과 문제를 언급하지 않는 평가 및 효과 연구방법에 의한 — 의 과제이다.[100]

이러한 개별 효과는 사회정책과 인구과정의 관계를 판단하는 데에는 상대적

---

[*] 1986년 빌레펠트에서 개최된 독일 인구학회와 유럽 인구 연구협회의 공동 국제학술대회의 발표문으로 저술됨. Demographische Wirkungen politischen Handelns – Demographic Impact of Political Action, hrsg. Von Herwig Birg und Rainer Mackensen, Campus Verlag, Frankfurt/New York 1990, 103-124에 게재됨.

[100] 이에 대해서는 Kaufmann/Herlth/Strohmeier 1980; Kaufmann/Strohmeier 1981을 참조; 보다 광범위한 시각으로는 Kaufmann/Strohmeier/Federkeil 1992 참조.

으로 그 의미가 적다. 복지국가 발달의 결과 사회 관계에 대한 국가의 정책적 개입이 다양화되고 있기 때문이다. 모든 새로운 정책은 이미 존재하고 있는 유효한 제도들 사이에 투입된다. 그렇기 때문에 개별 사업의 효과를 다른 사업의 효과와 구분하여 관찰하는 것도 아주 어렵다. 국가 정책의 총합적 효과는 특정 제도의 평가 및 효과연구의 도움으로 측정하려는 개별 효과보다 훨씬 광범위하고, 지속적이다.

유럽에서 대부분의 사회정책은 한시적이지 않은 법률에 근거하기 때문에 유럽 복지국가에서의 발전은 사회정책 개입의 영역확장과 강화로 이해될 수 있다. 복지국가적 개입의 강화는 본질적으로 세 가지 차원, 즉 (1) 기존의 적용대상을 확대하거나 새로운 인구집단을 포함하는 것 (2) 물적 측면에서 급여의 확대 (3) 제도적 규정을 더욱 법제화, 체계화 그리고 일반화 하는 것(예를 들면 사회법원성의 확대, 사회법전 편찬을 위해 사회법을 개정하는 것 또는 다양한 사회보험기관에 따른 급여를 조정하는 것 등)에서 이루어진다.

사회정책은 기본적으로 시간의 경과와 함께 모든 인구로 효과가 확대되고 사회국가적 개입이 축적되는 과정이라고 볼 수 있다.

일반적 조건 하에서 인구는 서서히 변화하고 사회정책의 예상되는 주요 효과는 법률의 장기적 적용과 작용에서 나타난다면,[101] 사회정책과 인구변동 간의 작용관계는 장기적 시각에서 재구성되어야 하는 것이다.

독일에서는 사회정책 이론이나 실천 모두 사회정책과 인구과정 간의 구조적 연관관계를 고려하지 않았다. 복지국가 위기 이론들 조차 그들이 주장한 사회정책적 위기의 정책외부적 이유보다는 정책내부적 이유에 관심을 기울였다. 그간의 사회정책의 현실에 대해서 '인구학적 맹인'이라는 비난을 하지 않을 수 없는데, 이는 지금까지 제도를 형성할 때 뒤에서 밝히고자 하는 연관관계를 고려하지 않았기 때문이다.

---

101) 수행연구의 새로운 결과를 보면 많은 법률이 입법 후 10년에서 20년까지의 기간 이후에야 확인할 수 있는 효과를 나타낸다. 이전의 대부분의 수행연구들은 보다 단기적인 시간에서의 효과에 집중하였기 때문에 법률의 효과를 체계적으로 과소평가한 것이다(Sabatier 1986).

이전에는 산업사회로 요즘에는 근대 또는 후기 근대(postmodern) 사회라고 칭해지는 지역에서의 근대 이후 사망률과 출산율의 장기적 변화를 살펴보면, 알려진 바와 같이 두 개의 확실한 경향, 즉 모든 연령계층에서의 사망률의 감소와 출산가능연령 여성 1인당 평균 출산수의 감소를 확인할 수 있다.[102] 복지국가 발전과 이러한 경향간의 상호관련성은 어떠한가? 이 질문에 대해 사유를 통한 분석, 즉 오늘날 우리가 근대화라는 총체적 개념으로 칭해지는 상호작용과정의 다양한 연결고리에서 두 가지의 발전 경향을 살펴봄으로써 답하고자 한다. 이를 통해 중요한 작용관계가 현실적으로 다루어질 수 있을 것으로 보인다.

6.2.1 사회정책과 자손의 감소

린데(Hans Linde)는 1984년 출판된 '1800년부터 2000년 간의 세속적 자손 감소 이론' 이란 책에서 유럽에서의 장기적인 출산율 감소를 설명하는 가장 설득력 있는 시도를 하였다.[103] 그는 사회경제적 과정과 사회문화적 과정의 병행 작용이란 생각에서 출발하였다. 사회경제적 변화를 각 부부들이 실제로 경험하게 됨으로써, 즉 "가족 내 효용(이점)과 비용(단점)의 계산을 통해 아동의 가족 내 가치가 감소하고 이에 근거한 입장을 가짐"으로써 효과가 나타나게 된다(Linde

---

102) 전형적으로 두 경향은 동시에 시작되는 것이 아니지만, 이로 인해 소위 인구구조 변화라는 특수한 현상이 나타난다. 물론 인구구조 변화이론은 두 변화(사망률과 출산율) 모두 추측 가능한 선에서 종료될 것과 이 종료가 장기적으로 다시 안정된 인구발전을 기대할 수 있는 수준에서 이루어질 것이라는 전제에서 출발한다. 새로운 '인구 균형'에 대한 희망은 실질적인 발전 지수보다는 지식인의 조화욕구에서 나온 것으로 보인다. 즉 관찰의 대상으로 출산수 또는 출산율의 현재 수치 대신 여성 당 또는 부부 당 중위 출생수, 즉 실제 종단수치를 볼 경우 유럽에서의 인구하락은 어느 정도 지속적인 경향이라고 보인다; 독일에 대해서는 Linde 1984와 Birg 1984를 참조하라. 출산율의 기복은 여성 생애에서 아동에 대한 욕구를 실현하는 것을 시간적으로 연기한 결과이다.

103) 칼드웰(J.C. Caldwell)의 '출산율 감소이론' (1982)은 자신의 생각으로도(217쪽 비교) 유럽에서 출산율 감소의 특별한 과정을 설명하는데 불충분하다.

1984: 165). 린데는 이와 관련하여 역사적으로 연속적인 효과를 가진 세 가지 사회적 변화를 들었다:

- 가계와 근로활동의 분리

- 사회보장 체계의 형성과 확대

- 경쟁조건 하에서 자본집약적 대량 생산의 필요에 기인하는 새로운 소비재의 범람.

지금까지의 린데의 설명시각은 앵글로색슨계의 문헌에서 지배적인 효용이론적 논거와 기본적으로 다르지 않다. 물론 그는 개인주의적인 입장 대신 가족과 연관지어 논리를 전개하고 제도적으로 주어진 것에 대해 보다 많은 의미를 부여한다. 사회경제적 설명시각은 사망률의 저하가 나타나기 전에 이미 존재한 유럽의 비교적 낮은 출산율 수준과 이 경향 가운데 나타나는 출산율 감소의 시간적, 공간적, 사회적 차이에 대한 설명을 하지 못한다. 이에 대해 보완적으로 린데는 종교혁명과 그 반종교혁명 운동에 따른 가족 관계의 도덕화에 기반을 둔 사회문화적 설명시각을 도입하게 된다. 도덕화는 부부관계를 은밀화 하여 엄마의 건강에 대한 보다 큰 배려와 아동의 질이란 가치를 수용하도록 하였으며, 이를 통해 - 교회의 의도와 달리 - 자손을 감소시키게 된 것이다.

이러한 설명에도 불구하고 사회정책은 두 번째 언급된 요인에 대해 중요한 역할을 하였다: 산업화 초기에는 아동이 매뉴팩쳐나 공장에서 근로를 하였기 때문에 가계로부터 근로활동이 분리된 것 그 자체로서 아동의 경제적 가치를 결정적으로 감소시킨 것이 아니며, 사회정책적 개입 - 아동노동의 금지와 일반 의무교육의 도입 - 으로 인하여 비로소 아동은 비용요인이 된 것이다. 이로 인해 국가는 이후에 친권에도 개입하게 되었으며, 부모에게 경제적 이점을 부여함 없이 자녀 양육의 비용을 부담시킨 것이다. 국가는 보다 건강한 병역의무자와 보다 질이 좋은 노동력의 형태로 이점을 가졌다. 이를 통해 아동이 가져다 주는 건강, 교육 및 생애시각에서의 이점을 부정하는 것이 아니다. 그러나 아동의 복지를 위하여 교육부문 내부와 외부에서 이루어진 국가의 모든 노력은 아동에 대한 부모의 친권과 부모의 권위를 약화시킨 것이다. 이 모든 것을 진보로 볼 수 있지만, 미래를 내다본 부모들은 오히려 이러한 진보를 통하여 다수의 아동을 양육하는데 대한 관심을 가질 효용을 발견하지 못했던 것이다.

명백한 것은 사회보장체계의 도입이 자손 감소에 가져다 준 효과이다. 린데 (1984: 77ff)는 독일 제국에서 비교적 늦게 시작된 출생률의 저하는 20세기 초반 모든 부부의 절반을 차지하게 된 노동자 부부의 재생산에 대한 자세가 변화됨으로써 시작했다고 논증하였다. 1890년 이후 비스마르크의 이름과 연결되는 연금 보험에 의해 노령 시 자신들의 자녀에 의해 지원을 – 당시까지만 해도 무산 계층에게는 당연한 것이었지만 – 받지 않아도 되었기 때문이다. 독일의 경우에 논증 가능하게 나타난 집합적 노령보장제도의 성립과 노동자들의 자손 감소의 동시성은, 아직 국제비교에서 검토되지 않았고 어쩌면 일반화가 가능하지 않을 수도 있다.[104] 그럼에도 불구하고 모든 복지국가에서 성립되는 집합적 노령보장 체계가 도입됨으로써 가족에 대한 생각이 근본적으로 변화되었다는 것, 즉 보장에 대한 기대의 변화와 함께 자신의 자녀가 미래에 주는 의미 등에 대한 생각이 근본적 변화되었다는 것은 의심할 여지가 없다. 어머니 내지 아버지의 역할을 받아들이는 걸로 표현되는 가족력(歷)에 대한 결정은 생활세계의 시각에서 보면 자신의 생애를 장기적으로 확정하는 것이고, 비용–효용 계산의 측면에서 재생산에 대한 행동을 설명할 때 단기적인 장점과 단점보다는 이러한 장기적인 측면이 훨씬 의미가 크다. 다르게 표현하면, 성인이 인식할 수 있는 노후 단계의 생활에 대한 전망이 자녀를 양육하였는가와 관계가 없어질 때 비로소 보다 단기적인 비용–효용 간 고려가 중요하게 된다.

한편으로는 아동노동 금지와 일반 교육의무의 도입 내지 연장이, 다른 편으로는 부모를 부양할 아동의 부담을 경감시킨 것이 후손에 대한 (부모의) 경제적 비용–효용의 크기를 뒤집은 것이다. 국가의 아동에 대한 지원은 어느 국가에서도 (부모의) 경제적 손실을 보전할 정도로 크지 못한다. 이로 인해 사회정책적 시각에서 게임이론에서의 수인의 딜레마로 서술될 수 있는 경제적 상황이 발생하게 된다. 즉 모두가 자신의 개인적 효용계산에 따라 행농하고 비연대석으로 행동할 경우 자녀 수를 감정적으로 참을만한 정도까지 감소시키거나 아예 자녀를 갖

---

104) 정치적으로 생성된 제도로 인한 유사한 효과는 프랑스의 경우에도 주장된다: 나폴레옹 법전의 단독 상속권의 폐지는 유산계층에게는 출산저하에 대한 동기가 되었는데, 이 유산계층이 프랑스 출산저하의 선구자이다.

지 않게 된다. 그러나 모든 사람들이 이렇게 할 경우, 산업사회 이전처럼 무자녀
자, 환자, 노인에 대한 보호결핍 상황이 발생하게 된다. 이에 대한 이론적 논거는
경제학의 집합재 이론이 제공하고 있다(Joehr 1976).

최근의 출산율 저하에 대하여 자손감소의 세 번째 요소를 린데는 다음과 같
이 설명한다. 부의 증대와 동시에 나타나는 쾌락주의적 지향 그 자체가 아니라,
서로 경쟁적이고 누적되며 '모두에게 도달 가능하도록 고안된 공급(재화와 서비
스 그리고 지금까지 알려지지 않았거나 예상할 수 없어서 그 수요도 없었던 것
들)'이 문제가 되는데, 이러한 공급 때문에 (경제)체제가 겨우 유지될 정도의 수
준에서 수요가 넘쳐 나고 이로 인해 사람들이 장기적으로 변화시키기 힘든 요소
에 대한 자원의 투입 – 즉 '자손' 또는 일반적으로 '가족', 그리고 요즘에는 '결
혼'이란 요인 – 을 꺼리게 되었다는 것이다(Linde 1984: 148). 이 주장은 또한
사회이론적으로는 이미 고찰되어 왔던 근대성과 가족의 탈제도화 경향 간의 관
계로 재구성될 수 있다(Kaufmann 1988).

이와 관련하여 사회정책은 비록 모호하지만 의미를 가지는데, 우리는 그 의
미를 부모에 대한 아동의 비물질적 가치와 관련하여 간략하게 살펴보고자 한다.
근대화 과정에서 부모에 대한 아동의 비물질적 가치는 증가한 것처럼 보인다. 이
는 '책임지는 친권'의 규범이 도입되는 것과 이전의 상호작용 형태나 아동에 대
한 방임과는 판이하게 다른, 세대 간 정서적 관계의 안정성에서 확인될 수 있다.
물론 이로 인해 자녀의 양보다는 자녀의 질에 대한 관심이 증대되었으며, 부모
역할의 비물질적 이점은 두 번째 자녀부터 감소하는 것처럼 보인다. 특히 자녀수
의 증가와 함께 비물질적 손실이 엄청나게 증가하는 것처럼 보이는데, 이는 아동
의 일상을 조정하는 비용과 다른 대안적 시간 소비와 관계가 있다.

이와 관련하여 국가나 준국가기관이 제공하는 아동보육, 양육상담, 가족지원
및 어떤 명칭이든 가족을 위한 서비스 모두는 부담경감을 위한 것이다. 이 때 부
담경감이란 개념에 유의하여야 한다. 즉 부모가 자녀에 대한 책임을 가짐으로써
기대되는 공적인 이점이 아니라 단점을 경감하는 것이다. 그러나 이러한 선의의
제도도 모든 의심에서 벗어나지는 못한다. 단점의 경감은 동시에 자녀를 가지는
장점의 경감과 관련될 수 있는데 부모에 대해 전문성을 가진 경쟁적인 양육기관
이 존재하게 되면 흔히 부모의 권한이 직접적으로나 간접적으로 의문시되게 된

다. 특히 증가하는 조직화와 법제화 그리고 흔히 기회의 평등이라는 이름으로 나타나는 복지국가의 개입의 강화가 사회복지 서비스에서 아동의 이해관계를 실현하고자 하는 부모의 영향을 제어하거나 경감시킬 때, 부모의 자기확인 또는 아동의 학교성적에서 나타나는 아동의 비물질적 가치는 감소되는 것이다. 따라서 복지국가에 내재하는 법제화, 전문화 그리고 관료제화(이에 대해서는 Achinger 1958; Badura/Gross 1976)에 따라 부모역할의 가치, 행동반경 및 성공이 의문시되는 한, 아동 출산에 대한 장점과 단점의 계산 결과는 부정적일 수 밖에 없다.

6.2.2 사회정책과 사망률 감소

보건정책과 사망률 감소 간의 관계는 명확하므로 여기서 언급할 필요가 없다. 그러나 노동자보호, 산재예방, 재활 그리고 교육의 확대와 건강에 대한 지식의 확산 등도 사망률 감소에 대한 사회정책적 효과로 간주된다. 또한 도시의 재개발, 충분한 영양공급 및 부모의 아동에 대한 관심 등이 의료서비스의 확대보다 근대화 초기 단계에서의 사망률 감소에 더 큰 역할을 한 것으로 보인다(Labisch 1986).

20세기에는 물론 공적 의료보험이나 공공 보건 서비스 확대의 의미가 크다. 이로 인해 의료 서비스 이용에 대한 부담이 감소하였고 공공 의료발전은 사망률의 통계에서 가시적인 사회적 효과를 가져올 수 있었다. 다시 강조하지만 이 방식을 통하여 통계적으로 특히 중요한 역할을 하며 당시까지 사망률이 높았던 사회적 취약 인구집단에게까지 그 효과가 도달될 수 있었던 것이다.[105]

요약하면 복지국가제도는 다양한 방식으로 사망률 및 출산율의 저하라는 인구 경향에 지속적인 영향을 미쳤던 것이다. 사망률과 출산율의 저하로 인해서 인

---

105) 20세기 중반까지 사망률 감소는 특히 젊은 연령계층과 관련이 있었고 그 결과 인구구조를 젊게 하는 효과를 가진 경향이 있었던 것과 달리, 20세기 후반 특히 최근 20년간의 의료 발달은 노인의 사망률을 많이 감소시켰다. 젊은 연령계층에서의 사망률은 이미 상당히 낮기 때문에 더 이상의 의료발전이 있더라도 통계적으로 별다른 영향을 미치지 못하며, 요즘의 사망률 저하는 결국 인구의 고령화에 기여하고 있다. 이에 대해서는 Kaufmann 1960: 38ff 참조.

구의 연령별 분포가 체계적으로 변화하였으며, 인구 노령화를 초래하게 되었다 (Kaufmann 1960). 다음에서 살펴보겠지만 이러한 인구분포의 변화는 복지국가의 발전경향에 결정적으로 중요한 역할을 하고 있다.

6.3.1 복지국가의 급여연관

인구의 건강상태 개선은 근대적 사회정책에서 처음으로 나타난 목적이 아니다. 이미 중상주의에서 인구의 건강상태와 근로능력 간의 관계는 알려져 있었으며, 18세기 전염병과 아동 사망과의 전쟁은 국부 강화정책(Peuplierungspolitik)의 일환이었다. 이를 언급하는 것은 이 문제가 일반적인 복지이론과 관련이 있음을 밝히기 위해서이다. 물론 사회정책 논의에서는 시민의 개인적 복지에 대한 정치 제도의 중요성이라는 논리가 전개되지만, 지난 수 백년간 특히 최근 50년 동안에는 사회정책의 발전이 동시에 집합적 효용을 근거로 해서 이루어졌다는 것을 간과해서는 안 된다. 사회정책은 - 특히 교육부문과 보건부문 및 노동자 보호 제도는 - 인적 자산이 역사적으로 유일한 발전을 이루는데 기여하였다.[106] 이를 통해 사회정책은 - 같은 시기에 지속적인 복지수준의 상승에 기여한 - 노동생산성 증대에 대한 본질적 조건을 조성한 것이다. 이 외에도 계급갈등을 완화하고 지난 40년간 유럽 사회의 정치적 안정에도 지속적으로 기여하였다. 사회정책 제도, 특히 사회보장체계를 통한 재분배를 통해 자본주의 발달에 따른 사회적 불평등을 축소하고 모든 인구계층이 복리증대에 참가할 수 있도록 하는 복지국가의 기본 이념은 2차대전 후 모든 산업국가에서 제한없이 인정받게 되었다.[107]

---

106) 인적 자산의 개념에 대해서는 Kruesselberg 1977와 Bundesministerium fuer Familie und Senioren 1994: 24ff und 243ff 참조. 역자 주: 인적 자산은 인적 자본보다 넓은 개념인데, 저자의 용어 사용에 따라 이 개념을 원문대로 번역하였다. 8장 참조.

복지국가 모델의 역사적 성공에 대해서는 수많은 원인과 조건이 있음을 부정할 수 없다. 그러나 20세기 사회복지급여의 확대가 전반적으로 큰 갈등 없이 이루어진 것은 유리한 인구 조건과 관련이 있다. 이는 복지국가의 급여를 생산적 측면 외에 재생산적 측면을 관찰할 경우 더욱 명확해진다.

이미 서술된 사회정책 제도의 본질적 효과는 현대 복지국가 내에서 생산자와 비생산자를 보다 명확하게 구분한다는 것이다. 한편으로 아동노동의 금지 및 보편적 의무교육의 도입과 다른 편으로 연금 수급연령의 도입은 대부분의 국가에서 생산활동이 12세부터 70세까지의 연령에 집중되도록 하였다. 교육에 대한 참여 확대와 수급연령의 점차적인 저하, 그리고 청소년 고용에 대한 규정의 강화에 기인하여 오늘날 유럽에서의 생산활동은 20세에서 60세까지의 연령계층에서 집중되고 있다. 여기에서 사회정책의 명확한 효과를 확인할 수 있는데, 아동과 청소년 내지 노인 등 연령계층은 새로운 사회적 계급, 즉 '피보장 계급'이 된 것이다(Kaufmann/Leisering 1986). 보장이 가족 혹은 가계와 관련 있었던 전(前)산업사회에서는 건강상태와 능력에 따라 모든 사람이 연령과 관계없이 생산에 참가한 것이 특징이었다. 그러나 사회정책의 역사적 발전에 따라 체계적인 형태로 이러한 피보장 계급에 대한 보다 명확한 구분과 확대가 이루어지게 되었으며, 이는 사용자와 노동자의 대비되는 이해관계 때문이다. 사용자는 가능한 한 생산적인 노동력을 고용하고자 하며, 노동자는 노동력 공급의 제한에 관심을 가지고 있다. 양자는 법적인 고용제한과 추가적인 재정적 유인으로 달성될 수 있는 것이다.[108]

이러한 방식으로 복지국가 제도는 실질적으로 인구발전에 종속하게 되었지만, 복지국가에 대한 이론적, 이데올로기적 해석으로 인하여 이러한 상황이 제대로 인식되지 않았고, 사회정책의 재분배과정에 대한 제도도 지금까지 인구 요인을 반영하지 않고 있다.

이제 이후에서 서술되듯이 지금까지의 복지국가 팽창단계는 - 장기석으로

---

107) 이는 부과방식으로 조직화된 노령보장은 보통 적립식의 민간 또는 사회보험보다 일반적으로 보다 높은 급여를 보장한다는 것과도 관련이 있다(Aaron 1966).

108) 이 경향으로 인해 다음에서 서술될 사회보장의 재정문제뿐 아니라 특정 서비스 생산과 관련되는 결핍이 발생하게 된다; 이에 대해서는 Hegner 1985 참조.

안정된 연령계층간 관계와 관련하여 – 비정상적이지만 유리한 인구 구성에 근거한다. 모든 전망에 의하면 향후 50년간 비정상적이고 불리한 인구구성으로 바뀌게 되고 오늘날의 출산 및 사망 현황이 지속될 경우 이행기간이 지나더라도 장기적으로 복지국가의 팽창시기에 특징적이었던 것 보다 훨씬 더 불리한 보장관계(생산 계급과 피보장 계급의 비율)가 지속될 것이다.

6.3.2 세대간 재분배의 문제

몇 가지의 국가별 차이를 무시할 경우, 시장경제적으로 조정되고 복지국가에 의해 규제되는 생산조건 하에서 '생산계급'은 두 개의 '피보장 계급'(Lepsius 1979)에 대해 생계를 보장해야 하며, 이 세 계급은 연령에 의해 구분될 수 있다. 따라서 우리는 세 개의 '세대'라고 말할 수 있는데, 이는 가족의 보장연대와 유사하게, 국가 차원에서 정치경제적으로 구축된 재분배체계에서 상호 연계된다. 이러한 세대간 연결체계의 중심은, 노령보장이 된다. 그러나 의료보험, 교육부문 그리고 가족부담경감도 실제로는 이에 포함된다. 앞으로 서술되겠지만 재분배 문제에 대하여 대중이 갖는 인식상의 오류는 항상 두 세대간 재분배 – 경제활동자와 노인 – 에 대해서만 관심을 갖고, 제3자 즉 후속세대의 보장에 대한 요구는 사회정책 논의에서 배제된다는 것이다(Kaufmann/Leisering 1984, 1987; Burkhardt 1985).

우선 명백한 관계, 즉 노령보장에 대해 살펴보자. 오늘날 대부분의 유럽 국가에서 집합적 노령보장을 위해 서로 다르게 실현된 부과방식[109]의 조건에서는 특수규정을 제외하고 다음과 같은 단순한 재정 균형조건에 의한다.

---

109) 적립방식의 경우에는 문제가 얼마나 달라지는가에 대해서는 "기본적으로 모든 사회 지출은 당기의 사회총생산에서 충당되어야 하기 때문에"(G. Mackenroth) 논란이 많다. 노인 인구율의 상승은 적립방식의 경우 국민경제적 탈저축 경향에 영향을 미쳐, 다른 조건이 같다면 인플레이션 효과를 유발하게 된다. 이 주장은 그러나 폐쇄된 국민경제에서만 유효하다. 지금 예측 가능한 이행시기에는 현재의 근로능력자에게 부과방식에서 보다는 높은 보험료를 요구하여 이후 지출이 최고에 달할 시기(독일의 경우 2020년에서 2040년까지)를 위하여 사회보험 기관의 적립금을 확대시킬 수 있기 때문이다. 보험기술 및 보험철학 문제에 대한 개관은 Dinkel 1985; 현체제의 유지에 대해서는 Schmaehl 1985 참조.

$$b = NR/NB * R/L$$

여기서 필요한 보험료율(b, 임금에 대한 비율)은 보험료 납부자 수(NB)에 대한 연금수급자 수(NR)의 비율, 즉 연급수급율과 평균임금(L)에 대한 평균연금(R)의 비율, 즉 연금수준에 의한다.

국민 개보험[110]에서 연금 수급율은 다른 변수가 동일하다면 인구의 연령구조상 노인인구율과 비례하기 때문에 인구변동과 직접적 관련이 있다. 독일에 대한 그로만(Grohmann)의 계산에 의하면 현재의 노령보장체계를 변경하지 않고 현재의 낮은 출산율이 지속될 경우 연금보험료는 2035년에는 보험료 납부대상자 임금의 약 35%에 도달하게 되며(Grohmann 1983), 다른 추계방식에 따르더라도 유사한 수치가 나오고 있다.

이렇게 극적이지는 않지만 복지국가에서 두 번째로 비중이 큰 부문인 질병에 대한 보장체계를 보더라도 인구 노령화의 영향은 분명하다.[111] 왜냐하면 연령에 따라 거의 모든 질병집단에서의 이환율이 증가하기 때문이다. 개별 사회보장체계는 연금수급자가 자신들의 의료보장에 대하여 비용을 부담하는 정도에 따라 차이가 있지만, 그럼에도 불구하고 노인의 보험료는 이환율과 관계없이 근로활동자의 보험료보다 높지 않기 때문이다. 따라서 체제에 따라 정도는 다르지만 인구 노령화에 따라 연금 수급자를 위한 근로활동자의 보험료 부담은 상승하게 된다.

이러한 내용에서 도출될 수 있는 비관적 관측에 대해서 노인에 대한 생계비용의 상승이 후속 세대에 대한 부담의 감소에 의해 상쇄될 수 있다는 반대 의견도 있다. 이러한 주장은 다음 세 가지 이유에서 설득력이 없다:

---

110) 이 조건은 독일에서는 공무원이나 소득이 높은 사람(일부 자영자)이 공공 연금보험의 대상이 되지 않아 보험료를 납부하지 않기 때문에 경향적으로만 충족된다. 그러나 인구의 대부분이 포함되기 때문에 이 논리는 독일에도 해당된다.

111) Leisering(1984)은 체계내부적 이유때문에 의료부문의 비용상승을 제한하는 것이 노령보장부문에서 보다 더 어렵다고 주장한다.

a. 첫째로 - 이는 인구 변동의 이상형적 경과모델에서 알 수 있다 - 출산저
하로 인한 부담경감이 노인 인구율의 증가에 의한 부담증가보다 보통 몇
십년 전에 나타난다. 인구에 근거한 보장부담 이론에서는 출산저하가 계속
되는 한, 젊은 세대와 노인 세대 모두에 대한 실제 보장부담은 항상 출산율
과 사망률이 안정적인 상황에서 계산되는 수치보다 낮게 나타난다고 본다
(Kaufmann 1960: 316ff; Dinkel 1986). 즉 자녀를 재생산 가능한 수준
보다 적게 가짐으로써 원래의 (재생산 가능한 수준의 자손을 가지며, 이에
따라 보장부담을 할 경우의) 상태보다 더 잘 사는 (즉 부담이 적은) 세대의
추가적 부담을 위한 특별한 정책이 마련되지 않는 한, 동일한 시기에서의
보상은 불가능한 것이다.[112]

b. 둘째로 이 주장은 젊은 계층을 위한 것 보다 노인을 위한 생계비의 훨씬 높
은 비율이 공적 지출에 의해 충당된다는 것을 간과하고 있다. 린더
(Linder, 1981)는 바덴-뷔르템베르크 주를 예로 하여 이에 대해 철저하게
계산하였다. 연방이나 주 정부 그리고 지방자치단체의 급여를 통합한 사회
예산을 근거로 린더는 비근로 활동 청소년에 대한 지출 중 1/4은 국가의
이전지출에 의해, 1/4은 공공 서비스에 의해 재정이 충당된다고 밝혔다.
즉 비근로활동 노인인구의 경우 1/4은 공적 서비스에 의해, 나머지 3/4은
전적으로 공공 이전급여에 의해 재정이 충당되는데 비해, 후속 세대를 위
한 지출의 약 절반은 가족이 부담한다는 것이다.[113] 절대적 수치로 표현하
면 1979년 바덴-부르템베르크 주의 경우 25세 미만 비경제활동 인구 1 인

---

112) 이는 정확하지 않지만 상황에 대한 적절한 표현이다. 이전의 안정적 인구상태에 있던 세대에
비해 그 출산을 제한하는 세대는 원래의 상태보다 잘 사는 것이다. 감소된 출산율 및 사망률
이라는 현상이 새로이 안정된 상태에서는, 새로운 안정적 상태가 총 보장부담에서 유사하거나
오히려 낮은 수준에 있는 한 장기적인 문제점이 없다. 그러나 현실적인 가정을 할 경우 인구
의 재생산 수준 이하에서는 인구의 총 보장부담은 다시 상승하게 된다(Kaufmann 1984b).
이런 상황을 딩켈(Dinkel)처럼 '세대간 비용부담의 전가'로 칭할 수 있다. 자손감소에 의한 비
용부담의 이동 양은 딩켈의 시뮬레이션에 의하면, 물론 부과방식의 제도적 특성에 의존한다
(Dinkel 1986). 이는 현 독일체계에서는 특히 두드러지게 나타난다.
113) 연방 가족, 청소년 및 건강부(BMJFG, 1979)에 설치된 가족문제에 대한 학술자문위원회의 계
산에 따르면 후속 세대의 양육에 대한 총비용의 약 47%는 가족에 의해 부담된다. 여기에 부
모에게는 중요한, 아동의 양육 및 보호를 위해 투입된 시간은 포함되지 않았다. 이 문제에 대
한 개관적 서술과 논의에 대해서는 Leisering 1984 참조.

당 공공 지출은 DM 7,338이었고, 65세 이상 비경제활동 인구 1인당 공공 지출은 DM 22,116으로 약 세 배 정도 높았다(Linder 1981: 표 2).

c. 마지막으로 요즘에도 알 수 있듯이, 한번 도입된 사회복지 서비스는 그 수혜자의 감소에도 불구하고 제한하기가 힘들다는 것이다(Pfeiffer 1987). 공공지출의 축소는 그것을 확대할 때보다 훨씬 큰 정치적 에너지를 요구한다.

따라서 노령 인구에 대한 공공 보장비용의 상승을 청소년에 대한 보장비용의 절감을 통해 보상한다는 것은 불가능하다. 앞의 자료는 오히려 사회정책의 재분배기제가 아동의 부모에게 불리하다는 것을 분명히 함으로써, 지속되는 출산율 감소에 기여하는 제도적 조건임을 보여준다.

〈표 6.1〉 1981–1983년간 유럽 공동체 내 국가의 출산율과 가족에 대한 사회복지급여

국가	1000명당 출산 (명, 1983)		사회복지 지출율 (%, 1981)		항목별 사회복지지출율				가족과 노령간의 지출율(%)	
					출산과 가족(%)		노령			
	(1)	서열	(2)	서열	(3)	서열	(4)	서열	(5)	서열
아일랜드	19.0	1	22.9	9	11.4	4	26.1	9	0.44	2
프랑스	13.7	2	27.5	5	12.1	2	34.3	3	0.35	3
영국	12.8	3	23.5	8	12.6	1	40.2	1	0.31	5.5
벨기에	11.9	4	28.4	4	11.9	3	26.3	8	0.45	1
네덜란드	11.8	5	31.4	1	9.2	7	27.7	7	0.33	4
룩셈부르크	11.4	6	26.3	6	9.3	6	30.4	5	0.30	7
이태리	10.6	7	25.3	7	9.0	8	33.3	4	0.27	9
덴마크	9.3	8	29.9	2	11.2	5	35.6	2	0.31	5.5
독일	9.7	9	29.4	3	8.4	9	29.3	6	0.29	8
1행에 대한 서열 상관 관계	*		rs= − 0.55 p< .10		rs= +0.766 p< .02		rs= −0.200 ns		rs= +0.745 p< .02	

출처 : Eurostat − Statistisches Amt der Europaeischen Gemeinschaften, Sozialindikatoren fuer die Europaeische Gemeinschaft: Ausgewaehlte Reihen bis 1984. Bruessel und Luxemburg 1985를 필자가 계산.

이러한 장기적 관찰에서는 작용하는 변수가 다수이기 때문에 결정적인 요소로 단정하기는 힘들지만, 〈표 6.1〉에서 출산율과 후속 세대에 대한 지출간 관계를 시점별로 검토할 때 이론적으로 전개된 관계가 경험적으로도 확인되고 있음을 알 수 있다. EC 국가들과의 비교에서 볼 수 있는 것 처럼 (사례수가 적음에도 불구하고) 사회예산에서 가족과 아동에 대한 지출 비율의 순위와 출산율의 순위 간에 유의미한 관계가 있다.[114]

사회복지지출의 증가에 대해 인구 요인이 어떤 의미를 가지는가는 OECD (1985)의 국제 비교연구에서도 확인할 수 있는데, 이 연구에서는 사회복지지출 증가 요인이 세 가지 원인범주로 구분되었다: (1) 인구요인에 의한 목표집단의 변화 (인구) (2) 적용범위의 확대를 통한 추가적 인구집단의 통합 (적용대상) (3) 실질적 급여 수준의 제고 (급여).

〈표 6.2〉는 유럽의 6개국과 가장 큰 7개국의 평균을 통해 노령과 의료보장 분야에서의 사회복지 지출의 변화를 보여준다. 이 표는 1960년에서 1981년 기간에 대부분의 OECD국가에서 이미 인구증가로 인한 비용상승의 비중이 증가하며, 실질적 급여수준의 제고가 가장 큰 비중을 차지했음을 보여준다. 특히 2000년 이후에는 동일한 급여수준에도 불구하고 인구에 기인한 사회지출의 증가에 따라 국내총생산에서 사회복지지출이 차지하는 비율이 급속히 상승할 것으로 예측된다. 이렇게 상승된 사회복지지출에 대한 부담이 감소된 경제활동인구에 의해 충당되어야 한다면 현저한 분배갈등과 사회복지 급여 수준의 저하가 예측되는 것이다.

---

114) 여기서 사회보장지출수준이 출산율에 영향을 미치기 위해서는 2년의 시간이 필요하다고 가정하였다. 그러나 그 상관관계는 이러한 가정을 변화시키더라도 유의미하게 나타났다. 1987/1989년과 1996/1997년에 대한 수치에서도 - 유럽연합이 15개국으로 확대되었음에도 불구하고 - 이 관계는 명확하게 나타났다; Kaufmann 2002: 표 12.4 참조.

<표 6.2> 1960-1981년간 유럽 6개국의 사회복지지출 결정요인의 상대적 비중[115]

		1960~1975			1975~1981		
		인 구	적용대상	급 여	인 구	적용대상	급 여
프랑스	연금	1.9	1.9	3.7	0.8	3.0	4.7
	의료	1.0	1.0	8.7	0.4	0.3	5.6
서독	연금	3.1	-0.3	3.4	0.9	1.4	-0.2
	의료	1.0	0.5	5.0	0.0	0.0	2.1
이태리	연금	2.6	0.3	6.5	2.5	-2.9	8.2
	의료	0.6	0.9	5.1	0.4	0.2	-0.5
영국	연금	1.6	0.9	3.3	1.0	0.8	2.6
	의료	0.4	0.0	3.0	0.0	0.0	2.0
아일랜드	연금	0.7	1.5	5.9	1.1	0.7	4.7
	의료	0.9	7.2	-0.4	1.4	2.7	2.1
네덜란드	연금	2.7	-0.2	7.6	2.0	0.4	2.7
	의료	1.2	1.3	8.7	0.6	2.5	1.2
7대 OECD 국가의 평균	연금	2.4	1.8	3.8	2.1(1.4)	1.1(0.0)	3.5(0.7)
	의료	1.0	1.3	6.5	0.5(0.3)	0.1(0.0)	2.8(0.7)

- 년 평균 (사회복지지출의) 성장율(%)을 세 요인으로 분류함. 각 요인에 대한 설명은 본문을 참조하라.
- 괄호안은 비유럽 국가를 포함하며, 1981-1990년의 기간에 해당함.

6.4 | 요약

인구발전에 대한 무지의 극복과 관련하여 여기서 진단된 상황에 따른 정책제안이나 사회복지 급여체계를 제도적으로 개혁할 대안(가능성)에 대해서는 본

---

115) 출처: OECD 1985: 30, 35-39, 48, 68f. 라이저링(L. Leisering)이 작성함.

논문에서 다루지 않는다.[116] 본 논문의 목적은 이미 언급한대로 현재 예측할 수 있는 복지국가의 인구 문제가 – 일반적 의식과 달리 – 소위 불행한 우연, 또는 학술적으로 표현하면 복지국가 발전의 외부적 요소가 아니라 이러한 인구 상황이 복지국가 제도의 구성원칙에 기인하는 것을 보여주는 것이다. 소위 피보장 계급이 성립되고, 전체 국가 차원에서의 재분배과정이 인구의 연령구조에 의존하게 된 것은 사회정책의 작용으로 볼 수 있다. 이와 함께 노령보장의 집합화와 동시에 이루어진 자녀 보장 비용의 가족화는 제도 내부적으로 자손 감소적 재분배 기제가 작동되도록 하였으며, 사회정책의 확대가 20세기의 사망률의 저하와 함께 출산율의 감소에 대해 장기적이고 지속적으로 효과를 갖는 요인이 되었다는 가정을 받아들이도록 하였다. 이 두 가지 요인이 병행됨으로써 인구 노령화가 나타났고 이에 따라 출생율 감소가 지배적이었던 단계에서는 총보장 비용이 감소되었으나, 보다 나중 시점에서는 보장비용이 엄청나게 증가하게 된 것이다. 이 단계가 오늘날 우리가 당면한 시기이며, 독일의 사회정책적 재분배 제도는 이러한 인구요인에 기인한 변화에 대해 대처할 수 없는 체계를 가지고 있다. 이 때 고려해야 할 것은 정치가 뿐 아니라 투표권이 있는 인구계층도 인구요인에 기인한 부담을 지지 않고자 하기 때문에, 결국 해결을 더 어렵게 만드는 이해관계가 생겨난다는 것이다.

부과방식에 따라 조직된 사회보장체계가 문제 없이 기능하기 위해서는 인구의 연령구조가 동일할 것을 전제한다. 그러나 우리가 확인한 것처럼 사회보장체계 자체가 인구의 연령구조를 변화시키는데 기여하였다. 여기서 우리는 국가정책의 예기치 못한 효과의 전형적 사례를 관찰하는 것이다.

---

116) 이에 대해서는 Kaufmann/Leisering 1987, 또한 Leisering 1992, 1992a를 참조하라.

B. 사 / 회 / 국 / 가

7. 복지국가에서의 조정문제 ... 171

8. 국가와 복지생산 ... 205

9. 개인화 및 세계화의 조건 하에서 복지, 노동 그리고 국가 ... 231

10. 사회국가의 통합 기능은 사라지는가? ... 253

11. 근대 경제의 조건 하에서 사회국가성 ... 275

12. 국가과제에 대한 담론 ... 313

제 7 장

복지국가에서의 조정문제 *

본 논문의 대상은 경험적인 것이 아니라 체계와 관계가 있다. 본 논문은 몇 년 전부터 명확하게 규명하려는 시도가 계속되어왔고, 점차 사회학에서도 논의되고 있는 복지국가 발전의 문제를 특수한 시각에서 다루고자 한다. 이 시각은 위기라고 주장되는 현상 보다는 복지국가의 구조적 특성과 기본문제에 관심을 갖는다. 복지국가 이론이 없다는 것은 지난 3년간 이 테마를 다룬 주요 저서의 서론에서 확인되었다(Flora 1979; Schiller 1980; Luhmann 1981; Flora/ Heidenheimer 1981; Alber 1982). 그러나 이론의 부재문제는 그 이전 시기에는 인식되지 못했으며, 사회정책을 참조하거나 일반적인 사회이론의 전제들을 참조하여 복지국가의 기능이 추론되었다.

본 논문의 첫 부분에서는 복지국가의 개념에 대한 몇 가지의 사회학적 틀을 제시하고자 한다. 이후 2절에서는 조정이론의 몇 가지 요소를 설명하고, 3절에서는 조정이론으로 복지국가의 문제를 분석할 때 가질 수 있는 결실에 대해 서술한다. 본 저서를 위해 첨가된 마지막 절에서는 조정이론적 시각에 대해 심층적으로 서술된다.

---

* 7.1에서 7.3절은 사회학회 발표문인 Krise der Arbeitsgesellschaft? Verhandlungen des 21. Deutschen Soziologentages in Bamberg 1982, hrsg. von Joachim Matthes, Campus Verlag, Frankfurt/New York, S.474-490에 기초함. 본문은 편집상 수정되었음. 7.4는 본 서를 위해 새로이 저술됨.

사회과학 서적에서 '복지국가'라는 용어는 다양하게 사용되지만, 이 용어가 국가 개념의 변화, 보다 정확하게 말하자면 국가 과제의 확대를 가리킨다는 점에서는 일치한다.[117] 이 명칭은 영국에서 성립되었다. 지금까지 알려진 가장 첫 증거는 성공회 대주교인 템플(Temple)의 언급인데, 템플은 1941년 '시민과 교회'라는 논문에서 "권력국가의 개념 대신 복지국가의 개념으로 나아가고 있다"고 서술하였다.[118] 이 시기는 전후 사회복지에 영향을 미치게 되는 아주 중요한 시기였는데, 그 해 8월 14일 루즈벨트 대통령과 처칠 수상이 대서양 헌장을 통해 평화적이고 사회통합적인 전후세계 질서를 선포하였다. 1년 후 영국에서는 큰 반향을 불러 일으킨 베버리지 보고서가 출판되었으며, 이 보고서는 전후 유럽의 사회법 입법에 대하여 지속적인 영향을 미치게 되었다.

복지국가의 개념이 앵글로 색슨 지역에서는 아주 서서히 확립되었으며 오늘날까지 다양하게 해석되고 있다. 대부분의 견해는 복지국가의 본질이 가장 빈곤한 인구계층에 대한 급여의 확대, 자조능력이 없는 개인에 대한 국가의 도덕적 보호의무에 있다고 본다. 결국 복지국가의 기원은 이전의 빈민구호에서 찾아진다. 두 번째 해석은 복지국가의 성립이 본질적으로 노동자문제에 기인한다고 보고, 노동법과 사회보장부문의 확대에서 복지국가발전의 결정적 동인을 찾는다. 세 번째 해석은 모든 국민에 대한 국가의 사회적 책임을 강조하고 복지국가 발전에서 이미 오랫동안 존재해 온 개인의 자유권에 병행되는 사회권의 확대를 강조한다.[119] 나는 복지국가를 이론적으로 정의하기 위해 가장 최근에 등장하고, 가장

---

117) 이 때 기억해야 할 것은 이미 계몽적 절대군주와 중상주의 국가이론도 광범위한 복지국가적 목적을 추구했다는 점이다. 이후의 서술은 '근대적', 즉 민주적으로 정당화된 복지국가에 제한된다.

118) 슬레만(Sleeman 1973)에 따르면 이 명칭은 실제로는 독일어 권에서 더 오래 전에 사용되었다. '복지국가'는 국가의 목적에 대한 이론에서 바그너(Adolph Wagner)가 가장 먼저 사용하였다. "진보적 국민의 국가, 즉 근대 국가는 가능한 한 법과 권력의 목적을 실현하고자 하는 단순한 법치국가가 아니라, 문화 및 복지 분야에서 그 업무를 계속 증가시켜 보다 풍부하고 다양한 내용을 가지고자 하는 문화 및 복지국가가 된다."(Wagner 1876: {168, S257})

119) 이러한 세 가지 구분은 Titmuss 1974:31f와 이후 Esping-Andersen 1990에서 발견된다.

광의의 해석인 세 번째 입장을 취하고자 하는데, 이 세 번째 입장은 어느 정도는 앞의 두 가지 해석을 포함하고 있기 때문이다. 물론 복지국가의 개념화에서의 이 세 가지 '긍정적' 시도는 복지국가 프로그램에서 서로 다른 강조점을 갖고 있다는 것을 기억해야 하며, 다음과 같은 문제에서 그 차이를 보인다. 복지국가 활동의 주요 대상자가 주변적 인구집단이어야 하는가 아니면 근로자이어야 하는가 또는 주민이라는 전체 인구이어야 하는가? 규범적 정향으로서 이러한 기준의 차이는 복지국가 제도를 형성하는 투쟁과정에서 아직도 상당한 논쟁거리가 되고 있다.

보편주의 복지국가 프로그램이 가장 권위 있게 형성된 것은 1948년 유엔의 일반 인권 선언인데, 이는 대서양 헌장의 주요 내용을 받아들였다. 여기서 숭심이 되는 22조를 살펴보자.

"모든 인간은 사회의 성원으로서 사회보장에 대한 권리를 가지며, 국가 내부의 제도와 각국의 조직, 지원수단을 고려하여 국제 협조를 통해 그 존엄성과 개성의 발전을 위해 필요 불가결한 경제적, 사회적, 문화적 권리를 향유할 권리를 갖는다."

이 권리는 노동에 대한 권리(23조), 휴식과 여가에 대한 권리(24조), 적절한 생활유지, 모성 및 아동보호에 대한 권리(25조), 교육의 권리(26조), 문화적 생활에 대한 참여의 권리(27조) 등의 조항들에서 구체화된다.

가장 바람직한 세계사회의 질서를 담은 이 문서에서 우리는 비록 어느 한 국가에 대해 직접적 구속력은 갖지 못하지만, 수 많은 국제 협약과 국가 내 발전의 시금석이 된 광범위한 복지국가 프로그램을 발견할 수 있다.

'복지국가'의 개념이 2차대전 후 주로 긍정적 의미로 사용되어 온 앵글로색슨 지역과 달리 독일어 번역은 모호하게 수용되었으며, 50년대에는 이 개념이 지나친 국가 개입을 함축하는 의미로 이해되었으며, 주로 비판적으로 사용되었다. '복지국가'(Wohlfahrtsstaat)와 '보장국가(Versorgungsstaat)'는 독일의 사회정책 논의가 영국이나 스칸디나비아의 새로운 사회정책 발전에 의해 오염되지 않도록 해야 한다는 의미가 담긴, 부정적 용어였다. 1976년에 진보적 사회운동에서 중요한 역할을 한 스탄드페스트(Erich Standfest)는 '민주적 사회국가'와 '권위적 복지국가' 간에 대립이 있음을 주장하였다. 60년대와 70년대 독일의 비판적 정치 논의에서 이 개념은 더 이상 아무런 역할을 못했지만, 최근의 사회과학 문헌에서는 이 용어가 다시 혜성처럼 나타나게 되었다. 그러나 여기서도 그 용어의 의미는 다양할 뿐 아니라 모호한데 복지국가 위기라는 개념에서 과도한 사회보장 제도와 급여를 삭감하는 보장국가라는 의미가 결합되어 부각되었다.

앵글로 색슨 지역에서 '복지국가' 와 '사회보장' 의 프로그램적, 규범적 성격을 갖는 개념과 유사한 용어를 독일어 권에서도 발견할 수 있다. 우선 '사회정책' (19세기 중반 이후)의 개념과 독일연방공화국 성립 직후(2차 대전후)의 '사회적 시장경제' 의 개념 그리고 그 이후 '사회국가' 의 개념이 그것이다.[120] 이들 개념에 공통적인 것은 무엇보다도 – 학술적 해석을 통해 풍부하게 되었지만 – 정치적 세력과 이데올로기적 가치를 얻게 된 이념적 구성물이라는 것이다. 이 개념들은 다양한 종류의 규범적 집합체를 규합하는 역할을 하며, 동시에 그 프로그램적 특성으로 정당화되는 근대 사회의 구조적 특성을 통칭한다. 정치적 요소를 언급하지 않는 개념인 '사회적 시장경제' 를 제외하고는 긍정적으로 사용되고 있으며, 물론 부분적으로는 다를 수 있지만 모든 또는 특정 인구집단의 보호 내지 복지에 대한 국가의 책임을 나타낸다는 공통점을 가지고 있다.

독일의 기본법은 바이마르 공화국 당시 사회권 영역이 실효를 가질 수 없었던 경험 때문에 – 독일연방 내 주정부의 헌법과는 달리 – 사회권을 명문화 하지 않았다. 1975년 사회법전 총칙편의 시행에 의해 독일은 사회권의 목록을 갖게 되었는데, 그 영역은 그리 넓지 않다. 일반적 목적 조항(1조)은 명확하게 규정되었고, 교육 및 고용촉진에 대한 권리(3조), 사회보험에 대한 권리(4조), 질병시 사회 보장에 대한 권리(5조), 가족부담의 경감(6조), 적절한 주거에 대하여 보조금을 받을 권리(7조), 청소년 부조(8조), 공적 부조(9조)와 장애의 통합에 대한 권리(10조) 등이 열거되어 있다. 바이마르 공화국 헌법이나 외국에서의 경우와 달리 사회권의 목록에 근로관계가 포함되지 않는다는 것이 두드러진다. 이는 표면적으로는 독일의 법체계에서 노동법과 사회법을 제도적으로 분리하는 것에 기인하지만, 보다 깊은 원인은 권력관계와 이해관계 때문인데, 10년 이상 시도된 노동법전의 편찬을 위한 준비작업은 사회법전과 달리 전혀 진전되지 않고 있다.

---

120) 여기에 대해 보다 상세하게는 Kaufmann 2001a 참조.

　　여기에서 잠시 종교사회학적으로 언급하자면, 세속적 차원에서 인간의 사회권 실현을 위한 정치적 책임을 규정한 산물로서의 복지국가의 개념과 프로그램은 2차 대전의 어려움 속에서 성립되었다. '사회보장' 과 '두려움과 궁핍으로부터의 자유' 가 지배하는 새로운 사회에 대한 희망은 당시의 시민종교와 유사한 성격을 갖게 되었으며, 역사상 비정상적일 정도로 사회적 갈등을 평정하는데 기여하였다. 복지국가적 책임에 대한 근거로는 근대의 가장 중요한 규범적 구성물인 인간의 존엄성, 자유, 평등, 정의, 안전, 민주주의 등이 인용되었다. 근대의 거의 모든 정치적 조류는 국가별로 상이하게 혼합되어 정치 및 사회운동에 영감을 불어넣었으며, 사회국가 혹은 복지국가의 완성은 이들 운동에서 비롯된다. 가장 직접적 영향은 사회민주(주의) 운동 및 기독교 사회운동에서 비롯되는데, 이들 자체도 기독교 교리, 자유주의, 보수주의, 사회주의의 흐름을 타협적으로 종합한 것으로 볼 수 있다.

　　전후 수 십년 간의 장기적 경제부흥의 결과 복지국가 프로그램은 국가적 차이에도 불구하고, 서구 산업국가의 입법, 행정, 사법, 서비스 기관 그리고 학문연구에서 유사하게 수행되었다. 수 년 전부터 복지국가 제도의 문제해결 능력이 재정적 측면 뿐 아니라 업무적 측면에서 한계에 다다랐다는 것이 가시화되었다. 첫째, 재정을 통한 소득 재분배의 가능성이 점차 조세저항의 한계에 부딪히고 있으며 둘째, 경제성장이 정체됨으로써 국가의 행위공간이 줄어 들었고 셋째, '법제화' 나 '관료제화' 로 표현되는 국가 행정에 의한 문제해결의 부작용이 가시화되었으며 넷째, 새로운 문제상황 – 청소년의 마약, 노년기의 고독, 학교중퇴 또는 가족 관계의 탈제도화 – 은 국가가 주도하는 제도를 통한 직접적 해결이 어렵고, 마지막으로 과거에는 성공적이었던 제도들이 부분적으로 그 효과를 지속하지 못하거나(완전고용정책) 또는 적어도 모든 인구집단에 동일하게 효과적이지 못하다는 것이다. 이 때문에 (복지국가에 대한) 열광이 없어지게 되었는데, 이를 복지국가의 세속화라 칭할 수 있다. 복지국가는 계속 유지되고 환영받는 (유일한) 국가형태가 아니라 여러 작품들 중 하나이며, 역사에서 나타난 기존의 사회적 공동생활의 형태와 같이 역사적으로 정의된 (지속적인) 형태를 갖지 못하는 특정 조건과 연결된 집합적 문제해결 방식 중 하나일 뿐이라는 것이다. 사회국가 또는 복지국가라는 개념이 문제를 없애고자 하는 유사종교적 희망과 결합되는 한 오늘날을 '위기'라고 볼 수 있는 것이다. 그러나 이는 제도의 위기라기 보다는 복지국가 비판자의 머리에 계속 맴도는 이데올로기적 의식의 위기이다.

나는 현재 우리 사회구성체가 당면한 새로운 도전을 위기라고 개념화하는 것이 별 도움이 되지 않는다고 생각한다. 위기의 개념은 분석적 사유도 할 수 없고 행위적으로 변화시킬 수도 없는 전체성을 함축하기 때문이다. 위기 개념을 역사적으로 고찰한 스타른(Randolph Starn)은 위기 개념의 인기와 부정확성이 동시에 나타나는 이유를 이 개념에 존재하는 감정적 사유 때문이라고 보았다:

"극적인 것과 결정에 대한 강제를 암시함으로써 이성을 자극하지 않고 눈과 감정을 사로잡는다; 너무 심하게 구분하거나 지나치게 놀라게 하지도 않으면서 이 용어는 쿠데타로부터 별 중요성이 없는 다양한 사건들까지의 인상을 강화한다. 이 용어는 좌파에게는 희망을, 우파에게는 두려움을 의미한다. 혁명이 거의 불가능하며 생활에서의 긴장은 불가피한, 불안하고 질서 없는 사회에서 이 용어는 상징적이며 환심을 사고 위로하는 의미를 가진다."(Starn 1973, 60ff)

위기의 개념을 사용하여서는 현재의 복지국가 문제를 분석적으로 이해하기 힘들다. 따라서 나는 보다 평범한 개념을 사용하고자 하며, '복지국가'를 근대화의 결과로 인한 문제에 대처하기 위해 개인적 차원에서 사회권을 부여하고, 이 권리를 보장하기 위한 기구를 형성하고 지원함으로써 해결하고자 하는, 사적 자본주의 체제에 의해 조정되는 근대화 형태를 가진 사회의 정치 체제(Verfassung)로 이해한다. 이 정의는 복지국가 개념에 대한 규범적, 경험적, 귀납적 및 사회이론적 시각을 명확하게 전달하며, 국가의 특수한 조직 수단으로서 법을 부각시킨다.

사회이론적으로 복지국가에 대한 이러한 견해는, 기존의 지배 및 보호 관계가 해체되고 사회가 기능적으로 전문화된 부분영역으로 구조적 분화가 이루어짐으로써 필요해진 (이전의 지배 및 보장체계의) 등가물로서 개인적 자유권과 사회권을 파악하는 다원화 이론을 따른다(Marshall 1964; Luhmann 1965, 1981: 25ff). 그러나 이 생각은 스스로 맑스에 근거했다고 주장하는 하이만(Eduard

Heimann, 1929) 또는 고프(Ian Gough, 1979)의 보다 세분화된 주장과도 관계
가 있다. 이들은 사회국가 발전에 의해 형성된 특수한 문제들의 해결책은 자본주
의 경제체제 내 노동력의 가치실현조건의 동력에서 찾아져야 한다고 주장하였
다. 따라서 '복지국가'와 '노동사회' 간의 특수한 관계가 생성되는 것이다.

7.2 | 사회적 조정이론의 요소

　위에 언급된 이유로 다음에서는 복지국가의 (재정, 정당성 또는 지배가능성)
위기에 대해서가 아니라 조정문제를 다루고자 하는데, 복지국가의 조정문제가
아니라(왜냐하면 복지국가는 차량도 아니고 조타수도 없기 때문에) 복지국가 내
조정문제를 다룬다. 따라서 민주주의와 관료제의 결합이라는 특성이 나타나는,
그리고 비정상적일 정도로 역동적인 경제체제를 통해 변화에 대한 기본적 추진
력을 얻는 사회의 정치 체제(Verfassung)에서의 조정능력의 가능성과 어려움을
다루는 것이다. 나는 이러한 사적 자본주의적 시장경제에서 역사적으로 일회적
인 노동력의 동원과 사회화 및 그와 연관된 생산성의 증가가 – 물론 자원 및 환
경 문제에도 불구하고 – 미래에도 기본적으로 높은 공급수준을 보장할 수 있다
고 전제한다. 현대 복지국가의 주민이 해결해야 할 한계점들은 인류 역사상 처음
으로 기술적이거나 경제적인 문제가 아니다. 오늘날 볼 수 있는 구조적 실업은,
이러한 우리의 진단을 증명하듯, (기술이나 경제의 부족이 아니라 오히려 과잉으
로 인한) 자원 과잉의 징후로 보인다.[121]

　발달된 복지국가에서 해결해야 할 한계점은 우선 조정기술적 종류이다. 조정
의 개념을 모호한 일상용어로부터 구별하기 위해 여기서 언급되는 조정의 세가
지 주요 문제차원을 간략하게 서술하고, 그 후에 이미 알려진 세 개의 사회과학

---

121) 이 시각은 아직 세계사회적 차원을 포함하지 않는다. 내 생각으로 세계사회적 차원은 산업화
　　 된 복지국가의 행위공간을 더욱 좁게 하지만, 여기서 분석되는 조정의 문제를 근본적으로 변
　　 화시키지 못한다.

적 이론적 구성체 – 시장, 위계, 연대 – 를 조정시각적 입장에서 해석하고자 한
다.

7.2.1 사회적 조정의 문제차원

일반적 의미에서 사회적 조정이론은 – 인간 사회의 기본 현상을 전제하고 –
정해진 결과의 달성과 관련되는 행위자의 공동작용이 어떻게 설명될 수 있는가
라는 문제를 다룬다. 현대 사회의 특징인 고도의 분업, 선호에 대한 뚜렷한 개인
화 그리고 행위결과의 불안정이라는 전제에서 출발하면 다음과 같은 사회적 조
정의 세 가지 문제차원을 구분할 수 있다:

a. **결핍의 결정 :** [122] 개인화 된 인간이라는 가정 하에서 개인의 욕구와 선호
   는 알려지지 않았다고 봐야 한다. 집합적으로 유효한 조정기제는 따라서
   행위자에게 제3자의 개인적 선호가 가능한 한 많이 중개될(전해질) 수 있
   는 목적수준을 설정하여야 한다.

b. **행위자의 조정(Koordination) :** [123] 분업이라는 가정 하에서 다양한 행위
   자의 계획, 결정, 행위가 어떻게 조율되어 효과적인 생산, 즉 정의된 결핍
   을 충족하기 위한 자원의 투입이 이루어지는가 하는 문제가 제기된다.

c. **환류 :** [124] 행위결과에 대한 불확실성이 높다는 가정 하에서 앞서 언급된
   두 문제가 단번에 지속적으로 해결될 수 있다고 보기 힘들다. 따라서 특정
   행위나 급여의 수혜자는 자신의 욕구와 우선순위를 평가할 가능성을 가지
   며 이 평가에 의해 행위자에게 변화가 나타날 때, 즉 스스로 성공과 실패에

---

122) 욕구와 결핍의 구분은 – 겔렌(Arnold Gehlen)에 이어 – 셔혼(Scherhorn 1959)이 처음으로
     체계적으로 전개하였다.
123) 이 문제에 대한 고전적 서술은 Eucken 1955 참조.
124) 이 개념은 사이버네틱 체계이론에서 도출되었는데, 여기서는 학습이론적으로 적용된다.

서 배울 수 있다면 이 때 효과적인 사회적 조정이라 말할 수 있다.

다음의 서술이 합목적적으로 되기 위해 나는 복지국가 이론의 핵심 문제를 국가 자원 투입이 욕구에 적절하도록 조정하는 문제에 제한하고자 한다. 위의 세 가지 문제는 명백하게 이와 관련이 있기 때문이다.

7.2.2 사회적 조정의 순수한 형태로서 시장, 위계 및 연대

욕구충족의 시각에서 부족한 자원의 투입을 어떻게 최적화하는가라는 질문에 대해 우리는 이미 시장경제이론이라는 고전적인 대답을 알고 있다. 욕구를 나타내는 수요와 생산능력을 나타내는 공급은 가격에 대한 자유로운 협상과 경쟁을 보장하는 제도적 배열(Arrangements)에서 만나게 된다. 이 배열에 대해서 여기서 다루지는 않지만, 시장-가격 기제의 조정이론적 함의는 살펴보고자 한다. 시장 경제의 옹호자들이 강조하는 것처럼 이 기제의 우아함과 능력은 자유로운 경제주체의 결정을 분산적으로 조정하는 것, 즉 행위결과가 각자의 우선순위에 따라 행동하는 경제주체 간에 서로 결합되어 자기 행동의 성공 내지 실패가 직접적으로 인식되는, 어떤 종류의 자기조정과정이 작용하도록 하는데 있다. 따라서 시장-가격 기제는 경제주체의 학습 및 적응력을 불러 일으키고 자신의 이익을 추구하되, 이를 통해 동시에 다른 경제주체의 욕구가 충족되도록 한다. 또한 시장-가격 기제는 사회학적 시각에서는 비교적 효과적인 사회적 조정의 도구이다. 물론 이 조정기제의 이론에 맞게 기능하기 위해서는 모든 자원이 상품의 형태를 갖추고, 모든 참가자가 평등한 시장권력을 가질 것을 전제한다. 이 전제와 그 현실적 결과로 인해 시장경제 체제에 대하여 상당한 비판이 존재한다.

시장-가격 기제의 조정능력은 무엇에 기인하는가? 강조되어야 할 것은 첫째, 기본적인 효용의 비교가 가능하게 한다는 것이다. 재화의 절대적 효용이나 사용가치가 결정될 필요없이 시장가격은 경제적 결정을 합리화하는데, 가격은 결핍관계와 이윤에 대한 전망이나 비용 등에 대해 정보를 제공하며, 대안적 결정들의 결과는 돈의 금액에서 측정, 비교될 수 있다. 둘째, 모든 사람은 자급자족 가능성이 적기 때문에 현금소득을 획득하고 재화를 구입하는데 의존한다는 것을 고려해야 한다. 따라서 노동력의 판매자나 이윤 추구적 사업주, 소유자 또는 소비자로서 시장과정에 참여할 높은 동기를 가지게 된다. 이로써 생활조건은 보유한 구매력에 의존하고 시장 정향적 행동은 '상'을 받고, 시장 역행적 행동은 '처벌' 받게 된다. 시장-가격 기제는 따라서 정보의 도구 및 제재의 도구 역할을 동시에 하며, 사회적 조정의 세 가지 본질적 측면 – 욕구의 결정, 조정된 행위로의 동기화 및 성공과 실패를 통한 학습 – 을 연결한다.

특히 미국에서의 연구(선구자적으로는 Dahl/Lindblom 1953; Williamson 1975)는 (맑스를 따라!) 사적자본주의 경제체제에서도 시장-가격 기제에 의해서만 조정이 이루어지는 것이 아님을 밝혔다. 본질적인 조정성과는 오늘날 고도로 분업화된 기업 구조에서 나타나며, 여기서 이루어지는 조정성과를 서술하기 위해서 – 그 고전적 이론으로는 베버(Max Weber)의 관료제적 지배의 분석을 들 수 있다 – 위계모델이 사용된다.[125] 이에 따르면 시장-가격 기제는 본질적으로 조직간 조정에 사용되며, 조직 내부적 조정은 위계모델을 따른다. 따라서 복지국가 조정문제의 분석을 위한 핵심적인 구상이 드러나는데, 즉 복잡한 행위체계에서의 조정은 다양한 차원에서 상이한 기제에 의해 동시에 이루어진다는 것이다.

여기서 의미하는 위계적 조정은 조직, 즉 성원과 비성원간 그리고 정관에 따른 상위 및 하위관계가 분명한 사회적 구성물과 연관된다. 구성원으로서의 역할을 부여하는 것은 이러한 지배관계를 인정하는 것과 연계되어 있으며, 이를 통해 지배관계는 고도로 안정적이다. 이미 베버를 언급한 것에서 알 수 있듯이 이 조정방식은 현대 복지국가의 정책집행에서 지배적인 방식이다.

이러한 위계적 조정은 어떻게 서술될 수 있는가? 이 방식은 본질적으로 상층부가 하위계층에 대해 갖는 구조적인 권력 차이에 근거한다. 하위부서에 대하여 규정의 형태로 목적과 성공조건을 제시함으로써 상급 부서는 조정하게 된다. 조

---

125) 조직이론의 최근 논의에서는 보다 복잡한 내부조직적 조정의 방식을 전제로 하지만, 기본적으로 위계화된 조직구조를 의문시하지는 않는다.

직성원에게 상급과 처벌을 배분할 가능성을 가짐으로써 상층부는 성공과 실패로부터의 학습을 동시에 가능케 하는 제재수단을 가지는 것이다.

만약 한 조직을 더 이상 폐쇄적이 아니라 개방적이고 환경에 의존하는 체계로 관찰하면 이 조정방식의 허점이 보이게 된다. 이 방식에서 환류는 전형적으로 위에서 아래로만 전해지며, 아래에서 위로는 이루어지지 않는다. 통제자 스스로는 통제를 받지 않는 것이다. 이에 따라 위계의 제한된 학습능력과 이기적인 경향이 나타난다. 위계가 외부의 통제에 충분히 노출될 경우에만 조직 상층부가 조직성원의 이해관계에 반하더라도 외부의 이해관계를 관철할 수 있다. 왜냐하면 우리가 헤겔의 주인과 노예의 변증법에서 알 수 있듯이, 위계관계에서 상층의 권력도 무제한적이지는 않기 때문이다. 지배관계는 상위 및 하위의 관계만일 수는 없으며, 연대(또는 공범의식)라는 요소를 포함한다. 따라서 사람들은 조직 성원들 뿐 아니라 전체로서의 조직이 자기 이해관계를 갖는다고 보며 이를 통제하는 것이 복지국가 이론의 핵심적 문제이다.

1981-82년 빌레펠트 대학의 학제간 연구소에서 '공공부문에서의 조정과 성과통제'라는 주제에 대해 연구한 국제연구팀은 시장과 위계 외에 제3의 사회적 조정의 '순수한' 형태를 발견하였는데, 이것이 바로 '연대'이다.[126] 이상형적 의미에서 시장과 위계는 이미 알려진 바와 같이, 행위 당사자가 자신의 이해관계를 추구하며, 체계에 특수하게 만들어진 정보와 제재에 의해 비로소 제3자에게도 유용한 행동을 하게 된다는 가정 하에서 작동한다. 이와 달리 연대라는 조건 하에서는 주로 자기 이해관계와 관련된 행동은 제거되고, 이미 받아들여진 연대감을 느끼는 사람의 공동이해, 규범, 가치지향에 따라 자연스럽게 행동한다. 따라서 이전의 두 조정형태에 존재하는 목표와 개인적 욕구간 불안정한 중개의 문제가 '연대'라는 조정형태에서는 상당히 감소된다.

연대는 규범적 합의 외에 공통적 상황정의가 조성된다는 전제 하에서 작동한

---

126) 특히 Kaufmann 1984, Gretschmann 1985, Hegner 1985를 참조하라. 최근에는 Kaufmann 2002b 참조.

다. 이러한 전제조건 하에서는 연대를 가진 행위자간에 조율된, 목적지향적 행동을 기대 할 수 있으며, 정보문제는 공통적 상황정의와 자연발생적 의사소통에 의해, 동기화 문제는 연대라는 끈과 필요한 경우 비공식적 사회적 통제에 의해 해결된다. 결과에 대한 평가는 보통 스미스(Adam Smith)가 말한 자신과 타인의 행위방식의 적절성과 동정이라는 '윤리적 감정'에 의해 자연스럽게 이루어진다. 여기서 환류기제가 어느 정도로 작동하느냐는 본질적으로 행위의 결과가 연대집단의 성원 또는 제3자에게 어떤 의미가 있느냐에 달려있다. 환경에 대한 인식은 위계에서보다 연대집단에서 더 선별적인 것처럼 보인다.

연대가 조정기제로서 지배적인 사회상황은 3가지 상황조건에 근거한다. (1) 뒤르껨(Durkheim)이 기술한 '기계적 연대'의 의미의 사회적 유사성이 많고 지속적인 공동생활 (2) 예를 들어 사회 운동에서 발견되는 강한 공통적 가치지향 (3) 공통적 외부위협에 의한 집단 위기의식이 발전될 경우.

특히 피어칸트(Alfred Vierkandt 1969)가 강조한 것처럼, 연대가 마지막 사례와 같은 대규모의 사회집단에서도 발전될 수 있지만(예를 들어 민족주의), 조정기제로서 연대의 효과는 비교적 작은 집단과 관찰 가능한 관계, 즉 단순한 행위사슬과 주로 관련이 있다(Laum 1960). 분명히 근대화의 결과 발생한 복잡한 문제의 해결에 대해 연대적 조정이 충분한 역할을 하지 못했기 때문에 시장 정향적 또는 위계적으로 조정되는 사회적 연관이 생성된 것이다. 한편으로 연대적 조정은 다른 조정형태에 비해 적은 거래비용과 높은 보상가치라는 특성을 가지며, 이로 인해 연대의 재발견은 국가와 경제에 대한 비판과 관련하여 주장되는 '생활세계의 식민화'(Habermas)와 대안적 운동 그리고 자조에 대한 논의와 깊은 관계가 있다.

이제 복지국가의 개념과 조정이론적 논의를 연계하는 시도를 하고자 한다. 최근의 논의에서 구분되지 않은 두 가지 문제에 대한 시각은 첫 번째 정치체계의 자기조정 능력에 관한 것이며, 두 번째 다른 사회영역에 대한 정치체계의 개입을 통한 조정가능성이다.

7.3.1 정치체계의 자기조정능력에 대하여

이전의 정치이론은 순진하게도 국가의 자기조정능력을 전제로 하였다. 조정 이론적 시각에서 이러한 입장은 다음과 같이 정리된다: 욕구결정은 민주적 혹은 의회과정에서 이루어지며, 행위자간 조정은 정부와 행정에 의해 이루어진다. 환류에 대해서는 고려하지 않았지만, 선거를 정치적 환류기제로 보았다.

이미 언급된 '공공부문에서의 조정과 성과통제'의 연구팀은 경제학자, 행정학자, 정치학자, 사회학자로 구성되었으며 공공부문의 조정능력에 대한 설명을 위하여 공통적인 이론적 기초를 구축하고자 하였다.[127] 이 때 불행하게도 시장모델에 비교될 수 있을 만큼 우아하고 동시에 현실적인 이론을 기대할 수 없었다. 만약 이것이 가능하다면 이미 발견되었을 것이고, 공공부문에서 그렇게 많은 조직간 갈등과 분열을 보지도 않을 것이다. 공공부문의 기능방식을 우아하게 설명하지 못한다고 해서 자유주의 경제학자가 주장하듯, 민간부문에는 적절한 조정이 존재하지만 공공부문에는 없다는 것을 의미하는 것이 아니다. 한편으로 실제 시장의 조정성과는 점차 그 한계가 드러나게 되었는데, 보통 '시장실패'라는 개념으로 논의되고 있다. 다른 편으로 발전된 복지국가의 입법, 행정, 판례, 예산통제 등에서 공동작용의 실제성과는 실효성 있는 조정이 없었다고 말할만큼 나쁘지는 않다. 그러나 최근 정치학 논의에서처럼 민주주의 이론과 관료주의 이론의

---

127) Kaufmann/Majone/Ostrom Hrsg. 1985; Kaufmann Hrsg.1991 참조

개념화 자체가 최근의 현실을 설명하는데 충분하지 않은 것이다. 따라서 우리는 다차원적 분석이 가능하도록 정책형성과 정책실행의 다단계적 과정이라는 생각에서 출발하여야 한다. 그 관계는 '선택적 우연성'이라고 칭할 수 있는 다양한 조정형태가 함께 작용하는 것이다. 여기서는 위에 언급된 세 가지 순수한 조정형태 뿐 아니라, 예를 들어 선거, 상호조율, 거부권, 협상, 중재, 이의제기, 판결 등 사회적 조정의 수 많은 다른 요소들을 고려하여야 한다. 특히 인상적인 것은 자세히 관찰할 경우에 비로소 드러나는 행정통제의 다양한 형태이다. 이들은 서로 조율되지는 않지만, 행정행위가 (원래 의도로부터) 지나치게 벗어나지 않게 하는 것은 행정통제의 다양한 형태가 중복되기 때문일 가능성이 크다.[128] 이러한 조정 요소를 통해 사회적 조정의 주요 관련문제 – 즉 욕구의 결정, 행위조정 그리고 환류 문제 – 가 어느 정도로 해결되는가 그리고 상이한 제도적 배열과 어떻게 조화되는가라는 질문은 아직 대답되지 않은 문제이다.[129]

질서국가 및 사회국가 기능으로의 구분은 가능하지만 논쟁적이며, 사회국가 기능의 조정가능성에 문제가 많다는 것을 짐작하게 한다. 대의적 민주주의 과정에서 욕구의 결정은 사회적 권리를 정의하는 것과 절차를 확정하는 것에 국한되며, 이는 사회적으로 불리한 인구집단에 의해 비판된다. 이와 관련하여 서론부분에서 강조된 사회적 기본권 목록의 의미와 그 의미에 근거하여 내용을 갖추게 된 복지국가의 규범적 측면을 기억할 필요가 있다. 서술된 사회적 기본권 목록에 의하여 직접적으로 권리가 도출되지는 않지만, 이에 근거하여 "사회법전의 각 부분의 규정에 의해 그 조건과 내용이 정해진 대로 권리가 행사되거나 권리가 도출될 수 있다"(사회법전 총칙 2조 1항). 그럼에도 불구하고 기본권 목록은 재판 시 해석규범으로 사용되거나 개별 법 내용의 발전에 대한 기본 노선이 되기 때문에, 장식품이거나 실질적 의미가 없는 것이 아니다. 이외에도 사회과학자가 복지국가의 기준이 실제로 얼마나 실현되었는가 라는 문제를 연구할 때 – 물론 도덕적 또는 사회비판적 입장에서 보다 많은 권리를 부여하는 사회정책적 기준을 제시

---

128) Dunsire 1985; Wirth 1985, 1991 참조
129) 조직적 연관이 점차 증가하면서 욕구결정 시 욕구를 얼마나 반영하는가에 대한 의문이 제기되고, 행위조정의 위계적 형태가 점차 과부하에 시달린다는 추측을 입증하는 사례는 많다. 중앙집권화된 조직구조가 기본적으로 공공부분의 조정문제를 해결할 수 있다는 현재의 지배적인 생각에 대해 연구팀은 의문을 제기하였다.

할 가능성도 있지만 – 분명한 기준을 제시해 준다. 이러한 기준은 사회적인 문제설정이 국가의 조직수단과 자원을 동원하는데 성공할 때, 복지국가의 기준이 되는 것이다.

7.3.2 사회국가적 개입의 조정가능성에 대하여

국가가 그 국민이나 대표가 위임하는 모든 것을 할 수 있다고 생각하는 것은 복지국가에 대한 사이비종교적 사고의 단순성 때문이다. 이 점에서 "정치체계에 우리 사회에 대한 전반적인 역할을 부여하는 것"을 경고한 루만(Niklas Luhmann 1981: 144)에게 동의할 수 있다. 그러나 이러한 추상적 공준은 이데올로기-정치적으로는 유용하지만, 인식을 위해서는 유용하지 않다. 국가가 제안한 문제해결의 가능성이 제한되었다는 우리의 인식을 개선하기 위해서는 복지국가에 대한 정치이론은 경제적, 사회적 관계에 따라 정치적으로 상이하게 조정된 개입의 성공가능성에 대해 구체적으로 검토해야 한다. 따라서 정치이론은 단순하게 사회이론에 머물러서는 안되며 경제정책과 사회정책의 이론이 되어야 한다. 최근까지 정치학자와 사회학자들이 이 분야를 경제학자가 다루도록 방임한 것도 복지국가에 대한 이해가 부족한 것에 대한 결정적 이유인 것처럼 보인다.

앞에서 몇 가지 요소를 설명한 사회적 조정이론은 여기에서 많은 도움이 될 수 있다. 사회적 조정이론은 복지국가의 핵심적 문제, 즉 개입의 효과가 욕구에 맞도록 하는 것, 이를 사회학적으로 표현하자면, 특정 인구집단의 생활상황의 개선을 위해 공공 자원과 국가 조직을 통하여 어떻게 경제 및 사회관계에 개입할 수 있는가와 같은 문제에 직접적으로 관련된다. 이 때 경제정책 분야, 예를 들면 노동시장정책과 완전고용정책과 같은 국가의 개입을 통한 생활상황의 개선 효과는 간접적으로 나타나지만, 사회정책 분야에서의 국가 개입은 생활상황의 개선에 직접적으로 관계 있는 것처럼 보인다. 그러나 이것은 시각적 혼돈일 수 있다. 왜냐하면 사회정책분야에서도 정치적 의도가 이미 구조화된 사회관계를 통해 '분절되며', 성공적인 정치적 개입을 위해서는 개입 대상분야의 특성을 고려해야 하기 때문이다.

우리가 복지국가 활동의 가능성과 한계에 대한 적절한 개념을 얻기 위해서는 국가제도를 행위자가 다양한 반응을 하는 구조화된 사회관계에 대한 개입으로 파악해야 한다. 정치제도에 대한 모든 구체적인 분석은 그 작용방식 뿐 아니라 그 수용조건을 연구해야 한다. 이러한 연구는 최근 증가하고 있지만, 그 결과의 일반화가 아직 가능한 것은 아니다. 집행연구 분야 뿐 아니라 개입연구 분야에서도 경험적 결과의 다양성을 중간 정도의 추상화수준에서 분류하고자 하는 유형화가 시도되고 있다(Kaufmann/Rosewitz 1983).

이러한 노력은 복지국가의 가능성을 국가가 갖는 직접적 조정수단인 법과 화폐에 제한하자는 루만의 주장은 문제제기를 지나치게 단순화하였음을 보여준다. 물론 보다 복잡한 개입형태, 예를 들어 기초시설 또는 교육, 상담, 치료 등의 영역에서는 목적과 수단의 전도가 더 쉽게 나타나거나 집행에 어려움이 따르고 평가와 이에 따른 통제가 더 모호할 수 있다. 국가는 이들 영역이 욕구에 맞게 조성되었는가를 판단하기 힘들고, 이들 영역은 이러한 제도의 최종수혜자, 즉 목표집단에 속하는 사람들의 공동작용 뿐 아니라, 중개집단이나 지방자치단체, 단체, 전문가, 자조그룹, 사회운동 등과 같은 조직들의 공동작용을 전제로 한다. 그러나 이러한 국가 및 비국가 행위자의 공동(또는 반대) 작용과 이와 연계된 사회적 관계에 영향을 미치기 위해 법과 화폐의 효과가 나타나게 하는 조건에 대한 질문이 바로 복지국가이론의 핵심문제가 된다. 이 문제는 독일사회학회의 사회정책 분과에서 신청하여 독일연구재단의 중점프로그램으로 지원되는 '사회정책적 개입의 사회적 조건' 프로젝트에서 한 연구분야로 다루어졌다(Kaufmann 1981; Kaufmann Hrsg. 1987).

조정이론적 시각을 통해 보다 일반화된 접근이 가능하다. 이 시각은 한편으로는 정치적 개입의 조정가능성을 이미 기술된 세 개의 문제차원, 즉 욕구결정, 조정, 환류에 비추어 관찰하게 하고, 사회적 개입의 다양한 형태에 따라 조정가능성에 대한 특수한 진술이 가능하게 된다. 다른 편으로 국가개입은 – 개입분야에 효과가 있는 자기조정 형태를 고려할수록 – 목적에 맞는 결과를 낳는다고 전제한다. 이것은 시장순응적 개입과 시장역행적 개입을 구분하는 경제정책분야에서는 오래 전부터 이론적으로 인정받아 왔다. 우리는 사회정책 분야에서 효과가 있는 자기조정 형태 – 대부분 연대 형태로 분류된다 – 를 받아들여야 한다. 여기에는 가족관계 뿐 아니라, 전문가 관계, 나아가 팀처럼 활동하는 사회복지 서비스나 사회운동(예를 들어 여성운동)이 해당한다.

따라서 우리는 사회정책 분야에서 공적으로 제공되는 서비스와 자조의 가능성을 체계적으로 고려하는 질서정책적 사고를 필요로 한다. 사회복지예산을 축소하기 위한 노력에서 자조운동에 희망을 건다면, 이는 질서정책적 시각에서 벗어나는 것이다. 자조는 조정기제로서 연대를 전제로 하지만, 연대는 정치적으로 명령한다고 금방 자랄 수 있는 부드러운 열매가 아니다. 오히려 새로운 연대적 행동 형태는 현재의 정치적 의도와는 반대되는 편에 형성되어 있다. 공공 급여의 '민영화' 에 대한 요구가 아니라, 성지제도가 집단적 자조의 연대적 형태의 형성에 (어느 정도) 도움을 주는가가 질서정책적 질문이 되는 것이다.

7.4 | 후기: 조정형태의 확대된 유형화[130]

복지국가 이론의 틀에서 조정문제를 이론적으로 다룰 때 국가만을 대상으로 하는 것이 아니라 '국가' 와 '(시민) 사회' 의 관계를 대상으로 하여야 한다. 근대적으로 표현하자면, '사회적 관계' 에 대한 연속적인 정치적 개입을 – 사회 내 다양한 부분체계(근대 사회에서는 정치, 법, 경제, 학문, 교육, 건강, 가족 등 부분체계가 존재한다) 간 다층적 상호의존에도 불구하고 – 그 성공 및 실패의 조건에 대한 체계적인 인식이 가능한 형태로 개념화 해야 한다.

---

130) 이 논문의 앞부분은 1982년 저술되었고, 이 당시 빌레펠트 대학 학제간 연구소에서 진행된 '공공부문에서의 조정과 성과통제' 라는 연구그룹에서의 결과에 내 생각을 추가한 것이다. 최종보고서(Kaufmann/Majone/Ostrom Hrsg. 1985) 집필 시 몇 가지 수정이 있었고, 이후 축약된 형태로 페이퍼백이 인쇄될 때에도 수정이 있었다(Kaufmann Hrsg. 1991). 그러나 이 본문은 영어로만 출판되었고 독일어 본문은 강의 형태로만 남아 있었다. 기본 생각이 변하지 않았고, 앞부분이 이미 출판된 영어 본문에 비해 잘 다듬어지지 않았다고 생각되었기 때문에 이 책의 이후 부분에 포함된 다른 논문들에서 나타난 내 생각과 연결시키기 위해 후기의 형태로 이 문제에 대한 최근의 내 생각을 담았다.

사회학적 사회이론은 복지국가 발전에 대한 일반적 해석틀을 제공하는데, 이 때 융합(Inklusion)이라는 개념이 중심적 의미를 갖는다(10장 참조). 항상 새로운 행위맥락이 분화하고 제도적으로 자립하는 것은 - 이와 병행하여 개인의 모든 생활관계를 포함하는 전통적인 생산 및 보장관계의 해체가 함께 진행되는 - 전문화된 기관의 증가된 능력 자체가 이 기관들의 성과를 필요로 하는 모든 사람에게 다 이로운 혜택을 제공한다는 것을 의미하지는 않는다. 즉 증가하는 '국가의 풍요'가 자동적으로 국가 성원 모두에게 혜택을 주는 것은 아니다. 경제성장과 풍요의 분배는 시스몬디(Simonde de Sismondi 1819/1971)가 고전적 국민경제학과의 논쟁에서 주장한 것처럼, 기본적으로 서로 우연적 관계에 있다. 우리가 사회정책이라 부르는 것은, 전통적 사회에서 근대적 사회형태로 전환하는 시기의 문제를 대상으로 행해진 - 시간과 장소에 따라 각각 가장 시급한 결핍을 해결하고자 한 - 다양하고 상이한 시도를 통해 발전되었다. 이 때 국가의 개입과 규제는 광범위한 사회문제에 대처하는 가장 효과적인 형태로 나타났다.

이미 확고한 '사회 관계'(3장)에 대한 국가의 '개입'으로서 사회정책을 개념화 한 것은 복지국가 발달에 대한 사회학적 분석의 출발점이 된다. 5장에서 1차적 사회정책과 2차적 사회정책으로 구분한 것은 개입이론적으로는 문제 지향적 혹은 체계 지향적 개입의 구분으로 재구성될 수 있다. 복지국가 발전은 - 개별 개입간 관계는 이들이 동일한 조직 및 입법 선상에 있을 때에 비로소 관심을 끌게 되는 - 문제지향적 개입의 축적으로 완성되었다. 확정된 실행계획과 행정조직이 구축되고, 법률의 규정에 의해 담당 기관이나 해당 분야에 특수한 실천적 지식이 조성됨에 따라 점차 제도적 연관과 그와 구분되는 사회정책적 실천영역 - 노동자보호, 산재보험, 의료보험, 취업알선 또는 연금보험 등 - 이 형성되었다. 실천적 지식과 학문적 분석의 상호작용에 의해 아주 천천히 총체적인 관련성에 대한 의식이 생겨났으며, 이러한 의식에 따라 '사회정책' 개념이 점차 '사회국가'라는 개념에 의해 밀려나게 되었다.

7.4.1 조정문제

국가와 정치체계가 더 이상 문제지향적 개입을 하는 것이 아니라 복잡한 제도적 행위맥락에 대한 조정을 한다고 생각되어지는 만큼(12장) 사회과학의 분석도구도 다양화 되어야 한다. 80년대 독일에서는 서로 다른 전통 아래 있는 이론들이 '조정'이라는 개념 하에서 사회 발전에 영향을 미치고자 하는 국가의 역할을 이론화 하는 작업을 하였다. 사회정책적 개입이 '시장실패'에 의해 정당화 되었다면, 독일 브란트 정부와 미국 존슨 정부의 '정치적 계획'에 대한 실망에서 비롯된 '국가실패'에 대한 반성으로부터 조정이론적 관심이 생겨난 것이다.[131]

경제학에서는 케인즈주의 경제정책의 실패 또는 원하지 않았던 부작용 때문에 '신자유주의' 경제정책의 부흥, 즉 '국가'에 대한 '시장'의 부활 현상이 나타났다. 케인즈주의는 저축능력이 작고 소득이 낮은 계층으로의 구매력 재분배를 통해 긍정적 경제효과를 예측(기대)하였는데, 즉 총경제 수요를 확대할 것을 약속함으로써 복지국가 정책과 정서적으로 일치하였다. 공급의 조정에 집중하는 '화폐주의적' 경제정책 개념은 이와 달리 개인간 소득분배와 관련된 효과를 등한시하고, 조세부담과 관련되는 사회정책에 의해 동기화 된 재분배를 기본적으로 경제성장에 대한 장애물로 해석하였다. 신자유주의는 복지국가 프로젝트에 대해 제대로 논의조차 하지 않으면서, 암묵적으로 혹은 드러나게 복지국가 프로젝트의 정당성을 약화시키고 있는 것이다. '신자유주의'적 입장의 분석적 약점은 - 하이에크(Hayek)를 배경으로 - 시장경제를 사회적 관계의 전체로 보며 동시에 축소주의적 국가 개념을 가지고 있다는 것이다. 시장 대 국가라는 이분법적 구분은 현재의 문제상황을 이해하기에는 너무 단순하다.

한편 사회학에서는 국가의 조정능력에 대한 조건과 그 한계에 대해 연구하기 시작하였는데, 연구 문제는 다음과 같이 정리될 수 있다.

"...국가의 과제는 전체로서 사회를 움직이고, 전체의 복지 추구를 위해 개인을 의무화하는 것이 아니라 반대로 사회 내 다양한 부분체계의 자율성을 보장하는데 있다. 이로써 정치는 그때까지 요구된 상위 권력의 위치를 상실하게 된다...

---

131) 중요한 논의는 Olson 1965, Tullock 1965, Buchanan 1968, Alchian/Demsetz 참조; 요약은 Majone/Gretschmann 1985 참조.

여기서 기능적으로 다원화된 사회에서의 정치체계의 기본적 딜레마가 나타난다. 한편으로는 공공재의 생산과 보장에 대한 집합적인 규제의 필요성이 커진다. 더불어 정치가들이 시행해주기 원하는 (복지)국가적 개입에 대한 광범위한 요구가 생기게 된다. 다른 편으로는 기능체계의 자율화로 인해 정치 행위는 구조적으로 제한되어 있으며, 개입이 실패할 경우 정치 행위자는 '국가실패'라는 부담을 지는 동시에 비판 받게 된다."(Ulrich 1994: 98f)

이로써 두 가지 의문을 가지게 되는데, 첫째 실질적 개입대상의 다양성과 부분체계의 선택성으로 말미암아 국가개입의 목적지향적 형태와 관련하여 일반화된 진술이 어느 정도 가능한가, 즉 실제 정치에서 불가피한 '시행착오'과정 때문에 사회과학이 귀납적 진술을 할 수 있는가에 대한 질문이 제기된다. 둘째 이 분야에서 지속적으로 연구하고자 할 경우, 성공가능성이 가장 높은 연구전략이 무엇인가에 대한 질문이 제기된다.[132]

독일에서 조정이론적 논의의 중심은 쾰른의 사회연구를 위한 막스-플랑크 연구소(Mayntz 1979; Mayntz/Scharpf Hrsg. 1995; Mayntz 1997 참조)와 빌레펠트 대학 사회학과의 빌케(Helmut Willke)에게서 (Glagow/Willke Hrsg. 1987; Willke 1994, 1995), 그리고 저자와 저자가 조직한 연구팀인 '공공부분에서의 조정과 성과통제'에 의해 발전되었다(각주 14 참조). 이 세 연구집단의 사고방식의 차이에도 불구하고 연구의 출발이 되는 공통적 진단은, 루만이 이미 언급한 바와 같이, 기능적으로 구조화된 사회의 다원화는 임의적인 국가정책에 방해가 된다는 것이다.

쾰른의 연구는 무엇보다도 미국의 조합주의 연구와 정책 연구에 대한 비판에서 발전되었고(Mayntz/Scharpf 1995a: 13), '행위자 중심적 제도주의', 즉 제도와 행위자의 상호작용이 핵심대상이 되는 연구전략을 발전시켰다(Mayntz/Scharpf 1995b). 이러한 시각은 개별 정책분야의 형성과 발전을 재구성하는데 아주 생산적인 것으로 나타났다.[133] 빌케는 토이브너(Gunter Teubner)와 함께

---

132) 조정이론의 논의에 대한 개관은 Ulrich 1994 참조.
133) 복지국가 정책 분야에 대한 최근 것으로는 Scharpf/Schmidt Hrsg. 2000 참조.

루만의 자기 유지 체계이론에 직접적으로 연계하여 '맥락조정'이라는 이론적 개념을 발전시켰다. 그에 따르면 국가 정책은 사회의 부분체계의 자율성을 보장하는 것에만 책임을 지는 것이 아니다. 정치체계는 그 보다는 입법이라는 권한을 통해 개별체계 내 행위자의 행위 맥락을 보다 명확하게 결정해야 한다. 그러나 이것이 성공적이기 위해서는 조직적 및 조직간 관계에서 (개별 체계의) 내부적 기능 조건을 해치지 않는 조건 하에서 이루어져야 한다. 규정을 만드는 것은 부분체계의 업무, 구조, 문제 해결능력과 관련해서 '반성적(reflexiv)'으로 이루어져야 한다(Teubner/Willke 1984 참조). 이 개념은 앞서 언급된 체계 지향적 개입과 유사하다.

저자가 참가한 학제간 연구팀인 '공공분야에서의 조정과 성과통제'는 오이켄(Walter Eucken 1955: 2ff)이 형성한 '경제 행위의 조정'(Eucken 1944: 108)이란 연구문제를 보다 세분화 또는 확대하여 '경제과정의 조정'이라는 문제를 다루었다. 조정(Steuerung; Steering)은 행위조정(koordination) 문제의 해결로 정의되었고, 공공부문과 관련하여 연구되었다.

오이켄은 두개의 이상형적 경제체계, 즉 전적으로 위계적으로 조정되는 '중앙행정경제'와 '경쟁질서'로 구분하였는데, 그는 1차 대전과 2차 대전의 중간시기에 경험한 바에 따라, 맑스가 이미 예고한 것 처럼 규제가 없는 경쟁이 독점 또는 과점을 배제하지 못하기 때문에, 경쟁질서를 무정부주의적 '자유방임 자유주의'와 구분하였다. '경쟁질서'는 국가가 법이나 통제를 통해 사유재산, 계약자유, 가치가 안정적인 화폐, 개방된 시장, 신뢰할 만한 책임관계 등을 보장하는 질서틀을 전제로 한다(Eucken 1955: 254ff 참조). 오이켄은 '경제과정정책', 즉 – 세계경제 위기나 전쟁 시에는 당연한 – 경제과정(예를 들면 가격통제, 보조금 또는 배급)에 대한 국가의 개입을 완강히 거부했지만, '완전경쟁'의 원칙에 따라 스스로 조정하는 경제의 제도적 틀을 보호하기 위한 국가제도는 불가피하다고 보았다. 오이켄의 기여는 무엇보다도 일찍이 경제의 유기적 관련성에 대한 통찰을 가졌다는 것이다:

"무엇보다도 모든 경제적 사실이 서로 연관되며, 따라서 경제가 기능하기 위해서는 (각 경제영역별로) 운영기제를 분리할 수 없다는 것이 등한시 되고 있다.

일반적인 상호의존의 결과 모든 경제정책적 개입의 작용은 전체 경제과정에 나
타나게 된다."(Eucken 1955: 254)

경제질서정책의 개념은 경제체계의 영역에서는 '맥락조정'이라는 명제를 구
체화함으로 이해할 수 있다.

경쟁시장의 도움에 의해 조정되는 경제 영역에서는 제도화된 행위관련성의
유기적 성격이 어느 정도 명확하게 보이지만, 공공영역에서 제도의 자기조정능
력 그리고 특히 국가의 외부조정과 제도적 자기조정의 공동작용이 명확하지 못
하다. 공공부문 내 대부분의 조직의 실제 능력을 감안하면, 시장조정과 중앙의
지시가 없더라도 무질서가 나타나리라고 생각되지 않지만, 그렇다고 실제 관찰
가능한 조정이 왜 필요한가에 대해서도 설득력 있는 설명이 없다. 의심할 여지
없이 여기서도, 민간 경제영역에서와 같이, 개별 조직의 위계적 조정이 상당한
역할을 한다(Williamson 1975 참조). 그러나 위계적 조정이 조직간 조정에서는
해당되지 않는데, 조직간 조정은 지배적인 경제 시장이론에 따르면 경쟁-가격
기제에 의해 이루어지는 것이다. 따라서 연구팀의 관심은 공공부문에서의 행위
조정을 설명하는 것이었다.

연구팀의 논의에서 본질적인 진전은 개인적 행위와 조직적 행위를 명백하게
구분하는 것이었다. 조직은 사회의 특정 부분체계에 속하며, 다양한 동기에 의해
행동하는 개인보다는 내부적 조정의 요구에 따라 특정 목적을 지향하게 된다. 따
라서 조직의 행위전제와 행위 가능성은 훨씬 더 개관하기 쉽다(Geser 1990). 그
러나 조직도 위임 받은 개인을 통해 행위 하는데, 그 충성심이 잠재적인 문제로
남아 있다. 이에 따라 1980년 가을에 생성된 원래의 연구문제는 다음과 같다:
"조직의 대표와 조직 내 행위자로서 자연인이 - 그 존재목적을 정당화하는 -
정치적/사회적 목적에 적합한 성과를 내도록 결정하고 행동하게 하는 제도적 배
열이 어떻게 만들어 질 수 있는가?"(Kaufmann 1985a: 21).

다른 많은 사회과학적 질문이 그렇듯 이 문제에 대해서도 직접적으로 그리고
포괄적으로 대답하기는 힘들다. 그 대답보다는 '공공부문'에는 국가개입과 사회

적 작용분야가 제도적으로 중복되는 영역이 많으며[134] 행위조정의 다양한 형태가 효과적이지만, 시장경제영역에서의 '완전경쟁'이라는 우아한 모델로 통합되는 것은 불가능하다는 것이 확인되었다.[135] "사회정책에서는 – 대부분 배타적이 아닌, 그러나 전형적인 – 부분 조정방식이 있지만, 시장과 같은 통일적 모델은 아니다"라고 라이저링(Leisering 2001: 1224)은 최근 연구경향을 소개하였다.

　　관찰된 조정성과의 다양성을 조정이론적 시각에서 체계화하고자 한다면, 조정의 개념은 보다 구체화되어야 한다. 이를 위해 (1) 네 가지 서로 다른 조정차원과 (2) 조정의 세 가지 부분기능을 구분하고자 한다.

7.4.2 조정차원

행위조정은 전형적으로 명확히 구별 가능한 네 가지의 차원에서 이루어진다:

a. **개인적 차원** : 개인은 특정 상황에 따라 성공할 것처럼 보이는 행위의도에 맞게 동기와 자원을 형성하고자 시도한다. 이러한 의도는 이후, 물론 개인의 적응력과 학습력에 따라 상이하지만, 능력에 따라 일관되게 추구된다. 즉, 때로 나타나는 방해에도 불구하고 그 의도를 추구한다. 행위이론적으로 제한된 합리성 모델의 전제들인 불안정한 선호, 불완전한 상황에 대한 지식, 제한된 학습능력과 제한된 기억력 등이 상정된다.

b. **상호작용차원** : 개인의 의도는 상호작용 상황에서의 대립을 통해 그 첫번째 한계를 경험한다. 이에 성공적으로 대처하기 위해서 행위자는 상호작용

---

134) Mayntz/Scharpf(1995a)는 이와 관련된 분야를 "국가유사 부문"이라 칭하고, 몇몇 사례를 나열했지만 분석적으로는 정의하지 않았다.

135) 이에 대해서는 연구그룹 내에서 합의가 있었다. 이러한 다원주의의 이론적 개념화와 관련해서 최종보고서에서는 상이한 논리가 발견된다: 특히 Dunsire 1985; Ostrom 1985; Shubik 1985; Wirth 1985, 1991a; Hood 1985a 참조. 다음에서는 연구그룹의 다른 성원들과의 논의에서 발전된 저자만의 시각이 개괄적으로 기술된다; 이 생각은 Kaufmann 1991b에 정리되어 있다.

의 파트너와 그 이해관계를 포함하는 현실적 상황인식을 필요로 한다. 성공적인 행위조정의 조건으로서 공통적 상황정의가 이루어지기 위해서는 일반 문화적인 배경(예를 들어 언어, 예절)뿐 아니라 지식과 이념에서의 어느 정도의 공감, 관련 행위규범에 대한 지식, 상호 배려, 상대방의 행위에 대하여 자신의 행위를 적응하는 것 등이 요구된다. 이는 협동방식으로나 갈등방식으로 일어날 수 있다. 갈등방식의 경우에 성공적인 행위조정은 갈등을 해결하는데 필요한 절차나 특수 능력을 전제로 한다.

c. **조직적 차원** : 근대화에 따른 근본적 혁신은 공식적 조직의 출현이다 (Luhmann 1964). 공식적 조직은 분업을 통해 행위사슬을 연장하며, 공동작용 하는 행위자의 복합성을 증가시킨다. 조직은 개인의 상호간 적응이라는 의미에서 상황에 특수한 조작적 조정만으로는 유지될 수 없으며 성원, 책임분야, 결정과정, 제3자에 대한 대표권한 등을 명확히 하는, 추가적으로 제도적 조정, 즉 '내부 질서' 에 대한 분명한 규정을 필요로 한다. 조직은 두 가지의 조정문제, 즉 내부적 분업의 조정과 다른 기관 또는 외부적 행위자와 행위를 조정해야 하는 협동적 행위자로 관찰 될 수 있다. 이 때 내부에서 뿐 아니라 외부에서 '비용' (돈, 시간, 에너지 등)이 발생하며, 이는 성공적인 경영 – 위계적 운영 또는 참여 – 을 통해 조직의 행위능력을 유지하기 위한 수단(돈, 권력, 지식, 평판 등)을 얻음으로써 충당된다.

d. **조직간 차원** : 조직이론과 조직실천에서 알 수 있듯이 모든 결정권한이 상층부에 집중되어 포괄적으로 중앙집권화 된 조직형태는, 그 업무와 내부 구조의 복잡성이 어느 수준을 넘어설 때 점차 과부하가 된다. 국가 영역에서 보더라도 절대주의적 정부 모델은 권력분리, 의회주의, 부처조직 등으로 구조의 복잡성을 해소하였고, 좁은 의미의 국가행정이 아닌 '공공부문' 의 다양한 조직형태가 생성되었다. 이 공공부문은 거대 관료제 (megabuerokratie) 라기 보다는 다관료제적(multibuerokratie) 현상이며, 여기서 행위조직의 독립적 차원과 조직간 차원이 고려되어야 한다. 조직은 조직으로서 상호작용 하는 것이 아니라 그 위임 받은 자, 즉 개인 –

조직구조에서의 내부적 위치와 특정 상황에 대한 정의라는 조직내부적 상황에 의해 그 행동반경이 제한되고 동시에 구체화 되는 – 을 통해 상호작용 한다. 행위조정은 이 때 순수하게 조작적(예를 들어 국가지도자간의 '개방된' 협상)이거나 제도적 틀 내(예를 들어 이를 위해 합의된 방식)에서 이루어질 수 있다.

이러한 네 가지 분석차원의 구분은 그 독립성과 상호의존성을 분명하게 한다. 위계적 순서에 따라 기술된 조정차원은 올라 갈수록 복잡한 관계를 보여준다. 보다 단순한 조정의 형태는 복잡한 형태가 없이도 가능하지만, 반대의 경우는 불가능하다. 이제 더 자세히 살펴볼 제도적 조정은 조작적 조정 – 보통 상호작용적 차원에서 관찰될 수 있는 조작적 행위가 없이는 실제로 아무 것도 일어날 수 없다 – 중에서 중장기적으로 안정적인 것과 관련이 있다. 7.4.4에서 언급되는 조정형태의 유형은 조작적 조정에 대한 제도적인 전제를 중점적으로 살펴보지만 조직적 조정이 항상 함께 고려되어야 한다.

7.4.3 행위지침, 행위통제, 행위평가의 환류적 관계로서 제도적 조정

다음에서 서술되는 유형화는 제도적 조정의 각 형태, 즉 조작적 행위조정의 배경이 되는 규범과 일상활동의 전형적 형태(Konfiguration)가 동기와 지배적인 업무의 형태를 안정화한다는 전제에서 출발한다. 이러한 제도적 기준이 없는 조작적 조정은 행위자의 직접적 통제영역에 있는 단순한 행위사슬에 제한된다. 근대사회에 특성적인 '행위사슬의 연장'(Norbert Elias)은 지도이념, 규정, 일상활동에 대한 복잡한 배열의 존재와 효과를 전제로 하며, 이것이 직접적 교환행위를 넘어서서 다수의 당사자가 관련되는 확장된 상호성의 형태를 가능하게 하는 것이다.

아무리 복잡한 규범이라도 복잡한 행위조정을 지속적이고 성공적으로 보장하지는 못한다. 따라서 경험적으로 관찰되는 행위조정을 설명하는데 적절한 배열을 유형화하는 것에 관심이 있다. 나는 이러한 제도적 배열이 동시에 충족하여야 하는 3가지 부분기능을 기준으로 제시한다:[136]

a. **행위지침(Guidance)*** : 배려되어야 할 제3자의 욕구와 이해를 고려하여 어떤 상황에서 행동할 때, 행위자는 언제 '정당하게' 또는 '성공적으로' 행동하는가를 알 수 있게 하여야 한다. 전형적 형태는 기준을 설정하고 담당업무와 의무를 정의하고 욕구규범, 목적, 행위프로그램 내지 절차를 제시하거나 협의하는 것이다. 추구되는 목적이 당사자 간에 불분명할 경우 서로 조율된 행위는 기대하기 힘들다.

b. **행위통제(Control)** : 당사자가 상황에 특수한 규범과 기대에 맞게 행동하는 것이 – 예를 들어 사회복지사가 지원될 금액에 대해 클라이언트와 다투더라도, 서로 종교적 신념을 바꾸도록 하지는 않을 것이라는 기대 – 확실하여야 한다. 규범에 맞는 행동을 확실히 하는 것은 내부적 동기화의 강화(예를 들면 훈련 또는 질적 경영)나 긍정적 또는 부정적 종류의 외부 제재를 통해 이루어진다. 조직의 경우 행위통제는 내려진 결정과 실제 조직성원, 하위부서의 행동 그리고 조직의 기구간 관계 속에서 이루어진다. 조직 간 관계에서는 제재가능성이 일반적으로 약하다. 따라서 여기서는 제3의 계기, 즉 행위평가를 행위조정의 성공에 연계(환류)하는 것이 큰 역할을 한다.

c. **행위평가에 대한 의사교환(Evaluation)** : 제한된 합리성으로 인해 모든 행위자가 규범에 맞는 행동을 하더라도 성공적인 행위조정이 보장되는 것은 아니다. 공공영역에서는 오히려 '규정에 맞는 서비스'가 서비스 거부의 이유로 알려져 있다. 여기서 관심을 갖는 공공부문에서는 유효한 평가기준이 다차원적이어서 경제적 계산은 가능하겠지만, 쉽게 공통분모화 하기 힘

---

136) 다음의 서술은 7.2.1에서 서술된 것을 더욱 명확하게 서술한다.
* 역자 주: 여기서 지침이라고 번역한 용어는 독일어로는 Normierung, 영어로는 Guidance이다. 독일어로는 규범화, 영어로는 지도인데, 역자는 양자의 의미를 살리고자 지침이라고 번역한다.

들다. 예를 들어 공공행정의 행위는 적절성과 경제성의 기준에 부합하여야
하고, 목적지향성과 주민편의성에도 적합해야한다. 제도적 조정은 조작적
조정을 대체할 수 없다. 오히려 개별 기구에 어느 정도의 행위공간을 부여
하여, 개별 상황의 특수한 위험과 기회에 대해 목적에 맞게 대처하도록 하
는 것이 현명한 조직운영의 원칙이 된다. 전통적인 관료제이론과 달리 현
대 조직이론은 결정과 집행간에 상당한 우연성 — 따라서 기본적으로 조직
의 목적과 다른 동기 또는 개인적 행위자의 자기이해관계가 끼어 들 여지
가 있는 — 이 불가피하게 존재할 것을 전제로 한다. 조직적 관계 및 조직간
관계가 복잡해질수록 증가하는 우연성 때문에 행위결과를 검토하고 평가
하는 것이 중요해지고 있다. 이 때 중요한 것은 행위통제가 확대되는 것이
아니고, 조직 내 또는 조직간의 관계에서 학습과정을 가능케 하는 것이다.
행위평가에 대한 의사소통은 성과통제로서 역할을 해야 한다. 행위의 효용
과 다른 가치에 대해서는 행위자가 아니라, 어떤 이유에서건, 예를 들어 평
판이나 재원 등을 통해서라도 조직의 성공에 영향을 미칠 수 있는, 제3자
(예를 들어 상급자, 조직성과의 수혜자, 기타 행위자)의 평가가 중요하다.

성공적인 제도적 조정은, 행위에 대한 지침, 통제, 평가 등 세 차원간 체계적
인 환류가 가능하거나 보장되도록 관련 규정이 만들어져 있을 경우에 이루어진
다고 볼 수 있다. 이는 상이한 방식으로 이루어질 수 있지만, 조직간 현실에서 관
찰 가능한 형태로 존재하는 전형적인 배열을 찾을 수 있는데, 다음에서 이를 살
펴보고자 한다.

7.4.4 행위조정의 순수한 형태

앞에서(7.2.2)에서 언급된 것과 관련하여 〈표 7.1〉에서는 세 가지 부분기능의
상이한 활동과 특성을 비교하여 특성화 한 제도적 조정의 5가지 형태를 보여준
다. 앞에서 위계, 시장 그리고 연대를 구분한 것을 보완하여 여기서는 '전문적 조
정'과 '조합주의적 조정' 의 두 가지 형태가 추가되는데, 이전 논문에서 이 두 가

지 조정형태는 연대적 조정형태로 분류되었다.[137] 그러나 '연대'를 좁게 해석하여, 간접적으로 제도화되고 대부분 비공식적으로 동정, 공통가치지향, 상황평가 등에 근거하여 작동하는 행위조정에 제한하고, 이것과 달리 전제조건이 보다 많은 전문성 및 조합주의적 협상체계라는 조정형태를 구분하는 것이 더 합목적이라 판단되었다.

이미 도입된 행위지침, 행위통제 및 행위평가의 의사소통의 차원 외에 〈표 7.1〉은 세가지 차원을 더 분류하고 있다: '전형적 의사소통 형태', '규범순응에 대한 전형적 개인 동기'는 보다 설명적인 성격을 갖는다. 이와 달리 '실패의 전형적 형태'는 미국 정치경제학에서 확산된 제도적 실패의 분석 시각과 관련이 있다(Kaufmann 1991c: 14ff). 모든 제도적 배열은 특수한 약점을 가지고 있지만, 이 약점을 통해 상이한 제도적 배열이 긴장상태에서 공존하면서 활동함으로써 사회 질서가 이루어지게 되는 것이다.

다섯 가지의 조정형태는 여기서 간략하게 설명하는데, 위계, 시장, 연대에 대해서는 7.2.2를 참조할 수 있다.

a. **위계** : 지배관계에서 명령과 복종에 의한 행위조정은 현대 사회에서는 보통 법적으로 공식화된 관계에 국한되지만, 보편적인 현상이며 전형적 사례는 위계적 조직이다. 지금은 조직간 관계, 예를 들면 재벌기업에서나 공공 행정기관에서도 상위 및 하위의 개념이 확산되어 있다. 주요한 제도적 요소는 - 구성원으로서 받아들여야 하며, 행위지침과 행위통제의 부분기능을 보장하는 - 조직내부적 지배관계와 규정이다. 이와 달리 행위평가에 대한 의사소통방식이 고전적 관료 모델에서는 1차원적으로, 즉 '위로부터'만 존재하며 '아래로부터'의 비판은 필요하지 않다. 이 형태에 특수한 권력의 차이는 환경과의 관계에서 조직의 경직성이나 내부 관계에서의 억

---

137) 곳쉬(Gotsch 1987: 38f)는 5가지에 추가적으로 6번째 조정 형태인 - 달과 린드블롬(Dahl/Lindblom 1956/1976: 272ff)에게서 인용한 개념인 - '다원체제(Polyarchie)'를 도입한다. '민주적 통제'와 상당히 중복되는 이 개념은 행위평가 분야에서 그 강점을 가지며 위계나 조합주의 조정형태에 대한 보충으로 볼 수 있다. 그러나 다원체계는 행위결정과 행위통제 영역에서 별개의 기능이 없다.

압으로 결과될 수 있다. 경영실패의 결과를 왜곡되게 인식하는 위험도 크다. 이런 위험은 평가통제의 특수한 기제(예를 들면 보고체계, 통제체계, 민주적 통제)를 통해 피할 수 있다.

b. **시장** : 이 조정형태는 자유로운 가격형성과 경쟁에 대한 조건 – 이러한 조건을 통해 공급자가 수요를 따르게 하는 지침(규범화)과 평가의 계기가 된다 – 을 제도화함으로써 이루어진다.[138] 이윤과 손실은 내부 거래(비용)와 외부 거래(판매)간 조정의 결과에 따른다. 따라서 시장은 기본적으로 조직

〈표 7.1〉 행위조정의 제도화 형태

조정형태	전형적인 의사소통 형태	행위지침 (행위의 규범화)	행위에 대한 통제	전형적인 순응 동기	행위평가에 대한 의사소통	전형적인 실패의 형태
위계	법적 의무, 명령	계획	지배	공포, 욕망	지시적 결과통제	엄격성, 억압성
시장	현금교환, 계약	수요	경쟁, 가격	경제적 이해관계	이윤, 손실	부정적 외부효과, 사회적 비용
조합주의 (협상체계)	협상 다차원적	절차, 합의	상호 의존성, 불참 위협	기대에 대한 안정성, 불참시 발생 비용	관습의 형성, 목소리	비참가자에 대한 무관심
전문성 (전문가 체계)	지식의 교환, 논거	학문화, 자문, 합의 형성	직업적 사회화, 평판	직업적 인정, 영향력 형성	경험의 교환, 감독, 질에 대한 통제	지나친 전문화, 일방성
연대	일상용어, 동정	공통의 가치, 규범과 상황정의	사회적 통제	자기실현, 신뢰획득, 참여욕구	잡담, 회의, 신뢰부여와 신뢰상실	집단이기주의, 변화에 대한 저항

---

138) 상이한 시장이론에 대한 개관은 Nullmeier 2000: 188ff 참조.

간 조정의 아주 효과적인 형태라 할 수 있다. 대규모 조직 내에서 부분조직의 자율성이 증가할수록, 즉 결정구조가 분권화 될수록 내부적 관계에도 시장과 유사한 조정형태가 도입되기 쉽다. 경쟁은 기본적으로 시장통제의 효과적인 기제인데, 물론 경쟁은 경쟁자들이 유사한 경쟁력을 가질 것을 전제로 한다. 시장에 의한 효과적 조정도, 개별 공급자 또는 수요자가 시장관계를 독자적으로 또는 연합하여(예를 들면 기업연합 또는 연맹) 지배할 수 있을 경우 한계에 부딪힌다. 기본적으로 자연인의 권력은 조직의 권력보다 약하며, 이는 특히 경제적 및 사회적 약자에게 해당한다. 시장참가자의 비용계산은 직접적으로 자기에게 발생하는 비용에 대해서만 이루어진다. 시장조정의 특수한 익명성 때문에 시장관계 외부에서 발생하는 비용(예를 들면 자연환경, 공공부문 또는 가계), 즉 사회적 비용은 감추어진다.

c. **조합주의** :[139] 조직간 행위조정의 전형적인 형태는 협상체계라는 형태의 이해관계 전달과정에서 존재한다. 이러한 협상체계는 자율적으로 행위 할 수 있고, 서로에게 지속적이고 다차원적 관계를 갖는 조직들을 전제로 한다. 시장 중심적 조정에도 협상이 있지만 이는 일회적인 것이다. 맺어진 계약이 다음 계약을 결정하는 것이 아니며, 경쟁자는 항상 대체가능하기 때문이다. 이와 달리 증가된 상호 의존의 결과, 즉 지속된 관계의 역사와 그로 인해 가능해진 교환관계 내지 확대된 상호성의 다차원성에 의해 만들어진 경험의 '축적물'(Berger/Luckmann 1969: 72ff)로서 조합주의적 관계가 생성되는 것이다. 협상대상의 수는 기본적으로 개방되어 있다. 물론 – 일방적 지배(위계적 관계)나 다수결이 가능하지 않을 경우 – 관련자의 수가 증가할수록 합의가능성은 줄어든다. 당사자들은 모든 개별 거래를 최적화할 필요가 없고 업무적, 시간적 차원에서 보다 복잡한 결과를 위해 노

---

139) 국제적으로 사용되는 이 명칭의 합목적성에 대해서는 논란이 될 수 있지만 설득력 있는 대안이 없다. 조직간의 '다원주의적' 관계는 경쟁적이며 상호 계산가능성이 낮은 행동을 지칭한다면, '조합주의적' 조직간 관계는 보통 국가의 기준(부여)에 의해 지속적으로 안정되어 있다. 다원주의적 조직관계는 '국가성'(Nettl 1968 참조)이 발전되지 못한 미국이나 영국 등의 국가에서 전형적으로 나타나며, 조합주의는 이와 달리 유럽대륙과 같이 국가성이 높은 국가에서 나타난다. 이에 대해서는 Franz 1991가 상세히 서술함.

력할 수 있다. 이 조정형태에서의 특성은 합의 또는 국가가 만든 절차(협상 또는 갈등시 해결에 대한)에 의해 제도적으로 고착될 수 있다는 것인데, 그럼에도 불구하고 주어진 기본적인 자율성으로 인해 협상에 참가하지 않을 수도 있다. 예를 들어 협상을 회피하는 경우 보통 더 많은 비용을 감당해야 한다. 단체협약 뿐 아니라 유럽통합으로 인한 행위조정도 이 조정 형태를 따른 결과이다. 행위평가에 대한 의사소통은 보통 내부적으로 이루어 지는 데 이미 달성된 상태에서 협상을 계속한다는 사실 또는 협상 결과를 의문시 하는 것은 당사자의 만족이나 불만을 표시하는 것이다. 예외적인 경우에는 항의행위(예를 들면 목청을 높이는 것)가 협상상황을 극적으로 만들거나 대규모의 변화 가능성을 높이기도 한다(Hirschman 1970). 잠가하지 않는 제3자의 이해관계는 시장관계에서보다 더 분명히 고려되지 않는다. 합의에 대한 비용이 참가자 수의 증가에 따라 늘어나기 때문에 추가적인 이해관계를 협상과정에 참여시키지 않고자하는 지속적 경향이 있다. 또 다른 한계는 참여기관의 내부적 구속력에 따라 나타난다. 조직성원의 입장과 다르더라도 대표되고 수행될 수 있는 협상결과만이 성공적인 것이다.

d. **전문성** : 최근 학술적인 논리에 따라 갈등이 되는 이해관계를 조정하는 것이 아니라 (앞의 두 조정형태와 달리), 당사자에게 '최선의 해결책'에 대한 공통적 이해관계를 제시하는 조정형태의 중요성이 증가하고 있다. 이 조정형태는 이해관계를 직접적으로 대표하는 대표자에게 정당성을 부여하지 않고, 불분명하고 논쟁적인 문제에 대해 전문성을 바탕으로 논리와 설득을 통해 합의점을 찾는 '전문가'를 당사자로 정의한다(Majone 1991). 이에 따라 행위평가에 대한 의사소통은 담론적이며 전체 의사소통 과정에 내재되어 있다. 이 조정형태의 기능은 우선 최적화하려는 실천의 학문화가 상당한 정도로 진전되었음을 전제로 한다. 각각의 논리가 신뢰를 얻어야 할 때 혹은 그 논리가 외부로부터 적절성을 인정 받기 위해 자문을 필요로 하는 상황이 생기게 되는 것이다. 일단 사회적 관계가 아니라 전문성과 관련되기 때문에 규범에 순응하는 것은 당사자의 상호작용 차원만을 통해서 보장되기 힘들다. 오히려 평판을 부여하는 세분화된 체계 – 그 제도적 배경

은 전문성이다 - 를 필요로 한다. 공통적으로 제도화 된 훈련과정이 있어 전문적 가치지향과 지식을 중개하며, 조직화되어 인정되는 전문지식과 평판형성을 통해 어느 정도의 우수성을 확보하여야만 전문성의 존재가 인정될 수 있다. '평판을 잃을' 사람만 개인적 이해관계에 앞서 상황판단을 제대로 하도록 동기화된다. 전문가적 조정을 연대적 조정의 특수사례로 볼 수도 있지만, 전문가에 의한 조정은 고도로 인지적이고 조직적으로 세분화되었고 개인이나 감정에 좌우되지 않고 사물에 대한 판단이 우선적으로 고려된다는 점에서 차이가 있다. 전문가적 조정은 '공공부문의 전문가 위원회'에서 볼 수 있듯, 국가의 기준에 의해 제도화될 수 있다. 물론 전문성은 학문의 기초가 되는 일방적 인식모델을 공유한다. 이 조정형태의 위험은 과도한 전문화와 일방적 문제인식에 있으며, 개인적 이해관계의 실현과는 관계가 없는 사물지향성에도 불구하고, 특정 욕구나 이해관계에는 불리하게 작용하는 인식의 한계이다.

e. **연대** : 연대는 더 이상 '합리적 또는 경제적인 시각에서는 납득할 수 없었던 이타주의적, 배려적, 보호적 그리고 때로는 희생적인 행위모델로써 실생활에 은밀하게 남아 있는 비합리적인 감동'이 아니다(Willke 1995: 91). 그 동안 이 진부한 표현(Topos)의[140] 의미가 변화되는 현상을 보면, 행위조정의 세분화된 형태로서의 '연대'는 전통적 형태와는 제한된 공통점만을 가지며, 전형적으로 근대적 현상임을 알 수 있다.[141] 앞의 조정형태와 달리 연대적 조정은 대체로 형식성을 갖지 않으며, 사물지향적이라기 보다는 인간지향적이다. 그 힘은 생각이 비슷하거나 유사한 일을 당한 사람의(에 대한) 동정에서 나온다. 연대적 행위는 명백하게 이기적인 행동을 취하지 않음으로 나타나는데 이에 대해서는 네가지의 이유, 즉 충성심, 이타주의,

---

140) 특히 Hondrich/Koch-Arzberger 1992; Gabriel/Herlth/Strohmeier 1997; Brunkhorst 1997, 2000; Bayertz 1998; Zoll 2000을 참조하라. 개관은 Kaufmann 2002b 참조.
141) 전통적인 사회에서도 연대적 행위가 당연한 것이 아니었다. 그 때에도 연대감을 활성화하기 위해서는 특별한 이유(의식적인 축제, 집단적 위협, 즐거운 사건)가 필요했다. 연대의 근대화된 형태는, 이전보다 더 특수한 맥락과 연관되며, 반드시 동일한 집단과 관계되는 것이 아니다. 정서적 공동체감은 연대적 행위를 쉽게 하지만 필요조건은 아니다.

확대된 상호성, 집단에 대한 지향 등을 구분할 수 있다. 행위지침(규범화)
은 집합적으로 정의된 상황에서 공통적인 행위지향에 의해 이루어지며 행
위통제는 '비중있는 다른 사람'의 평가를 중시하는 외부적 방식에 의해서
또는 특정가치와 동일시하는 내부적 방식으로 동기화 될 수 있다. 이 두
가지 방식 모두 - 불안정한 정체성이라는 근대적 조건 하에서는 - 자기
확신이라는 욕구를 충족시킬 수 있다. 명예직으로 활동하는 것과 사회운동
에 대한 참여는 연대적 행위의 근대적 형태의 전형인 반면, '인간이 인간
을 돕는 것' 또는 '도덕적 신뢰'는 전통적인 맥락에서도 발견되는 특징이
다. 연대가 전제되는 곳에서 거래비용을 낮추고 경제적으로 희소 재화인
신뢰가 발생한다.[142] 연대적 조정을 보다 자세히 관찰할 경우 위계, 전문가
위원회, 협상체계 등의 행위조정에 대하여 보완적이거나 지원적인 형태로
작용함을 알 수 있다. 물론 이 조정형태도 명확히 인식될 수 있는 한계가
있다. 이 조정형태는 보통 서로 아는 개인들의 근접한 영역에서 작용하며,
짧은 행위사슬에서 성공적이며, 동일한 생각을 가진 사람들의 집단이기주
의 현상에서도 자주 나타난다. 이상과 현실의 긴장이 행위자의 행동에도
영향을 미치는 도덕화의 촉진제가 된다. 중요한 것은 도덕이 사라지는 전
통의 마지막 단계에 있는 것이 아니라, 근대 관계에서 비로소 출현하는 현
상이라는 인식이다(Hoeffe 1993 참조).

7.5 | 맺는 말

　사회과학 문헌에는 사회적 조정의 다양한 유형이 발견되며, 많은 경우 귀납
적 가능성은 높지만 체계화의 원칙은 불분명하다. 여기서 제안된 유형화는 행위
조정의 세 가지 부분기능, 즉 행위지침(규범화), 준수에 대한 보장, 의사 소통적

---

142) 견고한 시장관계에서도 연대의 동기는 유효하다(Granovetter 1985; Davern 1997 참조).

결과평가 등을 기준으로 분석한 것이다. 제도적 조정은 이 세 가지 기능을 보장하기 위한 상호조율 된 장치가 있을 경우에만 이루어진다. 국가개입의 시각에서 보면 국가의 규정과 개입이 행위연관 ─ 여기서는 행위지침(규범화), 행위통제 및 행위평가로 구분된 ─ 의 자기 조정력을 고려해야 함을 알 수 있다. 상황에 따라 국가 제도를 통해 세 차원간의 환류 ─ 대개 행위평가를 위한 의사소통이 부족하다 ─ 를 촉진하는 것이 목적이 될 수 있다. 국가 개입대상이 되는 조직에 기능할 수 있는 자기조정이 있을 때에는 국가는 개입 때문에 조직의 자기조정에 나타날 수 있는 부작용을 고려하여야 한다.

유형화 자체는 구체적인 조정성과를 설명하기 위한 해석적 도구로 생각되었다. 시행되는 제도와 규정된 행위의 맥락은 이 조정형태의 시각에서 재구성될 수 있으며, 여러 조정형태의 결합도 고려할 수 있다.

조정분석 시각은 사회국가적 담론의 틀을 넘어서는데, 이 시각이 훨씬 광범위한 생활 영역과 관련이 있기 때문이다. 그러나 사회국가성 또는 복지국가성의 분석에 대해서는 핵심적인 관계가 있는데, 조정분석적 시각이 특히 이 분야에서 그 해석적 결실을 거두었기 때문이다. 세분화된 사회의 부분체계는 특정 조정체계에, 예를 들어 경제는 시장에 대해, 국가는 위계에 대해, 학문은 전문성에 대해, 가족은 연대에 대해 친화성을 가지고 있다. 공공부문은 이러한 일방적인 친화성을 가지고 있지 못하며, 여기서는 ─ 더 이상 체계적으로 중개 될 수 없는 ─ 다양한 조정형태에 따른 조정능력이 공존한다는 것이 특징이다. 그 특성은 개별 사례에서만 밝혀낼 수 있는 다양한 조정작용의 혼합관계, 특히 국가적 조합주의와 비국가적 조합주의 행위자의 관계에 있다.[143] 사회정책과 관계 있는 교육, 건강, 사회보험 및 공적부조영역의 급여체계는 한편으로는 정치적 결정을, 다른 편으로는 개인의 생활상황을 중개한다고 볼 수 있으며, 보다 자세한 분석에 의해 개입과 관련된 행위조정의 다양한 차원이 재구성될 수 있다. 복지의 생산은 정치적 규정과 급여를 제공하는 중개 조직 그리고 가계와 개인간 관계라는 생활세계에서 욕구충족을 위한 일상적 과정이 공동 작용함으로써 이루어지는 것이다.

---

143) 이와 유사한 연구시각은 정책분야를 조직간 및 상호 작용적 네트웍에 의해 구조화되었다고 보는 것이며, 그 형태와 설명은 경험 연구에서 밝혀질 수 있다고 본다(Mayntz 1992 참조). 본 연구와 이러한 연구시각의 연구 결과는 상호 보완적이라 생각된다.

제 8 장

국가와 복지생산 *

> *"인민의 복리는 존재하는 최상의 법이다"*
> *(salus populi suprema lex esto)*
> *(키케로)*

> *"그는 분명히, 그 힘 아래 있는 모든*
> *수단을 동원하여 그 동료 시민들로*
> *구성된 전체사회의 복지를 증가시키기를*
> *원하는, 훌륭한 시민이 아니다."*
> *(아담 스미스)*

    본 논문에서는 복지국가의 규범적 요구에 대한 이론적 시각을 서술하고자 한다. 복지국가는 계속되는 정치적 요구에 대해 사회 모든 성원의 개인적 복리의 (국가적으로 정의된) 기초를 입법이란 수단을 통해 보장하고자 하는 제도의 결과이다(Girvetz 1968: 512 참조). 사회정책의 초기부터 그리고 최근에 이르기까지 재정적 어려움의 증가, 사회정책적 개입에서 의문의 여지가 있는 부작용 그리고

---

* Systemrationalitaet und Partialinteresse, Festschrift fuer Renate Mayntz, hrsg. Von Hans-Ulrich Derlien/Uta Gerhard/Fritz W. Scharpf. Nomos-Verlagsgesellschaft, Baden-Baden, 1994, S 357-380에 게재됨.

증가된 분배갈등에 의해 국가가 얼마만큼 어떤 수단으로 이러한 정치적 요구를 충족시킬 수 있는가에 대한 논란이 계속되고 있다. 첫 부분에서는 복지국가에 대한 담론에서 기본적 노선들을 서술한다. 그 다음에는 복지생산과 관련된 문제를 정확하게 규명함으로써 국가에 대한 이해를 도출하고자 한다. 여기서 제안되는 것은 자유주의적 '완전 방임'이나 자동적 개입주의가 아니라, 조정이론적으로 도출된 ─ 시장, 국가, 중개영역, 그리고 가계 등에 대해 공통적이지만, 다양한 방식으로 관련이 있는 ─ 복지생산의 과제에 대한 질서정책적 시각이다.

8.1 │ 정치적 복지 담론

'복지'는 그 기원을 로마의 구원 숭배(Salus-Kult) 시대에까지 거슬러 올라가는 유럽 정치 전통의 핵심 개념이다(Rassem 1992: 599). 이전부터 복지의 개념은 3가지 생각과 관련이 있다: (1) 복지는 전체로서 공동체와 관련이 있다 (2) 복지의 보장은 지배층의 의무이다 (3) 전체의 복지는 행복하게 살고, 번성하는 개인의 복지로 표현된다(Rassem 1992: 609). 근대적으로 말하자면 복지는 ─ 개인의 효용과 공동의 효용간에 서로 격차가 벌어지지 않고, 오히려 시너지 효과라는 의미에서 서로 강화되는 ─ 사회 관계를 보장하거나 생산해야 하는 정치의 핵심적 과제이다.

아리스토텔레스는 개별 가계와 폴리스의 행복(Eudaimonia)이 서로를 조건화 한다는 생각을 발전시켰다(Ritter 1969 참조). 따라서 아리스토텔레스에 근거하는 정치이론은 부분이해관계와 공통이해관계 간에 모순을 발견하지 못한다. 이러한 복지 공식은 정치적 수사에서 뿐 아니라 18세기 중반까지의 주류 정치이론에서는 당연시되는 것이었다.

절대주의 복지국가에 대한 자유주의적 비판과 테러로 변질된 혁명적인 '복지위원회(1793)'의 실패에 따라 ─ 개인의 자유에 대한 부르주아의 요구와 내부 질서 안정 및 외부로부터의 독립 보장의 요구를 결합하지만 양자에게 일관된 태도를 요하지는 않는 – 보다 복잡한 사회이론의 필요성이 생겨났다. 입헌주의 법치국가라는 자유주의 이념과 공공 및 민간 영역의 구분에 의해 처음으로 현실성 있는 해답을 얻었다. 제도적으로 자립화 된 정치적 지배는 내적 질서와 외부적 안정이란 목적에 집중하고, ‘사적인 일’로 간주되는 복지목적을 더 이상 추구하지 않음으로써 이루어지게 된 것이다. 이에 따라 정치와 윤리, 법치성과 도덕은 자기의 길을 가게 된 것이다. 왜냐하면 개인이 자신의 행복을 추구할 권리를 갖게 됨으로써 ‘만족스런 삶’에 대한 문제는 정치적 논의에서 제외되었기 때문이다.

이와 함께 복지개념의 의미도 축소되었다. 복지는 이제 어떠한 집합적 평가에도 의존하지 않는 개인적 행복으로 축소되었고, 경제적 시각에서는 오히려 개인적 욕구 충족에 대한 기회를 제공하게 되었다: “쾌락의 양이 같다면, 압핀과 시는 동일하다”(J. Bentham). 물론 이것도 대중의 이해관계에 일치하는 것으로 이해되었다. 고전적인 복지에 대한 관점이란 의미에서 개인의 자기 행복 추구권을 보장하는 것은 자유주의 복지국가의 복지프로그램으로 볼 수 있다.

그러나 자유주의 정치이론은 이러한 개인적 행복추구 프로그램이 개인 뿐 아니라 공동이익을 증진시킨다는 확신을 어디서 받아들인 것일까? 그 대답은 무엇보다도 스미스(Adam Smith)가 구성한 경쟁시장 모델에서 찾아졌다. 경제와 경제학의 독립에 의해 – 비록 스미스 본인은 사회적 복지의 조건에 대하여 보다 광범위한 생각을 가졌지만 – 스미스의 생각으로부터 시장모델을 절대화하여 이를 이데올로기 및 정치적으로 사용하게 되었고, 이를 복지생산의 시너지 조건에 대한 해답으로 보게 된 것이다(Kaufmann/Kruesselberg Hrsg. 1984). 화폐를 매개로 복잡한 기제에 의해 일반화되고, 공급과 수요에 대한 반응물인 유연한 가격에 의해 조정되는 익명적 교환을 통해 시장경제는 상호성에 근거한 도덕경제를 대체하게 된 것이다.

복지에 대한 담론이 완전히 비정치화된 것은 세 가지의 옹호 논리에 근거한다.

    a. 개인은 자신의 복지기준을 설정하고 이에 따라 자신의 수요 우선순위를 결정하며, 복지적 가치인 ‘자유’의 표현으로서 소비자 주권을 가진다.

b. 국가가 경제활동에 대한 모든 조정에 개입하지 않음으로써 경쟁이 촉진되고, 이를 통해 공급이 효율화 되고 수요에 따르게 된다.

c. 원칙적으로 수요가 있는 것만 생산되며 이러한 수요가 개인의 효용에 대한 추측에 의존하기 때문에 사회총생산의 성장은 그 자체로서 복지발전의 지표가 된다.

이미 경제적 차원에서 이러한 복지모델은 비판을 받았는데, 시스몬디(Simonde de Sismondi 1819)가 가장 먼저 이의을 제기하였다. 첫째 사회총생산은 자동적으로 적절한 분배를 가능케 하지 않는다. 둘째 생산에서의 자본집중으로 인해 노동력이 축출되며, 자본가들은 노동자들의 생계를 더 이상 책임지지 않으며 이전의 구휼의무에서 벗어남으로써 생산성 증가의 결과는 외부화 된다. 이러한 경제적 경향은 실제로 사회적 권력관계에 의해 강화되었다.

이 논리에 따라 자본주의 붕괴이론을 도출하고, 국가에게 보완적 개입기회를 부여하지 않은 맑스나 엥겔스와 달리 19세기 사회개혁자들은 국가가 산업화로 인해 증가된 빈곤문제를 해결할 것을 요구하는 시스몬디의 생각을 수용하였다. 그러나 복지문제를 단순히 분배문제로 파악할 때 – 오늘날에도 정치적 수사에서 보듯 – 복지에 관한 담론은 개인이나 경제의 문제로 축소되며, 거의 해결 불가능한 것처럼 보이게 된다. 루만(Luhmann 1985)이 예리하게 지적한 바와 같이 기능적으로 다원화된 사회에서는 국가가 분배정책적 개입 시 의존할 수 있는 합의 가능한 분배규범이 없다. 순수한 분배문제는 제로섬 게임이다. 파레토 최적은 단순히 기능적 분배에 국한되며, 개인간 소득분배와는 관계가 없다. 정의에 대한 요구도 그 다차원성 때문에 분배 갈등시 생활을 위협하는 빈곤이라는 한계상황에서만 도움이 된다. 정적(한 시점의) 모델에서만 재화를 가능한 한 평등하게 분배하는 것이 최적의 복지생산에 해당한다고 주장할 수 있다. 생산수준의 변화와 이에 영향을 미칠 가능성을 고려하게 되면 – 이것이 바로 고전 경제학의 강점이다 – 정적인 분배규범은 그 의미를 상실하게 된다. 부분적 이해관계에 대하여 가중치를 부여하는 것으로도 정치 행위에 대한 합의 가능한 원칙을 도출하기 힘들며, 기껏해야 법이 다수나 강자의 편에 있다는 원칙을 확인할 뿐이다. 또한 공통의 이해관계를 모든 개인적 이해관계의 합으로 결정하는 것도 현실성이 없다.

물론 우리는 19세기 사회개혁자들로부터 국가개입의 효용이나 필요성에 대한 정의 또는 분배논리 뿐 아니라, 근대적 의미에서 '체계합리성'이라는 보다 복잡한 논리를 발견할 수 있다. 이 논리의 기본적인 생각은 슈타인(Lorenz von Stein)에 의해 발전되었다(Boeckenfoerde 1976 참조). 즉 점증하는 사회적 다양성의 조건을 헌법 차원에서 보장해야 하는 국가는 행정차원에서 계급형성에 대처하여야 하고, 모두에 대하여 자유의 실현을 위한 조건을 조성하여야 한다. 이로 인해 국가의 개입과 사회적 자기 조정능력의 동시적 상승가능성을 함축하는 진보적 공식이 발견된다. 이는 이미 국가와 시민의 '중개'(Pankoke 1970: 167ff)가 구분 가능할 만큼 성장하였다는 것을 의미한다. 국가는 여기서 노사갈등의 양 당사자들의 이해관계를 인식하고, 동시에 상호적으로 손해를 끼칠 가능성을 제거함으로써 양자간 이해관계의 보완과 직접적인 교환의 장점 - 노동에 대한 임금 지급 - 을 인식하게 하는, 간접적 교환의 보증자가 된다.

국가가 어떻게 계급이해에 독립적이면서 동시에 개입적인 입장을 취할 수 있는가라는 질문에 대하여 슈타인의 구상이 설득력 있는 대답을 주지는 않지만, 여기서 이미 복지국가에 핵심이 되는 체계합리적 성과, 즉 계급갈등의 완화가 명확하게 자리잡고 있음을 알 수 있다. 계급갈등의 완화를 한편으로는 사적 자본주의 경제 체제의 유지를 보장하고 다른 편으로는 노동자에게 조직화의 규정과 착취에 대한 보호, 그리고 근로능력이 없을 경우 임금대체급여가 가능하게 하는 제도적 배열이 조성됨으로써 완성된다.

이와 유사한 시기에 영국의 밀(J.S. Mill 1861)은 대의 민주주의의 원칙을 발전시켰는데, 이는 복지국가적 성격에 합치하는 이해관계 대표 제도로 볼 수 있다. 그러나 이 제도의 수립과 이를 통한 결정은 규범적인 기본합의를 전제로 하는데, 대의 민주주의 복지국가 발전에 대한 의미는 하이만(E. Heimann 1929)이 제시하였다. 기독교 및 계몽적 가치를 근거로 한 '사회적 이념'은 부르주아나 노동자에 공통적인 것이었으며 노동자계급은 자유와 평등에 대한 요구를 부르주아의 가치 지향에 의하여 정당화하였다. 이러한 합의에 대한 기본적 생각은 마샬

(Marshall 1949)의 모든 사람을 위한 시민적, 정치적, 사회적 권리의 일반화로 특징지울 수 있는데, 이는 파슨스나 루만에 의해서는 '융합'으로 지칭된다. 이 시각에서 보면 복지국가는 기본적으로 평등한 권리에 기초하여 정치적 결정과 국가가 보장하는 보호, 소득, 사회복지 서비스 등에 대한 참여기회를 제공하는 것이며 이것이 정치적 정의의 표현이라고 이해된다. 우리는 여기서 복지국가의 '체계합리성'의 두 번째 요소를 발견한다. 즉 복지국가가 제공하는 급여가 정의롭고 질서 잡힌 국가기관의 표현으로 인정되는 한, 이는 개인적 복지 뿐 아니라 시민의 정치적 충성에 기여한다.

복지국가가 정치적으로 가능하다는 설명만으로는 국가 사회정책이 – 최초의 아동노동의 제한 후에 지속되는 사업주의 불길한 예언과 달리 – 경제적으로는 어떻게 가능한가, 즉 오히려 경제적인 이점이 있는가를 설명하지는 못한다. 물론 선형의 인과성이 없고 비용–효용 계산이 가능하지도 않지만, 복지국가 발전과 함께, 년간 근로시간의 계속적인 축소에도 불구하고 노동생산성의 증가는 실질 임금의 상승에서 명확하게 드러나게 되었다. 이는 노동력의 질적 향상과 합리적인 투입 뿐 아니라 비생산적 노동력을 사회 보장체계에서 흡수함으로써 기술적 변화와 경제적 변화의 결과를 사회적으로 완화하는 방식으로, 큰 저항 없이 완성할 수 있었기 때문이다. 처음에는 사회복지급여가 경제적으로 비용에 해당하는 것처럼 보이지만, 이후에는 개인적일 뿐 아니라 집합적인 효용을 가지는 것, 즉 인적 자본의 상승과 보다 나은 이용과 동시에 경제적 동력의 부정적 외부효과를 축소하거나 조정하는 것으로 나타난다. 여기에서 기본적으로 사업주들에 의해 수용되는 복지국가 발전의 세 번째 체계합리적 기능을 볼 수 있다.

지금까지 서술된 복지국가 정책의 세 가지 작용 – 계급 적대감의 해소, 정치적 충성심의 제고, 노동생산성의 증가 – 은 상호보완적이며, 공통적으로 집합적 효용을 설명한다. 복지국가 발전에 따른 이러한 중재 없이 산업화와 민주화만으로 와해된 유럽 중세사회를 진보된 형태로 재안정화 되었다고 보기는 힘들다.

고전 경제학의 복지에 대한 생각은 복지생산에서 유일하게 효과적인 형태란 재화와 용역이 시장에 의해 중개 되어 '주체적인' 생산자와 소비자간에 교환될 때라는 점에서 출발한다. 분업, 축적, 경쟁 그리고 혁신 등의 동력에 의해 생산된 재화의 질과 양은 지속적으로 상승하나 재화를 생산하기 위해 사용된 노동시간은 줄어들어 실질 평균임금이 지속적으로 상승하도록 한다는 것이다. 개인적으로 실현 가능한 복지의 양은 이 때 가처분 개인소득에 비례하여 정의되고, 이는 여러 생산요소 – 토지, 자본, 노동, 지식 – 를 투입함으로써 발생한다.

초기 자유주의자들이 자영 생산자의 시민사회 – 이 때 비자영 노동은 생애에서 단순히 거쳐가는 단계로만 생각되었다 – 를 희망했던 것과 달리, 중세적 속박을 철폐한 후 – 시스몬디에 이어 맑스가 이미 냉철하게 논증한 것과 같이 – 점증하는 생산과 자본의 집중 그리고 생산성이 낮거나 생산관계에서 노동력이 완전히 소모된 노동자가 배출됨으로 인해 다수의 인구그룹이 주체적인 경제과정에서 배제되는 상황이 초래되었다. 이러한 형태의 빈곤이 개인의 잘못이 아니며 빈민구제만으로는 적절하게 대처 될 수 없다는 인식이 유럽전역에 퍼지기까지는 100년 이상이 경과하였다.

경제적 시각에서는 국가 정책에 의해 제도화된 2차적 소득재분배를 정당화하는 두 가지의 논리가 생겨났다: 하나는 시장가격이 반드시 경제과정의 모든 비용을 반영하는 것이 아니고, 개별 경제주체의 계산에 포함되지 않아 가격형성에 반영되지 않는 '사회적 비용'이 생성된다는 것이 명확하게 되었다. 사회적 비용은 예를 들면 생산조건에 기인하는 건강의 손상 또는 유독성 부산물에 따른 자연환경의 훼손 그리고 또한 개인의 이동과 관련하여 국가가 부담하는 운송체계의 생산비용 등이다(Kapp/Vilmar 1972). 이미 오래 전부터 존재하고 사용자가 상당부분을 부담하는, 근로관계에 근거한 사회보장체계는 노동력의 재생산 비용의 일부를 외부화 한다는 인식을 통해 정당화될 수 있다.

두 번째의 정당화 전략은 케인즈에 의해 도입된 순환이론적 관찰시각에 근거한다. 이에 따르면 생산활동을 하는 사람으로부터 생산하지 않는 인구에게로의 소득재분배는 소비재에 대한 수요와 경기변동을 안정화한다. 이 때 소비, 저축, 투자간 불안정한 균형이 이루어져야 하기 때문에 재분배가 얼마나 필요하고, 어느 정도까지 부담할 수 있는가의 문제는 오늘날까지 논란이 되고 있다. 어떻게 근거를 마련하든 국가가 조직한 2차적 소득분배는 욕구충족 기회의 재분배와 개인적 복지수준에 대한 조정을 의미하지만, 시장에 의해 중개 되는 복지생산이란 생각으로부터의 전환이 아니며, 경제질서정책적 시각으로는 '시장순응적'으로 인정된다.

국가가 규제하고 재원을 마련하고 시행하며, 지난 수 십년 간 복지국가 활동의 중심이 된 보건, 교육, 사회복지부문의 개인관련 서비스는 이것과 다르다. 이 것들은 엄밀한 의미에서 공공재가 아닌데 - 외부적 또는 내부적 안전과 같은 - 왜냐하면 이 재화는 나눌 수 있고 특정 수요를 배제하는 것이 어렵지 않게 가능하기 때문이다. 따라서 생산기술적으로는 국가가 조정할 필요가 없다. 오히려 이 재화의 소비에 대한 집합적 효용에 의해 근거가 마련된다. 이 재화의 소비는 긍정적 외부효과(merits)를 생산한다고 간주되며, 따라서 이 재화는 가치재라 불리워진다.[144] 명확한 사례로는 직업교육 비용을 들 수 있으며, 근로능력 - 곧 집합적 차원에서는 인적 자원 - 을 유지 또는 개선하는 모든 서비스를 포함한다. 이들 재화가 한편으로는 - 적어도 근로를 하고자 하는 모든 사람에 대해서 - 개인적 이해관계에 있으며 또한 국민경제의 국제경쟁력을 향상시킨다. 이러한 국가의 생산능력 확대에 대한 책임을 가장 먼저 체계적으로 다룬 사람이 리스트(F. List 1841)이다.

---

144) 재정학자 머스그레이브(Musgrave 1959)가 도입한 가치 욕구 또는 가치재의 개념은 문헌에서 상이하게 해석되고 있다. 이에 대해 개괄적으로는 Schmidt(1964), Head(1966, 1969)를 참조하라. 경제학적 해석은 외부효과의 의미보다는 '왜곡된' 개인적 선호를 지적한다. 이 왜곡은 특정 재화의 효용에 대한 제한된 정보나 예를 들어 단기적 효용을 장기적 효용보다 높게 평가하는 '비합리성'에 기인한다. 헤드(Head)가 주장하는 '진실한 선호'는 한 재화에 대한 '올바른' 수요를 통해 집합적 효용도 극대화되는 것을 전제로 한다. 이는 - 스미스의 '보이지 않는 손'의 경우에서와 같이 - 종교사회학적으로는 세속적인 예견 신앙 또는 학문적으로는 원칙에 대한 도전(petitio principii)이라고 볼 수 있는 목적론적 주장이다. 스미스에 대해서는 Kittsteiner 1984 참조.

긍정적 혹은 부정적 외부효과는 새로운 복지경제학의 중요한 주제가 되었다
(Baumol 1965: 24ff). 사회학적 시각에서도 '외부 효과'라는 개념에는 주의를
기울일 만한데 이는 기능적 분화 이론, 특히 '자기 유지적 (autopoietische)' 형
태(Luhmann 1984)로 일반화되는 현상과 관련되기 때문이다. 특정 기능영역의
분화와 자립은 보통 체계에 유효한 환경과의 관계에서 선별성이 증가하고 동시
에 행위의 다른 효과와 관련하여서는 무관심이 증가함으로써 이루어진다. 이는
긍정적일 수도 있고 부정적일 수도 있는데, 두 경우 모두는 어떤 체계의 전제 하
에서 행동하는 행위자의 비용-효용 계산에는 포함되지 않는다. 스완(de Swaan
1988)이 복지국가 발전에 대한 주요 연구에서 밝혔듯, 특정 인구집단에게 주의
를 기울이지 않음으로 나타난 부정적 외부효과 때문에 사회적 연결고리의 확대
와 개인적인 복지문제에 대한 집합적 해결이 나타나게 된 것이다.

사회의 개별 부분체계의 시각이 아니라 모든 개인의 이해를 고려하는 포괄적
시각에서 복지에 대한 대차대조를 한다면, 외부효과나 부작용은 사회복지급여의
의도된 효과만큼이나 주의를 요하는 것이다. 이러한 포괄적 시각은 특이한 어려
움에 부딪히게 되는데 분화된 사회에서 부분 체계를 넘어서는 코페르니쿠스적
입장 – 즉 특정 시각을 벗어나기가 불가능해 보이는 입장 – 을 요하기 때문에 역
설적인 요구를 하는 것이다. 이 문제의 해결책은 가계를 포함하여 개별 체계(개
인)의 성과를 중개하는 데에서 비로소 찾아질 수 있다.

이제 비로소 "복지에 대한 담론을 다룸으로써 복지국가의 문제를 이해하기
위한 교훈적 해답을 기대할 수 있는가"라는 질문을 제기할 수 있다. '복지'는 임
의적이고 정치적으로 해석할 수 있으며 역사적 발전의 우연성을 숨기는 공허한
공식은 아닌가? 저자는 이와 달리 사회적인 가치 개념 – 수 백년의 전통을 가진
– 은 역사적으로 규명 가능하며, 현재에도 문화적 의미를 포함하는 내용을 가진

다고 생각한다(Kaufmann 1973: 28ff 참조). 서론에 언급된 것 처럼 '복지'를 생활영위의 특수한 형태와 공동생활의 상태 내지 발전시각을 중개하는 것과 관련 있는 공적 의사소통의 공식으로 칭할 수 있다.

이전의 사회에서와 달리 오늘날의 개인은 생활영위라는 의미에서 주거 집단 또는 친척 집단으로 파악되지 않는다. 따라서 정치적 또는 경제적 수사에서 개인적 복지가 복지문제의 규범적 연관점이 되는 것은 당연한 결과이다. 동시에 이러한 지향은 난감한 상황에 이르게 된다. 개인적 복지라는 것에서 무엇을 생각하든, 인간의 복리(Wohlbefinden)는 우리가 알 수 없는 개인의 감각적-정신적 경험세계에 놓여있는 것이다. 모든 현실적 경험은 우리의 육체에 묶여 있고 이에 대해서는 선별적으로 그리고 추상화 하는 방식으로만 의사소통이 가능하다. 우리가 현실이라고 말하는 것은 잘해야 집단적으로 정형화 되는 경험을 포함하는 것이다. 이것들은 여건이 주어질 때 비로소 공적 의사소통의 대상이 되는 것이다.

따라서 국가의 조치를 통해 인간의 복지에 기여하고자 하는 의도는 이치에 맞지 않게 된다. 특히 무엇이 개인의 복리를 구성하는가에 대해 구조적 또는 우연적인 이유가 아니라, 원칙적인 이유로 알 수 없다고 전제할 때 무엇이 각 개인의 복지에 기여하는가를 어떻게 제3자가 결정할 수 있는가? 이에 반해 각 개인은 수요를 통해 욕구의 우선순위를 명확히 하고 충족은 가장 최적의 복지수준을 나타낸다고 주장하는 자유주의 경제학에서의 복지개념의 정당화 논리는 명확하다.

여기서 결정적인 의문은 개인적 복지효과에 대한 정치적 담론이 정치적 제도의 대상이 되는 당사자의 주관적 판단에 의존하는지 만약 그렇다면 얼마만큼 인가이다. 우리를 어차피 집합적으로 정형화된 경험에 대해서만 의사 소통할 수 있기 때문에, 개인의 복지에 대한 여론에서의 논리의 설득력과 반향은 민주주의에서 사용될 수 있는 의사소통의 매개물이라 여겨진다. 이러한 형태는 집합적으로, 특히 전문적인 행위자들에 의해 강하게 그리고 흔히 일방적으로 영향을 받는다. 그럼에도 불구하고 이러한 상황을 개인적 복지문제의 비판적 재구성의 출발점으로 삼을 수 있다.

앞의 절에서 서술된 복지국가의 개입 이유는 개인적 복지가 아니라, 집합적 또는 공공 이해관계에 따라 요구되는 유기적 작용과 관련이 있었다. 사회정책적 개입의 '자선', 즉 개인적 효용은 당연하다고 전제되며 개인적 효용은 국가개입의 정당한 배경이 되는 것이다. 이러한 논리는 원칙적으로 공공재에 대한 경제학 이론처럼 일방적이지만, 반대되는 의미에서 일방적이다. 공공재이론에서는 공공재 생산에 대한 국가의 할당결정을 재화에 대한 개인적 욕구충족이라는 논리로 정당화 하는데, 이러한 재화는 그 효용의 불가분성과 무임승차 행위를 통한 효용 때문에 강제부담금을 통해 공적으로 재원이 마련되어야 하는 것이다. 여기서 효용의 불가분성이라고 보이는 것은 본질적으로 가치재의 사례가 보여주듯, 이익을 갖게 되는 개인적 효용과 구분되는 체계에 대한 효과이다. 체계에 대한 효과로서 집합적 효용과 개인적 효용은 오늘날 두 가지 서로다른 차원에 있다고 간주되어야 하며 양자는 단순하게 조정될 수 있거나 어느 한 쪽으로 축소될 수 없다.

이러한 명확한 구분의 기초 위에서 복지이론의 출발문제를 명확히 할 수 있다. 개인적 복지생산의 사회적 조건을 집합적 복지생산의 조건 - 오늘날에는 다단계적으로, 즉 여러 차원에서 상이하게 작용한다고 파악되어야 하는 - 과 관련 짓는 것이다.

여기서 언급된 다차원의 문제에 앞서 다음의 표를 통해 기본 문제를 설명하고자 한다.

특수한 이해관계 \ 체계합리화	+	−
+	시너지(a)	착취(b)
−	무임승차 상황(c)	사회적 해체(d)

a. 일반적으로 동의 가능한 사회적 관계는 그 조건 하에서 모든 참가자가 특수이해를 추구하는 것이 긍정적 외부효과를 가져오고, 따라서 기본적으로 모든 참가자 또는 명확한 다수에게 유리한 방식으로 체계의 상황을 개선하게 하는, 제도적으로 주어진 것들에 의해 특징 지워 질 수 있다. 그러나 이러한 시너지의 '아리스토텔레스' 적 사례는 영존하는 텔로스(Telos) 또는 '보이지 않는 손' 에 의해 선험적으로 보장되는 것이 아니며, 그 형성이나 보장은 분석적이고 현실적인 문제를 제기한다.

b. 역사적으로 흔히 나타나는 것은 특수한 이해관계추구와 유기적 효과의 시너지적 관계가 참가자의 다수에 대해 기생적으로 행동하는 소수에게만 유리하게 되는 상황이다. 이 체계구조는 광범위한 인구집단이 체계의 특정 산물에 대해 접근하는 것을 배제하고 권리를 갖지 못한 사람에 대한 착취를 허락하는 권력의 불균형을 안정화한다. 이 경우는 맑스가 세계역사를 계급투쟁의 역사로 해석할 때 갖고 있던 현실에 대한 인식이다.

c. '자기 이익의 추구를 통한 집합적 손해'(Joehr 1976)는 전근대 시대의 '공유지의 비극'으로 잘 알려져 있지만, 이것은 개인의 행위에 대한 광범위한 통제를 포기한 개인화 된 사회의 구조적 특성이라 볼 수 있다.[145] 개인적 이해관계의 추구는 - 준거체계가 개인의 자원 남용을 막기 위한 자원이나 해당하는 반대급부를 요구할 충분한 자원을 갖지 못할 때 - 주로 부정적 외부효과를 낳는다. 이러한 남용이 단지 소수에 의한 현상일 때에는 체계자체의 능력이 심각하게 저하되지 않는데 최근 논의에서 이 현상은 무임승차 상황으로 논의되고 있다.

d. 마지막으로 '생각하지 못했던 일이지만' 사회주의 국가 지배구조의 붕괴 이후 나타난 사회적 해체를 생각해 볼 수 있는데, 외부적 또는 내부적 이유로 인해 제도의 성과가 기대의 안정화와 관습적 순응에 필요한 수준 이하로 감소될 경우 나타나게 된다. 이 조건 하에서는 모든 참가자가 체계의 상태를 악화시키고 개인의 효용의 합을 축소하는 결과를 낳는 이해하기 힘든 반응을 보일 것으로 생각된다.

이 네 가지 경우 외에 다섯 번째를 생각할 수 있는데, 즉 특수한 이해관계의 추구와 체계합리성 간에 관계가 없는 경우를 상상할 수 있다. 이 때 두 차원은 상호간에 독립적으로 정의되며, 이는 - 개인주의화 된 문화에서 개인적 이익의 추구는 그 자체로서 정당하다고 보이기 때문에 - 정치적 논의를 상당히 단순화시

---

145) 이에 대해서는 Ostrom 1999이 심화시킴.

키게 된다. 그러나 이것이 복지국가 발전의 부정적 외부효과에 비해 보다 긍정적으로 보인다면 그것은 착각에 의한 것이다. 부정적 외부효과는 자연상태에서 나타나는 것이 아니라 역사적 상황과 제도적 진보의 결과이다. 분배공간이 좁아질수록 착취(사회적 최약자에 대한 급여의 삭감) 또는 개인적 이익을 위한 발판으로 삼는(예를 들면 조세도피, 불법노동, 사회복지급여에 대한 정당하지 않은 수급) 시도가 증가하게 된다. 최근 긴박하게 요구되는 '사회국가의 개혁'은 너무 총합적이어서 시사점이 적다. 이러한 요구는 대부분 사회지출의 제한을 의미할 뿐이다. 사회예산이 제한되어야 한다는데 대해서는 — 그 한계는 항상 논쟁이 되겠지만 — 의문의 여지가 없다. 복지국가 제도의 효과와 효율이 사회복지 지출율의 크기나 분배에 의존한다는 것은 의심의 여지가 많으며, 복지국가의 조정문제는 이러한 '가치판단이 적게 작용하는' 분석을 할 수 있다.

8.4 | 다차원적 문제로서의 복지생산

경제학에서 널리 받아들이는 '경제주체'와 '개인'의 동일시는 프랑스 혁명에서 선언된 국가직접성과 같이 단순화한 것이다. 그럼에도 불구하고 이러한 사유물은 경제 내지 정치적 복지담론에 특징적으로 반영되어 있다. 이와는 달리 프랑스 혁명에서 거부된 '중개 차원'의 성격은 근대화의 결과로 변화되었음을 확인할 수 있고, 개인 및 집합적 복지에 대한 중개의 의미는 작아진 것이 아니라 다양하게 되었다.

근대 사회의 복잡성 증가는 본질적으로 두 가지의 진화적 성취에 기인한다. 첫째는 대규모 사회적 의미영역, 즉 종교, 정치, 학문, 경제, 가족 등의 분화 및 제도적 자립으로 이것들은 스스로의 특징적인 가치지향과 상호작용 방식 그리고 조직형태를 갖춘 사회적 기능체계로 이해될 수 있다. 두 번째는 근대적이고 일시적이지만 배타적이지 않은 구성원을 기초로 하며, 명확한 외부경계와 내부적 분업구조를 갖춘 형식적 조직의 성립이다.

복지국가의 발달은 거대한 사회적 의미영역의 다원화에 횡단적으로 맞물려서 이루어진다. 즉 노동자보호와 사회보장제도는 정치와 경제의 경계영역에서 성립되었다. 교육과 건강부문은 정치와 학문의 유기적인 영향 하에 - 동시에 종교의 영향력이 상실되면서 - 자립화 되었다. 마지막으로 공적부조제도의 분화는 정치와 종교의 경계영역에서 이루어졌다. 제도적 자립과 전문화의 과정이 동시에 이루어졌으며, 사회적 기능체계의 경계영역에서 일어났기 때문에 아직 이에 대한 설명이 부족하다. 이에 따라 복지국가에 특성적인 체계구조의 발전은 구조적 분화와 기능적 분화의 공리만으로는 적절하게 설명될 수 없다.[146] 성공적인 제도적 자립을 '선택적 친화성' - '각 사회 분야의 제도적 구조간에 존재하는 내부적 병행, 발생학적 일치 및 유사성' - 에 기인한다고 본 리거의 제안이 설득력이 있는 것으로 보인다(Rieger 1992: 57). 국가와 사회적 의미영역의 행위자 간의 갈등이 나타나는 경계영역에서의 제도적 자립과정은 초기 사회정책의 개념을 구성한 국가와 사회와의 '중개'에 해당한다. 이 과정을 기능적 다원화의 시각에서 서술하면, 기본적인 분화의 경계영역에서 갈등 후에 생겨난 2차적 분화라 볼 수 있다.

이로써 '복지국가'의 개념과 같이 사회정책적 제도를 일방적으로 국가로 분류해서는 실제상황을 파악하기 힘들다는 것이 명확하게 된다. 보다 합목적적인 것은 분석 차원에서 국가와 '복지부문'을 구분하는 것이며, 이 때 복지부문에는 국가의 영향 하에 개인의 생활상황과 - 다른 것과 함께 개인적 복지를 결정하는 - 급여부문의 합으로 이해되어야 한다.[147]

20세기에 개인적 복지가 대규모로 증가한 것은 제도적 발전의 결과이며, 그 조건과 결과는 아직 체계적으로 관찰되지 못하였다. 이 주제를 다루기 위해 여기서는 복지생산이라는 개념을 도입하고자 한다. 이는 개인의 복지수준이 항상 그

---

146) 루만의 이론에 기초한 이러한 생각은 특히 라이저링(Leisering 1989)에 의해 발전되었다.

147) 이 구분은 사회정책적 제도와 관련된 문제를 분명하게 한다. 국가의 사회적 관계에 대한 작용은 - 마인츠(Mayntz)의 과학정책과 기술적 거대체계의 영역에 대한 선구적 연구 결과가 보여주는 바와 같이 - 훨씬 광범위한 영역과 관련이 있다. 여기서도 한편으로는 정치체계와 다른 편으로는 학문 내지 경제체계의 경계영역에서의 제도적 자립을 관찰할 수 있다. 마인츠의 최근 작업의 중심에 있는 정치학적 조정문제(Mayntz 1987; 1990; 1992 참조)는 국가가 함께 작용하여 성립된, 제도적으로 자립화 한 중간영역 - 이에 대해서는 '공공 부문'이라는 명칭이 적절하다 - 에 대한 작용가능성의 문제를 다루고 있다. 이에 대해서는 Kaufmann Hrsg. 1991 참조.

운영(과정상의 효용)과 결과(결과의 효용)의 시각에서 관찰되어야 하며, 활동의 결과라는 것을 의미한다. 그 활동은 자신의 복지를 염려하는 개인에 의해서 뿐 아니라 다양한 제도적 맥락 하에서 이루어지며 따라서 개인과 조직의 다수를 포함한다. 이로써 복지생산은 여러 가지 차원에서 사회학적으로 재구성되는 과정으로서 국가, 이윤추구 경제, 복지부문 및 가계를 동시에 포함한다.

전근대 사회에서 개인의 복지는 단 하나의 사회적 맥락, 즉 가계(Oikus)에 의존했지만, 오늘날 개인의 복지는 다양한 사회제도영역에 대한 개인의 소속에 근거하는 – 개인에게 자기선택(정체성; Identitaet), 유연성 및 분화 능력을 요구하는, 다양한 사회적 맥락에 대한 – 사회적 참여에 의해 이루어진다. 인간이 필요로 하는 것, 즉 인간의 욕구에 대한 최근의 논의를 보면 놀랄 정도로 사회적 합의가 존재함을 알 수 있다. 예를 들어 '삶의 질' 차원의 체계화에서 – 비록 개별목록에서는 차이가 있지만 국제 비교에서는 상당히 유사한 – 명확하게 나타난다(Zapf 1972 참조). '삶의 질' 차원을 보다 자세히 관찰해 보았을 때 본질적으로 유효한, 즉 한 사회에서 제도화된 모든 생활영역의 결과물이라 할 수 있는 가족, 기업, 사회보장, 교육, 건강, 치안, 재판, 정치, 문화, 종교 등을 반영한다는 것을 알 수 있다. 유엔의 인권선언이나 유럽위원회의 사회헌장에 포함된 인권의 범위도 유사하다. 따라서 개인의 복지에 대한 집합적 유형화 – 이를 통해 복지국가 프로그램을 재구성할 수 있는 – 에 광범위한 분야가 존재한다. 이러한 유형화를 '만족스러운 삶'에 대한 집합적으로 공유된 생각으로 해석할 경우, 두 가지의 큰 의미와 관련되는데, 자기조직 및 행위가능성에 대한 요구로서의 자유권과 공적으로 중개된 복지생산에 대한 참여 요구로서의 사회권이다.[148] 이로써 융합이라는 공식의 본질적 차원이 드러나게 된다.

이 모든 것은 규범적 틀을 구성하지만 복지생산의 사회적 현실을 구성하는 것은 아니다. 이는 개인적 차원에서는 자기의 행위와 기회구조의 공동작용, 즉 구체적 생활상황의 이용에 따라 결과된다. 개인적 복지 차원의 불일치는 주관적 생각과 능력 뿐 아니라 공간적, 제도적 기회구조에 의해 조건화 되는데 개인적

---

148) 여기서 민주주의의 기초로서 정치적 참여권이라는 세 번째 차원은 언급되지 않았다.

처분과 구조적으로 개방된 선택가능성이 '일치'하는 양에 의해 결정된다. 개인
의 복지에 결정적인 생활상황은 관찰자의 시각에서 정의된 가능성이 아니라 주
관적으로 인지된 생활상의 기회와 관계된다.

이 두 가지 주어진 것 간에 차이가 발생하느냐의 문제는 본질적으로 상호작
용 차원에서 결정된다. 복지부문의 급여는 상호작용에 의해 — 이는 개인이 신청
자, 클라이언트, 환자 등으로서 촉발한다 — 촉발되는 정도에 따라 개인의 생활상
황과 복지생산에 관여하게 된다. 이것이 일반적이라는 것은 강제적으로 의무교
육을 받게 하는 것이나 직권에 의한 보호가 오히려 예외라는 것에서 알 수 있다.
이것은 이용 과정에서 그 효과가 나타나는 모든 종류의 사회복지 서비스에서 명
확하게 나타난다. 그러나 이는 또한 현금급여 또는 법적인 보호의 경우에도 동일
하다. 여기서도 담당 기관은 신청에 의해 업무를 시작한다. 따라서 사회정책의
개인적 복지 효과는 직접적인 정치적 영향을 받지 않는 상호작용 차원에서 결정
된다고 주장하는 것은 과장이 아니다.

이것은 공공의 급여제공이 다차원적 성격을 갖는 결과이다. 상호작용에 의해
제공되는 급여의 정도와 내용은 보통 분업적으로 조직된 지역 기관이 결정하고,
지역의 기관은 최종적으로는 법 규정에 따르지만, 보다 구체적으로는 초지역적
감독기관 또는 조직된 공동기구에 의해 결정되는 규정을 근거로 그 급여를 결정
한다. 급여를 제공하는 지역 기관과 초지역적 조정기관은 국가, 공법상의 자치행
정 기구이거나 민간 기관일 수 있으며, 그 법적 형태는 국가별로 그리고 급여영
역에 따라 상이하다. 중요한 것은 상급 및 하급의 위계관계이며 이는 상이한 조
직구성에서 나타난다. 우리는 여기서 정책 프로그램의 조직적 및 조직간 집행의
문제를 — 특히 수행연구(Mayntz 1980, 1983)의 결과가 보여주듯 — 민간 경제
의 기업이나 사업장에 견주어 볼 수 있으며, 공공 복지생산의 자립적 영역의 문
제라고 볼 수 있다. 이러한 기관은 클라이언트의 욕구와 관련하여 필요한 반응성
을 자동적으로 갖추지는 못한다. 기관과 그 직원은 상호 작용적 수급행동에 영향
을 미치는 기관에 특징적인 선택성을 발전시키는 것이다(Kaufmann 1979;
Wirth 1982).

마지막으로 급여 프로그램이 정의되고, 급여제공에 대한 기본 규정이 확정되

는 복지생산의 제도적 차원을 구분하여야 한다. 이 차원에서 비로소 국가의 영향력이 주도적으로 발휘되는데, 공공의 사회복지 급여는 보통 법률에 기초하며 강제 보험료나 조세에 의해 재정이 충당되기 때문이다. 그럼에도 불구하고 국가가 이 차원에서 무제한적인 결정권한을 갖고 있다고 생각하면 잘못된 것이다. 이미 서술된 바와 같이, 사회정책 제도는 항상 논쟁이 되는 주요 사회 기능 체계간의 경계영역에서 생성된다. 따라서 제도적 자립의 형태는 국가의 조정권한의 제한과 관련 있다. 각 사회적 기능영역에서의 대표(예를 들면 단체협약, 교회)가 어떠한 형태로 참여하게 되며, 자립화 된 제도 영역의 조직화된 이해관계가 어떤 형태로 나타나는가는 구체적 상황에 따라 다르다. 그러나 독일에서 뿐 아니라 다른 국가에서도 흔히 제도적으로 자립화 된 영역을 반영하는 제도적 배열이 형성되는 것을 관찰할 수 있다. 여기서 국가에 대한 이해가 변화하는 것을 관찰할 수 있는데 이에 대해서는 마지막 절에서 살펴본다.

8.5 | 가족, 사회적 네트웍 그리고 인적 자산

뒤르껭(Durkheim)이 자신의 사고를 형성하는 단계에서 비판하였던 몽테스키유 (Montesquieu)외에 헤겔(Hegel) 역시 사회의 기능적 다원화 이론의 선구자로 인정되어야 한다. 그는 국가와 시민 사회간 차이를 확실히 하였을 뿐 아니라 추가적으로 가족을 '객관적' 정신세계의 세 번째 형태로 서술하였다. 특히 르플레(F. Le Play)의 영향 하에서 일찍부터 가족이 사회 전체 맥락에서 가지는 구성적 의미를 주제화하고 이를 사회정책에서 반영한 프랑스를 제외하고는, 사회정책의 이론과 현실에서 가족은 전반적으로 잊혀지게 되었다. 이에 따라 정치적인 복지담론 뿐 아니라, 경제적인 복지담론에서도 가족에 대한 논의는 없다. 그러나 정치적인 복지문제가 개인적 및 집합적 복지생산의 시너지적 관계를 보장하는 것에 있다는 것을 진지하게 고려한다면, 사회적 기능체계와 사회적 상호작용에 의미를 부여하는 형태로서 가족이 관찰대상에서 제외되어서는 안 된다.

사회이론적 시각에서 가족은 기능체계로 등장하지만 다른 체계와는 다르다 (Kaufmann 1994). 그 미시체계적 성격은 조직구조에 의해 중개 되는 것이 아니라, 사회전체적으로 제도화된 영역의 의미를 소집단이나 사회적 네트웍의 상호 작용적 차원에 직접적으로 연계한다. 사회의 다른 부분체계가 공적인 공간에서 구성되는 것과 달리 가족은 사적인 것이 제도화되는 장소이다. 사회 전체적으로 제도화된 가족의 배타적 성과 – 이것에 의해 가족은 사회적 기능체계로 인정받는다 – 는 번식과 기본적 사회화를 연계하는 것인데, 이에 대해서는 20세기 초반에 비로소 의무화되었으며 동시에 '책임지는 친자관계'에 대한 자립적 규범이 세분화 되었다. 친자관계(parentship)에 대한 의무가 증가하는 것은 동반자관계(partnership)의 탈제도화 경향과 대립적인 관계에 있다. 가족은 다른 모든 사회적 부분체계의 인적 충원을 보장하며 그 개인적 환경을 재생산하고, 모든 사회적 부분체계의 성과능력이 그 자손의 질에 의존한다. 이외에도 가계는 상호적 지원 및 사회적 인정 그리고 인적자산이 재축적 되는 중심적 위치에 있다 (Kaufmann 1990: 33ff).

자손의 수는 가족의 성과에 의존하지만, 오늘날 그 질은 가족, 교육, 대중매체 등의 다양한 기능체계가 우연적으로 공동 작용한 결과이다. 결정적 영향은 – 부분체계의 결정과는 동떨어져 있지만, 보통 부분체계의 내용을 선택적으로 수용하는 – 1차적 관계로부터 받는 것이다.

인적 자손의 양과 질에서 개인 및 집합적 복지의 이론적 연계를 위한 중심적 시각이 명확하게 언급되었다. 이는 모든 사회적 부분체계와 관계가 있으며 동시에 이를 포괄한다는 시각이다. 자유의 원칙에 근거한 사회에서 부분체계는 그 자손을 독점할 수 없으며, 예를 들어 직업이나 세계관에서의 어떠한 전통적인 의무도 오늘날 그 의미를 잃고 있다. 더 이상 (영역에) 특수하게 충원된 자원이 별도로 존재하지 않으며, 모든 사회 기관은 고유하지 않은 방식으로 충원되는 후속세대(때로는 이민을 포함하여)의 크기와 질에 의존하고 있다.

경제적인 것으로 제한된 형태에서 우리는 이러한 상황을 1절에서 인적 자본의 제고와 보다 나은 이용이라는 시너지 차원에서 살펴보았다. 여기서는 경제를 위한 자손 뿐 아니라 정치, 학문, 종교, 가족 그리고 2차적으로 분화된 성과체계에 대한 것이다. 이 상황을 확대하여 통칭하고자 인적 자산의 개념을 제안하는데, 이 개념은 다행스럽게도 미시적 시각(개인적 능력으로서의 자산)과 거시적 시각(현존자원으로서의 자산)을 결합한다. 우리는 이 때 보수를 받는 노동을 위해 동원 가능한 능력의 상태로서의 근로자산과 이윤과 관계없는 역할에 필요한 능력의 상태로서의 활력자산(Vitalvermoegen)을 구분할 수 있다.[149]

한 사회의 인적 자산은 그 사회가 이를 - 다양한 사회적 기능체계의 기관들과의 상호작용에 의해 중개 되어 - 사회 전체적인 성과와 결합시킬 수 있을 때 사회 구성원들의 능력의 합이다. 각자 자신의 능력을 사회 내 여러 기능영역의 기관에 대한 참여를 통해 발전시키거나(결과의 효용) 이러한 참여의 과정을 통해 더욱 더 발전시킬 수 있으므로(과정상의 효용), 여기서는 서로 상승시키는 상호의존관계가 보다 분명해 지는데, 이것이 바로 시너지로 표현된다. 거의 모는 사회정책 기관이 인적 자산의 지원, 유지 또는 재생산에 기여한다. 이러한 생각에서 복지 개념에 대한 조작화가 가능해지는데 이미 제시되었던 복잡한 복지개념에 대하여 유용한 기준이 된다.

최근 5차 가족 보고서 위원회가 제시한 것처럼(Bundesministerium fuer Familien und Senioren 1994), 복지담론에 대하여 자산이론적 시각을 도입하는 것은 몇 가지의 입장변화를 필요로 한다.

a. 자산 이론적 시각은 복지담론을 소비자 중심의 시각으로부터 생산 중심의 시각으로 변화시킨다. 개인의 복지는 처분 가능한 소득의 함수가 아니라 자원의 동원을 가능하게 하는 능력의 함수가 된다. 물론 능력의 발전과 유지는 해당 자원의 유입에 의존하지만, 이는 전제조건이지 개인 복지 자체가 아니다.[150]

---

149) 이러한 상황을 개념화 하기 위한 시도로 확대된 자본 개념이 여러 번 사용되었다. 예를 들어 리스트(F. List 1841)는 '가치의 경제학적 이론'에 '생산력 이론'을 추가하고자 하였으며, 부르듀(Bourdieu 1970)는 경제적, 문화적, 사회적 자본을 구분하였으며, 콜맨(Colemann 1988)도 미국의 논의에 사회적 자본의 개념을 도입하며 유사한 구분을 사용하였다. 사회정책에서 자산이론적 논의의 기초는 크류셀베르크(Kruesselberg 1977)가 형성하였다.

150) 실용적 의미에서 예를 들면 중심적 복지차원으로서 건강은 일상생활에서 제기되는 과제와 기회에 대해 물리적, 정신적 측면에서 처리할 수 있는 의식과 경험을 의미한다. 그러나 이것도 해당 능력을 전제로 한다.

b. 개인의 복지를 능력의 측면에서 정의한다면 복지의 개념은 자기중심적 관계를 부정하는 것이며, 개인의 복지가 다른 개인과의 교환에 의존한다는 것 - 자신의 이해관계를 추구하면서도 끊임없는 - 이 명확하게 된다.[151]

c. 이로써 집합적 복지담론이 - 사회정책 실천에서는 집합적 복지와 분배담론을 동일시 하는 경향이 있었으나 - 분배에 대한 담론으로부터 명확히 구분된다. 여기서 제시된 복지이론적 시각은 개인 및 집합적 복지의 동시적 상승을 가능하게 하지만, 분배담론은 제로섬 게임의 상황정의로부터 출발한다.[152]

d. 자산이론 시각은 복지생산의 문제에 대한 정치 및 경제적 시각을 - 개인적 복지에 대하여 1차적 관계 내에서 제공되는 성과의 형성적인 의미를 강조하는 -사회학적 시각으로 보완한다.[153] 이 성과의 특징은 보통 결과의 효용 뿐 아니라 - 사회적 인정, 학습, 능력개발 등으로 표현할 수 있는 - 과정의 효용과 연관된다는 점에 있다. 이로부터 - 지금까지는 결과의 효용 측면에서만 논의된 - 다른 사회영역의 활동에 대한 참여에서 발생하는 과정의 효용도 확인할 수 있다.

복지생산이란 개념을 인적 자산의 유지와 발전에 기여하는 모든 활동으로 이해한다면, 시장가격이나 정치적 선호와는 무관하고, 동의 가능성 높은 규범적 기준을 얻게 된다. 이는 일반적으로 인정되는 인적 자산의 유지와 발전을 해치는 모든 활동, 예를 들면 건강에 해로운 소비 및 생산형태, 환경훼손, 사회적 배제 등을 바람직하지 않다는 이유에서 제외한다. 이외에도 특수한 조건 하에서 특히

---

151) 개인의 복리에 대한 기본적인 전제에는 제3자의 애정과 인정 그리고 제3자의 운명에 관계를 갖는 경험이 속한다(Smith 1756). 따라서 가계 내부 및 외부의 1차적 관계는 한 인간의 중심적 '사회적 자본'이 된다(Coleman 1988).
152) 이것이 분배시각을 복지시각보다 하위에 놓을 만큼의 이유가 (얼마나) 되는지에 대해서는 별개의 연구가 필요하다.
153) 이 성과는 최근 경험 연구에서도 관심을 끌고 있다. Glatzer/Berger-Schmidt 1986; Heinze/Offe 1990; 또한 시간예산연구의 의미가 증가되고 있음을 고려하라.

이롭거나 특히 해롭게 작용하는 많은 활동(예를 들면 텔레비전의 효과)이 있으며 이에 대해서는 일반적 동의가 달성되기 힘들다. 복지생산을 경험적으로 개념화하기 위해서는 이러한 규범적 특성을 보다 높은 단계에서 적용할 수 있어야 한다.

복지생산의 다양한 형태를 보다 잘 비교하면서 평가하기 위해서는 한 학문에 특징적이거나 이데올로기적 왜곡을 피할 수 있어야 한다. 사회(복지) 회계(Social Accounting)의 다양한 시도(이에 대해서는 Juster/Land 1981 참조)는 이것에 대한 성과 있는 진전이라 볼 수 있다. 짜프(Zapf 1984)는 이 생각을 기초로 특수한 할당형태와 결정기제에 따르는 복지생산의 네 가지 유형, 즉 시장에 의해 중개 된 기업의 생산, 국가에 의해 조정되는 생산, 결사체에 의한 생산[154] 그리고 가계생산을 구분하였다.

8.6 | 국가의 역할에 대하여

오늘날 국제적 차원에서나 서구의 발전된 국가에서 모든 시민의 기본적 복리에 면에 대한 국가 책임이 인정된다 하더라도, 국가별로 상이한 출발조건과 제도적 자기동력에 따라 상당히 차이가 나는 공적 복지생산의 제도적 배열이 발전되었다. 이전에는 이러한 국가전통이 사회과학의 연구경향과 함께 자동적으로 발전하였다고 믿었으며, 사회과학도 다른 나라의 발전에 대해 제한적이고 평가 절하적 입장을 취하였다. 그러나 지난 10여년간 복지국가 발전에 대한 국제비교 연구는 수적으로 증가하여 개별 전통의 특수성을 넘어서서 복지국가에 대한 일반화된 진술이 가능하게 되었다.[155]

---

154) 결사체에 의한 생산 범주에는 집합적 자조의 형태로부터 단체에 의한 복지시설 운영에 이르는 소위 비영리 부문의 다양한 활동이 포함된다. 논의 및 연구현황에 대한 개관은 Anheier/Seibel/Evers(1990)과 Bauer/Hermann(1992) 참조. 추가적으로 여기서의 시각과 비슷한 시각에서의 논의는 Evers/Olk(1996) 참조.

이 논문의 좁은 틀에서는 이에 대해 상세하게 언급하기 힘들다. 하지만 모든 복지국가에서 복지부문의 비용 및 조정문제가 증가함으로 인해 - 제도적 출발점에 따라 상이한 결과가 나올 수 있지만, 그럼에도 불구하고 정의 가능한 최적화 노력에 의거하여 - 유사한 압력을 받을 것으로 예측할 수 있다.

복지국가 발전은 한편으로는 국가의 대처와 그로 인한 제도화에 의해, 다른 편으로는 이를 정당화하고 해석하는 이념에 의해 이루어진 것이다. 사회정책적 제도는 처음부터 '간섭' 또는 '개입', 즉 이미 형성된 체계의 연관에 대한 외부로부터의 개입으로 받아들여졌다(3장 참조). 이는 자율적 시장체계 내지 국가로부터 기본적으로 독립된 시민사회의 관점에 해당한다. 국가제도가 단편적인 성격이었을 때에 - 이전의 사회정책에서 일반적으로 그랬던 것처럼 - 이 시각은 적절하였다. 사회정책의 역사는 그러나 이미 어느 정도 성공적이라고 평가되는 국가 개입의 지속적 확대나 강화에 의해 이루어져 왔다. 모든 국가에서 이것은 조직발전을 가속화 하였는데, 직접적 담당기관 뿐 아니라 이러한 사업에 대한 이해관계를 가진 조직들에도 해당한다. 이로 인해 특정 사회정책 급여부분에 전문화한 기관, 관청, 자치행정 기구와 단체가 성립되었다.

복지부문의 구체적 제도화와 기능성 분화가 어떤 형태를 갖게 되는가는 국가성의 구조, 지방자치단체의 자율성, 교회와 국가간 관계, 노사관계의 성격 그리고 민간 이해관계 대표의 제도화 방식 등과 같이 국가 상황에 의존하는 것처럼 보인다. 이외에도 대부분의 국가에서는 이미 성립된 제도들이 기본적인 것을 결정하는 자립적 동력이 나타난다. 이러한 구조가 개별적으로 어떻게 구성되었든 다양한 담당기관과 이해집단이 형성되었고, 그들 간의 관계는 조직간 네트웍으로 불리워질 수 있다. 그 기능적 전문화에 따라 다양한 행위자로 구성된 정책분야가 형성되었다. 독일의 경우 사회보험과 연관된 정책분야(노사대표 참가), 보건정책 분야(생산자 단체의 영향이 큼), 공적부조 관련 분야(지방자치단체와 민간복지단체의 영향이 큼) 그리고 교육정책 분야(주정부와 교사단체의 영향이 큼) 등으로 구분될 수 있다.

---

155) 특히 체계적 비교를 시도한 Ashford 1986; Flora 1986ff; de Swaan 1988; Esping-Andersen 1990; Rieger 1992를 들 수 있다.

　2차 대전 후 복지국가 팽창시기의 사회동반자적 낙관주의에 따라 '시장 실패'는 곧 현재의 문제를 적절한 방식으로 해결할 수 있다는 국가의 능력에 대한 믿음으로 직접 연결되었다. 70년대 중반이후 소위 '복지국가 위기'는 점차 드러난 1차 소득 재분배의 한계 뿐 아니라, 국가 차원에서의 무제한적 문제해결능력에 대한 의문이 증가한 것과 관련이 있다. 사회정책에서의 경제화, 법제화, 관료제화, 전문화 및 집중화에 대한 비판적 논의에 의해 복지생산의 요소로서 가족의 내부 및 외부에 있는 자조의 잠재력을 재발견하게 되었으며, 국가의 조정에 대한 요구에서 '새로운 보족성'(Heinz 1986)을 요구하게 되었다. 이러한 맥락에서 짜프(Zapf 1984)는 복지생산의 네 가지 형태를 구분하였으며 이 구분은 네 가지 형태의 자립성과 기능적 동등성을 제안하지만 내 생각으로는 그렇지 않다. 복지생산에 대한 상이한 차원(Instanzen)의 기여는 상이한 존재(Emergenz) 차원과 관계가 있다. 국가의 기여는 본질적으로 다양한 급여체계의 제도적 기초와 사회권의 제공과 보호를 통한 융합을 보장하는 것과 관계가 있다. 특수한 재화와 서비스의 분업적 생산은 민간경제의 공급자 또는 - 공법상 또는 사법상 조직일 수 있다 - 복지부문의 기관에 의해 이루어진다. 개인적 효용의 생성에 결정적인 권리주장은 대부분의 경우 - 공급된 재화나 서비스의 복지효과에 결정적인 - 가계 또는 네트웍의 조건에 따라 이루어지는 것이다(7.4 참조).

　신자유주의 질서이론에 따르면 오늘날 '기능상의 경쟁'은 자연적인 발전과정의 결과가 아니라 국가가 조성한 결과라고 여겨진다. 즉 시장경제가 기능할 수 있도록 제도적 조건을 보장하는 것이 국가의 과제라는 것이다. 이럴 경우 시장생산도 국가의 규정에 의존하게 된다. 유사한 방식으로 복지부문에서의 기능적인 서비스 체계에 대한 제도적 조건을 만드는 것은 질서정책적 문제이며, 이 때 경쟁은 다수의 가능한 행위 조정기제 중 하나일 뿐이다.[156] 이 때 급여제공을 국가가 담당할 필요는 없다. 서비스 제공은 국가가 위임할 수 없는 공권력적 성격이 없다. 서비스에 대한 국가의 규제는 오히려 흔히 비합목적적인 방식으로 서비스 생산의 자기동력을 제한한다. 현재의 '민영화'와 '탈규제' 논의는 서비스 생

---

156) Kaufmann 1991: 228 참조. Scharpf(1993: 29)는 "상이한 조율과정을 결합하는 효과는 개별 조정기제의 효과보다 더 크다"는 점에 주의를 환기시켰다. 이는 본 논문의 논리를 함축하는 것이다.

산과정에 대한 미세한 조정을 제대로 할 수 없는 법규에 그 원인이 있다. 국가 입법의 과제는 여기서 무엇보다도 조성적 성격이다. 요구되는 서비스를 제공할 수 있고, 특정 권리와 의무를 가진 집합적 행위자가 있어야 한다. 이는 서비스의 가치재적 성격에 의해 강제적 요소를 가진 재원마련 방식을 전제로 한다.

두 번째로는 민간 기업, 공익 법인 또는 공공기관이 중립적으로 그리고 서로 다른 상호작용능력을 고려하여 수혜자의 욕구를 충족시킨다는 것이 절대적으로 당연한 것은 아니지만 개인 및 집합적 복지효과는 이것에 의해 결정되는 것이다. 융합에 대한 국가의 보장은 사회권의 부여나 보호와 관련된다. 그러나 서비스 급여에 대한 법적 조정 가능성은 제한되어 있다(Kaufmann 1988 참조). 또한 전문화 과정의 지원과 전문적 조정 그리고 급여 제공기관에서의 협상체계에 대한 클라이언트 대표의 참여권과 제재수단(예를 들어 정보권, 이의제기 수단, 권리확인) 등도 영향을 줄 수 있다. 이러한 제도적 장치는 '체계'와 '생활세계' 간의 관계에서 불안정한 중개를 하지만 이러한 중개가 모든 개별 사례에서 보장되지는 못한다.

세 번째로는 복지영역의 모든 기능적 부분체계와 기관들이 부족한 재원에 대해 ― 그 할당은 기본적으로 국가의 결정에 달려있다 ― 서로 경쟁관계에 있다는 것을 간과하여서는 안 된다. 경제성장이 정체될 때 부분 체계들은 (본인) 부담금을 증가시키거나 보조금 지원을 증가시키도록 압력을 받는다. 이 때에도 지출상한을 설정하는 방식 이외에는 대처방법이 없다. 이러한 비용제한 시도는 제도적 상황에 따라 다양한 조정효과를 갖게 된다. 따라서 최근 개별 급여분야에서는 비용제한 수단을 정의, 효과, 효율의 관점에서 보다 잘 조율하고자 자기조정 잠재력을 강화하려는 시도가 많이 생겨나고 있다. 어떤 의미에서 1957년 연금보험에서의 부과방식과 생산성 연동제의 도입은 이미 자기조정의 요소를 포함시킨 것으로 볼 수 있다. 연금 수급자와 기여금 납부자간 비율이 심각하게 악화될 것이라는 예측 하에서 1992년 연금개혁법은 다른 자기조정 요소를 추가하였다(Leisering 1992 참조). 이러한 경향은 건강부문의 영역에서도 명확하게 관찰할 수 있다. 1977년 지출삭감정책이 시작된 후 보건부문에서 수입에 따라 지출 제한을 하지만 환자에 대한 보호는 악화시키지 않게 하는, 제도적 개혁을 통한 실험을 계속적으로 관찰할 수 있다. 이 때 전문가와 단체에 의한 조정이 효과가 나타나도록 하는 것에 그 핵심적 의미가 있다(Mayntz 1992; Doehler/Manow-Borgwardt 1992 참조).

독일의 복지부문에서는 강력한 조합주의적 요소가 이러한 해결책으로 쓰일 가능성이 크지만, 기본적인 생각은 다음과 같이 일반화할 수 있다. 즉 복지생산에서의 국가의 본질적 역할은 사회권의 보장과 급여제공의 기능성 있는 구조 - 자기동력을 통해 자기조정의 잠재력을 강화하는데 적절한 - 를 조성하는데 있다. 이와 함께 국가의 새로운 과제가 생겨나는데, 법의 준수에 대한 책임(법치국가성) 또는 시민의 개인적 복지를 보장하는 것(사회국가성)뿐 아니라 다양한 사회적 기능체계의 자기동력이 서로에게 해를 끼치지 않고 함께 공동 작용하는 것을 보장하는 것이다(Willke 1992; 12장 참조). 이러한 국가 과제에 대한 기대는 '조정에 대한 업무'라고 명명될 수 있는데, 이는 국가와 다른 사회적 기능 영역 간 관계가 더 이상 주어진 것이 아니라, 정치적 결정에 의해 항상 새로이 반성적으로 조성되어야 한다는 것이다. 개인 및 집합적 복지생산의 조건간에 시너지 관계를 만들어 내야 한다는 이 논문의 구상에 의하면 이러한 반성적 조성의 기준은 국가의 조정능력과 체계 특성적 자기조정능력을 동시에 상승시키는 것이다. 쾰른의 사회연구를 위한 막스-플랑크 연구소에서 마인츠(Renate Mayntz)가 설정한 연구과제는 이러한 일반적 시각을 명확화 하는 중요한 계기가 될 것이다.

제 9 장

개인화 및 세계화의 조건 하에 서 복지, 노동 그리고 국가*

자유주의라는 기본원칙에 근거하는 자유시장경제에서 경제는, 기술적 혁신과 경제적 진보 뿐 아니라 사회적인 그리고 드물게는 정치적인 변화의 가장 중요한 원동력이다. 이로 인해 많은 사람들은 경제적 진보가 사회 및 정치적 결과를 고려하지 못한다고 비판한다. 진보에 대한 자유경제적 낙관주의자와 진보에 대한 보수주의 내지 사회 개혁적 비관주의자 (나는 진보에 대한 낙관주의자 중 역사적으로 성공적이지 못했던 혁명적 사회주의자는 고려하지 않는다) 간의 논쟁도 이미 약 200년이 넘었지만 최근 새로운 계기를 맞고 있다. 상황에 대한 해석이나 이데올로기적 투쟁에서의 구호는 수십 년마다 바뀌었지만, 예를 들면 시장경제와 국가, 경제와 도덕, 성장과 분배, 자유와 (사회) 보장 등 적대적인 것으로 간주된 것들간의 관계에 대한 기본적 입장에서는 변화된 것이 별로 없다. 보다 깊이 생각해 보면, 이들은 엔진과 브레이크처럼 함께 작동하는 것이다. 즉 한쪽이 강하게 되기 위해서는 다른 한쪽도 더 강화되어야 한다. 근대의 발전은 자기

---

* '세인트 갈랜 대학 100주년 기념' 프로그램에서 행한 발표문. Veroefftlicht in: Arbeit in der Schweiz des 20. Jahrhunderts: wirtschaftliche, rechtliche und soziale Perspektiven(스위스에서 20세기의 노동: 경제적, 법적, 사회적 전망), hrsg. von Thomas Geiser/Hans Schmid/Emil Walter-Busch. Verlag Paul Haupt, Bern, 1998, S. 1-26. – Preprint: Universitaet St. Gallen, Aulavortraege Nr.61, St. Gallen 1998에 게재되었고 편집상 수정됨.

조정과 외부조정이 동시에 상승한 성공적 결과이다. 물론 2차 대전 직후 안정된 자기조정과 외부조정 간, 보다 전통적인 용어로 표현하면, 시민사회와 국가간의 조정 비율은 점차 변화에 대한 압력을 크게 받는 것 같이 보인다. 여기서는 이에 대해 살펴보고자 한다.

사회국가 또는 복지국가적 요소는 인간의 복지를 중심으로 근로활동에 연계되어 있는데, 국가가 완전고용과 재분배정책을 통해 근로활동에 참가하지 않는 자(특히 아동과 연금 수급자)의 생존을 보장하는 것이다. 오늘날에는 근로를 원하고 또 압력에 따라 근로를 해야 하지만, 일자리를 찾지 못한 사람들의 비율이 증가하고 있다. 기술적 진보에 의해 전통적 생산영역에서 필요한 노동량은 감소하고, 근로에 대한 욕구를 비자영 근로활동의 형태로 만족시키기가 점차 어려워지고 있다. 이러한 문제는 현재 큰 도전이 되는데 이에 대해 정치권과 관련 학문 분야에서는 별 다른 대책 없이 반응하고 있으며, 시장경제체계의 행위자들은 이에 아랑곳 하지 않고 일자리를 축소하는 전통적 전략을 고수하고 있다.

다음에서는 이 딜레마에서 벗어나는 방법을 서술하지는 않는다. 그렇게 하기 위해서는 이미 알려진 대책처럼 나도 일방적이거나 비현실적으로 되어야 하기 때문이다(최근에는 Giarini/Liedtke 1998). 그러나 마지막 부분에서 실천적 해결책을 찾을 수 있는 방향을 제시하기 위해 이러한 어려움을 보다 정확하게 진단하고자 한다.

9.1 | 사회국가의 성립조건

추축국의 기세가 최고조에 달했던 1941년 8월 14일, 국민의 사기를 고양하기 위해 당시 미국 대통령인 루즈벨트와 영국 수상인 처칠은 개선된 전후 세계의 프로그램으로서 소위 대서양 헌장을 발표하였다. 이 헌장은 국민에게 '공포와 궁핍으로부터의 자유'를 포함한 자유를 약속하였고, "우리는 모든 사람에게 최선의 근로조건의 개선, 경제적 진보 그리고 사회보장을 달성하기 위해 모든 국가간에 광범위한 경제적 협조가 가능하도록 하고자 한다"고 선언하였다. 이 선언은 복지국가 프로그램의 출발점이 되었는데 그 다음 해에는 베버리지 계획의 형태로, 그 후에는 필라델피아에서 국제 노동회의 선언(1944)의 형태로, 그리고 마지막으로 유엔의 일반 인권선언의 형태로 계속 이어지게 되었다. 이후 국제노동기구와 유엔의 사회권 협약 그리고 유럽위원회의 사회헌장에 의해 의무적 협약이 만들어졌고, 이를 비준한 국가들은 정해진 사회정책적 기준을 준수하도록 국제적으로 의무화되었다.

2차 대전 송료 후 유럽에서는 녹일과 폴란드에서만 영토 상의 큰 변화가 있었고, 나머지 국가는 1차 대전에 근거하는 국가체계가 영토 측면에서도 그대로 유지되었다. 이는 역사적으로 일회적인, 전후 서유럽에서의 거의 중단 없는 경제부흥의 좋은 전제 조건이었다. 많은 요인들이 이에 기여했지만, 나는 여기서 오늘날 상황을 이해하기 위하여 브레튼 우즈의 통화체계, 유리한 국제적 교환조건 그리고 복지국가의 발전 등 결정적인 세 가지 요인에 대해서만 설명하고자 한다.

a. **통화체계** : 전쟁 전후 기간에 안정적인 세계통화체계가 없음으로 인하여 겪었던 경험을 바탕으로 브레튼 우즈 협정(1944)에 의해 1차대전 이전의 금 가치를 기준으로 유효했던 환율에 따라 미국 달러와 금이 세계 지불 준비통화가 되었다. 이는 현실적으로 달러의 평가절상을 의미했고 유럽 국가의 수출가능성을 비정상적으로 높였으며, 미국이 유럽의 중앙은행들에게 장기적으로 채무를 지게 되는 결과를 가져왔다. 1971년 프랑스 중앙은행이 미국 중앙은행에게 달러채무를 금으로 상환하라고 요구한 후 미국은 외국의 중앙은행에게 달러 채무를 금으로 지불하는 의무를 포기하였다. 이로써 달러는 금과 다른 통화에 대해 유동적인 통화가 되었다. 고정 환율체계가 무너지고 상당한 폭으로 환율이 변동하는 시기가 있었는데, 그 이후 점차 오늘과 같이 시장경제적으로 조정되는 – 그러나 그 기능은 주요 세계무역국가(G 7 또는 G 8) 정부나 중앙은행의 협력에 의존하여 결정되는 – 세계통화체계가 발전되었다. 국제 통화체계의 안정성은 이로써 실제 가치,

예를 들면 금과는 전혀 무관한 체계의 변수가 되었다. 그 기능은 관련 국가들의 높은 정치적 또는 금융적 자기규제를 전제로 하였다. 이로 인해 국제적 통화안정은 정책의 결과가 되었으며 현재 국제 금융시장은 이러한 정책에 기생하여 이윤을 취하고 있다.

b. **국제적 교환조건 :** 달러의 평가절상과 부존자원의 공급을 통해 외화를 획득하고 경제발전을 꾀하는 개발도상국의 노력으로 인해 전후 수십 년간 유럽은 국제적 교환조건(Terms of Trade)에 있어 비정상적으로 유리한 위치에 있었다. 유럽은 값싼 지하자원을 통해 경제성장의 기초를 마련하였으며, 그 생산품을 유리한 달러 환율로 수출할 수 있었다. 브레튼 우즈의 통화체계가 붕괴된 직후 – 이로 인해 환율관계가 실제 경제적 교환관계를 반영하게 되었다 – 원유수출 국가들은 석유수출 국가기구(OPEC)로 연합하였으며, 원유가격은 극적으로 상승하였다. 이를 통해 지하자원의 수입에 의존하는 국가의 국제적 교환조건은 지속적으로 악화되었다. 하지만 이는 국제적 교환조건은 정상화된 것이라고 말할 수 있다. 어쨌든 1973년부터 실업률은 반전되었는데 1945년 이후 계속 감소한 반면, 이 시기 이후에는 불황 시마다 심하게 증가하였으며 호황기에도 경미하게 감소될 뿐이었다.

c. **복지국가 발전 :** 전후 모든 서유럽국가에서는 광범위한 사회개혁이 이루어졌는데, 스위스의 경우 1948년 연금 및 유족 보험이, 1959년에 장해보험이 도입된 것으로 기억한다. 이러한 개혁의 핵심과 제도적 해결방식은 유럽 국가에서 다양하게 나타났다. 이러한 차이는 각국의 정치 사상과 당시의 이해갈등뿐 아니라 이전의 사회정책 발전에 기인한다. 모든 국가에서 사회(복지)지출률은 증가하였으며 이를 통해 대다수 국민에 대한 사회적 보호, 국민소득의 보다 평등한 분배, 재화에 대한 수요의 안정화 그리고 이전 시기와 전혀 다른 유럽의 내부적 안정 등이 이루어졌다.

이러한 사회개혁이 전체적으로 거의 갈등 없이 진행된 것은, 이미 언급한 바와 같이 전후 시기의 유리한 경제상황에 기인한다. 경제성장이 약화되고 국제경쟁이 격화된 후 대부분의 국가에서 분배에 대한 갈등이 증가하였고 사회 분위기가 악화되었다. 이 때문에 국제적으로 '복지국가'라 칭해지고, 독일어 권에서는 '사회국가' 또는 '사회적 시장경제'라 일컬어지는 복지, 노동 그리고 국가간 관계가 어느 정도 유지될 것인가에 대한 의문이 제기되었다. 세계화와 개인화 과정이 복지, 노동 그리고 국가간 관계에 주는 긴장과 갈등을 살펴보기 전에 이 관계의 본질적인 상호연관성을 이해하여야 한다.

9.2 | 사회국가 이론의 개요

개별국가의 다양한 사회개혁이 수많은 공통점을 가지며, 자본주의와 사회주의간에 새로운 제3의 길이 있을 수 있다는 의식이 유럽에서는 아주 천천히 성장하였다. 사회국가 또는 복지국가 이론은 지난 20년 동안 생성되었으며, 지금까지도 국가간에 그리고 학자에 따라 상이한 강조점을 보이고 있다.[157]

사회국가 또는 복지국가의 개념이 무엇을 의미하는가에 대한 탁월한 정의는 국제 사회과학 사전에서 찾아볼 수 있다:

"복지국가란 국가 내 모든 사회 구성원의 기본적 복리가 공식적이며 명확한 국가의 의무라는 사회의 가치가 법적으로 제도화된 결과이다"(Girvetz 1968: 512).

이로써 복지국가는 모든 사회 구성원의 기본적 복리 측면에 대해 집합적이고 법적으로 규정된 책임을 갖는다는, 한 사회에 널리 받아들여진 가정이다. 여기서 두 가지 사항을 검토해 볼 수 있는데 첫째, 개인 및 집합적 복지생산에 대한 문화적 상상과 둘째, 사회적으로 수렴된 제도적 발전이다. 제도적 발전과 관련하여서 대부분의 국가에서 (높은) 경로의존성(path dependency) – 나중의 결정이 이전 결정에 의해 제한 받는, 즉 단계적으로 축적되는 발전 – 을 확인할 수 있는 반면

---

157) 다음 서술은 Kaufmann 1997, 특히 21ff 참조.

에 문화적으로 널리 확산된 사회복지 이념과 관련하여서는 보다 큰 변동과 모순을 확인할 수 있다. 예를 들어 영국 '복지국가'의 어떤 제도적 특성은 엘리자베스 1세의 구빈에 대한 규정까지 거슬러 올라갈 수 있다. 동시에 영국은 정치적 논의 과정에서 인간의 복지에 유용한 것에 대한 다양한 생각들간에 끊임없는 갈등이 존재해 왔기 때문에, 사회입법이 우왕좌왕하였던 대표적인 사례가 된다.

스위스의 경우 직접 민주주의식 결정규칙을 통해 아주 일찍이 노동자 보호제도가 성립되었다는 특징이 있다. 예를 들어 1815년 쮜리히의 아동보호규정, 1846년 글라루스 칸톤의 성인 남자에 대한 근로자 보호규정 그리고 1877년 연방의 공장법을 통한 성인남자에 대한 11시간 노동규정은 국제적인 선구자로 볼 수 있다. 이와 함께 스위스는 국제적 차원에서도 공장법 입법을 위해 노력하였는데, 이를 통해 국제노동기구가 성립되었다. 반면에 스위스는 소득재분배 제도와 관련하여서는 국제 비교에서 뒤떨어져 있다. 다양한 사회보험법은 수 차례의 실패한 시도 끝에 조세와 부담금에 대해 유보적 자세를 보이는 – 이로 인해 사회부문에서의 국가의 활동이 제약을 받게 된다 – 국민에 의해 승인되었다. 그럼에도 불구하고 스위스의 사회부문은 특히 민간과 단체에 의한 보호를 통해 상대적으로 잘 구축되어 있다. 스위스에는 프로 유벤투(Pro Juventue), 프로 인피르미스 (Pro Infirmis) 또는 스피텍스(Spitex)등 다양한 욕구 중심적 사회복지 서비스를 제공하는 비영리 기관이 많이 있다. 사회복지 급여제공이 국유화되었는가 또는 국가의 규정에만 의존하는가의 정도에 대해서는 유럽 국가들 간에 상당한 차이가 있다(Schmid 1996).

따라서 우리가 사회국가 또는 복지국가라 칭하는 것은 국가에만 관련되는 것이 아니라, 독일 사회과학자들이 19세기 중반 이미 정확하게 말한 것과 같이 시장사회적 민간 영역과 법치국가적 공공성간의 '중개'와 관계가 있는데, 그들은 이 과제를 '사회정책(sociale Politik)'이라고 불렀다(Pankoke 1970). 노동법, 교육법 및 사회법에 근거한 기관은 기업, 가계 및 국가 또는 보다 분석적인 용어로는 생산, 재생산 및 정치 공동체 사이에 특이한 중간영역을 구성한다. 이렇게 생성된 복잡한 관련성은 이후 '복지국가적 배열'이라 칭해진다.

역사적 발전과 제도적 구성의 국가별 상이성에도 불구하고 복지국가적 배열의 특성을 일반화하자면, 한편으로는 법치국가나 시장경제를 옹호하는 자유주의적 형태, 다른 편으로는 정치적으로 조정되기는 하지만 계획경제라는 사회주의적 형태와는 확연히 구분되는 근대적인 사회 발전 형태로 나타난다. 여기서 세 가지의 측면을 강조하고자 한다:

a. 생산부문에서 사적 소유와 기업가의 노동력 배치의 자유는 기본적으로 보장된다. 물론 사업주와 노동자는 즉 '자본'과 '노동' 간 권력의 차이를 없애기 위하여 (이를 통해 바람직하지 않은 외부효과, 즉 기업의 비용계산 외부에서 발생하는 '사회적 비용'을 감소시키기 위해) 권력을 제한받는다는 조건을 받아들여야 한다. 개별 복지국가는 이러한 제한의 지배적 형태(국가의 금지, 손해배상의무, 절자규정, 감녹 또는 협상체계)에서 차이를 갖는다.

b. 분배부문에서는 시장경제원칙에 근거하여 생산요소(의 기여)에 대한 보수에 따라 이루어지는 1차적 소득분배를 국가가 조직한 2차적 소득분배를 통해 수정하며, 이에 따라 비근로 활동자와 무산 인구집단(노인, 장애인, 아동, 실업자)에게도 소득이 보장된다. 개별 복지국가는 이러한 이전소득의 재원마련 방식(조세 또는 보험료) 이나 이와 관련된 수급권의 형성 그리고 사회보장체계의 조직에서 차이가 있다.

c. 재생산부문에서는 가계의 활동이 공공에 의해 지원되거나 전액 부담되는 교육, 건강, 사회부문의 서비스에 의해 보충되고 지원된다. 개별 복지국가는 서비스 제공을 담당하는 국가, 지방자치단체, 비영리 단체, 민간 경제단체의 비율과 정치적 및 법적 조정의 종류와 범위에서 차이가 있다.

미국 대부분의 주에서와 몇몇의 개발도상국에 해당되는 자유주의 법치국가와 시장경제가 결합된 사회형태와 복지국가 형태는 정당한 국가개입의 정도에서 차이가 있다. 복지국가에서 사회 관계는 기본적으로 국가로부터 자유롭다고 생각되지 않으며, 국가는 복지증대를 위한 사회 관계에 대한 개입 권한을 갖고 있다. 사회주의적 사회형태와 복지국가 형태는 본질적으로 생산수단으로서 사유재산의 보장과 이와 관련되는 사업가 기능의 독립성에서 차이가 있다. 사회주의 국가는 이외에도 1차 및 2차적 소득분배간 기본적 차이가 없으며, 공공 서비스에 대한 국가의 영향은 국가에 따라 차이가 있거나 없을 수도 있다.

자유주의 혹은 사회주의적 이상형에 비해 복지국가는 그다지 우아하지도 않으며 긴장가운데 복잡하게 작용하는 것도 아니다. 복지국가 형태는 개인적 자유와 집합적 보장 내지 국가개입과 사회의 자기조정 능력을 동시에 증가시킬 수 있다는 생각에서 출발하며, 따라서 시장과 국가간의 전통적인 모순을 극복한다. 그 근거로는 개인적 자유가 자연스럽게 성장하는 것이 아니라, 항상 자유로운 행위 기회의 분배도 함께 결정되는 사회적으로 주어진 상태의 결과라는 것이다.[158] 사회이론적으로 국가개입과 사회의 자기조정능력을 동시에 상승시킨다는 생각은 기능적 분화(다원화) 이론에서 가장 설득력 있게 제시된다. 근대 사회는 기능에 따른 부분체계를 발전시켰으며, 이들 체계는 각 체계의 효율적 편향을 상호 보완하고 제한한다. 복지국가 발전은 정치와 경제의 자립에 따른 후속문제를 처리하는 본질적 요소이다. 따라서 이는 통일적 논리를 따르지 않고 서로 다른 정치적, 경제적, 문화적 그리고 사회적 '논리'의 통합에 힘쓴다. 이로 인해 복지국가는 경제학, 정치학, 법학 또는 사회학적 시각 어느 하나만으로는 이해하기 힘든, 전형적인 학제간 연구의 대상이 되는 것이다.

복지국가 정책의 본질적인 성공조건은 경제정책과 사회정책간 긍정적인 상호작용을 달성하는 것이다. 유럽의 복지국가간에는 국가의 완전고용정책의 우선순위에 명확한 차이가 있다. 가장 잘 발전된 형태는 스웨덴에서 발견된다. 독일의 '사회적 시장경제'의 개념에도 완전고용은 처음부터 함의되어 있었지만, 에르하르트(Ludwig Erhard)는 이를 국가정책의 결과라기 보다는 시장경제에서 이룩된 경제성장의 결과라고 보았다. 1980년대를 넘어서도 완전고용에 최우선 순위를 둔 스웨덴과 달리 독일에서는 화폐가치의 안정을 경제정책의 최우선순위에 두고 있다. 두 전략 모두 장기적으로는 경제정책과 사회정책의 시너지를 가능케 한다. 반면 영국과 라틴계 국가에서는 경제정책과 사회정책이 지속적으로 긍

---

158) 헌법학자 뵉켄푀르데(Ernst-Wolfgang Boeckenfoerde)도 사회국가성의 과제를 "기본권적 자유의 실현에 대한 사회적 전제조건"을 보장하는 것으로 보았다(Boeckenfoerde 1976: 238).

정적 상호작용을 낳게 하는데 그리 성공하지 못했다.

국가가 사회권을 보장함으로써 생기는 주요효과는 한 사회의 모든 주요한 성과체계에 광범위한 인구집단이 포함되는 것이다. 즉 한 사회에서의 생활(그리고 다양한 가능성)에 대한 참여권을 일반화하는 것인데, 이는 동시에 각자가 국가가 조성한 사회에서 주관적 권리를 갖는 사람으로 인정된다는 것을 의미한다 (Kaufmann 1997a; 이 책 10장 참조).

요약하자면 복지국가 배열의 진보적인 이점은 경제적, 정치적, 문화적 및 사회적 작용의 공동작용에 의해 설명되며, 이들은 상호간 강화시키며 안정화 한다. 이들은 이상형적으로 다음과 같이 요약될 수 있다:

- 문화적 측면에서 사회정책은 일반화된 상호성, 즉 총체적으로 정의롭다고 인정되는 사회질서에 기여하고 이를 통해 국가와 사회 각각에 관련된 부분의 정당성을 증가시킨다.
- 정치적 측면에서 사회정책은 안정화하며 계급모순을 약화시키며 이해관계의 갈등을 보다 생산적인 갈등해결 방식으로 전환하도록 작용한다.
- 경제적 측면에서 사회정책은 인적자본형성을 개선하고 근로자세를 촉진하며 따라서 노동생산성 증가에 기여한다.
- 사회적 측면에서 사회정책은 복지생산의 사회적 조건을 보장, 즉 개인적 생활형태 영역을 안정화하며, 이를 통해 다양한 사회영역에서 요구하는 인적 자산이 재생산 또는 회복된다.

우리의 논리에서 핵심적인 것은 이들 효과들이 상호 보완적, 즉 시너지를 창조한다는 것이다. 성공적인 사회정책 개입의 효과는 하나의 사회적 부분영역에서만 나타나는 것이 아니라 근대 사회의 기능 분화와 관련하여 다기능적으로, 즉 사회전체적으로 나타난다. 그 진화적 이점과 사회이론적 지위는, 근대화라는 명칭으로 묶여진 과정들의 부정적 결과와 관련되는 구조적 세분화를 문제 삼지 않고, 보상한다는 점에 있다.[159]

---

159) 보다 세분화된 논거는 Huf 1998 참조.

지금까지는 사회국가 또는 복지국가에 대한 긍정적인 시각의 이론에 대해 서술하였다. 이제 복지국가가 발전함에 따라 발생할 수 있다고 주장되거나 실제로 나타나는 부작용이나 후속 문제들에 대해 서술하고자 한다. 여기서는 본질적으로 세 가지 측면의 비판으로 구분할 수 있다:

- **자유주의적 비판**: 가장 중요한 주장자로 하이에크(Friedrich A. Hayek)를 들 수 있다. 자유주의적 비판은 사회정의라는 정당화 개념에 의문을 제기하고 복지국가 발전으로 인해 자유가 상실되고, 계속되는 국가개입에 따라 경제적 효율성이 저하된다고 주장한다. 이 비판에 따르면 증가하는 실업률은 복지국가 발전과 관련되어 임금비용이 증가함으로써 생기는 직접적 결과라는 것이다.

- **맑스주의적 비판**: 복지국가 발전이 문제해결이 아니라 단순히 문제를 지연시키는 작용을 하며, 오늘날 다시 불붙는 분배에 대한 정치적인 갈등은 자본과 노동의 기본적 적대감이 살아나는 것이라고 진단한다.

- **사회과학에서의 다양한 논의**: 개인적 생활에서의 사회적 유대와 주민의 자조 능력에 국가 개입이 미치는 효과가 의문시되며, 복지국가 발전으로 인해 개인화라는 문제가 발생했다고 주장한다.

나는 이러한 지나치게 추상적이고 일반화된 형태의 비판에 대해서가 아니라 보다 특수한 비판적 진단 – 사회국가적 배열의 낙후성과 관련되는 주장이라 말할 수 있다 – 에 대해 언급하고자 한다(Kaufmann 1997: 49ff). 지금까지의 사회국가적 배열의 문제해결에 대한 성과는 경제적 사회적 변화에 따라 더 이상 유지되기 힘든 조건들을 근거로 했다는 것이 내 기본적인 생각이다. 이러한 변화는 정도에 따라 다르지만 복지국가 발전 자체에 의해 조건화되었다.

나는 생산구조의 변화, 개인적 생활형태의 변화 그리고 국가의 조정능력 상실 등 세 가지 측면에 집중하고자 한다.

9.3.1 경제의 3차 산업화

지금까지 복지국가 배열의 가장 중요한 기본 전제는 산업적 생산방식이다. 산업화에 의해 인구의 대부분은 유사한 위험에 처하게 되었고 비자영 근로의 부담을 갖게 되었으며, 이에 대해 근로자 보호와 사회보장에 대한 입법을 통해 그리고 노동자의 단결권 및 단체협약체계의 보장을 통해 비교적 도식적으로 대처되어 왔다. 프랑스 경제학자인 프라스티(Jean Fourastie)는 50년대 초반에 이미 근로인구의 지속적 구조변화 이론을 발전시켰는데, 이는 한편으로는 노동생산성의 증가에, 다른 편으로는 인식 가능하게 된 수요창출의 한계에 근거하였다. 이 두 요소가 공동으로 작용하여 1차 산업으로부터 2차 산업을 거쳐 3차 산업 또는 서비스 부문으로 고용 구조가 변화된다는 것이었다(Fourastie 1952/1969).

경제가 가지는 '서비스 산업화'의 사회정책적 함의는 아직까지 충분히 고려되지 못했다. 새로 생겨난 서비스 직업은 계급의식이 적고 노동조합으로의 조직화가 힘들다. 사회민주주의와 노동조합의 고전적 연대와 이들에게 동일한 세계관을 제시해 준 사회적 분위기도 그 의미를 잃게 된 것이다. 이러한 3차 산업 발전의 파급효과는 많은 국가에서 사회국가적 발전이 사용자단체와 노동조합의 협약, 예를 들면 덴마크에서의 소위 9월 협약(1900), 독일제국에서 스틴네스-레기엔(Stinnes-Legien) 협약(1918), 스웨덴에서 살트요바덴(Saltsjoebaden) 협약(1938) 그리고 1937년 스위스 금속 및 기계산업에서의 평화협약에 의해 가능했었다는 것을 고려할 때 더욱 분명해진다(Humbel 1987). 노동조합이 근로자의 이해관계를 통일적으로 대표할 수 없을 때, 현재 독일에서 볼 수 있듯, 사용자는 근로자 전체를 대상으로 하는 협약에 관심을 갖지 않게 되는 것이다.

서비스 산업화와 함께 나타난 현상인 전문화 및 개인화에 따라 사회보장에 관한 욕구에 대하여 문제가 제기되지는 않지만, 전통적 사회복지 프로그램에 존재하는 표준화되고 획일적인 충족방식에 대해서는 의문이 제기된다. 노동력의 질에 대한 요구가 증가함에 따라 고도로 동기화되고 유연하며 믿을만한 노동력 - 이들은 단체협약의 기준보다 높은 임금과 기업 복지를 제공받으며 그 사업장에 계속 고용된다 - 에 대한 사용자의 관심은 증가한다. 이로써 이러한 노동자들에게는 그들을 제외한 다른 사람들이 의존하는 국가 사회정책의 의미가 적어지게 된다. 후자의 인구집단에는 경제적 변동으로 인한 패배자들, 특히 비숙련 노동자, 장년 노동자, 장애인 그리고 다양한 이유에서 빨리 변화하는 근로조건에 부적절한 사람들이 속한다. 이들이 노동시장의 문제집단이 되며, 독일에서는 등록된 실업자의 약 3분의 2를 차지하고 있다.

서비스 산업화의 또 다른 결과는 여성의 정규 근로관계에 대한 중요성이 증가한다는 것이다. 농업과 수공업에서 여성은 주로 가족종사자로서 그 부모나 남편을 도왔다. 여성의 산업노동에서의 근로는 보통 결혼 전 생활단계에 국한되었다. 여성의 교육참여가 확대되고 사무직과 개인관련 서비스가 팽창함으로써 직업에 대한 새로운 관점을 가지게 되었으며, 이로 인해 의식이 변화하여 가족과 직업활동의 연계가 점차 여성 생활양식의 이상적 형태가 되었다. 이러한 연계의 어려움으로 인해 개인적 생활형태가 변화되었는데, 이에 대해서는 바로 뒤에서 언급한다.

마지막으로 생산성 발전이 영역별로 상이함에 따라 생기게 되는 직접적 결과에 대해 언급하고자 한다. 1차나 2차 산업에서 합리화가 진행될수록 이들의 생산물에 비해 서비스의 가격은 비싸지는데 이는 서비스를 합리화하기가 힘들기 때문이다. 이러한 현상은 사회(복지)부문에서 두드러지게 나타나는데, 특히 고급인력이 제공하는 개인 관련 서비스에 해당한다. 이 영역의 합리화에는 한계가 있는데, 개인 관련 서비스의 효과는 전문가와 클라이언트간의 인간관계의 질에 달려 있기 때문이다. 따라서 클라이언트를 사회복지 서비스의 공동생산자라 칭하기도 한다. 따라서 상당한 질적 저하를 받아들이지 않는 한 교육, 보건, 사회부문에서 비용팽창 경향은 불가피하게 된다. 또한 이 영역은 원칙적으로 시장지향적으로 조정되는 생산이 가능함에도 불구하고 공적으로 재원이 마련되고 규제된다. 왜냐하면 공적으로 규정된 재원조달 없이는 ─ 그 형태는 의무 보험일 수 있다 ─ 다수의 인구가 비용을 이유로 이 서비스를 받지 못하게 되며, 이는 동등한 권리를 통한 참여라는 사회국가적 원칙에 위배된다.

9.3.2 개인적 생활형태의 변화

지금까지의 복지국가 배열은 정해진 생애주기와 관련하여 정상성, 즉 간헐적으로 근로 활동하는 여성과 지속적인 근로활동을 하는 남성, 결혼의 당연성, 양성에 의한 가족형성, 즉 1900년경 스위스나 독일 민법에 규정된 주부역할 모델의 시각에서 가족 내 분업을 가정하였다. 이에 따라 형성된 사회정책은 – 특히 독일에서 두드러진다 – 인간의 생활 형태에서 '전형적인' 경우로서 주부가 있는 부부를 기초로 하였다. 1957년 연금개혁에서도 공무원법을 따라 아내의 비근로 활동을 전제로 하여 무제한적인 미망인 연금이 존속되었으며, 그 이후의 변화는 일관성 없이 부득이 하게 이루어진 것이다.

여성은 지난 50년간 주어진 교육기회, 직업활동 가능성에 따라 생활의 독립성이 엄청난 규모로 확대되는 것을 경험하였다. 벡-겐스하임(Beck-Gernsheim 1983)은 이와 관련된 의식의 변화를 "다른 사람을 위한 존재로부터 부분적으로 자기 생활을 주장하는 존재(로의 변화)"라는 간결한 문구로 표현하였다. 이에 따라 모든 유럽국가에서는 지난 수십 년간 가정 외부에서의 여성의 활동이 대폭 증가하였다. 이 때 엄마로서 근로활동을 하는 여성의 비율에서 상당한 변화가 발생하였다.

독일과 스위스는 가사활동과 직업활동의 연계에 어려움이 있는 국가에 속한다. 이에 따라 여성의 근로활동 참가는 첫째 아동의 출산 후 대폭 감소한다. 80년대 독일에서는 18세 미만의 아동을 가진 결혼한 엄마 중 삼분의 일만 근로활동을 하였고, 주로 파트타임으로 일하였다. 편모의 근로활동 참가율은 70%로 훨씬 높았는데 이는 근로가 불가피한 상황임을 암시한다.

국제 비교 연구자들은 스위스에 대하여 가족을 정치적으로 등한시하는 국가로 지목한다. 이는 모든 분야에 동일하게 해당하지는 않는데, 예를 들어 10차 연금법 개정에서는 국제적인 비교에서도 모범적으로, 남성과 여성의 동등한 대우와 양육기간의 산정 등이 포함되었다. 그러나 좁은 의미의 가족정책 분야에서는 가족을 정치적으로 등한시한다는 비판을 받는 전형적인 사례에 해당되는데, 출산보험의 반복적인 실패가 이를 보여준다. 아동수당과 (또는) 양육급여는 주정부

단독의 업무이며 상당히 다양하게 제도화되어 있다. 스위스는 독일, 아일랜드와 함께 북유럽과 서유럽 국가 중 사회정책적 배열을 통해 여성이 상당한 정도의 가족적 의무를 지게 하며 그 남편에게 의존적이게 하는 국가군에 속한다.[160] 이는 예를 들어 유아의 보육시설이나 종일제 학교가 없다는 것에서도 나타난다. 설문에 의하면 "근로에 대한 의욕을 실현하기 위해 출산을 포기하고자 하는 젊은 여성의 비율이 스위스에서 상당히 높은 것"으로 나타났다(Fox u.a. 1997: 320).

이로 인해 생겨나는 직업활동과 가정생활간 갈등은 증가하는 무 출산 여성의 비율과 매년 감소하는 출산율에서 나타난다. 스위스에서 1942년 이전 출생한 여성은 평균적으로 2명 이상의 자녀를 출산한 반면, 1950년경에 출생한 여성은 1.8명, 1960년경 출생한 여성은 겨우 1.56명만 출산하였다. 1936-1950년에 태어난 여성 중 평생동안 자녀를 출산하지 않는 여성이 평균 10%로 추산되었으며, 1951-1955년에 태어난 여성의 비출산율은 18%이며, 이후 계속 증가하는 추세에 있다(Fux 1997). 독일에서는 1965년 이후 출생한 여성이 평생 자녀를 출산하지 않는 비율이 약 30% 정도로 추산된다. 우리는 스위스와 독일에서 개인적 생활형태가 점차 유자녀와 무자녀의 형태로 양극화된다고 볼 수 있다.

이러한 양극화로 인해 분배문제가 제기되는데, 이는 소위 가족부담 조정제도에도 불구하고 편모의 순소득 뿐 아니라 자녀를 가진 부부의 소득도 자녀가 없는 부부보다 낮으며, 복지에 중요한 1인 당 소득은 말할 것도 없기 때문이다. 부모는 미래의 노동력을 양육하고 이들은 노령화된 무자녀자까지 부양해야 하는데, 독일에서는 부부가 소득활동을 하는 무자녀자의 경우 근로생활 시에 높은 소득과 저축을 가질 뿐 아니라, 은퇴생활에서도 높은 공법상의 연금급여를 갖게 된다.[161] 이러한 상황은 '이전소득을 통한 가족의 착취'로 칭해진다. 이는 삶에 대한 결정에 영향을 미치는 것이다. 즉 여성들은 양육에 대한 책임으로 인해 사회국가의 산업예비군을 형성한 후 나중에 손해를 감수하고자 하지 않는다. 이러한 가족적 변화는 인구발전에서 나타난다. 오래 전부터 독일과 스위스에서는 감소한 출산

---

160) 대부분의 유럽국가에서의 가족의 변화와 가족정책에 대한 체계적 비교는 Kaufmann/Kuijsten/Schulze/Strohmeier 1997-2002 참조.
161) 1995년 스위스의 노령 및 유족보험 개혁에서 이 문제는 국제적으로도 모범적인 방식으로 해결되었다.

율을 이민을 통해 – 이로 인한 긴장에도 불구하고 – 보충하고 있다.

개인적 생활형태의 변화는 두 번째 시각에서도 문제가 된다. 우리 사회의 복지생산은 시장경제 뿐 아니라 – 지배적인 경제이론에서 주장하듯이 소비단위 만은 아니다 – 가족에도 의존한다. 특히 가족은 소위 인적 자산의 주요한 생산자이며 가족 또는 친족간의 양육활동과 이웃에 대한 지원에 이르는 비금전적 서비스를 제공한다. 독일 통계청은 최근 처음으로 독일 인구에 대해 광범위한 시간예산조사를 실시했는데 이전 서독에서 1년간 부불(不拂) 노동량은 765억 시간으로 추산되었다. 가계를 꾸려가는 사람의 부불 가사노동을 아주 낮은 임금 수준인 시간당 15마르크로 환산할 경우에도 1조 1250억 마르크(1992) 또는 국내총생산의 42%에 달하는 가치가 되는 것이다(Blanke u.a. 1996: 53). 람페르트가 독일 경제의 인적 자본에 대한 부모의 총투자를 추계한 결과는 약 15조 마르크 (1990년 기준)에 달한다. 이는 같은 해 독일의 총 물적 자산 가치인 6조 9천억 마르크의 두 배이다. 가족과 아동에 대한 국가의 급여를 빼더라도 12조 5천 마르크가 남는데, 이는 직접적 지출과 양육을 위한 비용의 형태로 가족이 부담하는 것이다. 따라서 보상 없는 가족의 투자는 총 경제투자의 거의 두 배가 된다 (Bundesministerium fuer Familien und Senioren 1994: 290ff). 스위스에서는 최근 한 아동의 양육 비용이 직접적 비용과 근로활동을 포기하는 형태의 기회비용을 합쳐 평균 82만 프랑에 달하는 것으로 추계되었다.[162] 독일에 대한 람페르트의 추계는 이와 달리 아동당 40만 내지 45만 마르크인 것으로 나타났다. 가족의 인적자본형성에 대한 추계는 스위스에서 더욱 극적인 결과를 보여준다.

독일이나 스위스에서 양육활동이 양적으로 감소한다는 것을 고려하면 최근 수십 년간 인적자본에 대한 투자회피가 얼마나 광범위한지가 명확하게 된다. 이 때문에 이들 국가에서는 이후 수십 년간 노령보장에 대한 부담의 상승과 성장가능성이 적어진 경제라는 결산서를 받게 된다.

---

162) 1998년 3월 1일 Sonntagszeitung, S21

9.3.3 민족국가의 행위가능성 제한

경제의 국제화와 금융시장의 세계화를 고려할 때 이러한 새로운 '비물질적' 세계경제가 사회국가의 문제와 관련하여 갖는 세가지 작용을 강조하고자 한다.

a. 자본시장의 범 국가화가 증가함으로써 모든 사람은 쉽게 자신의 자본을 특정 국가의 통제에서 벗어날 수 있고, 유리한 입지조건(예를 들어 낮은 조세)을 이용할 수 있다. 자본모집기관(예를 들면 자본의 투자 기금, 보험, 민간보험 등)의 중요성이 증가함에 따라, 이들 기관은 이용할 생각이 없거나 능력이 없는 개인의 저축에도 영향을 미치게 된다.

b. 자본이동의 증가로 인해 자본측은 상당한 이익 – 한편으로는 자본의 이해관계를 정치적으로 보다 강하게 고려하게 함으로써(예를 들어 조세법) 드러나지 않는 형태로, 다른 편으로는 다양한 협상을 통해(예를 들어 단체협약) 드러나는 형태로 – 을 얻게 되었다. 국제 금융시장에서의 이윤 가능성과 이로 인한 유동성 선호가 증가함에 따라 오늘날의 투자활동은 이전 보다 훨씬 더 일관되게 주주의 이윤분배(지분의 가치)에 대한 시각에 의해 판단된다. 이는 국제적으로 활동하는 기업에 우선적으로 해당되지만, 국내시장에서 활동하는 기업에도 간접적으로 해당된다.

c. 국제적 외환 투기량이 증가하면서 모든 국가에서 환율에 대한 통제는 계속되고 있다. 오늘날 환율이 아무런 물질적 연관이 없이 단순히 국제외환시장에서의 공급과 수요의 관계에 의해 결정된다는 것은, 특정국가의 환율이 그 국가의 경제적 강점과 그 정부의 경제정책 원칙에 대한 국제 금융전문가의 판단에 의해 영향을 받는다는 것을 의미한다. 이러한 판단 기준은 물가상승의 정도, 예산적자 내지 국가채무의 변동 등이다. 이로 인해 의회, 정부, 중앙은행은 지출예산이나 통화량에 대한 정책에서 압력을 받게 되는데, 유럽에서는 마스트리히트 협약에서 합의된 유럽통화 연합에의 가입을

위한 기준을 통해 더욱 강화되었다.

복지국가 내에서 해결하기 어려웠던 분배갈등에 대처하기 위한 전통적 형태, 예를 들면 물가상승과 국가채무 방식이 점차 위험을 수반하게 된 것이다. 이는 재정적자를 통한 케인즈주의적 완전고용정책에도 해당한다. 솔직히 말하자면 인플레이션을 수반하는 이러한 전략의 효과는 국제적 요소가 국가차원에 영향을 미치기 전에도 의문시되었다. 소수의 국가에서만 적절한 임금정책에 의해 물가상승과 실업 간의 균형을 맞출 수 있었다.

권력 균형의 변화는 가계의 가처분 소득의 변화에서도 나타난다. 독일의 총 가처분소득 중 순임금의 비율은 1974년 56%에서 거의 계속적으로 슬어 45% 미만으로 감소하였다. 이와 병행하여 자본 및 기업소득은 25%에서 33%로 증가하였으며, 이전 소득의 비율은 독일 통일에도 불구하고 안정되어 있다 (Bundesministerium fuer Arbeit und Sozialordnung 1996).

9.4 | 맺는 말

앞서 언급된 세 가지 측면을 고려하면 소위 가치관의 변화 및 세대 구조의 변화 등 앞으로 다가올 도전들을 추가할 수 있으며, 세계화나 개인적 생활형태의 변화로 인해 지금까지의 복지와 근로의 보장에 대한 국가의 중심적 위치가 흔들리게 됨을 알 수 있다.

세계화는 개별 국민경제에 대해 첫째, 경쟁조건과 합리화에 대한 압력을 강화시키며, 이로 인해 생산성이 낮은 노동력은 노동시장으로부터 이탈되게 된다. 또한 화폐주의자나 케인즈주의자의 희망과 달리 자연발생적으로 – 특히 유럽 전역에서 고령 노동자 비율이 증가하면서 – 이탈된 노동력에 대한 일자리가 생겨나지 않고 있다. 예를 들어 45세의 주물근로자를 노인 간병인으로 쉽게 전환시킬 수는 없는 것이다! 이 문제는 특정 조건 하에서 저임금부문을 조성해야만 없앨 수 있다. 많은 경우 한편으로는 국가가 보조하는 (임금과 연계되는) 보충소득이 필요하지만, 다른 편으로는 이러한 증가된 노동시장의 문제집단을 고용할 기업가적 자질이 어디서 생겨나겠는가 라는 질문이 제기된다. 증가된 경제적 활성화를 통해 서유럽에서는 국민소득이 성장할 것이라는 전망이 지배적인데, 이러한 성장은 근로 활동량의 감소에도 불구하고 달성 가능할 것이다.

이러한 발전에 따라 사회국가적 논리에 맞게 국가가 시행하는 1차 소득의 재분배는 증가할 것이다. 전체 국민경제가 장기적으로 더욱 성장하게 되면, 소득의 재분배는 원칙적으로 소득이 높은 사람의 생활수준이 저하되지 않고도 가능하게 된다. 이에 반해 세계화의 두 번째 효과가 작용하게 된다. 금융시장의 자유화로 인해 자본의 이동성은 크게 증가되었고, 조세나 부담금 등 국가가 부과하는 부담에 대해 훨씬 반응적으로 되었다. 동시에 '주주의 가치' 라는 새로운 정당성 덕분에 생산성 증가의 더 큰 부분을 자본가측 잉여로 만들 수 있게 되었는데, 이는 대부분의 국가에서 실업률이 증가함에 따라 노동조합이 스스로 자제토록하는 임금정책을 쓰기 때문이다. 이에 추가적으로 대부분의 산업분야에서는 유럽 외부에서 시장이 팽창될 것으로 추측되어 – 이 때에도 자본투자자가 자본을 한군데에 장기적으로 고정시키지 않고자하는 유동성 선호의 유혹에서 벗어날 경우 – 이윤의 상당 부분이 외국에서의 투자로 유출된다. 이로 인해 국가가 강제화한 재분배 정책은 – 근로소득에 따른 부담에 대한 저항도 증가하겠지만 – 점차 강한 한계에 부딪히게 된다.

이러한 상황에서는 시장으로부터 독립적인 복지생산의 형태에 관심을 기울이도록 제안된다. 그 핵심어는 가사노동, 자기노동, 집합적 자조, 공익적 활동, 명예직 또는 최근에는 '시민근로' 등이다(Kommission fuer Zukunftsfragen der Freistaaten Bayern und Sachsen 1977: 146ff; Giarini/Liedtke 1998: 255ff). 이러한 선의의 제안들도 두 가지의 큰 약점을 갖고 있다. 첫째, 이러한 '비화폐적 근로'(Giarini/Liedtke)의 형태는 이미 생존에 대한 보장이 존재함을 전제로 하기 때문에 국가의 재분배가 불필요한 것이 아니다. 이러한 활동으로의 유인은 최저소득이 보장된 생활상태에서 가능한 것이다. 모든 경험적 근거에 따르면 가족외부적 복지생산(보수가 없는 자발적 활동)에 대한 태도는 보통교육수준이 높고 쉽게 고용 가능한 계층에서 존재한다. 둘째, 이러한 제안은 오늘날 '개인화'라는 용어에서 표현되는 정신상태와 생활방식의 변화를 오히려 불가능하게 한다. 개인화는 자아실현 욕구와 같이 지향하는 바가 없으며 결정능력도 의무에 충실하려는 의지도 없는, 이전 사회학에서 아노미라는 개념으로 언급된 상태를 전제한다.[163] 미국사회에서 감소하는 '사회적 자본'에 대한 미국 공동체주의자 (Kommunitaristen)의 염려(Putnam 1995)는 독일에서는 '탈연대화'라는 용어로 표현되고 있다.[164]

이러한 상황에서 어떤 제안이 나올 수 있는가? 현실적으로는 단지 점진적 단계에 의한, 즉 대규모 사회개혁이 아닌 제안밖에 없다. 이러한 단계들은 정해진 방향을 지속적으로 추구하여야 하는데, 다음과 같은 특성을 갖는다:

a. 국가가 조직한 사회적 보호의 법적 기초를 근로활동으로부터 사회적 시민의 지위로 전환하여 기초보장에 집중하는 것이다. 이는 스위스의 노령 및 유족보험과 장해보험에서는 처음부터 이루어졌지만 독일에서는 어려운 전환이 이루어져야 함을 의미한다.

b. 더 이상 근로활동을 하지 않는 세대에 대하여는 최저생계비를 넘는 금액 이상의 국가 지원을 제한하고, 가족정책과 교육정책 영역에서 자손 세대에 대한 지원을 강화해야 한다. 유럽의 인구 연령구조의 변화로 인해 – 특히 개인 재산이 피부양시 큰 의미를 갖는 독일이나 스위스와 같은 국가에서는 – 시급한 수정이 필요하다. 이 때 국가의 재분배 제도 뿐 아니라 민간 이전 – 즉 자손세대 또는 재단에 대한 상속에서의 조세경감조치를 통해 – 을 용이하게 하는 것도 고려하여야 한다. 국가는 젊은 여성들이 원하는 가

---

163) "아노미는 도덕적 기초가 없고 기준이 없이 서로 연관이 없는 동력을 따라 행동하며 연속성, 그룹, 의무에 대한 의미를 갖지 못하는 사람의 정신상태를 의미한다. 아노미적 인간은 정신적으로 황폐하며 자신에만 몰두하며 다른 사람에게 책임을 지지 않는다. 그는 다른 사람의 가치에 대해 조롱한다. 그가 유일하게 믿는 것은 아니(no)라고 말하는 것의 철학이다. 그는 미래도 없고 과거도 없는 감정의 선상에서 생활한다… 아노미는 개인이 사회적 결합 – 도덕적 입장의 주요원천으로서 – 에 대해 갖는 의미가 굴절되거나 아주 약해진 정신적 상태이다"(Robert MacIver, z. n. Dahrendorf 1984: 39).
164) 탈연대의 상이한 차원에 대해서는 Kaufmann 1997a: 16 참조.

사와 직장 생활의 병행을 용이하게 하기 위해, 특히 학교에서 종일제를 확대하거나 아동에 대한 서비스를 강화하여야 한다.

c. 지배적인 노동윤리에 따라 특히 독일어권 국가에서는 반대급부없이 생계비를 공적으로 지원하는데 대한 반대가 많다. 따라서 1차 노동시장에서 생계비를 보장하는 일자리를 찾지 못한 사람에게는 보조금이 지급되는 활동에 대한 기회가 제공되어야 한다. 양육과 보호활동 등 지금까지 분명히 부불(不拂) 활동이라고 확인되는 활동에 대해서도 조세경감이나 부적(不的) 소득세(negative income tax)의 형태로 현금이 지급되어야 한다. 이와 달리 엄격한 욕구조사 없는 기초보장체계는 성공을 보장하지 못하며 비용부담이 너무 크다.

d. 국가가 개인관련 서비스의 조직에 대한 직접적 책임에서 벗어나서 민간 시설에 보다 큰 자율성과 재정에 대한 책임을 갖게 하는 것은 의미가 있다. 이는 교육부문에도 해당한다. 기본적으로 수요자에 대하여 보조금을 지급하는 것이 공급자에 대한 보조금 지급보다 효과적인데, 예를 들면 공적으로 재정이 부담되는 서비스에 대해서는 증서(voucher)를 통해 이를 대신할 수 있다. 어떤 경우에서든 법적 규정과 통제를 통해 서비스가 비차별적으로 전국에 걸쳐 제공되게 하고 정해진 질적 수준이 지켜지도록 하는 것은 국가의 업무로 유지되어야 한다. 이에 대해서는 공급자에 대한 보상적 보조금도 제한된 범위에서 고려될 수 있다.

e. 마지막으로 국가의 조세체계에서 이탈되는 투자형태, 즉 자본도피의 증가에 대해서는 국제적으로 합의되는 대처방식이 필요하다. 사회적 불평등을 가장 강하게 결정하는 생산 요인인 자본이 조세를 회피할 수 있다는 것은 정의에 대한 정서에 맞지 않는다. 리사본 그룹의 선언(1997)은 이에 대해 적절한 지적을 하였다. 범국가적 기업, 특히 은행과 보험영역은 국가의 질서유지에서 기생적으로 이윤을 취하는데, 이는 소유에 대한 보장 뿐 아니라 안정지향적 경제정책의 측면에서 그러하다. 이에 대해서는 선도적 경제

력을 갖춘 국가간 합의된 대처방식 - 예를 들면 노벨상 수상자인 토빈 (James Tobin)이 이미 1978년에 제안한 외환 거래세는 현실적인 수단이 될 수 있다 - 이 필요하다.[165]

구체적 제안은 항상 영향을 받게 될 구체적 상황에 대한 인식을 전제로 하며, 이는 국가마다 상이할 뿐 아니라 한 국가 내에서도 다를 수 있다. 따라서 이 논문의 초점은 우리가 2차 대전 후 경험한 것 보다는 경제적 전망이 좋지 못한 현재의 우리 상황에 대한 진단에 있다. 세계사적 시각에서 운명에 대해 감사할 이유가 되고 다음 세대에 대해서는 보다 큰 책임을 갖게 하는, 우리 세대의 행운은 오히려 예외라고 생각된다.

---

165) 장점과 단점을 고려한 서술은 Kulessa 1996 참조.

제 10 장

사회국가의 통합 기능은 사라지는가?[*]

유럽 복지국가는 장기적으로 상황이 호전되더라도 사회총생산의 성장이 둔화될 것으로 예측되는데, 이는 현재보다 감소된 인구에 의해 생산되어 비경제활동자에 대한 재분배가 증가되거나 보호수준이 낮아지게 됨을 의미한다. 동시에 민족국가의 자율성이 침식될 것을 예상할 수 있으며, 세계경제발전에 대한 의존성 증가와 경제에 대한 권한이 유럽 연합 차원으로 변화함으로써 민족국가 차원에 머무르던 사회정책에 대한 제약이 나타나게 된다.

이러한 현상은 사회이론적으로 융합과 통합의 시각에서 다루어지고 있다. 지금까지의 복지국가 발전에서 진보에 유리하게 작용했던 것은 사회정책의 문화, 정치, 경제 및 사회적 효과의 시너지에 의한 것이다. 이 때에는 이론적으로 구분가능한 세 가지의 통합차원 – 기능적 상호의존성, 법적 지위의 부여 그리고 도덕적으로 확실한 상호 의무의 인정 – 간에 의견수렴이 존재하였다. 미래에는 이미 오늘날 관찰되는 부분적 탈연대화 경향이 보여주듯, 이 세 가지 차원에서 차별적인 발전이 이루어질 것으로 보인다. 그러나 국제적으로 (산업) 입지요인을 민족

---

[*] 1996 드레스덴에서의 독일사회학회 발표문으로 집필. 이전 원고는 학회 발표집에 출판됨: Differenz und Integration: Die Zukunft moderner Gesellschaften, hrsg. von Stefan Hradil. Campus Verlag Frankfurt/New York 1997, S. 134-153. 이 수정된 원고는 Berliner Journal fuer Soziologie, Band 7 (1997), S 5-19에서 출판됨.

국가와 관련 지어 판단하는 경향이 지속되고, 사회적 이해관계를 국가단위로 보는 경향이 지속될 경우, 민족국가는 사회정책적 논의와 연대성에 대한 기대에 관하여 계속 주도적 역할을 할 것으로 보인다.

10.1 | 급진적 사회국가 비판

사회국가에 대한 비판은 오랜 기간동안 구자유주의자들의 전유물이었는데, 그 중에서도 하이에크(Friedrich August von Hayek)가 두드러진다. 하이에크의 생각에 의하면 자본주의와 사회주의간에 '제3의 길'은 없으며, 사회국가적 개입으로 인해 개인의 자유는 지속적으로 제한받게 된다. "정부가 바람직한 분배를 위해 이미 설정된 기준을 실현하기 위한 시도를 하면 할수록, 정부는 더 많은 개인과 집단을 그 통제 하에 두어야 한다. '사회정의'에 대한 믿음이 정치적 행위를 좌지우지할수록 이 과정은 점차 전제주의 체제에 접근하게 된다."[166]

그러나 1973년의 유류파동 이후의 '복지국가 위기' 논쟁은 무엇보다도 좌파 사회과학자의 문제였다. 전통적인 맑스주의자들은 2차 대전 후 모든 붕괴 예고를 무시하는 듯한 자본주의의 성공에 대해 기존이론으로는 해결할 수 없었던 난관에 봉착했다. 분명히 맑스주의 이론은 '부르주아 국가'를 과소평가하였는데, 혁신을 촉진하는 기술정책과 수요를 안정화하는 경제정책, 그리고 경제적 변화를 보장해 주는 사회정책의 결합으로 새로운 성공적 결과가 나타났기 때문이다. 당시의 신-신-맑스주의 부흥에 따라 집중적으로 국가에 대한 논쟁이 일어나게 되었다. 결국 '사회국가의 환상'(Mueller/Neusueß)인가 아니면 하이만(Heimann)과 슘페터(Joseph A. Schumpeter)가 맑스주의 이론에 대한 비판에서 예고한 자본주의의 뿌리깊은 변화인가에 대해 토론하게 된 것이다.

---

166) Hayek 1980: 99f; Hayek 1957. 하이에크의 입장에 대한 상세한 서술과 비판은 Prisching 1989 참조.

맑스주의 국가논쟁은 상대적으로 성과가 적었는데, 그들이 계급이론적 사회 모델에 기초하였기 때문이다. 이와 달리 스펜서(Spencer), 뒤르껭(Durkheim), 짐멜(Simmel) 그리고 어떤 의미에서는 베버(Max Weber)까지 거슬러 올라가는 기능중심적인 근대 사회의 구조다원화 이론은 해석적으로 훨씬 성과가 있었다. 이 이론에 따라 국가의 상당한 자율성과 경제발전의 자기동력 그리고 양자간 상호의존을 설명할 수 있었으며, 이러한 내용은 하이에크나 전통적 맑시스트의 생각과는 거리가 멀었다. 오페(Claus Offe)와 하버마스(Juergen Habermas)만 맑스주의 위기이론을 다원화 이론의 논리체계에 어느 정도 성공적으로 연결시킬 수 있었다.

오페에 따르면 자본과 노동의 기본적 적대감이 이제는 경제체계에서 보다는 정치체계에서 "문제해결을 위해 제도화된 프로그램과 문제 혹은 모순을 일으키는 기제간의 간격에 의해 자기파괴적 경향이 더욱 명확하게 나타나게 된다"(Offe 1972: 10). 국가는 계급투쟁을 완화하고 경제순환을 안정화하기 위한 지속적 개입으로 인해 기본적으로 주어진 자율성의 길로 점차 들어서게 되며, 계속 모순되는 요구 ─ 한편으로는 경제를 촉진하고 다른 편으로는 대중 충성심을 유지하기 위해 재분배를 해야 하는 ─ 를 해결해야 하기 때문에, 결국 적대적인 계급 이해 관계의 소용돌이에 빠지게 된다는 것이다. 오페는 이러한 후기자본주의 사회의 자기파괴적 경향에 대한 논거로 훌륭하게도 미국의 우파 사회과학자들이 발전시킨 논리를 들고 있다. 통치의 불가능성, 국가 재정위기, 노동에 대한 동기와 투자 의지의 상실 등의 논리가 그것이다.

하버마스는 70년대와 80년대 초기의 저서에서 사회 발전에 대한 위기이론적 분석을 하였는데 오페보다 더 분명하게 자본주의 이론의 전제들로부터 거리를 두었다. 즉 오페의 주장에서는 왜 그리고 어떻게 복지국가 발전에서 논쟁의 여지 없이 받아들여지는 역기능적 부작용으로부터 스스로 증폭하는 위기 과정이 발생하는가가 명확하지 않다. 또한 그는 그 원동력을 자본과 노동간의 기본적 적대감에서 찾았으며, 그 사회형성적 성격은 이론적 공준(전제)에 머물렀다. 이와 달리 하버마스는 사회적 안정이 본질적으로 ─ 자기 동력적 발전논리가 있는 ─ 규범적 구조에 의해서도 결정된다는 더욱 복잡한 사회모델에서 출발하였다(Habermas 1973). 국가 행위는 정당성에 의존한다. 복지국가 개입의 정당성은 불안정한데,

이는 국가의 개입이 분배정책적으로 일반화 가능한 이해관계와 관련되는 것이 아니기 때문이다. 추가적으로 국가의 개입은 사회 관계의 법제화와 경제화에 기여하고, 이를 통해 근대 사회의 사회통합을 위험하게 하기 때문에, 즉 '내적 식민지화'를 가져오기 때문에 그 효과가 모호하다(Habermas 1981, II: 531ff). 이후의 논문에서 하버마스(1985)는 복지국가 위기를 복지국가 프로젝트의 정당성이 이와 연계된 사회 평화와 일반 복지에 대한 희망에 근거하기 때문에 자기파괴적이라고 보았다. 이러한 기대가 충족될 수 없는 한 복지국가 프로젝트는 '유토피아적 에너지'화 하며 정당성의 기초를 잃게 된다. 이로써 국가는 그 중재 기능을 잃게 되며, 계급갈등은 새로이 파괴적 형태를 띄게 된다.

10.2 | 탈환상적 발전

네오맑스주의의 위기진단이 만연하던 시기에 맑스주의의 유토피아적 에너지가 고갈되었다는 것은 네오맑스주의 부흥의 아이러니에 속한다. 70년대 이후 모든 복지국가에서는 경제주기마다 실업률이 증가하였다. 그러나 독일에서의 국가 사회정책은 경제적 역동성의 부정적 결과를 완화하였다. 노동시장정책은 강화되었고 청년층의 고용시장 통합 및 상승기회의 확대는 조기정년규정에 의해 가능하였다. 유럽연합에 속한 이웃 국가들에서는 고용문제가 80년대 말에 이미 절정기에 달했는데 비해 독일은 통일로 말미암아 – 국가부채가 상당히 증가되고 구동독 지역의 고용구조가 붕괴된 것과 동시에 – 특수(特需)를 누렸다. 정부는 선언적으로는 케인즈주의적 수요정책과 거리를 두었지만 통일에 의한 '적자 지출'은 실질적으로 케인츠의 정책이 사용되고 있음을 의미하였다. 구동독 지역에서의 생산성 증가에 비해 훨씬 높은 임금정책과 서독지역에서의 (동서독의) 사회보험자간 재정부담조정을 통하여 발생한 불가피한 사회보험의 재정 적자로 인해 1인당 인건비가 급속히 상승하였으며, 이로 인하여 국제 경쟁력이 약화되었고, 독일 마르크가 평가 절상됨으로 인해 이러한 현상은 더욱 심화되었다. 80년대에는 세계시장에서 독일의 위치가 확고했었으나 통일 이후에는 유럽 중간수준으로 떨어졌으며, 3년 전부터 독일은 다른 유럽 국가들과 같이 낮은 성장률, 실업률의 상승, 사회복지지출의 적자재정 그리고 분배에 대한 갈등 등의 문제를 갖게 되었다. 오페가 예측한 갈등이 분명하게 된 것이다. 정부의 정책은 자본과 노동의 이해 관계간 갈등에 놓였으며 – 현재의 재정안정화 대책의 의도된 분배효과와 조세계획을 보면 – 주로 자본가측에 유리하게 결정되는 것처럼 보인다. 자본가 측은 또한 법적으로 주어진 가능성 – 예를 들면 상병시 임금계속지불의 제한 – 을 재빨리 활용하고 있다.*

그러나 아직까지 정부의 정당성 상실에 대해서는 느끼기 힘들다. 단체협약 당사자간 논쟁은 물론 더 격렬해졌고, 전통적 국민정당에 대한 지지도 약해졌지만 정치 체계의 위기는 모호하게라도 나타나지 않고 있다. 모든 것이 원래대로 운영되고 있다. 그러나 그렇다고 해서 장기적인 희망을 갖는 것도 시기상조이다.

일단 경제 발전의 차원에 대한 국제비교에서 유럽복지국가의 상대적 위치가 그대로 유지되리라고 보기는 힘들다. 무엇보다도 고용전망은 장기적으로 불안정하며, 노동시장의 분절경향이 강화될 것으로 보인다. 내수시장은 – 정체하는 인구발전과 특별히 소비를 선호하는 젊은이들의 양적 감소의 결과로 인해 – 세계의 다른 지역보다 덜 활성화될 것으로 보인다. 노동집약적 재화의 생산은 더욱 합리화되거나 외국으로 이전될 것이다. 시장에서 경쟁력이 있는 경제분야는 주로 학력이 높은 직원을 선호할 것이다. 고용이 가장 성장할 것으로 보이는 서비스 생산 분야에서도 생산성에서 제약을 받는 노동력을 얼마나 많이 고용할 것인가는 의문시 된다. 실업 구조에 대한 분석을 보면 독일에서는 실업자의 3분의 2 이상이 취업하기 힘든 집단에 속한다(Hof 1991: 24f). 유리한 조건 하에서는 고용될 수 있지만, 노동시장의 조건에 따라 유연하게 대처하지는 못하는 사람들을 고용에서 배제하려는 경향은 증가하는 것처럼 보인다. 이 사람들은 또한 인구증가에 따라 늘어나고 있으며, 따라서 연금보험의 재정문제를 연금수급연령을 늦춤으로써 어느 정도나 해결이 가능한가에 대해 의문이 제기된다. 장기적으로 가장 현실적인 시나리오는 최선의 경우 점차 적은 인구의 비율에 의해 생산되는 사

---

*역자주: 임금계속지불법은 근로자가 질병이나 산재로 인해 근로를 할 수 없을 경우 6주까지는 순임금의 100%를 지불하도록 한 법이다. 당시 임금계속지불법에 의한 금액은 80%로 감소되었다.

회총생산의 낮은 성장이며, 이에 따라 소득과 서비스가 비경제활동자에게 더욱 많이 재분배되거나 보호수준을 낮추어야 한다는 것이다. 분배 갈등은 특히 사회부문에서 증가하게 되는데, 이 때 조직력이 가장 낮고 갈등을 표출할 능력이 적은 집단은 보호수준의 절대적 하락을 경험할 수 있다. 하이에크의 전망과 달리 '사회정의'에 대한 믿음이 자본주의 권력이라는 산을 옮기는 것이 아니다. 즉 시장경제와 사회국가간 긴장은 '제3의 길'의 안정적 요소이다.

오페와 하버마스의 진단도 맞다고 볼 수 없다. 그들에게 아무리 유리하게 해석하고자 하더라도 위의 시나리오에서 복지국가 프로젝트에 대한 지속적인 정당성을 보장할 '유토피아적 에너지'가 없어지지는 않았으며 만약 그렇다면 계급갈등이 새로이 급진적으로 생겨나야 한다. 그러나 혁명적 주체는 나타나지 않고 있다. 신디칼리즘 전통에 기초하여 특히 갈등주의적 노동운동을 하는 프랑스에서 조차도 주페(Juppe) 정부는 사회복지예산 삭감에 대한 격렬한 항의를 그 권력의 큰 손상 없이 극복하였다. 프랑스에서는 노동조합 조직율도 10%로 줄어 들었다. 이해동질적 계급의식이라는 산업사회의 전제가 산업구조의 서비스화에 의해 손상된 것이다.

10.3 | 민족국가 자율성의 침식

지면관계 상 미국 우파의 복지국가 비판은 생략하고자 하는데, 그 근시안적 사고를 밝히는 것은 어렵지 않다. 미국에서 비판의 대상으로 가장 흔히 인용되는 스웨덴은 최근 높은 '통치가능성'을 보여주었으며 경제정책과 사회정책에서의 단호한 전환을 완성하였다. 더욱 중요한 것은 70년대 복지국가에 대한 논쟁에서는 거의 다루어지지 않았던 제3의 문제 시각에서 민족국가의 상대화를 이루었다는 것이다.

19세기 산업화의 도전에 대한 사회정책의 반응은 국가마다 상이하여, 2차 대전까지는 이질적으로 발전하여 왔다고 말할 수 있다. 오늘날 우리가 복지국가적 발전이라 칭하는 것은 단편적인 사회정책적 개입의 범위를 넘어서며, 복지 국가 프로그램의 기원은 1941년 8월 14일 루즈벨트와 처칠이 맺은 대서양 헌장에서 볼 수 있는데 이는 - 전쟁에서 추축국들의 성공때문에 - 세계의 인민들에게 '공포와 궁핍으로부터의 자유'라는 전후 평화 질서에 대한 비전을 심어주고자 한 것이다(Koehler 1987: 290f). 복지국가 프로그램의 구체적 형태는 1948년 일반인권선언의 22조부터 27조에서 나타났는데, 이후에도 여러 개의 국제협약, 특히 1961년 유럽의 사회협정과 1966년 유엔의 사회권 협약에서 볼 수 있다. 이전 사회정책과의 구체적 차이는 근로자 뿐 아니라 모든 국민의 생활조건을 개선하고, 이를 직접적 생계 뿐 아니라 광범위하고 유용한 생활조건과 관련지은 프로그램의 성격에 있었다(Koehler 1987: 907ff 참조). 만약 존재 한다면, '유토피아적 에너지'는, 이러한 전제에서 동원되었던 것이다. 전후시기 국가별 발전은 국제적 차원에서 이미 존재한 정당성 하에서 이루어진 것이다.

사회정책 발전에서 이러한 측면의 중요성은 독일에서 별로 고려의 대상이 되지 못했다: 한편으로는 - 물론 20년대의 어려웠던 경제적 상황에 의해 실패했지만 - 이미 바이마르 헌법에서 광범위한 사회국가 비전을 포함하고 있었기 때문이다. 다른 편으로는 대서양 헌장은 전쟁 상대의 프로그램이었고, 서부 독일 점령지역의 사회정책은 전후 복구의 차원에서 실시되었기 때문이다. 이에 따라 정치적 수사에서 뿐 아니라 독일 국민들 사이에서도 긍정적으로 평가되는 '사회국가'와 그 개념이 모호하다고 판단되는 '복지국가' 간에 명확한 차이를 두게 되었다(Roller 1992: 59ff). 그러나 국제 비교연구의 시각에서 '사회국가'와 '사회적 시장경제'라는 용어들은 개별 국가별로 특성이 다르며 상이한 정당화 공식을 갖는 복지국가에 대한 독일식 버전이다. 민족국가의 경계 안에서 지속되었던 실질적 발전은 국가별로 특징적인 제도적 자기동력과 함께 발전된 것이다. 국제적인 수렴은 아주 천천히 이루어져 왔다.

2차대전 후 서유럽에서의 국내 및 국제 정치 측면에서 기대하지 못한 평화적 발전은 자유주의, 민주주의 그리고 복지국가 체제를 가진 사회에 대한 연합군 프로그램 - 당연히 기존의 민족국가의 시각에서 실현된 - 의 효과에 주로 기인한다고 볼 수 있다. 전후 사회발전의 틀은 따라서 규범적일 뿐 아니라 실질적 측면에서 - 이제는 사회정책 뿐 아니라 경제정책의 주요행위자가 된 - 민족국가들이 형성한 국제 질서였다. 이에 따라 사회적 대표체계로서 정당과 단체는 당연히 민족국가차원에서 구성되었다.

동시에 전후시기 연합군의 프로그램은 자유무역과 호환 가능한 통화체계를 기초로 한 국제경제질서를 포함하였다. 초기에는 이 프로그램의 실현이 국가적 이해관계와 국제적 연합세력에 의해 방해를 받았지만, 결국 국제발전의 지도이념이 되었다. 이미 언급된 1973년의 유류파동에서 확인되듯 국제적 상호의존이 증가하는 것이 발전된 산업국가에 이익이 되는 것만은 아니라는 것이 분명하게 되었다. 특히 동아시아에서 근대화가 일어나면서부터 국제분업과 국제경쟁은 강화되었다.

오늘날 유럽의 산업입지 문제에서 더욱 중요한 것은 국제통화체계의 안정화와 이로 인한 금융시장의 세계화이다. 이로 인해 국내에 묶여있던 자본은 금을 기준으로 국제통화체계가 안정화되었던 1차 대전 이전의 잠시 동안 만큼이나 운동력을 갖게 되었다. 이 때문에 80년대 이후 자본과 노동의 권력관계는 자본에 유리하도록 변화된 것이다. 오늘날에는 자본을 유동적으로 보유하여 국제 금융시장에 투기적으로 투자하는 것이 기업에 투자하는 것보다 더 이윤이 높다(Sassen 1994 참조). 개별 국가의 경제정책과 사회정책은 이러한 발전으로 인해 자율성을 상당한 정도로 잃게 되었다. 통화의 호환성에 의해 국제 무역과 기업의 국제화 기회가 확대되었으며 국가는 자신의 경제정책에 대한 금융시장의 반응에 의존하게 되었다. 이에 따라 국민경제의 국제경쟁력은 점차 세계적으로 활동하는 자본투자자와 기업들이 – 이들은 투자에 대한 결정 뿐 아니라 금융거래를 할 때 국가의 경제정책과 외환정책에 대한 능력에 반응한다 – 내리는 평가에 의해 통제를 받게 되었다. 이것은 복지국가 발전과 긴밀히 연계된 케인즈적 완전고용정책이 오늘날 한 국가의 단독행위에 의해서는 성공적이지 못하게 된 주요 이유이다.

게다가 비교적 중·소형의 유럽 국가들은 유럽통합에 의한 주권 상실이 추가된다. 유럽연합이 단시간 내에 민족국가대신 정치적 결정의 중심에 설 수 있다고 보기는 힘들지만 유럽 법원의 판례와 유럽의회 및 집행위원회의 활동이 국가의 행위가능성을 제약하고 있는 것이다.

이 때 특히 사회정책은 불리한 입장에 서게 된다. 로마 협약에서는 사회정책을 거의 배제하였으며, 유럽연합에 의한 진전이라고는 이주근로자와 관련된 규정 뿐이다. 그 동안 유럽 집행위원회의 사회정책적 권한은 확대되었으나 경제정책적 권한에는 아직 상당히 못 미치고 있다.

경제정책적 권한은 자유화라는 의미의 소극적 조정이 투입되었지만, 효과적인 사회정책은 적극적 조정 – 이는 가장 중요한 사회 세력들이 유럽차원에서 대표를 구성할 것을 전제로 한다 – 을 필요로 한다. 이 부분에 대해서 노동조합 뿐 아니라 소비자단체 그리고 사회보험자와 사회복지 서비스기관 등의 조직력이 확실히 결핍되어 있다. 단체들이 범 국가적 차원에서 영향력을 행사하고자 할 때, 이들은 자신들의 국가에 대한 영향력을 통해 행사하고 있을 뿐이다(Huettig 1985). 유럽차원에서 활동하지 못하는 것은 권한이 없는 것의 문제일 뿐 아니라, 다양한 정신세계 그리고 사회정책적 전통과 이념을 연계하지 못하는 문제이다. 공통적 이해관계의 정의는 규범적 정향과 상황인식에 대한 어느 정도의 일치를 전제로 한다. 사회정책은 이전과 같이 민족국가로 구성된 사회 내에서 이루어지며, 이 상황이 또한 사회과학 연구에서도 반영되는 것이다(Wagner 1990; Kaufmann 1995: 714). 사회정책에 대해서는 – 경제정책의 경우 '네 가지 자유'(상품, 서비스, 자본, 노동력의 이동)라는 원칙과 경제를 자유화하는 배경을 통해 주어지지만 – 유럽 전체에서 받아들여지는 지도이념이 아직은 없다.

따라서 우리는 예측 가능한 미래에 경제정책적 문제에 대한 권한은 점차 유럽 차원으로 옮겨가고, 사회정책에 대한 권한은 계속 민족국가 차원에 남게 될 것이라고 볼 수 있다. 이러한 이유로 경제정책과 사회정책 간에 존재하는 관찰 가능한 긴장은 미래에 더욱 심화될 것이라고 전망할 수 있다.

10.4 | 사회이론적 시각

사회국가의 통합기능에 대한 질문에 답하기 위한 지금까지의 서술에서 무엇을 추론할 수 있는가? 여기서는 사회학적 사회이론을 통해 유용한 해답을 얻고자 한다. 사회이론의 도움을 받는다 해도 위 질문에 대하여 - 적어도 내 시각에서는 - 명확한 답을 얻을 수 있는 것은 아니다. 그럼에도 불구하고 이 시각을 살펴보는 것은 유용한데, 여기서는 간략하게 서술한다.

근대 사회의 기본적 특성으로서 기능에 따른 다원화라는 생각은 지난 수십 년간 적어도 앵글로색슨과 독일어 권에서는 공통적으로 수용되었다. 이에 대해서는 파슨스(Talcot Parsons)의 생각이 이정표 역할을 했다. 그는 없어서는 안 될 체계의 기능으로서 AGIL 모델을 설정하여, 기능적 차이와 사회적 통합은 사회학적 사회이론이 동등하게 다루어야 할 문제라는 사고틀을 제시한 것이다.* 그러나 이후 - 루만(Niklas Luhmann)의 영향력 하에서 - 통합이론적 측면보다는 다원화 이론의 측면에 훨씬 더 주의를 기울이게 되었고, 이에 대한 논의는 파슨스에게서보다 더 이상 진전되지 않았다. 최근에 와서야 통합이론적 논의가 강화되고 결실을 맺고 있다(Peters 1993; Muench 1994, 1995; Brock/Junge 1995; Schwinn 1995, 1996).

이 논의에 대해 자세히 서술하지 않고 중간평가를 하자면, 기능적 다원화와 사회적 통합의 관계는 문제가 없는 진보라는 시나리오나 아노미적 붕괴 시나리오에 의해서는 이해되기 힘들다. 사회적 근대화 과정은 직선적 모델을 따르는 것이 아니라 여러 차례의 형태 변화로 이해될 수 있으며, 그 형태변화 가운데 사회의 개념 자체가 변화된다. 기능적 다원화와 체계통합의 모델은 이 때 문제를 설명하는 데에는 유용하나, 통합문제와 관련하여서는 해석적으로 큰 유용성이 없다.

이전에 이미 뒤르껭(Durkheim)은 "분업의 연대-도덕적 결과를 확인하고, (분업이) 필요하다는 것을 증명하고자 하였지만..." 절망적인 모순에 빠지게 되었던 것이다(Tyrell 1985: 182). 파슨스와 그 추종자 뮌시(Muench)는 지도적 문화가치를 통한 사회의 규범적 통합이라는 사유를 고수하는데, 사회적 우연성(Kontingenz)이 증가하면서 설득력이 낮아지고 있다(Schwinn 1996 참조). 반

---

* 역자 주: AGIL 모델은 사회의 유지를 위해 필요한 Adaptation(적응: 경제), Goal Attainment(목표 설정: 정치), Integration(통합), Latent Pattern Maintenance(잠재적 행동양식 유지: 교육) 등의 과정을 서술한 것이다.

대로 상호 의존적 부분체계의 지속적 다원화로서 루만의 사회적 진보 개념은 사회라는 전체 단위를 통합적 현상으로서 바라보지 않는다. "사회는 의사 소통적 자기사건이며…자신을 스스로 동기화 시키지 못하고 '외부(externe Referenzen)에 의한 자극'을 필요로 한다. 문제의 하부구조는 여기서 불가피하게 의사소통적 사건에 다시 들어가게 되며 이로써 '자기유지적' 사회 개념은 해체된다."(Schwan 1995: 210f). 뒤르껭 이후 파슨스나 루만이 그러하듯 '사회'를 유기적 최종단위로 이해하는 것은 실질적 통합문제를 정리하는 것이 아니라 오히려 그것을 보는 시각을 왜곡하는 것이다. 통일을 이루도록 하는 사회적 유대는 사회학 이론의 필요에 따른 것이 아니라 사회적 현실의 요구에 의한 것이다. 사회적 행위자는 그 연대에 대한 태도의 한계를 결정하는 지평 내에서 행동한다. 이러한 의미에서 파슨스의 AGIL 체계에서 통합기능을 수행하는 "사회적 공동체"라는 범주는 설득력이 있다.

'사회적 공동체'라는 파슨스의 개념은 사회질서를 유지하는 각 기관이 이 질서에 대하여 갖는 관계와 관련이 있다.[167] 사회적 통합의 기능은 본질적으로 사회 성원의 연대와 충성심과 관계가 있다. 파슨스는 '영향력'과 '정서(affect)'를 사회 통합의 매개체로 보았고, 이를 통해 사회적 통합과정 속에서 사회 체계와 개인 간에 직접적인 정서적 연관이 있음을 분명히 하였다. 사회 공동체에서 사회구성원의 의무와 그 귀속의 종류가 결정된다. 전근대 사회에서는 지배 계층만 – 유럽에서는 또한 소위 신분이 있는 사람들 – 사회적 공동체에 속했다. 근대화로 인해 사회적 공동체는 목적 달성에 전문화된 정치 체계가, 가장 먼저 영국에서 의회원직을 도입함으로써 구조적으로 세분화되게 되었다. 그 이후 선거법이 사회 공동체에 귀속됨을 인정하는 결정적인 지표가 되었다. 마샬(T.H. Marshall 1964)에 이어 파슨스는 이 생각을 융합(Inklusion)이라는 범주에서 일반화하였다.[168] 공민권, 정치권 그리고 사회권의 인정과 모든 국민으로의 확대는 계몽의 개인주의적 혹은 보편주의적 가치지향에 부합하지만 실제로는 민족국가 차원에

---

167) "한 체계로서 사회의 핵심은 그것을 통해 주민의 생활이 집합적으로 조직되는 양식화된 규범의 질서이다. 하나의 질서로서 이것은 가치와 세분화되거나 특수화된 규범, 규칙 등을 포함하며, 의미를 가지고 정당화되기 위해서 문화적 준거(references)를 필요로 한다. 집합체로서 이것은 이 사회에 속하는 개인과 속하지 않는 개인을 구분하는 구성원의 이념(conception)을 의미한다"(Parsons 1966: 10).

서의 복합적인 시민역할에 연계되어 있다.

파슨스는 이러한 역사적 발전을 진화이론적으로 해석한다. 기능에 따른 구조 변화는 성과(생산)를 증대 시키고 가치를 일반화하며, 주민을 '사회적 공동체'로 편입시키는 것이 높은 수준으로 이루어질 것을 전제로 한다. 이 논리는 이미 진화이론의 긍정적 시각으로 서술된 복지국가 발전에 대한 설명에서 소개되었다.

루만도 마샬의 융합 개념을 받아들여 자신의 복지국가의 개념에 이용하였다. 파슨스는 융합을 인정(시민, 인간, 구성원 등으로서)의 규범적 정당화 구조에 대한 참여와 관련 지었지만, 루만은 이 개념을 단순히 "전체 주민(!)을 사회 내 개별 기능체계에 편입시키는 데 대하여 사용하였다"(Luhmann 1981: 25). 이에 따르면 복지국가 발전은 "생활영위의 보다 많은 측면이 정치적 보장의 범위에 편입되는 것이다"(Luhmann 1981: 27). 융합은 이로써 인정(認定)이 아니라, 성과와 관련을 갖게 된다; 파슨스에게서 강조되었던 도덕적 및 정서적 차원은 – 루만의 사회이론에서는 – 사라지게 된 것이다.[169] 그러나 루만도 '전체 주민'과 관련지음으로써 자신의 이론의 전제에 포함되지 않는 통일체라는 은유를 사용하고 있다. 민족국가적 통합수준을 기초로 해서만 이 문구는 의미를 가지게 된다. 실제로 근대의 융합과정은 본질적으로 민족국가의 수준에서 이루어진 것이지, 루만이 말한 것과 같이 세계역사적 수준에서 이루어진 것이 아니다. 그러나 오늘날 유럽의 민족국가가 결정권한을 점차 유럽수준으로 이양하고 경제적 맥락의 세계화에 의해 경제정책에 대한 행위능력에서 제한을 받게 된다면 어떤 일이 일어나게 되는가?

---

168) Parsons 1972: 102ff; 1977: 250ff 참조. 이 시각의 성립에 대한 설명은 Parsons/Shils/Lazarsfeld 1975: 34ff 참조. 마샬의 이론에 대한 심도 있는 논의는 Rieger(1992b)와 Barbalet(1988) 참조.

169) 이러한 차이의 배경은 사회진단적 관심이 다르기 때문이다: "융합의 원칙은 사람이 단 하나의 그룹에 속함으로 인한 연대감을 대체하게 된 것이다(!)"(Luhmann 1980: 31). 이와 달리 파슨스는 연대관계가 복잡한 사회의 통일에 기초가 됨을 명확히 하였다.

다시 한번 강조하지만 (사회에서) 통합을 이루도록 하는 사회적 유대는 사회학 이론의 필요에 의한 것이 아니라 사회적 현실의 요구에 의해 생성된다. 구성주의적 체계이론의 시각에서 통합문제는 자기유지라는 전제에 의해 이론적 차원에서 해결되며, 사회체계의 자기지향적 차원에서의 문제일 뿐이다(Japp 1996: 109ff 참조). 이 문제는 행위자 관련 시각에서 보다 명확하게 드러난다(Schmink 1996: 204ff). 자신의 사회적 행위를 보다 큰 맥락 – 이에 대해 규범적으로 의무를 가진다고 느끼거나 정서적으로 거부하는 – 과 연관짓는 것은 바로 구체적인 인간이다. 국가라는 체제를 가진 민족사회는 백년이상 동안 유럽에서 전체사회 통합의 모델(Leitbild)이었으며, 이는 2차 대전 후 '유엔'의 개념으로부터 제3세계의 탈식민지 형태에도 영향을 미쳤고, 정치적 통합에 보완적 역할을 담당하는 사회적 공동체 의식이 결여된 경우 이러한 모델은 한계에 부닥치고 만다.

복지국가 발달에 대한 최근 이론은 융합이라는 사회이론적 사고를 제대로 반영하지 못하고 있는데, 이는 복지국가의 '수용논리'에 대해서는 생각하지 않고 '생산논리'로 설명하는데 집중하였기 때문이다.[170] 제도적 발전의 국가별 차이에도 불구하고 어떻게 복지국가발전의 진화론적 이점이 설명되는가 그리고 이러한 이점은 민족국가적 통합 수준이 어느 정도로 상대화될 때 의문시 되는가라는 질문이 제기된다. 이제 제목에서 제기된 문제에 대해 보다 자세히 살펴보고자 한다.

사회적 통합의 개념은 사회학에서 다양하고 또한 모호하게 사용되고 있다. 나는 제기된 문제를 다시 한번 명확하게 하고자 한다. 민족국가는 과거 강제로 유지된 경계, 그 법질서의 국가적 효력 범위 그리고 '국민' 경제의 내부적 지향에 따라 그 국민과 그 내부에서 주로 활동하는 경제주체 – 국가의 합목적성과는 독

---

170) 이러한 구분은 복지국가 발전에 대하여 기원적 관찰방식과 효과관련 관찰방식의 차이를 명확히 하기 위해 Kohli(1996: 160ff)가 제안하였다.

립적으로 그 개입만을 받아온 - 의 운명적 공간이 되어왔다. 이 때 적어도 법치국가적 그리고 민주적 체계를 갖춘 국가부문에는 각 정부정책에 대한 제한과 환류가 존재 - 이렇게 가정할 수 있다 - 하였으며, 이는 이러한 정부형태의 정당성과 수용에 결정적으로 기여하였으며 공통적인 문화적 지향과 연계되어 어느 정도의 연대에 대한 태도의 기초를 형성하였다. 이와 관련하여 나는 연대라는 개념에 (1) 국가의 법률을 인정하고 기본적으로 준수하려는 태도 (2) 국가부분 내에서 보장되는 권리와 의무에 대한 일반적인 상호성에 대한 생각 (3) 집단에 해를 끼치는 이기적 이해관계 - 즉 남을 짓밟는 행위방식 - 의 추구를 포기한다는 의미에서 협력에 대한 태도 등이 포함된다고 생각한다(Kaufmann 1984). 특히 스칸디나비아, 독일어권 국가, 베네룩스 3국, 이태리, 프랑스, 영국, 캐나다, 뉴질랜드 등이 속하는 소위 복지국가에서는 확대된 상호성으로 인정되는 조건에 광범위한 사회복지체계 - 보다 정확하게는 복지에 관련된 광범위한 프로그램에 대한 국가 책임의 인정과 이를 재정적으로 지원하고자 하는 태도 - 가 포함된다. 따라서 이러한 국민경제에는 공적 고용(부문)이라는 거대한 영역이 존재한다. 이에 대해 자유주의적 자본주의나 사회주의적 사회화 형태(Vergesellschaftstypus)와는 민간의 경제활동을 부분적으로 집합적인 욕구충족과 연계한다는 점에서 차이가 있는 자립적 사회화 형태라고 말할 수 있다.[171] 국제비교에 의하면 개별 국가의 집행에서 큰 차이가 있기는 하지만, 과거에 복지국가의 성격이 현저하게 나타났던 국가들은 많은 자유주의자의 예측에도 불구하고 경제적으로 성공적인 것으로 나타났다(Wilensky u.a.1985: 41ff; Scharpf 1987; Pfaller u.a. 1991; Schmid 1996).

놀라울 정도로 지속적이고 전체적으로 큰 논란이 되지 않는 복지국가 제도와 동시에 증가된 규제 및 재정적 부담은, 우리가 여기서 다루는 재분배가 계급갈등에 경도되거나 경제적 관찰방식을 갖는 사람들이 주장하듯 제로섬 게임이 아니

---

171) 보다 정확하게는 생산영역에서는 사적 소유와 사업주의 배치에 대한 자유가 기본적으로 보장된다. 양자는 물론 제한적이다. 분배영역에서는 시장경제에 따른 1차적 소득분배가 국가에 의해 조직된 2차적 소득분배에 의해 수정된다. 재생산영역에서는 가계의 서비스가 공적으로 조직되거나 적어도 규제되는 교육, 건강, 사회부문에 의해 보완되고 지원된다(Kaufmann 1997: 27f).

라는 것을 받아들일 경우에만 설명 가능하다. 기업가의 주권에 대해 노동조합이나 국가가 설정한 의무나 제한 그리고 소득이 낮은 사람을 위한 소득이 높은 사람의 부담 등에 대한 입법과정이 종료된 후 그다지 반대가 심하지 않다면, 그 이유는 사회개혁이 사회적 약자 그룹에게 가져다 준 혜택을 부담할 그룹에게 지속적인 손해로 간주된 것이 아니라, 합목적적으로 비춰졌기 때문이다. 이에 대해서는 사회국가론의 창시자라고 여겨지는 슈타인(Lorenz von Stein)이 이미 자본과 노동의 핵심적 관계와 관련하여 예측하였다(Boeckenfoerde 1976). 오늘날 다시 등장한 하이에크를 따르는 자유주의 연구자들의 주장과 달리, 복지국가 발전은 국가의 강제를 통한 개인적 자유의 단순한 제한이 아니라, 국가개입과 사회적 자기조정 능력의 동시적 상승가능성의 발견으로 이해된다. 이는 그러나 여기서 상세히 서술하지 않는다.

복지국가 발전을 특징짓는 사회권의 부여와 이를 보장하기 위해 지속되어온 국가 개입의 사회적 기능은 다양하며 사회생활의 모든 차원과 관계가 있다:

a. 문화적 측면에서 사회정책은 인구의 융합(파슨스적 의미에서)이 증가하고 따라서 기존의 사회 관계가 덜 부정의(不正義)하다고 여겨지도록 하는데, 즉 기존 사회상황에 대한 정당성 확보에 기여한다.

b. 정치적 측면에서 사회정책은 평화적인 작용, 즉 계급갈등을 완화시키며, 전체적으로 이해대립을 보다 생산적인 갈등해결 형태로 전환하는 작용을 한다.

c. 경제적 측면에서 사회정책은 인적자본 형성을 향상시키고 근로자를 보호하고 근로동기를 촉진하며 노동생산성의 증가에 기여한다.

d. 사회적 측면에서 사회정책은 복지생산의 사회적 조건을 보장한다, 즉 개인적 생활영역 – 다양한 사회영역에서 요구하는 인적 자산이 이 틀 안에서 재생산 또는 재활성화 된다 – 을 안정화한다(Kaufmann 1997: 46).

여기서의 입장에 따르면, 복지국가 발전의 진화적 성공의 결정적인 요소는 이러한 효과의 상호적 보완성, 즉 시너지이다(8장 참조). 성공적인 사회정책적 개입의 효과는 하나의 사회적 부분체계에서 뿐 아니라, 해당 제도가 '선택적 친화성'에 따라 특정한 사회적 부분 체계들간 중복되는 영역에서 발전되기 때문에, 근대사회의 기능적 세분화의 결과 다기능적으로 작용한다(Rieger 1992a 참조). 다원화 이론적 시각에서 이러한 진화적 이점은 경제체계의 구조적 무관심에 의해 비롯된 부정적 외부효과들에 대해 그 자기조정능력을 힘입어 보상하는 능력에 기인한다.

파슨스와 루만의 서로 다른 융합의 개념에 대하여 내가 생각하는 것을 아주 단순화하여 소개하면 융합은 연대단체에 속하는 모든 사람을 기능에 따라 전문화된 부분체계에 효과적으로 편입시키는 것과 그들이 부분체계에 소속된 것에 대해 규범적으로 인정하는 것을 전제로 한다. 융합은 따라서 성과측면 뿐 아니라 상징적 측면을 가지게 되며, 보통 수급권으로 표현되는 상징적 측면이 실제 보장되거나 수급되는 급여보다 더욱 큰 통합적 의미를 가질 수 있다고 추측된다.[172]

이 문제를 보다 잘 설명하기 위해서 나는 사회에 대한 다양한 이해에 따라 통합문제를 세가지 방식으로 파악하는 것이 필요하다고 생각한다.

1. **구조화된 기능맥락에서의 사회** : 이것은 스펜서나 뒤르껭 이후 사회적 분업에 대한 기본적 생각에서 나타난 것처럼 고전적인 다원화 이론적 해석이다.

2. **제도적으로 보장된 질서맥락에서의 사회** : 이는 민족국가 발전의 측면에서 지배적인 시각이다. 시민의 권리와 의무 뿐 아니라 집합적 행위자로서 국가 조직의 권한을 정한 헌법에 맞는 질서가 이러한 정치적 사회화 방식의 기초를 형성한다. 사회학적 시각에서 통합은 지위를 생성하고 중개하

---

172) 스티히베(Stichweh 1988: 286f)는 루만의 융합 개념에 대한 작업에서 상징적 측면을 '동반하는 의미'라고 서술하였는데, Muench(1994)는 (내 입장과 유사하게) '복지(후생)경제학'의 경제적-도덕적 이중성격을 강조하였다.

는 질서규칙에 따라 이루어진다. 중심적인 통합방식은 내부적 갈등이 법원에 의해 중재되는 법질서이다.

3. **도덕적으로 보장되는, 개인간 정서 맥락에서의 사회** : 이는 참여자의 '단순한' 사회이해에 해당한다. 동일한 사회에는 서로 '동일한 자'라고 인정되는 모든 사람이 속한다. 이러한 인정 또는 무시의 근거는 주로 법질서와 대부분 또는 부분적으로 일치될 수 있는 도덕적 또는 미적 판단이다.[173] 여기서 통합은 기존의 사회적 차이에도 불구하고 공유되어온 가치지향을 근거로 하는 상호적 의무에 대한 인정으로서 완성된다.

무엇이 전체사회의 통합을 '실제로' 구성하는가는 여기서 명확하게 밝혀질 수 없는데, 범 국가적 연결하의 발전에서는 '사회'의 체계지향(Systemreferenz)이 명확하지 않기 때문이다. 사회적 관계의 '전체'로서 '사회'는 오늘날 다양하게 해석될 수 있는 투사적 연관에서만 파악된다. 실제 연결들은 주로 기능적 종류인데, 법질서를 통해 지위에 따른 통합의 범 국가적 형태를 어느 정도 발전시킬 수 있는가는 아직 풀리지 않은 의문이다. 이는 마샬의 의미에서 공민권에 대해서는 달성되었으나, 정치권이나 사회권에서는 아직 달성되지 않았다. 또한 어떻게 도덕적 토대를 갖춘 연대 및 충성관계가 발전되는가도 아직 해답을 찾아야 될 문제이다. 지금까지 주로 국가적 형태를 가진 상호성이 유지될 것인가 아니면 보편주의적 또는 분파주의적 운동에 의해 줄어들 것인가? 이는 경험적으로 경제 및 정치 발전보다 경로의존성(path dependence)이 약하며, 따라서 예측하기 힘든 문화적 발전에 의존한다.

---

173) 인간의 공동생활에 대한 인정 측면은 헤겔(Hegel)에 의해 처음으로 강조되었고, 호네트(Honeth 1992)가 미드(G.H. Mead)를 인용하여 보완적으로 발전시켰다.

지금까지의 서술에서 예측 가능한 미래에 존재할 유럽 복지국가에 일반적인 것과 독일에 특수한 무엇을 추론할 수 있는가? 일단은 더욱 거세진 분배갈등을 예측할 수 있다. 이는 무엇보다 자본 소유자들이 국제적으로 활동할 능력을 더 많이 가짐으로써 나타난다. 격렬해진 경쟁과 더욱 많은 대안에 의해 강해진, 특히 수출 산업분야의 사업주는 단체협약에서 더욱 투쟁적으로 되며 (사용자) 단체에서도 더욱 공격적이 될 것이다. 이 외에도 비정상적 임금인상 경향의 주요요인은 단체협약의 양 당사자가 증가된 노동생산성의 결과를 낮은 가격을 통해 소비자에게 돌려주지 않고, 자신들만의 것으로 주장하는 것에 있다.

심화된 분배갈등은 또한 '분배 엘리트들' 사이에서도 생기게되는데, 즉 사회복지 단체, 예를 들면 사회보험자의 강한 정치화가 예측된다. 사회(복지)예산의 영역별 상대적 비중의 변화는 국내총생산의 증가가 아니라 사회예산 내에서의 재분배를 요구한다. 공적으로 재정이 충당되는 서비스의 비정상적인 비용인상으로 말미암아 특히 비용절감사업이나 합리화 노력이 기대되며, 이들 사업의 분배 효과는 보통 각 목표 집단 중 사회적 약자의 부담으로 되기 쉽다.

사회정책을 둘러싸고 증가되는 정치적 소음이 제도적 배열, 조합주의 협상체계 그리고 기본적 연대의식을 얼마나 감소시킬 것인가는 일반화된 이론만으로는 예측하기 힘들다. 탈연대 경향은 일반적인 것은 아니지만 여러 곳에서 나타나게 된다. 이는 본질적으로 세가지 차원에서 나타난다.

a. 개인적 탈연대로서 개인이 법 규정을 비합목적적으로 이용하거나 의식적인 탈법 행위를 통해 이익을 추구하는 경우이다. 이에는 보조금 횡령, 사회복지급여의 부정수급 그리고 조세회피, 조세의 부당한 경감, 근로자의 불법 고용 또는 불법근로 등이 포함된다.

b. 집합적 탈연대로서 그 구성원이 과격화되거나 상대방에게 불필요한 자극을 줌으로써 단체협약의 동반자적 성격에 대한 조건을 약화시키고 수십 년

간 유지된 평화적인 갈등해결 절차와 이에 근거한 상호이해의 기초 및 상호 신뢰를 의문시하도록 단체나 기업의 권력이 사용되는 것이다. 집합적 탈연대는 또한 고용주와 노동조합, 그리고 정치 대표자가 근로생활에 참가하지 못하는 사람들에게 부담이 생기도록 법을 수정할 때에도 일어난다.

c. 문화적 탈연대로서 사회국가성의 규범적 기초가 의문시 되고(격렬해진 분배갈등에서 이미 추진력을 얻은) 강자나 능력 있는 자의 권리에 대하여 논거를 제공하고자 할 때 일어난다.

이러한 경향이 정치 경제적으로 얼마나 실현될 것인가 그리고 이것이 어느 정도의 사회, 정치적 양극화의 상승과정으로 귀결될 것인가는 다수의 부대조건 - 그 중 특히 정치 책임자, 즉 정당 및 단체의 상층부에 의한 상황정의의 변화가 중요하다 - 에 의해 결정된다. 이에 대해서는 다양한 사회과학적 진단이 상당한 영향을 미치는 것이다. 이로써 사회학자는 - 우리는 스스로 다른 관찰들과는 별개의 관찰자로 칭한다 - 어느 정도는 불가피하게 진단하는 자로서 동시에 이러한 변화에 대한 행위자가 된다. 우리는 진단의 위험을 지게 되며 다른 사람들은 결정의 위험을 지게 된다.

사회국가의 통합기능은 사라지는가? 지난 수십 년간의 위기에 관한 용어들을 통해 정치적 논의를 정리할 수는 없다. 위기는 존재하며 이는 공동생활의 모든 차원과 대부분의 공공 생활의 영역에서 이 문제에 대한 증가된 압력으로 명확해지고 있다. 독일의 경우 - 이와 같이 세부적인 맥락에서만 진단할 수 있다 - 사회복지급여의 축소를 통해 이러한 문제에 대한 압력에 생산적으로 대처할 수 있다고 볼 설득력 있는 이유가 없다. 비용의 축소와 급여의 제한은 여러 곳에서 불가피하고, 또한 이러한 삭감으로 복지의 상실이 많지 않거나 효율성이 증가될 수 있는 분야도 존재한다. 그러나 임금비용 분야에서 국제 경제적 압력은 임금상승에 대한 자제로서 해결되어야하지 사회복지급여를 축소함으로 이루어져서는 안 된다. 독일 경제에 필요한 혁신은 사회복지급여의 축소를 통해 추진되는 것이 아니며, 생산분야에서의 탈규제를 통해 이루어져야 한다. 몇몇 사회복지급여를 조세로 부담함으로써 임금비용을 낮추는 것도 근거는 있겠지만 전체상황을 변화시키기는 힘들다.

공공의 의식에 지속적으로 남아있어야 하는 것은 국민 경제정책의 자율성 상실이다. 부채를 늘리고 선거공약을 하는 것도 국제금융시장이 국가의 생산력을 결정하는 지금에는 아무 소용이 없다. 물론 독일은 외환정책 덕분에 아직 좋은 평판을 얻고 있다. 현재 새로운 계기는 다수의 요인에 의해 동시적으로 강해지고 증가된 – 적어도 동유럽의 임금수준이 비교적 상승할 때까지의 이행기에는 독일 근로자들에게 부담이 되는 – 국제적 산업 유치 경쟁이다.

리스트(Friedrich List 1837/1927)가 생산주도 세력에 대한 분석에서 이미 보여주었듯, 전체 국민경제가 유치경쟁에 놓여 있다. 이 때 민족국가 수준에서의 국제적 구분은 지속되며, 이는 그 기본적 연대의 유지에 기대치 않은 도움을 줄 수 있다. 예를 들면 네덜란드나 스웨덴에서처럼 국민경제적 연관이 결정권을 가진 행위자의 의식에 자리잡고 있을 경우, 민족국가의 통합(에 대한 전제조건)이 유럽화나 세계화에 의해 사라지지는 않는다. 또한 라이프리드와 리거 (Leibfired/Rieger 1996,2001)의 주장 – 즉 사회국가 제도의 유지를 통해서만 국민 속에 잠재한 보호주의적 입장을 통제할 수 있다 – 도 일리가 있다. 적어도 유럽에서 진보는 그 부작용에 대한 보장이 없이는 이루어지지 않는다. 경쟁이라는 경제적 동력은 사회적인 용어에서 뿐 아니라 이에 부합하는 제도적 – 집합적 자조에서 국가지원으로 – 발전에 의해 보상되었다.

사회성의 국가별 전통은 각각 다르며, 이해상황도 – 특히 근로자측의 – 상이하다. 유럽 대부분의 국가가 자유주의적 자본주의와 사회주의적 계획경제 간의 제3의 길을 갈 수 있다는 것을 증명했지만, 이들 국가들 간에 공통적인 사회정책적 질서에 합의하기는 어렵다. 사회 보장체계의 확대가 생산성 증가보다는 오히려 추가적인 갈등과 관련되는 한, 사회정책은 계속 민족국가적 지배 하에 있을 것이라는 것이 – 이는 또한 완전히 새로운 형태로 국민적 연대의 기능을 의식하게 할 수 있다 – 가장 개연성이 높다. 그럼에도 불구하고 정당성의 이유로 유럽 연합의 차원에서 사회정책적 주제들은 더욱 많이 논의될 것이며, 결국에는 수사적 차원 뿐 아니라 제도적 차원에서도 성취될 수 있을 것이다.[174]

---

174) 이에 대해서는 Kaufmann 2000 참조.

　　현재 다단계적인 사회정책 조정체계의 가능성에 대하여 많은 견해가 존재한다(Leibfried/Pierson 1995 참조). 현재로서는 쉽지 않은 문화적 교류의 강화와 유럽 내 여론(언어 장벽이 존재한다)의 수렴 없이는 유럽차원에서 연대에 대한 태도 – 인정연관으로서 융합의 실현조건 – 가 형성되기를 기대하기는 힘들다. 대부분 국가의 사회정책 제도는 변화하는 상황과 정당성에도 불구하고 지금까지 엄청난 역사적 지속능력을 보여왔다. 보다 나은 해결책이 없는 한, 그 존재 자체가 자신을 대변해왔던 것이다. 따라서 결국 우리는 진보 시나리오나 위기 시나리오가 주장하는 것보다 훨씬 오랫동안 좋든 싫든 민족국가적으로 형성된 사회제도와 함께 생활해야 하는 것이다.

제 11 장

근대 경제의 조건 하에서 사회국가성 *

11.1 | 사회국가 이론의 부재

일반적으로 사회국가 또는 복지국가로 칭해지는 것은 법학(사회법), 경제학(移轉경제학)과 이와 관련된 사회학 및 정치학의 이론적 분석사이에서 근근히 그 이론적 생존을 이어가고 있다. 독일어 권에서는 '사회정책 협회'의 활동으로 인해 실천적 사회정책에 대한 학문적 기초가 일찍이 마련되었고, 영국에서도 이와 관련된 문제들이 '사회행정'이라는 독립 분야에서 다루어지고 있지만, 여기서는 보통 역사적, 제도적 그리고 개별 제도들의 개혁에 대한 서술들이 이루어지고 있다. 최근에서야 국제적으로 보통 '복지국가적'이라고 칭해지는 것의 발전에 대한 전체맥락을 역사적, 국제 비교적으로 다루고자 하는 노력들이 생겨나고 있다 (Ritter 1989; Schmid 1996; Schmidt 1998). 그러나 여기서도 귀납적인 방식

---

* Handbuch der Wirtschaftsethik, hrsg. im Auftrag der Goerres-Gesellschaft von Wilhelm Korff u.a. Guetersloher Verlagshaus, Guetersloh, 1999, band 1, S. 803-833. 이 논문을 일부 축약하고 수정한 영어판은 "Towards a Theory of the Welfare State", in: Welfare State Futures, ed. by Stephan Leibfried – An Interdisciplinary Journal of the Academia Europe, Vol.8 (2000) No.3, S.291-312. 본 논문은 영어판을 수정과 보완을 거쳐 제출한 것이다.

이 지배적이다. 오늘날까지 사회국가 문제를 국가론, 경제 질서이론 또는 사회학적 조정 및 사회이론 그리고 윤리론과 체계적으로 연계하고자 하는 시도는 거의 없었다. 또한 시도가 있었다 하더라도 개별 학문의 일방적 시각에서 이루어졌다. 이러한 이론부재로 말미암아 복지국가 문제는 편파적으로 다루어지고 있는데, 자유주의 학자들은 국가개입에 대해 선험적으로 문제를 제기하고, 사회민주주의나 기독교 사회주의 입장을 가진 학자들은 '경제' 질서정책의 한계를 고려하지 않은 채 사회문제를 너무 쉽게 국가의 문제해결 능력에 맡기고자 한다.

이러한 상황에 대해서는 여러 가지 이유가 있다. 가장 중요한 이유는 이론적 성격인데, 사회적 연관을 정치학 뿐 아니라 경제학에서도 불충분하게 개념화 하기 때문이다. 법학 및 정치학적 사유는 '국가'와 '사회'를, 경제학적 사유는 '시장경제'와 '국가'를 구분하는데, 이 때 양 국가 개념은 동일하지 않다. '국가'와 '시민사회'로 가장 먼저 구분한 헤겔이 이미 세 번째 군거(群居)원칙, 즉 '가족'을 언급했지만, 가계의 복지 생산 기능은 양자 모두의 개념화에서 사라졌으며 또한 결사체가 구성하는 중개영역 – 몰(Robert von Mohl 1851)이 '사회학'의 중요 대상으로 정의한 – 도 이 구도에 맞지 않게 되었다. 법학 및 경제학적 사유가 지배함으로써 '시장'과 '국가'의 추상적 모순이 발전되었으며, 오늘날 이러한 모순은 (경제)질서정책적 사유의 출발점이 된다. 이러한 이론적 구분에 의해 결국 경쟁원칙의 일반적인 문제를 해결할 능력 내지 국가주의에 대한 신념을 가진 이데올로기적 지향이 나타났으며, 그 분석적 예리함을 잃게 된 것이다. 근대 사회는 많은 조정원칙 혹은 질서원칙을 소유하고 있으며 이들의 공동작용에 의존한다.

시장과 국가간 모순이라는, 결실이 적은 모순이 지배적이 된 것에 대한 설득력이 적은 지식사회학적 이유는 미국과 유럽대륙의 국가 및 사회에 대한 이해의 차이이다. 미국인의 개인주의 사회에 대한 이해는 '개척지' – 서부로 향하며 개인적 요구에 대하여 개방된 가능성 그리고 '아래로부터' 공동체가 형성한 역사적 과정 – 에 대한 경험으로부터 삶에 나타나게 되었다. 이와 달리 유럽의 대표적인 국가에서는 국가와 국가행정기관의 성립이 시장의 자유화나 민주화보다 먼저 이루어졌다. 예외적으로 영국에서는 '시민(공공)행정'이 '명예혁명' 이후 이백년이 경과하고서야 성립되었다; 미국은 오늘날까지 통일되고 전문화된 국가행정을 발전시키지 못했다. 또 다른 문화적 차이는 앵글로색슨 지역에서 로마법의 수용이 없었다는 것이다. 엄격히 말하자면 앵글로색슨 지역에서는 성문 헌법과 법률에 의해 만들어진 정부, 행정 그리고 법원의 통일적 질서로서의 '국가'를 알지 못하며, 여기서 쓰이는 '정부'라는 대표적 개념은 (국가보다) 훨씬 적은 범위만을 포함하는 것이다(Dyson 1980). 유럽대륙과 앵글로색슨의 정치문화는 국가에 대한 이해에서 상호간에 특성적인 차이를 보이는데, 이러한 차이는 결국 유럽대륙에서 국가의 문제해결 능력에 대하여 보다 큰 신뢰를 가질 뿐 아니라 국가가 공공의 이해를 보다 강하게 수용하는 것 그리고 국가개입에 대한 높은 정당성 확보에서 확실해 진다.

다음의 서술은 이러한 이론의 결핍을 시론적으로 보완하고자 하며, 이에 따라 제기되는 모든 의문에 대해서 체계적으로 다루지는 못한다.

<h2>11.2 | 사회국가 이론의 출발점</h2>

우리가 사회국가 또는 복지국가라고 칭하는 것은 국가에만 관련되는 것이 아니라, 이미 19세기 중엽 독일 사회과학자들이 정확하게 파악한 것처럼, 시장사회라는 사적 영역과 법치국가라는 공공성 간의 중개와 관계가 있다. 그들은 이러한 중개와 관련된 업무를 사회정책(sociale Politik)이라 칭하였다(Pankoke 1970; Kaufmann 2001a: 15-23). 사회국가성의 법률적 핵심분야를 구성하는 노동법, 교육법, 사회법의 내용은 공법과 사법간의 고전적 구분이 힘들며 양자의 혼합으로 보여진다.

정치이론은 국가로부터, 경제이론은 (시장)경제로부터 도출된다. 따라서 양자는 사회국가성의 전문적 특성을 항상 일면적으로 볼 수밖에 없다. 그러나 중개 또는 혼합이라는 비유도 문제를 밝히지는 못하는데, 이는 강제에 의한 법치국가성과 자유주의적 시장경제이라는 영역 간의 단순한 구분이 불충분한 것에 대한 이유를 명확히 밝히지 못하기 때문이다. 이 불충분은 이미 알려진 바와 같이 사회문제라는 개념 하에서 다루어졌는데, 먼저 중세로부터 근대로의 전환기에는 빈민주의(Pauperismus)로, 이후에는 일반적으로 근로자의 문제상황이라고 이해되었다. 두 경우 모두 당시 노동 계급이라 칭해진 사회 하층계급의 생활상황과 권리를 다루었다. 이들은 법적 측면(예를 들면 선거권, 단결권)에서나, 경제적 측면(빈곤 내지 고용의 불안정)에서 모두 시민의 지위에서 배제되었으며 시민(Citoyen)도 부르주아도 아니었다. 봉건적 속박의 제거로 인해 그들에게는 법적 혹은 계약의 권리가 주어졌지만, 시민사회의 평등을 위해 필요하다고 여겨졌던 생산수단을 소유한다는 전제조건을 충족시키지는 못했다. 산업화 초기에는 모든 사람에게 요구되었던 성실성을 통한 충분한 저축으로 자영업을 할 수 있다는 것이 불가능한 것은 아니었다. 이 조건 하에서는 자유주의도 '노동에 대한 권리'를 인정하였다. 아무도 영업에 대한 권리에 쭌프트(수공업조합)나 국가의 제재를 받아서는 안 되었다. 이에 반해 맑스(Karl Marx 1867/1922: 590ff)는 자본주의 분석에서 "경쟁기제로 인해 자본의 집중 또는 자본에 의해 자본이 흡인"되는 경향이 있으며, 이로 인해 무산 노동자의 피고용 노동이 생애 중 청소년 단계에서만 존재하는 것이 아니라, 지속적인 계급상황이라고 보았다. 이와 대조적으로 슈타인(Lorenz von Stein 1850)은 계급갈등에 대한 국가의 중개에 대한 생각을 발전시켰다.

이로써 근로자 개인 뿐 아니라 그 가족의 상황에 대한 문제가 제기되었다. 독일에서는 등한시 되었지만 기독교 기업가였던 르플레(Frederic Le Play)의 영향 하에 일찍부터 가족부담 조정금고를 시행하고 있었던 프랑스에서는 이 문제가 논의의 중심에 서 있었다. 아동노동이 금지되지 않았을 때 가족의 소득은 가족 수에 거의 일치하는 경향이 있었다. 아동노동금지와 일반의무교육의 도입으로 인해 부모는 아동의 노동력을 빼앗기게 되었으며, 이로 인해 아동이 완전히 비용 요인으로 바뀌게 되었다(6.2.1 참조). 영국의 자유주의자들이 '정부가 간섭해서는 안 된다'는 (경제)질서정책적 기본원칙에 이유 없이 반대한 것은 아니며, 이들은 모든 국가의 개입이 새로운 문제를 야기하며 이후에는 반드시 정치적 요구가 따르게 된다고 보았다. 그러나 조사를 통해 나타난 현실로 인해 아동노동에 대한 도덕적 이유에서의 반대는 영국에서 조차 강하게 영향을 미쳤다. 프랑스와 프로이센에서도 국가정치적 이유와 병력의 약화라는 이유 때문에 아동노동에 대한 대책이 일찍이 나타났다. 오늘날에는 무엇보다도 인구학 및 인적 자본론적 논리에 따라 사회에 없어서는 안될 가족의 재생산기능이 언급되고 있다.

여기서는 두 가지를 사회국가성 이론의 출발점으로 삼는다. 첫째는 법적인 발전과, 둘째는 사회적 재생산과 관계가 있다.

1. 영국의 사회학자 마샬(T.H. Marshall)은 1948년 유엔의 일반인권선언에서 선언된 것과 같은 사회권이 시민의 지위와 관련되는 시민권 및 정치권을 체계적으로 보완하는 것으로 보았으며(Marshall 1949/1992), 이후 이 생각은 적어도 유럽에서는 널리 받아들여지게 되었다. 사회권은 소극적 권리가 아니라 정치권과 같이 참여권 – 그러나 국가가 아니라 사회와 관련된 – 을 다룬다. 여기에 질서정책적 모호성이 존재한다. 사회권은 – 자유주의적 신조에 따르면 배제되어야 할 – 사회적 관계에 대한 국가 개입에 의해서만 보장될 수 있다. 파슨스(Talcot Parsons)와 루만(Niklas Luhmann)은 마샬로부터 출발하여 이러한 사회국가적 책임의 특징을 명확하게 하고자 융합이라는 개념을 사용하였다. 파슨스에게 융합은 인간을 사회 공동체의 성원으로 인정하는 것, 즉 나중에 법적 결과를 갖게 되지만 우선적으로 도덕적인 사실을 의미하였다. 이와 달리 루만은 이 개념을 기능적으로 명확화 하였다. "모든 개인은 모든 기능범주에 대한 접근을 할 수 있어야 한다. 모든 사람은 가족을 이룰 수 있거나 정치적 권력을 행사할 수 있거나 또는 함께 통제할 수 있어야 한다. 모든 사람은 학교에서 교육 받고 필요한 경우 의료적으로 보호를 받으며 경제활동에 참가할 수 있어야 한다. 융합의 원칙은 하나의, 단 하나의 그룹에 소속되는 것을 근거로 하는 연대를 대체한다"(Luhmann 1980: 30f). 여기서 융합의 필요성은 한편으로는 봉건적 속박을 철폐함과 동시에 개인적 자유를 가능케 하고, 다른 한편으로는 기존의 보호 및 참여권을 철폐한 사회적 근대화와 관련된다. 동시에 근대화는 다원화된 부분체계의 형태로 사회적 기능이 독립하는 것을 의미하며, 부분체계의 성과는 일반적으로 개인의 생활영위에 기본적으로 없어서는 안 된다. 시민적, 정치적 및 사회적 권리는 바로 이것을 보장해야 하는 것이다. 이 때 사회권은 첫째 근로관계의 보호, 둘째 생계보장을 위한 현금급

여, 마지막으로는 건강부문, 교육부문, 사회복지부문의 개인관련 서비스와
관계가 있다. 이러한 사회국가적 배열의 작용방식에 대해서는 후프(Huf
1998)가 설명하였다.

2. 두 번째 출발점은 사회적 재생산 문제이다. 경계가 명확하고 지속적이라고
   생각되는 집합체 – 이와 관련되는 사람들이 서로 간에 구성원이라고 인정
   하는 – 의 형태 안에서 인간의 생활이 행해지는 경우 가장 기본적인 연대
   가 존재한다고 볼 수 있다. 나와 동일한 자에 대한 인정은 – 이 때 당연히
   사회적 서열이나 다수의 조직에 대한 소속을 배제하지 않으며 – 모든 사회
   생활의 기초가 된다. 이러한 기본적 연대의 규범적 함의는 문화와 연결되
   며 기존의 연계구조에 의존한다. 여기서 문제가 되는 사회국가성은 민족국
   가라는 정치적으로 구조화된 사회와 관련이 있다. 여기서 사람의 형체를
   가진 모든 개인의 생활권을 인정하는 것이 문화적-규범적으로 전제된다
   (11.7.1 참조). 물론 시민권의 질이라는 의미에서 구성원으로서의 모든 권
   리를 인정하는 것은 특수한 전제조건 – 이는 또한 집합체의 경계를 표시한
   다 – 과 관련되어 있다. 모든 집합체는 새로운 성원을 충원하는 것에 의존
   하는데 국가의 경우 이것은 번식과 양육 또는 이민을 받아들임으로써만 가
   능하다. 후자가 더 이상 한계에 부닥치면서 국가 뿐 아니라 사회의 모든 부
   분체계가 양적 및 질적 측면에서 충원을 위한 가족의 성과에 의존하게 된
   다(Kaufmann 1990: 58ff; Meier 1995). 이 성과는 사회국가성의 이론에
   체계적으로 포함되어야 한다.

사회국가성 이론은 사회적 연대의 형성과 유지에 대하여 체계적으로 관련이
있는 국가를 전제하여야 한다. 그러나 이 전제는 소위 세계화의 영향하에 당연성
을 잃게 되었다. 이와 관련되는 문제는 나중에 언급하고자 한다(11.8절 참조). 다
음 절에서는 사회 복지에 대한 국가 책임의 필요성과 한계를 살펴본다.

가족의 성과는 교환 원칙이나 강제 원칙이 아니라, 정서적 유대와 합목적성에 대한 고려 그리고 도덕적 의무 또는 갈등 상황 시 법적 의무가 혼합된, 개별적으로 밝히기 힘든 동기에 근거한다. 가족의 성과는 보통 하나의 가계 내에서 생산되며 친척에 대한 지원으로서도 이어질 수 있다. 기본적으로 비금전적인 가족의 성과는 정치이론이나 경제이론에서는 당연한 것으로 전제되지만 사회의 부가 증가할수록, 즉 가족 성과의 기회비용이 커질수록 그 당연성은 줄어들고 있다. 나폴레옹의 평등 상속법에 대한 반응으로 프랑스의 부르주아 계층은 19세기 초반부터 그 자녀 수를 감소시키기 시작했으며, 20세기에는 산아조절이 일반화되었다. 1989년 이후 구동독지역에서 3년 만에 출산율이 절반으로 감소한 것과 90년대 스웨덴에서 사회복지급여의 삭감 후 출산율의 감소가 보여주듯, 오늘날 한 국가의 인구는 생활조건의 변화에 대해 상당한 정도로 반응한다. 독일에서 간병보험의 도입은 가족의 간병서비스가 더 이상 당연하다고 전제되는 것이 아님을 보여준다.

가계생산과 사회국가성의 질서정책적 측면을 이해하기 위해서는 근대화의 결과로 인한 가계생산의 기능적 변화를 기억해야 한다. 중세의 봉건체계는 기본적으로 대가족적 지배와 자급자족의 원칙에 근거하였다. 가계는 – 오늘날의 가구의 개념과 동일한 – 가장 작은 보장 단위인 '화덕'*이 아니라, 그 틀 안에서 노동이 조직되고 저장경제가 이루어진 대가족적인 생산 체제였다. 이러한 대가족 가계에 속하는 모든 사람은 기본적으로 보장과 생활유지에 대한 권리를 가졌는데, 그 규칙은 농촌의 사회구조에 따라 달랐다.

광범위한 자급자족이란 생활에 필요한 모든 것이 가계 내에서 생산되거나 농업이나 목축을 통해 자연에서 직접 얻어지는 것을 의미한다. 근대 초기에는 시장이 농업에도 관철되기 시작하였으나 산업화 시작까지 – 극단적인 경우 목축을 위한 공유지, 땔감을 위한 공유림, 그리고 이미 성경에 나타난 것처럼 추수 후 곡

---

*역자 주: 여기서 화덕이란 직역하면 부엌에서 음식을 준비하는 큰 화로를 의미하지만 현대적 의미로는 가장 적은 경제적 단위로서의 가구를 의미한다.

식을 주울 권리 등 뿐이었다 하더라도 - 모든 사람은, 대개는 아주 부족하였지만, 자연자원에 대하여 직접 접근할 수 있었다.[175] 분업과 화폐경제의 등장으로 재화 생산영역에서의 자급자족은 시장에 의한 공급에 의해 구축(驅逐)되었으며, 가장 열악한 계층은 자선에 의해 지원 받게 되었다. 개인이 원하더라도 생산할 수 없었던 재화가 점차 증가되었다. 전체 생활관계가 돈에 의해서만 살 수 있는 생산물을 사용하는 것에 집중되었으며, 돈을 벌기 위해서는 일반적으로 노동력을 판매해야만 했다. 따라서 욕구충족을 위해 적절하였던 환경의 성격이 결정적으로 변화되었다. 인간은 고도로 전문화된 직업역할에 따라 생산에 참가하였으며 그들 경험의 범위 밖에서 생산된 생산물을 소비하게 되었다. 자연의 변덕 대신 이제는 경제생활의 변화에 따라 삶이 의존하게 되었다. 원래 존재했던 획득형태가 적어도 대도시의 조건 하에서는 그 의미를 잃게 되었다.

시장에 의해 중개된 생산과 소비에 따라 자급자족이 사라졌음에도 불구하고 가계는 - 경제이론에서 주장하듯 - 단순한 소비단위로 전락하지는 않았다 (Teichert 1993). 경제이론의 추측이 잘못된 것은 "돼지를 치면 사회적으로 생산적이지만, 인간을 키우면 비생산적인 구성원"(List 1922: 231)이라고 생각하기 때문이다. 근대적인 (가족으로 구성된) 가계의 두드러진 성과는 재화의 생산 뿐 아니라 개인관련 서비스, 특히 양육, 보호, 조언, 지원 및 정서적 지지와 관계가 있다. 이 외에도 가계 내 그리고 가계를 넘어서는 친족관계에서 현금이전 또는 재화의 재분배가 이루어진다.

사회국가적 제도의 성립을 관찰하면, 우리는 본질적으로 이것이 가족의 이러한 성과를 보완하거나 부분적으로 대체하기 위해 발전되었음을 확인할 수 있다. 사회보장체계와 교육, 건강 및 사회복지 부문의 서비스 조직의 발달은 부분적으로만 시장에 의해 중개되는 성과를 대체한 것이며 이전에는 단순하고 세분화되지 않은 형태로 가계에서 그동안 제공되어왔던 성과를 조직화되고 전문화된 형태로 제공하는 것이다. 국제비교에서 나타나듯, 이러한 재분배 혹은 서비스 체계는 원래 한편으로는 집합적 자조(부조금고) 또는 개인이나 교회의 자선(빈민학교, 병원)에 의해, 다른 편으로는 사경제적 사전대책(민간보험) 또는 서비스 시설

---

175) 구약 룻기 2장 참조.

(사립학교, 민간의원 및 병원)에 의해 구성되었다. 이것이 주민에 의해 널리 이용되게 된 것은 국가 개입에 의해서이며, 시설의 국유화 정도는 국가별로 상이하다.

오늘날 사회국가 또는 복지국가로 칭해지는 것, 즉 사회보장의 조직 및 공적으로 재정이 충당되는 사회복지 서비스 제도의 전부가, 경찰이나 법원처럼 반드시 국가 시설일 필요는 없으며, 그 국유화 정도는 역사적으로 우연적인 것이다. 따라서 중립적인 용어인 사회부문 또는 복지부문이란 명칭이 필요한데, 급여의 종류와 범위는 국유화 정도와 무관하기 때문이다. 이처럼 명칭을 변경함으로써 개념을 명확화 할 수 있다.

우리는 우선 시장에 의해 중개 되거나 공익, 국가 그리고 가계 내지 친족이나 이와 유사한 네트웍에 의해 반대급부 없이 제공되는 급여를 하나의 연관 속에서 파악하게 하는 개념을 필요로 한다. 이에 대해서 나는 짜프(Zapf 1984)를 인용하여 복지생산이라는 개념을 제안한다. 이 개념은 개인 차원에서 누구에 의한 것인가라는 점과는 관계없이 이전가능한 급여가 제공됨으로써 완성되는 효용의 총합을 의미한다.

이러한 복지 생산의 성과의 합은 본질적으로 국내총생산보다 큰데, 이는 금전적 급여 이외의 것도 포함하기 때문이다. 독일 통계청의 표본에 따른 시간예산 조사결과에 의하면 1992년 독일에서 연간 금전 및 비금전적 노동시간은 600억 시간의 근로활동(36%), 100억 시간의 출퇴근시간(6%), 955억 시간의 비금전적 노동(58%)으로 구성된다. 비금전적 노동은 이 때 가계생산, 네트웍에 대한 지원, 자원봉사 활동 등으로 구성된다. "거시경제적으로 평가할 경우 비금전적 노동은 1992년 구서독 지역에서 1조 1250억 마르크의 가치를 가진다. 이는 서독 경제에서 전체 임금의 합보다 9%가 적을 뿐이다... 따라서 전체 경제활동의 성과는 국내총생산 보다 42% 더 높다." 다른 평가기준을 사용한다면 "비금전적 노동의 가치는 두 배일 수도 있다"(Blanke/Ehling/Schwarz 1996: 6f).

복지생산의 시각은 두 가지 측면에서 해석적으로 유용하다. 한편으로는 이로 인해 복지생산의 영역별 이동, 즉 금전 대 비금전적 생산의 비율 뿐 아니라, 금전적 복지생산의 비율을 시장에 의한 조정과 단체 또는 국가에 의한 조정에 따라 구분할 수 있다. 예상되는 것처럼 시장 및 국가 부문의 팽창이 가계 및 네트웍 생산의 축소에 따라 이루어졌다면, 경제팽창을 통한 실질적 복지성취는 실질경제적 성장률보다 적다는 것을 추론할 수 있다. 환경오염의 경우와 같이 가계경제의 성과가 상품화될 때 사회적 비용이 발생함을 고려해야 하는 것이다. 링엔 (Ringen 1997)이 영국을 사례로 보여준 것처럼 가계경제적 성과를 고려하여 전체경제 발전에 따른 복지를 평가할 때에는 공식적인 경제수치보다 훨씬 좋지 않게 나타나는 것이다.

다른 편으로 복지생산의 시각을 통해 노사관계의 다양한 형태를 복지국가 이론에 포함시킬 수 있다. 노사관계의 규제를 위한 국가 또는 국가에 의해 입법된 법률의 영향은 전적인 절제(대처 당시의 영국)로부터 절차상 국가개입이 없는 단체협약에 대한 규정(예를 들어 독일) 그리고 국가와 협약 상대방들이 함께 참여하는 임금정책 체제(예를 들면 네덜란드 또는 스웨덴) 또는 국가에 의한 최저임금법(예를 들어 프랑스)에까지 걸쳐있다. 임금 결정의 방식은 생산성 증가에 따른 분배와 다양한 인구 집단이 국민생산에 참여하는 비율 내지 복지생산의 분배 모형에 가장 큰 영향을 미친다. 임금정책과 관련되는 국가의 역할이 다양하기 때문에, 즉 근로관계의 규제가 거의 협약 당사자만의 과제일 수도 있고, 국가 개입이 지배적이 되는 대상이 될 수도 있기 때문에 노사관계의 측면을 국가중심적 시각의 틀에서 다루기는 힘들다. 이와 달리 복지생산이라는 보다 광범위한 시각은 해석적으로 유용한 틀을 제공한다.

11.4 │ 사회부문

나는 여기서 시장 그리고 비시장적으로 조정되는 생산 중에서 사회영역 또는 복지영역의 성과에 대해서만 관심을 갖는다. 이 부문은 역사적 또는 체제적인 이유에 근거한 특성에 따라 진정한 국가부문이나 진정한 시장부문으로 구분하기 힘들다. 이 부문은 두 가지 기능적 부분영역, 즉 금전적 재분배와 – 특히 기본시설 공급과 서비스 등 – 생활관계의 개선에 초점을 둔 공공 서비스를 포함한다. 금전적 재분배는 복지생산의 개념에 대해 간접적인 관계만을 갖는데, 이것은 실물경제적 성과를 다루지는 않기 때문이다. 내가 살펴보고자 하는 것은 개인관련 서비스인데, 이는 사회부문에서 가장 비용 집약적인 급여이며, 명확하게 복지생산의 비금전적 형태와 부분적인 대체관계에 있다.

11.4.1 개인관련 서비스

개인관련 서비스는 상품의 전형적인 성격을 갖고 있지 않다. 이는 제한적으로만 이동가능하며 축적이 불가능하고 또한 보통 '소비자'의 적극적 참여를 전제로 하는데, 이 때문에 이를 이용하는 사람을 소비자가 아니라 예를 들면 수혜자, 학생 또는 환자 등으로 부른다(Gartner/Riessman 1978). 개인관련 서비스는 이로 인해 아주 제한된 범위에서만 합리화가 가능하며, 규모의 양적 확대에 의한 효과도 적다. 생산 및 거래비용의 구분은 적어도 상호작용 서비스의 차원에서는 적절하지 않다. 생산물의 질은 표준화하기 힘들며 개별적으로 상호작용에 참가한 사람들에게 의존한다. 이 모든 것은 유료의 서비스 뿐 아니라 무료 서비스에도 유사하게 적용된다. 유료와 무료의 경계는 자원봉사자에 대한 비용 보상이나 간호를 담당한 가족구성원에 대한 간호수당 등에서 볼 수 있듯이 뚜렷하지 않다.

따라서 이 영역에 대한 기존 경제학에서의 구분은 해석적으로 유용하지 못하다. 이 영역의 특성은 공식 및 비공식적 경제의 근접성이다. 관점에 따라 이 서비스는 다원화되어 전문적으로 제공되는 것이 유리할 수도 있고, 다양한 사회 관계에 내재된 '아마츄어적인', 보다 정확하게는 '비전문가적'인 제공 - 예를 들어 애정을 가진 부모가 제공하는 것 - 이 더 유리할 수도 있다. 자조집단과 많은 단체에서 공식적 목적추구 자체가 광범위한 사회관계를 형성하는 것과 관련되어 있으며, 여기서 당사자는 도구적 지원 뿐 아니라 정서적 지원을 얻으며 경우에 따라 제3자에 대하여 공통의 이해관계를 추구하기 위해 단합할 수도 있다. 심리 사회 및 건강관련 자조집단은 80년대 독일 내에 약 4만 5천 개로 추산된다(Hondrich/Koch-Arzberger 1992: 52).

논의의 진전을 위해 여기서 효용분석적 시각에서 과정적 효용과 결과적 효용을 구분할 필요가 있다. 시장이론은 결과적 효용만을 계산한다. 생산과정의 결과만이 시장에서 거래되며 소비재 또는 투자재로서 제3자가 이용하게 된다.[176] 그러나 개인관련 서비스에서는 소비와 생산을 구분할 수 없으며, 효용은 전문가와 클라이언트간의 상호작용과정에서 생성되며, 당사자간 교환작용(의 과정)으로부터 분리하기 힘들다. 이는 상담과정에서 특히 명확하게 드러나며, 교육적 상담 또는 대부분의 치료[177] 과정에서도 나타난다. 과정이 유용하게 나타날 경우, 즉 과정적 효용 또는 거래적 효용이 생성될 때 비로소 상호작용과정을 넘어서서 결과적 효용이 발생할 수 있는 것이다. 유료의 서비스 생산에서 보통 결과적 효용에 대한 관심이 더 크지만, 무료의 서비스에서는 상호작용, 즉 과정적 효용이 전면에 등장하게 된다(예를 들어 가족 또는 자조집단).

이에 따라 유료의 개인관련 서비스는 비공식적 복지생산 형태와 보완적 또는 대체적 관계에 서게 된다(Evers/Olk 1996). 여기서 – 국가의 법규범이나 경제적 유인에 의해서는 적절하게 조정될 수 없는 – 질적 차이와 측정되기 힘든 긍정적, 부정적 추가효과를 고려해야 한다. 개인적 동기와 당사자의 능력이 여기서 중심적 역할을 하는 것이다. 이와 관련하여 전문가, 기업, 집단 내 또는 가족 유형 등 일정한 유형의 공통적 정서(Ethos)를 형성하는 것이 제도론적 시각에서 중요하다고 추측할 수 있다.

요약하자면 개인관련 서비스 영역은 본질적으로 보통 생각하는 것보다 훨씬 더 광범위하고, 복지생산에 대하여 지속적인 영향력을 갖는다는 것을 확인할 수 있다(Anheier/Seibel 1990). 복지국가 논의에서 논쟁의 대상이 되는 것은 전체 영역 중에서 가변적인 부분에만 해당하는데, 이는 시장 대 국가 라는 긴장관계에서는 적절하게 다루기 힘들며 효율성 및 윤리적 시각에서 다루기도 힘들다. 여기서는 당사자의 상호적 책임과 관계가 있는 질적인 계기가 중요한 역할을 한다. 이에 대해서는 국가 및 시장 조정과 달리 연대적 조정으로 칭할 수 있다(Hegner 1985/1991; Gabriel/Herlth/Strohmeier 1997 참조).

---

176) 결과적으로 스미스(Adam Smith)는 국가의 영향력 하에서 제공되는 대부분의 서비스를 '비생산적'이라고 보았다(Smith 1776/1974: II Kapitel 3).

177) 이것은 의학에서는 의사의 직접적 역할을 특히 강조하는 '순응(compliance)'의 개념으로 다루어진다

공공재 이론에서도 사회복지 서비스의 특수한 성격은 인지되었다. 이 이론에서는 국가개입에 대한 근거를 다루는데, 여기서 문제가 되는 서비스는 공공재의 정의에 의한 특성에 해당하지는 않으며 실제로 이러한 서비스 공급은 기본적으로 시장에 의해 조정 가능하다. 물론 시장가격에 의해 조정될 때 수요가 훨씬 적어질 것이고, 특히 소득이 낮은 인구계층은 이용하기 힘들게 된다. 상품생산에서의 생산성은 증가하는 반면 서비스의 합리화 가능성은 낮기 때문에 상품 가격에 비하여 개인관련 서비스의 상대적 가격이 상승할 때 이러한 추측은 아주 현실성이 높다.

자유주의 질서정책적 시각에서 보면 불충분한 이용의 문제는 공급에 대한 보조 또는 서비스의 공공 생산이 해답이 아니라, 필요할 경우 소득이 낮은 자에 대한 이전소득을 통해 해결되어야 한다. 물론 경험적으로는 목적에 연계되지 않은 소득 보조금은 문제를 해결할 수 없는데, 소득 사용에 대한 선호가 틀리기 때문이다. 이러한 이유로 '왜곡된 선호도'가 나타나기 때문에, 즉 이러한 서비스에 대한 장기적 효용이 소비자에 의해 낮게 평가되기 때문에 국가의 개입이 필요하다는 논리가 도출된다. 단기적 욕구가 장기적인 욕구보다 선호된다. 그러나 왜곡된 선호도의 논리도 여기서 왜 소비자주권을 침범해야 하는지를 설명하지 못한다. 이에 대해서는 이러한 서비스를 이용하지 않음으로 발생하는 부작용에 대한 – 행위자의 결정 시야를 벗어나는 – 추가적 평가가 필요하다. 이에 대해서는 공공이익이 자주 인용되는데, 예를 들어 자손의 교육(인적 자본형성), 중병 또는 폐질의 조기예방 등과 관련하여 (공공재에 의한 공급이 없을 경우) 일반인 또는 보험가입자가 부담해야 하는 보다 큰 비용을 의미한다. 이러한 공공이해에 대한 내용적 근거의 논리는 복지국가 찬성자와 반대자간에 가장 논쟁이 되는 부분이다 (Keller 1955; Schmidt 1964). 만약 자유주의 신조처럼 생활상의 모든 위험을 개인이나 가족이 부담하도록 한다면, 이러한 근거논리 문제는 발생하지 않을 것이다. 그러나 이 입장의 옹호자는 시장조정에 의한 복지 효과의 단순한 믿음보다는 이로 인해 발생하는 복지손실을 용인할 수 있는 강한 근거를 밝혀야 한다. 즉 시장조정은 할당문제를 해결하지만 재화의 적절한 분배문제를 해결하지는 못한다. 파레토 최적은 소득 및 재화분배의 상이한 형태에서 이루어질 수 있는 것이다.

11.4.2 소득재분배

사회국가의 급여에 대한 정치적 논의의 중심은 현물 또는 서비스가 아니라 현금 급여이다. 현금급여는 독일에서 사회(부문)예산의 약 3분의 2를 차지할 만큼 재정적으로 중요하지만, 사회예산에서 차지하는 서비스의 비율은 장기적으로 상승하고 있으며, 추가적으로 사회예산에는 일반교육 부분에 대한 지출이 포함되어 있지 않다.

소위 2차적 소득분배는 1차 소득에서 소득과 관련된 부담금을 징수함으로써 이루어지는데, 이 때 조세 이외에 사회보험료의 비중이 크다. 개인적 현금급여의 금액은 독일에서는 이전에 납부한 보험료에 따르며(형평의 원칙), 최저 급여는 없다. 국제 비교에서 볼 때 독일 사회보험제도는 현금급여 산정 시 욕구측면을 아주 적게 고려하고 있다는 것이 특징이며 급여수준은 가족상황과 무관하다. 이에 따라 보험료 재정에 의한 현금급여에 의해서는 재분배 효과가 상이한 생활주기 또는 세대간의 소득재분배에 국한된다(수평적 재분배). 상이한 능력 또는 욕구에 따른 재분배(수직적 재분배)는 조세 재정에 의한 급여 영역에서 이루어진다(예를 들면 아동수당, 주택수당, 공적부조).

이렇게 이루어진 재분배 체계는 강한 소득불평등을 낳을 것이라고 예상할 수 있다. 그럼에도 불구하고 독일에서의 소득분배는 다른 유럽연합 국가나 OECD 국가와 비교해서 비교적 평등하게 이루어지고 있다.[178] 기대와 다른 이러한 결과는 협약당사자간 비교적 평등주의에 근거한 임금정책과 조세체계의 효과에 기인한다.

기능적 측면에서 사회보험은 봉건적인 수공업자 조합이나 친족에 의한 연대의무를 대체한다. 산업화 이전 경제적 점유권은 본질적으로 토지나 임야와 관계 있었으며 이에 따라 위험공동체는 농업과 토지소유에 의존하고 있었다. 봉건적 질서의 해체와 토지나 임야의 사유화에 의해 이러한 사회적 보장의 기반이 무너졌고, 비자영 근로활동이 일반화됨에 따라 가부장적 운영원칙이 아니라, '자유'

---

178) 지니계수에 의해 측정된 자료에 의하면 1993년 독일은 유럽연합 내에서 덴마크 다음으로 평등한 소득구조를 갖고 있다(Eurostat 1997:4). 다른 연구에 의하면 독일은 스칸디나비아 국가 다음으로 빈곤에 대한 성공적 정책을 가진 국가에 속한다.

근로계약이 성립되게 된 것이다. 이 때 '자유'는 계약당사자의 자유 뿐 아니라, 다른 관계로부터 근로관계가 분리된다는 것을 표현한다. '근로에 따른 임금'의 원칙은 건강 상태나 근로자의 가족에 대한 부양의무에 대해 배려하지 않는다는 것이다.

19세기 후반 상당수 조직된 부조금고는 근로생활과 분리된 생활상의 위험을 현금을 지급하여 보호하고 새로운 연대공동체를 형성하고자 한 첫 시도였다. 비스마르크의 '노동자 보험'을 제외하고는 20세기에 만들어진 보험료 재정에 의한 사회보험은 동일한 원칙을 따랐다. 이에 대한 대안으로는 1913년 스웨덴에서 도입된, 기존의 구휼급여를 대체하여 조세로 충당되면서 전적으로 욕구에 따르는 '국민연금'을 들 수 있으며, 이는 지금까지 스칸디나비아 국가에서 노령 시 기초보장의 틀로 유지되고 있다. 이 외에도 1948년 스위스에서 도입되어 상당한 수직적 재분배효과를 가지며, 보험료로 충당되는 기초보장을 들 수 있다. 중간정도의 소득층에서는 보험료와 연금간 형평의 원칙이 유지되지만, 고소득자의 높은 보험료는 저소득자의 연금을 보충하는 것이다.

장해나 노령에 의한 소득 중단에 대한 보장 이외에 자녀의 양육을 위한 재원마련도 근로계약 규정에서 고려되지 않는 두 번째 문제이다. 이 문제는 기독교적 사업주가 부양수당을 지급한 사례들이 실패로 판명된 프랑스에서 처음으로 인식되었다. 그 이후 우선 지역적으로 형성된 사업장을 넘어서는 가족(부담)조정 (기금)조합이 결국 오늘날에는 보다 일반화된 형태로 프랑스 사회보장체계의 조직에서 핵심적 구조를 형성하고 있다. 독일에서는 가족부담조정 문제가 마켄로트(Gerhard Mackenroth 1952)와 슈라이버(Wilfried Schreiber 1955)에 의해 사회국가적 과제로 주장되었지만, 이것은 아직까지 독일 사회정책에서 주목을 받지 못하는 분야이다. 독일 사회국가가 노령보장의 재정을 거의 100% 집합적으로 해결하면서도 이와 달리 자녀의 양육에 대한 재정부담은 부모에게 일임 되고 있는 것에 대해 넬-브로이닝(Oswald Nell-Breuning 1979)은 '무자녀자에 대해 보상 체제'라 칭하였다.

세 번째 소득보장의 문제는 성인 연령에서 질병이나 실업에 의해 일시적 근로중지 시 소득중단에 관한 것이다. 여기서의 문제는 노령, 양육에 비해 덜 명확하게 정의되었으며 위험에 처한 사람의 행동에 달려있다. 즉 '도덕적 해이의 위

힘'이 있다. 동시에 이 문제들은 근로관계나 노동시장과 밀접하게 관련이 있으며 일반 경제상황이나 기업 내부적 관계에 의해 영향을 받는다. 여기서 경제정책과 사회정책의 다층적 중복영역이 형성되는데, 이 분야에 대해서 찬반논쟁이 가장 많으며, 사회국가에 대한 정치 및 학문적 논의에서 가장 많은 주목을 받고 있다. 생산성을 해치는 사회정책의 유인구조에 대한 대부분의 경제학적 비판은 이 분야와 관련되는데, 사회국가 제도 전체에 비해서는 아주 적은 영역에 불과하다.

11.4.3 노동자 보호와 노사관계

복지국가 발전의 세 번째 측면, 즉 비자영 노동 특히 산업노동에 대한 규제로서 사업장내 안전과 노동자의 건강에 대한 보호, 근로계약법 및 근로자의 사업장내의 권리 등은 국제비교에서 보통 다루어지지 않는다. 이는 빈곤문제 외에 사회정책적 개입의 가장 오래된 영역이며, 국가간 비교시 특히 상이하게 발전하였다.

영국은 산업화가 시작된 국가로 특히 노동자의 단결권(1824)과 파업권(1875)이 일찍부터 도입되었다. 남성 근로자의 선거권도 1867년과 1884년 사이에 도입되었다. 이와 같이 노동운동은 산업화와 병행하여 발전되었으며, 노동조합 또는 다른 자조기구(소비조합, 보험단체 등)로의 단합을 통한 긍정적 경험이 이루어졌고 결국 '노동당'을 통해 직접적인 정치적 영향력을 갖게 되었다. 주로 남성근로자를 고용하는 산업분야에서는 지역차원에서 직업별로 수립된 협상기구(Trade Boards)에서 근로관계에 대한 사업주와 근로자간 협상이 이루어졌다. 국가의 노동입법은 여성과 아동 노동의 규제에 국한되었으며, 임금은 국가로부터 자유로운 협상 영역으로 인식되었다. 1980년대까지 노사관계는 단체협약의 문제로서 법원에 의한 통제도 거의 이루어지지 않았다. 국가규제에 의해 영향을 받지 않는 이러한 노사관계 유형은 — 막무가내로 행동하는 사업주에 대한 효과적인 반대세력으로서 노동조합운동이 비록 몇 개의 경제분야에서만 충분한 세력을 발전시켰지만 — 미국에서도 발달되었다. 두 국가에서 실업문제는 정치적 책임의 외부에 있으며, 기본적으로는 개인적인 문제로 인식되었다.

스칸디나비아에서도 노사관계는 주로 국가개입없이 발전되었다. 1900년에 이미 덴마크와 스웨덴에서는 노동조합과 사업주의 최상급기구가 설립되었으며, 이들간에 서서히 정착된 협상모형에 의해 전체 국가의 임금과 근로관계에 대한 규제가 이루어졌다. 이와 달리 실업은 공적 개입을 필요로 하는 구조적 문제로 정의되었다. 이들 국가에서는 노동시장 정책과 고용정책이 복지국가 정책의 주요 요소가 되었다.

국제적 복지국가 논의를 주도했던 위의 두 집단과 달리 독일어권에서는 사회정책의 발전에서 국가의 노동입법이 중요성을 갖는다. 특히 스위스는 국제적 차원에서 국가의 노동자 보호의 선구자로 볼 수 있다. 독일에서도 노동자 보호는 사회정책적 논의의 중심에 있었는데, 이는 국가에 의한 노동자보호 제도를 강화하는 것에 반대한 비스마르크의 탓이기도 하다. 1차 대전 중 그리고 이후 독일 노동운동의 모든 중요한 정책적 요구들이 성취되었음에도 불구하고, 바이마르 시대에는 불리한 경제 상황에 따라 임금협상이 국가의 강제중재에 의해서만 가능하기도 하였다. 이에 따라 독일 사회정책에서 '노동자 문제'가 중심적 문제로 된 것은 당연하였고, 1950년대 노동법 그리고 사회법에서 육체노동자와 사무직 노동자의 구분을 폐지한 것과 산업별 협약정책 원칙 그리고 사업장내 공동결정을 도입함으로써 비로소 국가 내 노사관계의 안정적 모형이 완성되었다. 프랑스와 다른 유럽대륙 국가들에서도 노사관계의 발전이 유사하게 진행되었는데, 이들 국가에서는 스칸디나비아 국가에서 보다는 노동시장 및 고용정책의 우선순위가 낮다.

이를 통해 왜 국제 비교관점에서 복지국가의 개념이 노사관계에 대한 규제를 포함하지 않는가 – 유럽대륙의 시각에서는 당연하지만 – 를 알 수 있다. 여기서 주장되는 것처럼 복지생산 문제의 시각에서 복지국가를 해석하고자 할 경우 노사관계를 포함할 수 밖에 없다. 만약 복지를 사회보장 내지 소득재분배 그리고 사회복지서비스에 대한 접근성만으로 측정하고자 한다면 문제를 축소하는 것이기 때문이다. 임금 및 고용정책에 의존하는 1차적 소득분배는 다른 것들이 결정되는 주요 계기가 되기 때문이다. 비공식적 (복지)생산의 수준도 생활기회의 분배와 장기적 복지연관에 대해 결정적인 의미를 갖는다.

지금까지 서술된 것에 의해 복지국가성의 이론은 자유주의적 '시장주의자'와 사회적이라 주장하는 '국가주의자' 간의 논의에서 보다 좀 더 복잡하게 다루어져야 한다는 것이 명확하게 되었다. 현재 논의의 중심에 있는 재분배문제는 복지국가의 전체문제 중 부분적 측면일 뿐이다. 전체문제는 국가의 역할 뿐 아니라 재분배과정을 판단하는 기준과 관련하여 보다 명확하게 규명되어야 한다.

독일의 국가법에 대한 이해에 따르면 사회국가성은 기본법 20조 1항의 헌법적 기초를 지닌 국가의 목적이다. 물론 1948년 헌법논의에서 '사회적 법치국가'라는 공식은 명확하게 드러나지 않았지만, 이후 해석에서 사회적 약자에 대해 "정의의 원칙에 따라 모든 사람에게 인간다운 생활이 가능케 하기 위해 경제적 부에 대한 참여를 보장한다"는 국가 책임이 강조되었다(Zacher 1993: 16). 이 규정은 모든 사람에 대해 평등한 권리를 보장하기 위한 공통적 책임의 원칙일 뿐 아니라, 앞서 언급된 것처럼 사회이론적으로 융합원칙을 도출하는 것과 연결된다. 보다 자유주의적인 헌법 해석에 따라 뵉켄푀르데는 사회국가성의 목적이 '기본권적 자유의 실현을 위한 사회적 전제조건'을 보장하는 것이라고 주장하였다(Boeckenfoerde 1976b: 238). 유사하게 앵글로색슨 '지역에서도 기르베츠(Girvetz 1968: 512)는 "복지국가는 그 성원의 기본적 복리에 대한 사회의 법적인, 따라서 공식적이고 명확한 책임을 전제로 하는 제도적 결과이다"라고 주장하였다. 국가목적에 대한 이러한 표현은 물론 그 추구방식이나 국가제도의 범위에 대해서 결정하는 것이 아니며, 여기서 그 이념과 실제의 차이가 발생한다. 이제 다양한 해결책이 가능하도록 하는 사회국가성에 대한 해석을 제안하고자 한다.

개별적 상이성에도 불구하고 복지국가라고 불리워지는 모든 산업국가에서는 어느 정도의 공통점이 발견되는데, 이는 미국의 자유주의 사회형태나 이전에 동구권에서 실현된 사회주의 사회형태와는 구분되며 자립적이고 근대적 사회 유형으로 구분된다.

a. 생산영역에서는 사적 소유 및 사업주의 지시 및 배치권이 기본적으로 보장 된다. 그러나 이러한 사업주의 권리들은 근로자의 보호와 그들에게 인정된 권리를 보장하기 위해 제한을 받는다. 민족적 복지국가는 이러한 제한에서 의 지배적 형태에 따라 국가의 금지, 손해배상의무, 절차규정, 감독 및 협 상체계 등의 차이를 갖는다.

b. 분배영역에서는 시장경제 원칙에 의해 생산요소에 상응하는 보수에 따라 이루어지는 1차적 소득분배가 요소소득을 갖지 않는 사람에 대해 직접적 또는 간접적으로 최저 생존비용을 보장하는 국가의 입법에 기초한 2차적 소득분배에 의해 수성된다. 민속적 복지국가는 이러한 조세나 보험료 능 이전소득의 재정충당방식과 사회보장체계의 권리 및 조직과 관련하여 차 이를 갖는다.

c. 재생산영역에서 가계의 서비스는 공적으로 보조 되거나 전적으로 지원되 는 교육, 건강, 사회부문에서의 서비스로 보완되고 지원된다. 민족적 복지 국가는 서비스를 제공하는 시설 중 국가, 지방자치, 공익적 민간단체와 사 경제적 조직간의 비율과 국가의 재정부담 및 법적 조정의 종류와 범위와 관련하여 차이를 갖는다(Kaufmann 1997a: 27f).

역사적으로 복지국가 발전은 많은 국가에서 대부분 격렬한 투쟁 이후 사업주 단체와 노조의 문서화된 협약에 의해 이루어진 타협에 근거한다.[179]

복지국가적 배열은 미국에서 대표적으로 나타나는 법치국가와 시장경제의 원칙적인 분리에 근거하는 자유주의 사회형태와는 국가개입의 정당성 수준에서 차이가 있다. 국가는 기본적으로 복지를 향상시키고자 하는 개입에 대한 권한을

---

179) 이러한 최초의 협약은 덴마크의 '9월 협정'(1900)이다. 다른 중요한 협약은 바이마르 공화국 헌법의 사회정책 부분에 대한 기초가 되었고 1차 대전에서 독일제국의 패전 후 성립된 '스틴 네스-레기엔 협약'과 스위스의 금속 및 시계산업의 '평화협정'(1937), 스웨덴의 솔트보바덴 협약(1938) 등이다. 프랑스의 '마티뇽 협정'(1936)은 실패하였으나 일반협정(1968)에 근거하 여 당시까지의 격렬한 계급투쟁이 안정화되었다. 네덜란드에서는 최근의 바세나 협정(1982)에 의해 성공적인 복지국가 개혁정책의 기초가 마련되었다.

갖는다. 이러한 차이는 본질적으로 로마법 사상과 서유럽의 형이상학적 사고에 의해 영향을 덜 받은, 미국 문화에서의 약한 국가 개념과 급진적인 개인주의에 근거한다. 또한 미국에서는 '사회 문제'가 계급문제가 아닌 인종문제로 정의되기도 한다.[180] 오늘날까지 미국은 남아프리카와 함께 1966년 유엔에 의해 통과된 '경제, 사회 및 문화권에 대한 국제 협약'을 비준하지 않은 유일한 산업국가 이다.[181]

복지국가의 사회형태는 사업주 기능의 독립 보장과 1차 및 2차적 소득분배의 분리라는 점에서 소련에 의해 대표되는 사회주의적 사회형태와는 차이가 있다. 1차적 소득분배는 시장-가격 기제에 따라 결정되는 반면 욕구원칙은 2차적 소득분배에서만 고려된다. 여기서 경제체제 간의 심각한 차이가 나타난다. 사회주의 경제체제에서는 중앙집권화 된 국민경제적 계획과정에서 투자에 대한 할당결정과 병행하여 소득분배에 대한 결정이 이루어진다(Madison 1968; Osborn 1970; Lane 1985 참조). 이와 달리 복지국가에서는 투자에 대한 결정이 독립적인 사업주에게 일임되었고 경제활동의 결과에 대한 분배는 단체협약, 국가에 의한 조세 및 사회정책 제도 등에 의해 비교적 우연적으로 결정된다.

자유주의 및 사회주의적 이념과 비교하여 복지국가 이념은 덜 우아하며, 긴장이 많으며 복잡하게 작용한다. 복지국가 이념은 개인적 자유와 (위험에 대한) 집합적 대처간의 동시적 상승가능성 내지 국가개입과 사회적 자기조정 능력간의 시너지적 관계라는 것에서 출발한다. 시장과 국가는 모순이 아니라 다양한 '논리'를 기초로 하는 보완적인 조정원칙으로 간주된다. 자유는 헌법이전의 상황(John Locke)이 아니라 헌법형성의 정치적 과정과 – 행위기회의 분배를 함께 결정하는 – 제도적으로 이루어진 것의 결과로 간주된다.

사회이론적으로 국가개입과 사회적 자기조정능력의 동시적 상승가능성은 사회적인 기능 다원화 이론에 의해 가장 잘 설명될 수 있다. 근대화의 결과 사회적

---

180) 미국 복지정책과 그 조건에 대한 개관은 Weir u.a. 1988; Noble 1997 참조. 사회적 보호와 관련하여서는 주정부간에 상당한 차이가 있다. 독일 이민자들이 많은 위스콘신주와 같은 주는 유럽식 모형을 따르고자 한다. 루즈벨트의 '뉴딜' 이전에는 연방차원에서 사회정책적 주장이 다수를 차지했을 때라도 '연방대법원'에 의해 저지되었다. 이에 대해서는 Kaufmann 2001b: 844f 참조.
181) '사회권 협약'의 역사와 이의 입법에 참가한 미국의 입장변화에 대해서는 Koehler 1987: 924ff 참조.

연관들은 기능에 따른 부분체계로 발전되며 이들은 그 효율적인 일면성을 상호 보완하며 제한한다(Luhmann Hrsg. 1884; Luhmann 1987; Mayntz u.a. 1988). 시장경제의 발전과 근대 국가의 성립은 다원화 및 제도적 자립과정으로 파악되며, 이 때 사회의 양 부분체계는 다양한 문제영역으로 전문화하며, 적절한 제도적 배열 및 상응하는 학문의 도움으로 상이한 '논리'를 발전시키게 된다. 한 편으로는 경제학, 다른 편으로는 법학 및 사회과학 간의 긴장은 이러한 기능의 다원화에 의해 생성된 – '사회 문제'의 발생에 의해 명확화 되는 – 근대사회의 긴장을 보여준다. 이러한 긴장은 기본적으로 해소되기 힘들며 사회 내 다른 부분 체계 간의 관계(예를 들어 종교와 학문; 경제와 가족에 대해서는 11.3 참조)에 의 해 전개될 수도 있다.

유럽에서는 사유재산의 일반화와 경제적 자유의 제도화에 따른 경제체제의 자립으로 인해 발생한 후속문제에 대한 국가의 활동이 어렵지 않았는데, 미국과 달리 유럽에서는 국가의 발전이 자유주의보다 역사적으로 선행하였으며 경쟁의 격화 문제가 영토의 확장문제('개척지')에 의해 밀려나지 않았기 때문이다.

이러한 국가의 활동은 사회경제적 도전에 대한 반응으로서 간섭주의 국가 뿐 아니라 민주주의 국가에서도 나타났다. 복지국가 발전은 시장경제와 국가의 구 조적 자립에 따른 후속문제를 처리하기 위한 본질적 요소이며, 따라서 이는 통일 적 논리가 아니라 다양한 – 정치, 경제 및 사회 윤리적 – 논리에 따른다. 따라서 이는 한 학문분야의 시각으로는 적절히 이해되기 힘든 학제간 연구의 대상이 된 다.

복지국가적 배열이란 경제체제의 자립과는 독립적인 정치체계의 반응으로 서, 규제되지 않는 경쟁으로 인하여 나타나는 문제에 대해 사회적으로 불리한 사 람이나 그 가족에 대해 지속적으로 법적, 조직적 개입을 통해 대처하고, 그 결과 국가의 규정에 의해 조정되는 사회부문이 성립된 경우를 일컫는다. 이와 관련되 는 중심적인 정치적 과제는 가능한 한 시너지, 즉 상호 촉진적 관계라는 의미에 서 네 영역의 공동작용을 가능케 하는 것에 있다(8장 및 11.7.3 참조).

1973년 '지속적인 번영이라는 환상'을 깬 유류파동 직후 사회과학에서는 '복지국가 위기'에 대한 논의가 시작되어 약 25년간 지속되고 있다. 가장 중요한 위기 진단은 다음과 같이 유형화될 수 있다.

a. **재정위기** : 2차 대전 후 사회예산의 팽창은 역사적으로 일회적인 경제 성장(단계)에 의해 가능하였으며, 성장이 약화된 후 분배공간은 축소되었다. 당장 나타나게 될 분배갈등을 국가채무를 통해 연기시킴으로써 인플레이션이 일어났고, 금융시장의 자유화와 국제적인 투자유치 경쟁이 격화됨으로써 고용정책과 사회정책에 대한 국가의 행위공간이 제한되게 되었다. 사회부문의 제도적 구조에 따라 재정압박은 상이하게 나타나는데, 모든 복지국가는 경제정책과 사회정책 간의 감소된 시너지를 다시 재생산해야 하는 과제에 부딪혀 있으며 이는 사회복지급여의 제한과 노조의 제한적 임금정책 없이는 불가능하게 보인다.

b. **인구에 의한 위기** : 20세기 전반에 걸쳐 일시적인 중단에도 불구하고 지속되어온 인구감소에 따라 전체 유럽에서는 인구의 연령구조가 장기적으로 변화하고 있다. 사회국가적 개입과 경제적 배제과정의 결과 경제활동은 20세와 60세 사이의 연령층에 집중되어 이루어진다. 이로 인해 사회정책은 소득재분배의 규모에 대하여 가장 중요한 결정요인이 된 인구변동에 의존하게 되었다. 오늘날 본질적으로 (통계적으로만 의미가 있는) 고연령층의 수명연장을 가능케 한 사망률 저하에 의해 근로활동 계층의 부담에 의해 보호되는 연금세대는 앞으로 수십 년 동안 엄청나게 증가하게 된다. 사회국가는 자손 세대의 부양을 가족에게 일임하고 노령 세대에 대해서는 집합적으로 대처하기 때문에 오히려 출산율의 저하에 대해 지속적 유인을 제공할 뿐 아니라 노령과 질병에 대한 사회보장체계의 부담을 가중시키고 있는데, 따라서 분배갈등이 첨예화되고 있다.

c. **조정위기** : 다양한 논리에 의해 국가가 전혀 또는 더 이상 합목적적인 사회정책적 결정을 내릴 수 없으며 성공적인 사회국가성의 조건을 유지할 수 없다고 주장되고 있다. '청구권 사회'라는 주장은 민주주의 체제에서는 사회예산의 과대한 팽창 경향이 내재되어 있으며, 이는 모든 정당이 '사회적 구제행위'에 의해 득표할 수 있다고 생각하기 때문이라는 것이다. 맑스주의 분석가는 분배갈등의 첨예화에서 자본과 노동간의 기본적 적대감이 새로이 생성된다고 주장한다. 자유주의적 비판자는 성취의지와 경쟁력의 약화 그리고 가족 내 자조 잠재력의 쇠퇴 등 국가가 대처할 수 없는 복지국가 발전에서의 바람직하지 않은 부작용에 대해 지적한다. 이외에도 행정적으로 조정되는 급여제공에서의 비경제성과 효율성 부족이 지적된다. 정치학자는 민주적인 제도가 결정에 대한 부담('지배가능성의 위기')을 가지는 것에 대해 우려하고, 사회학자는 법적, 관료적으로 조정된 서비스 생산의 질적수준 저하와 효과성의 결핍을 지적한다.

d. **신뢰의 위기** : 사회국가적 활동의 옹호자는 사회복지 급여로 인해 혜택을 받는 개인적 효용 외에 항상 공적 또는 집합적 효용을 강조해 왔다. 사회정책 자체가 국민경제적 가치를 갖는다는 것이다. 특히 그 평화지향 혹은 사회통합적 가치가 강조되어 왔다. 즉 사회정책은 계급갈등을 완화하고 정의로운 사회질서에 기여하며 이를 통해 국가와 시장경제 간 연관의 정당성을 제고한다는 것이다. 사회국가성은 정의로운 사회질서에 대한 희망이라는 '유토피아적 에너지'를 발산하였으나 강화된 분배갈등으로 인해 소진되고 있다는 것이다. 특히 노령보장과 관련되어 미래에 대한 비관적 전망으로 인해 국가의 보장체계에 대한 신뢰가 약화되었으며, 젊은 세대의 탈연대화가 나타났다는 것이다. 이에 따라 실망된 기대로 인해 지금까지의 사회통합 효과에 상반되는 효과가 나타날 수도 있다는 것이다.

이러한 위기요소들이 연계될 경우 사회국가성의 붕괴라는 시나리오로 연결되는데, 이것은 지금까지 아무 곳에서도 실현되지 않았다. 물론 많은 곳에서 재정적 어려움과 분배갈등은 증가하였지만 지금까지의 정당 구조에 대해 문제를 제기하는, 예를 들어 조세에 대한 정치적 항의운동도 대부분의 사회국가에서는 주변적일 뿐이며, 중요한 정치적 탈조직화 현상도 나타나지 않았다. 모든 경험 조사에 의하면 국민들은 중앙집권적 사회국가 제도의 가치를 높이 인정하며 사회국가의 기능을 위해 일부 급여의 제한이나 보험료의 인상을 수용할 준비가 되어 있음을 알 수 있다. 사회부문 기구들의 제도적 통합성은 재정적 어려움이나 서비스의 축소만으로는 아직 위협받고 있지 않다. 위기 시나리오의 상호적 자기 상승과정은 아직 시작되지 않은 것이다.

이 외에도 덴마크, 스웨덴, 네덜란드 등 선진 복지국가에서의 급여삭감을 위한 개혁도 노사간의 '복지국가적 타협'에 의해 정치적으로 성취되고 있다. 독일에서도 단체 대표들의 '위세를 떠는 행위'가 현실을 반영한다고 보기는 힘들다. 물론 1998년 총선 전에 (선거로 인해) 급여관련법 뿐 아니라 재정부담에 관련된 규정 그리고 연방, 주, 지방자치단체 간의 업무를 분리하는 개혁이 필요했지만 아직 해결되지 않고 있다. 전체적으로 보아서 상당한 이해관계의 갈등이 존재하지만, 이러한 갈등이 헌법에 의한 정치적 과정의 틀에서 해결되지 못한다는 징후는 없는 것이다.

다양한 위기에 대한 논의에도 불구하고 사회국가적 배열에 대하여 지속적인 경제적 위험이 존재한다고는 말할 수 없는 것이다. 경제이론의 시각에서 주장되는 최적의 할당과 평등주의적 분배간 갈등은 지금까지 장기간의 경험을 통해 증명되지 않았다. 분명히 민주적이며 시장경제적으로 조직화된 사회는 분배문제의 다양한 제도적 해결책에 적응할 수 있는 유연성을 가지고 있다. 분배갈등은 구조적으로 복지국가적 배열의 특성에 속하며 동화 속의 국가와 혼동되어서는 안 된다. 전후와 80년대의 복지국가 발전으로 인해 주로 소득 및 보호관계의 평등화가 이루어졌다면 최근의 발전에서는 사회경제적 불평등이 강화되는 경향이 나타나고 있다(11.8 비교).

11.7 | 복지생산과의 관계에서 윤리, 경제 그리고 정치

앞 절에서 복지국가의 발전에 대해서 복지국가에 대한 찬반의 논리보다는 사회윤리적 판단이 더욱 기초가 됨을 밝혔다. 지금까지 역사적 발달에 적절한, 관련상황에 대한 이론적 이해가 부족하였다. 또한 적어도 사회학적 관점에서는 사회윤리가 이러한 역사에 완전히 외부적 요인이 아니라, 사회윤리적으로 동기화된 논리와 행동이 역사적 과정의 구성 요소가 되었다는 것을 고려해야 한다. 이절에서 '윤리'는 분석적 시각에서 두 가지 의미를 갖는다. 한편으로는 사회관계의 '올바른' 질서에 대하여 경쟁적인 또는 지배적인 관점과의 관계 측면에서 특정 개인 또는 사회운동에서 역사적으로 유효한 정서라는 의미를 갖는다. 이 의미로 쓰일 경우 이후에는 주로 도덕적 관점이라는 용어가 사용된다. 다른 편으로 '윤리'는 사회적 질서의 평가기준에 대한 체계적인 논거를 시도하는 것을 의미하는데, 결국 철학적 또는 학술적 윤리에 대해 말하는 것이다.

11.7.1 사회국가성의 정치적 정서의 기원

복지국가 발전에 선구적 역할을 한 사회운동과 복지제도의 역사적 발전에 대한 연구를 보면 도덕 및 종교적 동기의 중요성이 강조된다(Kaufmann 1988). 이는 독일의 경우 영국에서보다는 명확하지 않은데, 사회개혁에 대한 요구가 국가 행정에서 직접 표출되었기 때문이다. 그럼에도 불구하고 독일에서도 종교적 동기 – 슈탈(Fredrich Julius Stahl)의 '기독교 국가'로부터 프로이센에서 중요한 직책을 맡은 내무부 공무원에 대한 할레(Halle)의 경건주의의 영향에 이르기까지 – 를 확인할 수 있다. 알려진 바와 같이 독일 사회정책의 초기에는, 특히 케틀러(Ketteler) 주교와 힛제(Franz Hitze)가 주장한 사회적 카톨릭주의가 당내 자유주의적 분파에 대항하여 승리한 결과 주류가 된, 카톨릭 중앙당의 영향이 컸다. 물론 사회민주당에서도 도덕적 동인이 작용하였다. 슈타인(Lorenz von Stein) 외에 독일 사회국가 발전의 가장 중요한 분석가인 하이만(Eduard

Heimann)도 기독교와 계몽에 근거한 '사회적 이념'과 일부 진보적 부르주아와 노동자에 의한 '사회운동'의 결합이 사회정책 발달에서 촉매의 역할을 했음을 강조하였다. "자유주의 토양에서 자라는 사회 운동이 결국 자유주의 자체를 극복하였다"(Heimann 1929: 140).

상반되는 이해관계에도 불구하고 부르주아와 노동자 계급이 공통적인 이상을 가짐으로써 맑스주의의 총체적인 계급 적대 이념이 독일에서는 널리 전파되지 않았던 것으로 볼 수 있다. 맑스가 계급투쟁의 이념에 대한 역사적 자료를 발견한 프랑스에서는 이러한 공통적 이념이 없었다. 경제적 이해관계의 갈등이 유럽에서는 예외적으로만 단순한 권력투쟁으로, 아주 특수한 경우에만 내전으로까지 발전하게 되었는데, 이는 인간 개인을 공의의 신의 창조물과 기독교의 상속인으로서 존엄하게 인정한 것과 토지에 대한 권리와 계몽의 상속인으로서 가지는 이러한 존엄성을 인권이라는 형태로 발전시킨 공통적인 문화적 전제조건에 기인한다(Hoffmann 1999 참조).[182] 자유화, 민주화 및 사회국가의 발전은 이러한 모든 인간의 평등이라는 기본 생각에 기초하여, 새로운 형태의 사회가 안정화되는 상호보완의 과정이라고 볼 수 있다. 민족국가적으로 형성된 유럽 사회의 정치적 정서는 ― 물론 상이한 혼합비율과 형태에도 불구하고 ― 시민적 자유, 정치적 참여 및 사회적 참여라는 원칙을 포함하고 있다.

II.7.2 복지생산에 대하여 논쟁적인 국가의 역할

지금까지 서술된 것에서는 아직 이러한 정서의 실현에 대한 국가와 정치의 특수한 역할에 대해서 언급되지 않았다. 그 역할은 기존의 지배관계를 무력, 주권, 통일된 법 체계 및 정치적으로 통제되는 행정의 독점이라는 특성을 갖는 국가라는 형태로 전환시킬 때 지역별로 다양한 방식이 존재했다는 의미에서 그리고 이것이 결국 복지국가 발전의 제도적 전제가 되었다는 의미에서, 역사적 산물이다. 신민(臣民)의 '안전, 복지 및 행복'에 대한 책임은 이미 부르주아의 지배이

---

182) 동아시아의 사회정책 발전에 대한 유교주의의 상이한 영향에 대해서는 Rieger/Leibfried 1999 참조.

념 이전에 성립된 공식이었다(Rassem 1992). 이러한 광범위한 정치적 책임에 대해 의문을 제기하는 것 - 훔볼트(Wilhelm von Humboldt)는 "국가가 국민의 적극적 복지를 목적으로 할 것인가 아니면 단지 안정만 목적으로 해야 할 것인가"(Humboldt 1792/1967: 30)라는 질문을 제기하였다 - 이 자유주의의 결정적 관심사였다. 이러한 안전 목적과 복지 목적의 구분은 광범위한 기능지향적 다원화 과정의 중심 요소로 파악되는 경제와 정치의 기능적 다원화에서 표현되었으며, 근대 헌법에서는 기본권의 제도화와 함께 안정화되었다(Luhmann 1966).

경제와 정치 또한 학문과 종교의 다원화 및 자립화는 루만의 사회이론이 주장하듯 사회에서 핵심적 관점이 상실됨을 의미한다. 이제는 사회 관계의 명확한 해석을 허용 받은 정당한 주체가 없으며, 모든 해석은 각각의 입장에 따라 선택적일 수 있게 되었다. 민족국가의 발전은 그 주권을 민족 문화, 민족 경제 그리고 종종 민족 교회와 연계함으로써 이러한 상황을 감출 수 있었다. 그러나 기본적으로 세계화된 경제는 이러한 요구에 대해 제한적으로만 동의하였고, 학문적 의사소통도 일시적으로만 국가의 경계를 지켰다. 또한 카톨릭의 '교황권 지상주의'도 민족국가적 요구를 제한하는 세력이 되었다.

두번의 세계대전으로 인해 흔들린 유럽의 민족주의는 20세기 후반 그 열정을 상실하였지만 정치적으로 형성된 사회의 통일이란 목적은 상실되지 않았다. 정치적으로 유도된 사회권의 확대와 사회부문의 설치는 - 우리는 이를 복지국가 발전이라 칭한다 - 사회적 시민권(social citizenship)을 형성하였으며, 지난 수십 년간 핵심적 전략으로 사용된 것이다(Marshall 1992). 사회적 기본권의 인정은 자유권과 참여권에 유사한 국가의 자기규제를 의미한다.

전(前)민주적 및 전자유주의적 복지국가와의 비교시 세분화되고 기능적으로 다원화된 근대 사회에 등장한 사회국가성의 실질적인 성공이 '잘못된 길'(Habermas 1994)이 아니었음을 의미한다. 그러나 이로써 복지국가 발전에 대한 질서정책적 판단이 이루어진 것은 아니다.

11.7.3 질서정책적 문제

여기서 우선 두 가지 개념을 분명히 할 필요가 있다: (1) 지금까지 나는 사회적 시장경제라는 개념을 피했는데, 이는 독일에서 질서정책적 기준으로 설정되어 왔다. 독일의 정치적 용어사용에서 '사회국가'와 '사회적 시장경제'의 개념은 서로 불분명한 관계에 있다. 단순하게 보면 전자는 법학에서, 후자는 경제학에서 주로 사용되었다. 국제 비교의 시각에서 양자는 2차 대전후 사회부문의 확장 시, 즉 복지국가 발전에서 전형적으로 독일적인 정당화 공식으로 사용되었다. 이 양자가 국가나 시장경제 측면에서 관찰될 수 있다는 것은 서론에서 언급된 사회정책의 중개적 성격을 증명한다고 볼 수 있다. (2) 질서정책의 개념은 지금까지 경제정책적 논의에서만 등장하였다. 이 개념은 오이켄(Walter Eucken)이 처음 사용한 이후 경제질서에만 관련되어 사용되었다. 그러나 이럴 경우 특수한 시각에 머물게 되는데, 오이켄의 시각에서도 질서문제는 사회 내 상이한 부분질서 간의 관계와 관련되기 때문이다. 사회이론적 문제제기의 시각에서 경제는 정치나 학문과 같이 사회의 기능체계 중 하나일 뿐이다. 이에 따라 질서정책적 문제제기를 사회적 기능체계 간 관계의 질서 또는 제도이론적으로 서술하자면, 상호 간 조화의 시각에서 근대사회의 다양하고 복잡한 규정(Regelungskomplexe)간의 관계를 밝히는 것과 관계가 있다.

새로운 학문적 사회윤리는 질서정책적 문제를 인권에 대한 근대적 해석을 기초로 하는 '구조윤리'로 재구성한다. 이 때 본질적으로 "세 가지로 구별되지만, 그 의도는 개인의 존엄이라는 점에서는 동일한 인권의 기본적 형태가 등장하는데 개인의 자유권, 정치적 참여권, 사회적 청구권"이 그것이다(Korff 1999: 218). 이러한 체계화는 내용적으로 마샬(T. H. Marshall 1949/1992)의 시민적, 정치적 및 사회적 권리의 체계화와 내용적으로 동일하며, 동시에 자유화, 민주화 및 사회국가적 발전의 결과로서 나타난 유럽 현대 문화의 정치적 정서를 반영한다. 질서정책적 문제는 – 이러한 규범적 전제와 여기서 관심을 갖는 복지생산의 문제와 관련하여 – 국가, 시장경제, 자유 결사체 및 가족 등의 제도적으로 복잡한 관계가 사회부문과 관련하여 가능한 한 시너지적 관계에서 상호 그 성과를 보완하도록 조성하는 문제와 관계가 있다. 이 문제는 여기서 분명하게 제기되었지지만 해답을 얻지는 못하는데, 이는 광범위한 연구주제와 관련되기 때문이다. 이 문제는 제도-조정이론(Streeck/Schmitter 1985; Mayntz/Scharpf 1995, 7장 참조)이나 복지이론으로 다룰 수 있으며(Evers/Olk 1996; 8장 참조), 그 밖의 다른 이론적 시각에서 다뤄질 수도 있다. 국가의 역할과 관련해서 이 논의는 국가에 대해 보다 명확하지만 기존의 복지국가 프로그램보다는 제한된 과제를 부여한다.

II.7.4 복지생산의 차원과 정치의 역할

복지생산에서 없어서는 안될 국가의 기여를 이해하기 위해서는 사회적 현상(Emergenz)*의 다양한 차원을 살펴보는 것이 도움이 된다. 우선 개인적 복지는 본질적으로 개인적 행위와 사회적 상호작용의 차원에서 성립된다. 생성되는 위치는 기본적으로 사적인 생활 형태인 가계, 가족 및 지역적 네트웍이다. 여기서는 보통 거래 효용(시장에서처럼 거래비용이 아니라)과 연계된 비공식적 관계가 지배적이다. 개인적 복지는 그러나 조직운영에 의해 생산되거나 전문적으로 제공되는 재화와 서비스에 대한 접근에 의존한다. 이에 따른 사회적 관계는 보통 공식적이며, 때로는 익명적이어서 소비자 내지 수혜자의 입장에서 보면 거래비용이 거래의 의한 효용보다 크다. 문제가 되는 것은 생산과 소비가 구분되기 힘든 개인관련 서비스의 경우이다. 이에 따르면 경제성 뿐 아니라 서비스의 질도 그 공급의 조직적 및 상호 작용적 조건에 직접적으로 의존한다. 재화와 서비스에 어느 정도 접근 가능한가는 우선 동원 가능한 구매력과 가격에 의해 결정된다. 이 때에는 개인 또는 1인당 가처분 소득(다수로 구성된 가계일 경우)이 결국 개인적 복지에 대한 유효한 척도가 된다. 물론 개인적 차원의 보다 광범위한 복지비용 계산을 위해서는 비금전적 지원에 대한 접근성도 고려해야 한다.

---

*역자 주: 여기서 현상으로 번역한 Emergenz라는 개념은 체계이론의 주요 개념으로서 파슨스(Parsons)에게서 비롯되어 루만에게서 발전되었다. Emergenz는 한 현상이 사회의 주요 제도가 되어 그 제도가 변경될 때에도 사람들에게 계속 영향을 미치는 제도(의 영향력)를 일컫는 것이다.

사회적 현상(Emergenz)의 두 번째 차원은 유치원과 의원(醫院)으로부터 실업보험이나 연금보험과 같은 거대한 행정조직에 이르는 사회부문의 기관과 관련된다. 기관내 및 전문적 통제조건은 여기서 – 조직차원에서 – 경제성과 질의 가장 중요한 변수가 된다. 사회부문에서는 관공서, 대기업(관료주의적), 전문적, 민주적(결사단체적), 동료적 등 다수의 조직과 통제원칙이 공존한다. 그 생성과 작용은 적어도 부분적으로는 기관의 법적 지위, 예를 들어 국가적, 공익적, 영리적, 그리고 경쟁의 정도, 통제하는 대중의 존재 등 외부적 조건에 의해 함께 결정된다. 이러한 맥락은 개별적으로는 밝혀지지 않았다. 특히 어떤 조건 하에서 경쟁의 심화가 개인관련 서비스의 질과 경제성에 도움이 되는지 그리고 법적, 관료적, 전문적 그리고 연대적 조정형태의 효과가 생성되는 조건도 아직 밝혀지지 않았다.

사회적 현상(Emergenz)의 세 번째 차원은 그 범위 안에서 사회부문의 기관들이 활동하는 제도적 규정이다. 이에는 관련 법률과 집행규정이 속하며 또한 학문과 전문분야 간의 상호작용에 의해 성립되고 변화하는 개별 영역의 지도이념도 이에 속한다. 이 차원에서 어떤 특정 조정방식(서열, 시장, 전문성, 협상, 연대)이 지배적으로 될 것인가가 결정된다.[183]

이와 관련하여 정치의 역할을 보다 면밀하게 살펴보면, 정치의 직접적 영향력 범위는 본질적으로 입법과 행정에 대한 통제에 국한됨을 알 수 있다. 이와 관련되는 중요한 결정은 다음과 같다:

– 특정 집단에게 부여되는 주체적인 법적 권리의 내용과 범위

– 이 권리를 보장하기 위한 특정 시설에 대한 위임 내지 의무화

– 이 시설에 대한 조정 및 통제방식의 확정; 이는 다음 방식으로 이루어질 수 있다
  (1) 국가 관청의 설립
  (2) 공법상의 자치행정 기관의 설립
  (3) 민간 결사체와 기관을 공적 업무를 담당할 공익 행정기관으로 인정
  (4) 특정 서비스를 제공하도록 영리기관에 위임
  (5) 복지생산의 비공식적 형태의 지원

---

183) 이에 대해서는 7.4 특히 그림 7.1 참조.

– 특정 사회정책의 목적을 위해 사용될 재원의 범위와 부담.

사회정책의 본질적 업무는 따라서 소득재분배와 서비스 체계의 기능을 위한 제도적 조건을 마련하는 것과 관계가 있다. 추가적으로 상대적 약자인 협약 상대 (노동자)의 보호를 위해 사법적(私法的) 계약자유를 제한하는 법 규정이 존재한다. 이와 달리 사회부문 시설에 대하여 국가가 직접 행정을 담당하는 것이나 위계적 조정형태는 불가피한 것이 아니며, 그 정도는 국가별 발전의 특성에 따라 결정된다(Esping-Andersen 1990; Rieger 1992; Kersbergen 1995; Kaufmann 2001b).

11.7.5 분배문제

거의 모든 사회정책적 결정은 분배작용을 포함한다. 권리와 의무에 대한 규정은 행위 기회를 분배하는 것이다. '2차적 소득분배'의 틀에서는 분배문제가 당연하게 중심에 서게 되지만, 서비스 분야의 '현물 이전'에 대한 규정도 분배적 복지효과를 갖게 된다. 따라서 많은 사람들은 사회정책을 분배 측면에서 다룬다. 이는 분명 일면적이고 문제를 단순화하는 것이지만 불가피한 분배기능, 즉 행위의 자유 또는 의무화된 사람의 자원을 제한하는 것이 아무런 해가 되지 않는다고 보는 것도 일면적이다. 사회정책과 관련된 법률은 보통 처분권을 가진 특정 소유자의 처분의 자유에 대한 국가의 간섭이며, 자유주의 국가 혹은 사회질서에서의 이러한 개입은 근거를 요구한다.

이 때 분석적으로 두 가지의 근거가 제시된다. 첫째 왜 보다 유리한 자로부터 불리한 자에게로의 처분권의 재분배가 필요한가에 대해 근거를 제시해야 한다. 둘째 이를 통해 이루고자 하는 불평등의 해소가 특정 형태의 국가 개입에 의해 가장 합목적적으로 달성될 수 있다는 것에 대한 근거를 제시해야 한다. 첫번째 근거는 보통 정의 논리와 관계되며, 두 번째 근거는 합목적성의 논리이다.

지금까지 내 생각은 주로 합목적성의 차원과 관련이 있으며, 이는 당연히 윤리적 차원,즉 효용성의 차원을 포함한다. 따라서 자원이 없는 곳에서는 재분배가 이루어질 수 없는 것이다. 정치적 용어사용에서는 이해관계, 합목적성, 정의의 논리가 서로 얽혀있는데, 분배정책적 결정은 당연히 이해관계와 깊숙히 관련되어 있기 때문이다. 그렇다면 여기서 윤리적 기준은 판단에 대하여 얼마나 도움을 줄 수 있는가?

하이에크(Friedrich August von Hayek)가 여러 차례 강조한 바와 같이 '사회정의'라는 – 불평등한 분배결과에 따라 이를 '비정의'라고 보고 정치적으로 변화되어야 한다고 주장하는 – 표면적 논리 차원이 존재한다(Hayek 1981). 그러나 불평등한 분배결과는 자유주의 사회질서에서는 불가피하며, 이로 인해 하이에크는 분배에 대한 논의에서 정의의 논리를 제외시키고자 하였다. 루만(Niklas Luhmann 1985)도 신분적 원칙에서 기능지향적 원칙으로 사회형태가 전환됨에 따라 강압적인 사회 위계질서가 붕괴되었으며, 따라서 사회적 불평등은 스스로 평등적이라고 이해하는 복잡한 사회적 연관 속에서 지속적으로 혼란을 일으키지만 제거할 수는 없는 파라독스가 되었다고 지적하였다.

이 문제는 정치적 정의 및 사회적 정의의 구분을 통해 보다 명확하게 표현될 수 있다. 정치적 정의는 모든 사람에 대해 동등한 권리와 의무를 보장하도록 요구하는 것과 관계가 있으며, 교환이론적으로 설명될 수 있다(Hoeffe 1987). 분배정의로서 사회적 정의는 이와 달리 재화의 분배와 관계가 있으며 불가피하게 논쟁적이 된다. 이는 정의에 대한 논의 차원에서도 나타나는데, 왜냐하면 분배정의는 항상 두 가지의 긴장관계에 놓이게 된다. 그것은 성과 및 욕구에 따른 정의와 기회 및 소유에 대한 정의이다(Kerber u.a. 1981: 44ff).

이는 사회국가와 관련하여 다음을 의미한다. 명확하게 확정된 분배공식은 없으나 실질적인 재화의 분배는 정치적 논쟁과 그로 인한 결정 그리고 경제적 결과에 의해 정당성을 확보하는 방식으로 이루어진다. 정의에 대한 논리는 이러한 논쟁에서 드물지 않게 기존의 불평등에 대해 표면적인 – 확인 가능한 분배결과처럼 보통 체계적인 윤리적 근거의 제시 없는 – 도덕성을 가장하기도 한다. 이에 따르면 분배갈등은 위기의 징후가 아니라 사회정책적 결정의 정상적인 현상이다.

하이에크 – 롤스(Rawls 1979)의 정의론과 관련하여 – 가 '지적인 논의'의 대상으로 지목한 문제는 이와는 달리 생각되어야 한다(Hayek 1981; 1994). 여기서는 분배의 결과가 아니라 예측 가능한 분배결과에 대한 제도적 전제, 즉 처분권이 분배되는 규정과 관련된다. 예를 들어 롤스가 '공정한 기회평등의 원칙' (1979: 15ff)이라고 정리한 것처럼 적어도 기본적으로는 구조윤리적 공리가 가능할 것으로 보인다. 이 문제와 관련된 논의는 계속 전개되고 있으며, 앞으로 '정의'에 대한 연구의 경험적 결과를 이용할 수 있을 것으로 보인다(Mueller/Wegener 1995; Schmidt/Hartmann 1997). 이와 관련하여 흥미 있는 것은 특히 발저(Walzer 1994)의 주장인데, 그는 유일하게 기능지향적 사회의 다원화 상황을 진지하게 고려하여, 다양한 사회 '영역'에 대한 상이한 분배규칙을 주장하기 때문이다.

물론 롤스의 복잡한 정의기준(1979: 336f)은 제한적인 경우에만 분배갈등을 평가할 수 있는 명확한 기순이 된다. 보통 이미 구축된 복지부분에서 분배성책석 대안은 - 기준의 개별 요소의 충족에 대해서는 논쟁적이 될 수 있는 - 일정 범위 내에 존재한다. 오늘날 '사회국가의 개조'에 의해 급여의 제한이 여러 곳에서 일어나며, 이것이 특히 사회적 약자와 관계된다는 것은 짐작할 수 있다. 그러나 사회적 약자에게 (급여 제한이) 지나치게 많아, 불이익이 축적된다면 이는 명백히 정의 기준을 위반하는 것이다. 왜냐하면 '약자' 또는 '상처받기 쉬운 자'의 보호를 위해 정의논리가 존재하기 때문이다(Goodin 1985; 1988). 그렇게 된다면 독일에서 이미 구축된 사회국가성은 연방헌법재판소의 반대에 부딪히게 될 것이다.

사회국가성의 구조는 주로 법적 권리의 보장과 관련이 있으며 그 보장 수준과는 관계가 적다. 이는 항상 경제적 여유공간과 정치적 권력관계에 의존한다.

11.8 | 사회국가와 세계화

11.8.1 세계화

최근 사회국가의 위기 진단(11.6 참조)은 소위 세계화 논쟁에 의해 새로이 부각되고 있다. 이와 관련하여 분명히 구분 가능하지만 서로 연관을 가지고 상승작용하는 네 가지 세계화 발전논리가 강조된다.

a. **국제화** : 이는 국경을 넘어서서 상호작용의 의미가 증가하는 것으로 이해된다. 경제는 수입과 수출의 비율이 상승함으로 주민은 외국인 비율이 높아짐으로 그리고 여론은 외국의 대중 매체의 영향을 많이 받음으로 국제화된다.

b. **좁은 의미의 세계화** : 세계가 조작 및 인지적으로 가까워지는 것으로 이해될 수 있다. 기술적 진보, 국제 협약 및 정치적 자유화로 인해 확충된 정보와 교통수단의 네트웍에 의해 전달 및 이동시간이 감소되고, 지리적 거리의 의미가 약화되었으며, 국지적 사건이 점점 더 짧은 시간 내에 전세계에 인지되고 영향을 미치게 되었다. 이제는 환경문제나 인권 문제에 대한 논의나 빈부의 국제적 충돌 등에 대해 세계라는 범위에서의 협조 또는 갈등이 가능하게 되었다.

c. **범국가주의** : 점차 국가의 법규를 초월하며 민족국가의 통제가 힘든 제도적 구조와 집합적 행위자가 생성되었다. 이러한 발전은 특히 다국적 기업화 하여 상이한 입지로 인한 잇점을 최적화하는 대규모 기업에서 두드러진다. 특히 외환 및 금융시장에서의 범국가적 경제관계의 성립으로 인해 개별 민족국가 정책의 자율성이 명확하게 상실되었다. 이와 구분할 것은 여러 국가의 국제법적 협약에 따르는 공식화된 주권의 위임이다. 이 때에는 특정 기능영역에 대한 권한이 제한되며, 민족국가와 달리 절대적 주권을 주장하지 못하는 범국가 체제가 등장한다.

d. **세계주의** : 이는 세계적 연관에 대한 의식이 생성됨을 의미한다. 이는 엘리트에만 해당하는 것이 아니다. 환경 및 기후 논의, 제3세계 그룹 그리고 대륙간 다양한 동반관계에 따라 주민들이 전세계 내 사건에 대한 공감의 태도 – 이는 물론 대중매체의 중개에 의존하지만 – 가 나타난다는 것이다.

지난 수십 년간 가속화된 이러한 세계화가 문제시 되는 것은 기존의 주권적 민족국가성에 대한 의식의 측면에서이다(Kaufmann 1998 참조). 민족국가는 사회문화(민족) 및 정치적 공통성(국가)이 연결되어 확고해졌으며, 주권적인 자기조정(민주주의)과 광범위한 운명 및 책임공동체라는 생각에 근거하는데, 위에 언급된 영향에 의해 이것이 점차 비현실적으로 되고 있다. 인간의 공동생활의 다양한 부문이 점차 상이한 공간 및 사회적 도달 거리를 갖게 되며, 이러한 공동생활의 다양한 부문이 실질적으로나 의식적으로 민족국가의 경계와는 점차 달라지고 있다.

11.8.2 사회국가성에 대한 결과

이러한 세계화의 진전은 사회국가성에 대해 여러 가지 측면에서 심각한 도전을 주고 있다.

a. '자본'이라는 생산요소의 이동성이 '노동'이란 생산요소의 이동성보다 현저하게 높기 때문에, 재화 및 금융시장의 자유화에 따라 권력관계가 자본 측에 유리하게 되고 있다. 이러한 경향은 추가적으로 사회주의의 붕괴에 의해 지원되고 있다. 신속히 팽창하는 국제 금융시장의 동력과 자신의 이해관계에 따르는 경제 및 외환정책을 이끌고자 하는 개별 국가의 시도간의 긴장으로 인해 – 또한 이자율의 감소로 인해 – 자본가들의 유동성 선호가 증가되었다. 따라서 자본은 입지에 보다 민감하게 되었고 이전보다 조세나 보험료 등의 부담에 대해 더욱 신속하게 반응한다. 이로 인해 사회부문의 재정충당 방식에 대한 의문이 제기된다.

b. 이러한 방식으로 생성되는 사회부문에 대한 재정충당 압박은 공공채무에 의해서는 더 이상 조달되기 힘들어 졌는데, 만약 계속 공공채무 방식으로 재정을 조달한다면 이로 인해 인플레이션이 야기되고, 결과적으로 자국 통화의 환율이 불리해지는 국제 금융 및 외환시장의 반응이 예상되기 때문이

다. 새로운 현상에 따른 불가피한 결과는 내부적 분배갈등의 첨예화이다.
이는 경제활동자와 이전소득에 의존하는 자 간의 관계와 이전소득 수혜자
내 상이한 집단 예를 들어 연금 수급자, 가족, 실업자 또는 장애인 간의 관
계와 관련이 있다. 후자의 분배갈등에서는 지금까지 합의 가능한 공공 논
리가 없는데, 왜냐하면 여기서는 사회적 욕구의 상이한 형태가 서로 비교
되어야 하기 때문이다.

c. 개별 집단(예를 들면 자영자, 공무원)이 재분배 압박에서 벗어날 기회가 있
   는 한 탈연대화가 증가하게 된다. 이는 사용자 단체와 노동조합의 규제력
   이 약화되며 전지역에 유효한 단체협약의 구속력이 적어지는 것에서 나타
   난다. 탈연대화는 또한 민족국가의 상대화로 인해 지역적 이해관계가 다시
   등장하는 것에서도 나타난다. 이러한 변화는 물론 이해관계 상황의 개별화
   뿐 아니라 연대시각의 다원화 문제와 관계가 있다. 모든 집합적 이해관계
   를 민족국가라는 연대 선상에서 집약한 것은 지난 150년 동안만 있었던 예
   외적 현상임이 점차 분명해지고 있다.

지금까지의 사회국가성에 대한 생각은 바로 이러한 통일적인 민족적 연대를
전제로 한다. 사회적 복잡성을 감소시키는 국가의 효과가 감소할수록 – 이미 여
러 곳에서 나타나며 아직 분명히 인식될 수 있는 새로운 구조로는 발전하지 못한
– 인지 및 규범적 재정향이 시작된다. 이러한 재정향 과정에서 민족국가 차원의
의미는 해체되는 것이 아니라, 민족국가는 오히려 소수의, 핵심적인 결정에 전문
화하게 된다. 권리와 의무가 정의되고 연대공동체가 형성되는 국가의 입법 형태
외에 민주적인 의지형성에 대한 정당성 있는 대안은 아직 보이지 않는다. 그러나
비교적 어렵게 진행되는 민주적 절차에 의해 실제 관계의 복합성 증가와 이로 인
한 동력이 쉽게 통제될 수 있다고 보기도 힘들다. 특히 유럽 통합 과정에서 보다
근본적인 정치적 재구조화 과정이 나타날 가능성이 있으며, 이때 문제해결 능력
을 증가시키기 위해 정치적 결정에 대한 다양한 차원의 권한을 서로 분리할 수도
있다. 이때에는 사회부문의 기관들이 지금까지 보다 더 다양한 정치적 결정 기구
(유럽, 민족국가, 주정부, 자치단체)의 권한 아래 놓이게 되며, 동시에 중앙정부

차원의 규정이 감소될 가능성이 크다. 민족국가의 역할 공간은 제한되지만, 여러 차례 주장한 바와 같이 사라지지는 않는다.

유럽통합의 예측 가능한 결과는 주정부와 자치단체 간의 (산업 또는 투자) 유치 경쟁이다. 그러나 이러한 경쟁과정이 가격지향적으로만 이루어져서 기존의 경제적 분석에만 따르게 되지는 않을 것으로 보인다. 비물질적 입지 요인의 중요성이 오히려 증가하는데, 이는 문화적 또는 자연과 관련된 생활의 질 측면 뿐 아니라 사회관계의 평화, 사회복지 서비스의 질, 후세대의 능력 그리고 법질서의 안정성 등이다. 복지생산은 앞으로도 정치적, 경제적, 연대적 그리고 단체적 조정형태가 참여하는 다차원적 과정으로 남게 된다. 따라서 지금까지의 복지국가적 배열은 범 국가화의 압력 하에서 사라지는 것이 아니라 새로운 실서를 삿게 된다(Zuern 1996; Leibfried/Pierson 1995).

물론 이와 관련하여 분배갈등과 사회적 불평등의 심화가 예상되며, 이는 개인간 분배모형의 차원 뿐 아니라 지역적 차원에서도 이루어질 것이다. 사회국가성의 평등지향적 효과는 세계화 과정에 의해 – 적어도 특히 높은 복지 및 보장수준을 가진 국가에서는 – 위험에 처하게 된다. 증가된 국제경쟁으로 인해 평균적 복지수준이 대륙 내 또는 대륙간 차원에서 평등화 될 가능성이 있으며, 기존의 복지국가에서는 적어도 그 수준이 상대적으로 하락할 것으로 예상된다. 보편주의적 윤리의 관점에서 – 물론 선진국의 인구와 인구집단에게는 힘들겠지만 – 이러한 발전은 오히려 환영할 만하다.

이로 인해 기대되는 탈연대화에서 보다 큰 불평등에 대한 논리를 도출하는 것은 근시안적인데, 정당화는 단순한 권력관계의 문제가 아니기 때문이다. 오히려 자유주의자들이 주장하는 복지국가의 경직성이 – 시장에 대한 정치적 권력이 상실됨으로써 – 그 의미를 상실할 수 있다. 더 이상 정치가 아니라 경제의 오만불손이 미래의 위험으로 보인다. 정치는 앞으로 더 큰 실망을 경험하게 될 것이다. 정치는 어려운 상황에서 미래를 밝히는 결정을 내리는 법을 배워야 할 것이다.

제 12 장

국가과제에 대한 담론*

　　모든 인간 질서는 상징으로 매개된다. 인간은 기대, 상호 관계 및 행동을 알리고 이해할 수 있는 – 즉, 감각적으로 인식 가능하며, 문화적으로 안정된 의미를 갖는 신호와 관련 있는 – 관념에 따르며, 이 때 비로소 어느 정도의 지속성이 확보될 수 있다. 언어는 이를 위해 필요조건이지만 충분 조건은 아니다. 언어가 충분한 신뢰를 가지고 경험 가능한 연관을 지적하며 그 의미가 안정화 되었을 때 비로소 질서 있다고 말할 수 있다. "그 기원(사회질서는 이전의 인간 행동의 결과이다)이나 그 형태에서 사회질서는 어느 순간에서든(질서를 생산하기 위한 활동이 존재하는 때만 질서가 존재한다) 인간의 생산물이다"(Berger/Luckmann 1969: 54). 정렬된(물론 아무도 그렇게 의도하지 않았지만) 과정이라는 관념에서 문화 및 사회발전은 – 오늘날 사회학에서 '근대' 사회라고 이해하는 것을 기초로 하여 – 상징적 지시체계의 증가된 복합성으로서, 상호 의존적 사회 관계의 공간적 확대로서 그리고 행위체계에서 증가된 다원화와 전문화로서 파악될 수 있다.

　　이 과정에서 근대 국가의 성립과 발전은 결정적인 역할을 하게 된다. 국가도 그 자체가 하나의 질서에 대한 관념인 동시에 사회질서의 보증자이다. 국가라는

---

*Staatsaufgaben, hrsg. von Dieter Grimm. Nomos-Verlagsgesellschaft Baden-Baden, 1994, S.15-41(Taschenbuch Frankfurt a.M. 1996)에 게재.

관념은 변화가능하며, 그 의미는 시간과 장소에 따라 다르고 또한 그 작용도 다양하다. 의미와 작용을 서로 연관 지으려는 독일어권에서의 논의는 '국가목적', '국가기능' 또는 '국가과제(업무)'라는 개념을 사용한다. 우리는 국가성 또는 국가발전을 국가과제에 대한 지배적인 견해에 따라 네 단계로 나눌 수 있다. 이는 이미 언급된 문화 및 사회발전의 관념과 관련 지어 해석되어야 한다.

12.1 │ 국가이론적 문제로서 국가과제

근대적 국가 개념은 정치적으로 구성된 질서의 다른 관념과는 그 형성원칙의 통일성이라는 생각에서 차이가 있다. 이미 고대의 폴리스 체제나 로마의 법질서가 유사한 통일에 대한 관념을 가졌는가 또는 "국가의 통일성이라는 고대 이념에서 지워질 수 없는 이상형이 견고한 조직, 중앙집권화, 국가권력의 집중 등을 가졌던 로마제국에서 실현된 것인가"(Jellinek 1900/1966: 317)에 대해서는 확인하지 않고자 한다. 어쨌든 정치 및 법적으로 형성되었던 중세의 사회질서는 이러한 통일성과는 거리가 멀었다. 한 편으로 거대한 제국은 항상 불안정하고 단시간에 걸쳐서만 형성되었다. 다른 한편으로 중세는 그 기원이나 내용으로 보아 통일된 법을 가지고 있지 않았다. 민중의 법과 지배자의 법, 교회법과 세속법이 공존하고 이들 법이 다시 영주, 토지소유자, 상인의 법으로 세분화된 형태가 중세의 사회 관계를 특징지운 것이다(Berman 1983).

이러한 이질적인 법에 의해 각인되고 공간적으로 연관이 없었던 사회질서로부터 서서히 근대 국가라는 관념이 발전되었다. 이는 공간적 측면에서 그 주민(국민)을 포함한 영토의 통일이라는 점에서, 사회적 측면에서는 지배집단의 통일이란 점에서 그리고 문화적 측면에서는 법질서의 통일이라는 점에서 특징을 보여준다. 이러한 국가관념의 세 가지 요소는 국가발전의 역사적 과정에서 점차 상호 연관되었으나, 그 법제화와 지도이념의 확립은 19세기의 입헌주의 민족국가에 의해 비로소 실현되었다. 그 이전의 절대군주 국가체제에서는 기존에 전해 내

려온 지방이나 지역의 법을 통일하는 데에는 실패하였다(Oestreich 1969 참조).

통일된 법과 행정에 의해 형성된 지역 공동체의 역사적 실현형태로서의 국가는 우선 헌법국가로서, 즉 사회의 모든 관계에 대한 규정을 포기하는 자기 제한적이고 동시에 권력분립을 통해 스스로 통제하는 정치적 단위로서 실현된 것이다(Jellinek 1990/1966: 326). 따라서 절대주의 국가 관념에서는 국가의 통일이 동시에 국가와 사회의 통일로 생각되어진 반면, 국가의 통일은 (사회를 포함하는) 전체가 아니라, 흔히 '사회적'이라고 칭해지는 다른 질서와 공존하는, 자기 제한적 통일로 이해되면서 역사적으로 성립된 것이다. 즉 통일 국가에 대한 질서 관념이 포괄적인 질서라는 생각으로부터 이탈되면서 국가가 역사적으로 성립될 수 있었던 것이다. 유럽의 절대주의가 전제주의가 되지 않은 것은 영수의 제한된 권력 때문이 아니라, 권력의 제한 자체가 경쟁적인 정당성과 법질서의 결과였던 것이다. 따라서 국가 질서의 통일성은 비국가 영역을 포기함으로써 '구매'될 수 있었던 것이다.

실제 국가권력 뿐 아니라 국가적 질서모형의 한계가 의식되고 국가 지배의 한계가 부분적으로 나타날 때, 국가에 대한 관념에서 국가질서의 대상이 무엇이며, 또한 무엇이 '자유로운' 혹은 다른 사회질서의 대상이 되어야 하는가에 대한 의문이 제기된다. 나는 이것을 국가과제에 대한 의문이라 칭하고자 한다. 때때로 이것 대신 국가목적 또는 국가기능이라는 용어가 사용되기도 하지만, 이러한 명칭은 너무 광범위한 의미를 갖게 된다. 즉, 국가목적이라는 개념은 목적론을 포함하여 그 논거는 설득력이 적다. 국가기능이라는 개념은 복합적 의미를 담고 있어서, 국가기관의 부분기능(예를 들면, 입법, 행정, 사법) 또는 전체 사회적 연관과 관련되는 (동시에 주민과 사회의 다른 부분체계에 대한 성과는 배제하는) 국가의 특수한 기여라고 이해되기 때문이다. 일상적 의미에서 '국가과제'는 다른 중요한 의미 없이 국가가 무엇을 해야 하는가라는 문제와 관련되기 때문에 이 용어가 더욱 적절하게 생각된다. 국가과제는 귀속시키거나, 요구될 수 있고 혹은 귀납적으로 추론될 수 있다. 따라서 국가과제에 대한 담론은 상이한 논리를 따를 수 있으나, 국가과제에 대한 의문에 관해 함축적이거나 명확한 입장을 표명하지 않고는 근대국가에 대해 합리적인 것을 말할 수 없다.

국가과제에 대한 담론은 많은 시각에서 정리될 수 있다. 본 고에서는 국가에 대해 자의적인 것을 요구하거나 거부하는 것이 아니라, 특정의 국가에 대한 관념을 근거로 요구 또는 거부하는, 국가론적으로 의미가 있는 시각이 적절하다. 이러한 형태의 담론에는 특징적으로 이중구조가 존재하는데 이들은 보통 국가의 과제 뿐 아니라 (적어도 가능한) 능력에 대한 진술도 담고 있다. 이러한 담론의 소위 이성적인 전제에는 (논의자의 판단에 따를 때) 국가가 할 수 없는 것을 요구하지 않는다는 것이 포함된다. 아리스토텔레스와 같이 국가 목적을 '각 정치 공동체의 목표'로 이해할 경우 이는 비이성적인, 즉 원칙적으로 실현되기 힘든 것을 지정하지 않는 것을 전제로 한다. 그리고 실제 국가행위에서 국가과제를 도출할 경우 이 이중구조는 그 논리 자체에 나타난다. 예를 들면 헬러는 '국가의 기능'을 '자립적 조직과 지역사회 공동체의 활동과 동일시하며, 모두를 포괄하는 지역에서 모든 이해관계의 모순을 처리할 공통적 지위의 역사적 필요성'에서 그 근거를 제시한다(Heller 1970: 203). 여기서 '국가의 지속적인 의미부여 기능'은 바로 민주주의 국가의 이상적인 작용방식과 모순되는 이해관계 간 중개 역할에 대한 요청에서 그 근거가 마련되는 것이다.

국가목적에 대한 법학적 담론은 국가의 정당성 문제를 동시에 해결하고자 한다. "국가목적에 대한 인식의 실천적 의미는 이를 통해 심리적으로나 윤리적으로 국가를 옹호하는 것이다"(Jellinek 1900/1966: 236). 따라서 어떤 국가목적은 시간을 초월하는 개념화가 필요하다고 여겨졌으나, 역사적으로 가변적인 다른 국가과제를 확인하는 것이 배제되지는 않았다. 이것이 모든 합리적인 질서에 대한 근거에서 특징이 된다. 국가의 목적성은 (국가의) 질서에 대한 권리의 근거를 제공하며, 목적 자체는 특정 질서를 생산하는데 있는 것이다. 정치적 질서가 더 이상 신의 지시나, 적어도 위임된 또는 다른 주어진(예를 들어, 관습법 또는 자연법적으로) 규범의 표현이 아닐 때에 그 필요성에 대한 근거는 순환론적으로 되는 것이다.

"18세기 일반 국가법과 국가학의 중심이 되었고, 모든 공권력의 기초 및 한계에 대한 논의인 국가목적론은 오늘날 그 의미를 상실하였다"(Preu 1983: 9). 그 대신에 국가의 정당성을 헌법의 사실과 내용에 귀납시켜서 초헌법적 최종 근거를 포기하는 국가에 대한 이해가 나타나게 되었다. "그러나 국가목적론에 대한 이론적 비판과 붕괴를 통해 정치체계의 영역에서 목적지향성이 적절하지 않다거나 그 의미를 잃었다고 해석되어서는 안 된다. 이는 그냥 정치체계가 더 이상 사회적으로 부여되고, 진리로 생각되는 (그리고 비가변적인) 목적에 의해 결정되는 것이 아니라, 그 목적설정이 자립적으로 되었음을 의미한다. 법 뿐 아니라 정치체계의 목적에 따른 과제는 이러한 의미에서 실증화되었다. 이들은 정치체계 자체 내에서 프로그램을 결정함으로써 주어지는 것이다"(Luhmann 1968: 71).

이로써 무엇이 국가과제로 되어야 하는가는 더 이상 국가이론적 분석틀에서 도출되지 않고 이에 대한 결정은 기본적으로 정치과정의 문제가 되었다. 실제로 국가 과제는 이전부터 정치적 결정에 따라, 즉 규제되는 지배자의 의지에 따라 성립되었다. 새로운 것은 이러한 의지에 대하여 반대할 수 있는 내용적 기준이 헌법적 한계 이외에는 없다는 것이다. 이에 따라 국가과제는 의회와 정부가 직빕한 절차에 따른 프로그램으로서 결정하는 것이 되었다.

이러한 배경에서 국가행위의 내용과 한계는 단순히 정치적 결정의 문제가 되었는가라는 의문이 제기된다. 물론 근대 헌법은 권한이나 절차규정 뿐 아니라, 보통 국가행위에 대한 내용적 한계(특히 자유 보장을 위한 방어권의 형태로)와 적극적 국가목적을 포함하고 있다. 그러나 헌법도 기본적으로 수정가능하며, 헌법 규정은 보통 정치 체계가 형성가능성을 가지도록 하고 있다. 만약 그렇다면 특별한 이해관계나 정당 정치적 내지 이데올로기적 선호와는 별개로, 국가행위의 증가 또는 축소에 대한 제안을 판단할 기준이 있는가라는 문제가 제기된다.

12.2 | 네 가지 담론과 사회이론적 배경

지금까지의 국가과제에 대한 담론, 즉 국가가 무엇을 해야 할 것인가 또는 하지 말아야 할 것인가에 대한 이론 및 정치적 서술의 역사를 살펴보면, 상이한 정치적 노선 뿐 아니라 특정 문제제기가 시간적으로 집중되는 것을 확인할 수 있다. 이처럼 담론이 특정 문제제기에 집중하는 것은 – 예상컨대 – 국가 및 사회발전의 실질적인 문제와 관련이 있으며 그 결과 '국가'와 '사회'의 관계를 동시에 변화시키고자 하는 것이다. 다음에서는 이러한 담론과 그 기초가 되는 문제를 서로 연관시키고 순서모델의 시각에서 유럽대륙의 국가발전을 해석하고자 한다.

12.2.1 경찰국가

유럽 내 국가발전의 첫 단계는 16세기로부터 18세기 정도까지 걸쳐 있는데, 그 경계는 확정된 영토에 대한 자율적 지배의 공고화를 위한 국가부문 자체의 형성 시기이다. 이 단계의 결정적인 특징은 권력도구의 중앙집권화와 그 정당성, 권력자의 사적 소유와 국가재정의 분리 그리고 업무에 따라 분류되는 국가행정의 성립이다. 따라서 이 단계에서 처음으로 국가형태가 생겨났는데, 즉 통일적으로 제도화된 - 경계 지워진 영토에 대하여 영주나 다른 권력자 개인과는 기본적으로 구분되는 - 지배에 대한 정당화, 집중화 그리고 조직화가 이루어졌다.

이에 따라 이 시기의 국가과제에 대한 담론은 무엇보다도 국가 지배의 정당성을 위해 이루어졌다. 왜 한 지역에 대한 통일적인 지배가 필요하며 그 지배는 어디에 근거하는가에 대하여 설명한 것이다. 프로이(Preu 1983)는 이 담론을 광범위하게 소개하였는데, 여기서는 '좋은 정치(Polizey)'와 '국가목적'의 개념이 핵심적인 의미를 가졌다.[184] '정치'(Polizey)라는 개념은 국가의 과제 영역(정책)뿐 아니라 행정적 형태, 즉 '경찰에 의한' 수행의 의미를 포함한다. 이 때 국가과제는 국가목적에 의해 도출되거나 정당화된다. 국가목적에 대한 담론에서 강령적 개념으로서 '안전', '복지', '효용' 그리고 '행복' 등이 강조되었다. 이 개념들은 상호 명확하게 분리되어 사용된 것이 아니라, 다양한 국가과제를 정당화하기 위해 이를 주장하는 여러 사람들에 의해 사용된 것이다. 특징적인 것은 국가가 모든 것을 담당하지는 않지만, 집합적 복리의 보증자로서 뿐 아니라 간접적으로 개인적 복리를 보장하는데 이르기까지 광범위한 분야에 대한 권리를 주장하

---

184) 여기서 다루어지지 않았지만, 중요한 의미를 가진 다른 개념은 '주권'이다. 이 개념을 통해 국가 지배에 대하여 - 원래 신에게 해당하는 절대적 및 지고의 권력에 정향하는 - 형이상학적 정당성을 부여하고자 하였다. 국가목적 또는 국가과제에 대한 담론은 주권의 세속화된 '정치적 신학'이 더 이상 가능하지 않을 때, 정당성 문제를 다루기에 적절하게 된다.

였다는 것이다. 이 담론에서 특징적인 것은 – 통치 관계자나 재정 담당자들의 실천적 문헌 뿐 아니라, 이성법적으로 국가의 근거를 밝히는 문헌에서도 – 개인 및 집합적 복리와 효용 사이에 존재 가능한 모순에 대한 언급이 없다는 것이다. 국가는 – 아리스토텔레스의 전통을 좇아 – 정치적으로 형성되며, 또한 이를 통해 스스로 기초를 세우는 사회라고 이해되었다.

앞에 언급된 강령적 개념 중에 '안전'의 개념이 중요한데, 이는 생성되고 있는 국가의 가시적 성과와 직접적으로 연관되었기 때문이다. 이 개념은 원래 '평화'와 관계가 있었는데, 중세 후기에는 초지역적으로 교류가 이루어질 때 생명과 재산에 대한 공격으로부터 안전을 보장하는 것과 관련이 있었다. 영토에 대한 지배가 구축됨으로 인해 '외부적'(국방) 및 '내부적'(보호) 안전의 구분이 생긴 것이다. 홉스(Hobbes)와 푸펜도르프(Pufendorf) 이후 '안전'은 "국가목적의 중심적 개념이 되었다. 이는 단순히 생존을 보장하는 것이 아니라 안락하고 부담을 경감시키며 만족케 하는 삶의 기초로 이해되었다"(Conze 1984: 845). 우리는 18세기에 전형적인 모토인 '공동 복지와 안전'에서 "국가가 보호적인 권력으로서 뿐 아니라 잘 조직된 '경찰'을 통해 복지 및 행복을 가져다 주는 것으로 이해하도록" 하는 것이 지배적인 의도였음을 알 수 있다(Conze 1984: 846). 국가과제에 대한 담론에서 안전의 개념이 강조되는 것은 이 당시에 대한 회고적 선별에 의한 것이다. '공공의 안전'이란 개념에서 점차 특수한 국가목적이 제기되었으며, 이는 분석적으로 복지목적과는 구분되며, 이후 그 중요성이 사라지게 되었다. '공공 안전'은 이 때 생활 및 소유에 대한 국가의 보호로서 외부적 및 내부적 안전 뿐 아니라 법질서와 개인의 권리를 보장하는 것을 포함하였다. 공공 안전의 이념은 인간간 생성되는 상호 신뢰성의 상태를 포함하는데, 이 때 인간의 '자유'와 함께 주어진 '상호작용 과정의 이중적 우연성'(T. Parsons)이 사라지거나 또는 적어도 상당정도 예측 가능하게, 다른 말로 표현하면 결정되게 된다 (Kaufmann 1973: 56 참조). 여기서 다루는 국가의 특수한 성과는 '시민 사회'의 질서를 창출하거나 보장하는 것과 관계가 있고, 이는 사법적 권리와 개인적 행위가능성의 원칙에 근거한다. (공)권력 국가(Obrigkeitsstaat)라는 조건 하에서 사법적 권리의 보장은 개인에 대한 것이었지, 국가에 대한 것은 아니었다. 이 문제로 인해 국가과제에 대한 담론에서 근본적 변화가 이루어지게 된다.

12.2.2 법치국가(야경국가)

공권력 국가 – 여기에는 유럽 절대주의의 형태들 뿐 아니라 네덜란드, 이태리, 스위스에서의 공화국 체제도 포함된다 – 가 공고해지고, 활발한 경제교류가 가능해지자 안전이라는 목적은 당연시 되었지만 복지목적은 의문시 되었다. 이러한 전환은 형성적 정치이론이 미국 헌법에서 제도적으로 정착됨에 기인한다. 헌법 이론은 그 기원이 영국인데, 영국에서는 왕의 지배에 대한 제한을 통해 국가에 대한 절대주의적 이해가 생성되지 못했으며, 그 대신 개인적 자유와 저항권에 대한 관념이 발전되었다.

새로운 국가과제로의 전환은 독일어권에서는 칸트(Kant)에 의해 이루어졌다. "공공의 복리는 시민법 위에 존재한다(Salus publica suprema civitatis lex est)는 구절은 그 가치와 평판이 감소되지 않았다. 그러나 우선 살펴보고자 하는 공공의 행복(Heil)*은 각 개인으로 하여금 자신의 자유를 법을 통해 보장받도록 하는데 기초가 되었다. 이 때 개인은 다른 사람의 권리를 해치지 않는 한, 자신에게 가장 좋다고 생각되는 모든 방식으로 자신의 행복을 추구할 수 있다"(Kant 1793/1968: 154f). 이 국가과제와 관련된 문제는 동시대에 훔볼트가 '국가 작용의 한계를 결정짓는 시도들에 대한 소고'(1792/1982)라는 글에서 보다 명확하게 정리하였다. 그는 안전과 복지목적을 구분하였을 뿐 아니라(그는 후자를 거부하였다), 안전을 '국가 활동의 원래의 대상'으로서 '적법한 자유의 확립'(v. Humboldt 1792/1982: 115, 118) 내지 사법적 권리의 보호로 제한시켰다.

이러한 자유주의의 일관된 국가(권력)제한 이론은 '국가'와 '시민사회' 간의 구조적 분화를 정당화하면서도, 예상외로 이들간의 구조적 특성과 경계의 문제를 다루지 않고 있다. 국가 행위는 단지 국가의 수입 측면에서 다루어지지만, 국가조직의 시각에서는 다루어지지 않은 것이다. 독일에서는 국가에 대한 자유주의적 관념에도 불구하고, 실제로 인식된 국가과제는 경제영역에서만 축소되었고, 19세기 그 밖의 다른 분야에서는 국가행정이 오히려 확충되었으며 점차 국가

---

* 역자주: 여기서 행복이라고 번역된 Heil은 독일어에서 건전, 안전, 행복 등의 의미를 갖는다. 앞서 안전(Sicherheit; Security)의 개념이 사용되었기 때문에 안전이란 용어 대신 행복으로 번역하였다. 이는 그러나 일반적으로 쓰이는 행복(Glueck; luck)과는 다른 용어이다.

권력에 대한 통제 문제가 시급하게 되었다. 이는 합헌적 이념의 기초 위에서 국가의 부분적 공권력(입법, 사법, 행정)을 분리하고 상호 통제하도록 함으로써 부분적으로 해결되었지만, 이러한 상호 제한적 권력 체계는 국가의 모든 행위가 법률에 근거하고 법원의 검토를 받을 경우에만 효과적으로 나타났다. '경찰국가'에서 지배적이었던 "통치행위는 법률행위가 아니다"라는 기본원칙은 사라지고 이제 재판 가능한 공법이라는 관념으로 대체되었다(Grimm 1987b). '정부'라는 앵글로색슨의 전통과 달리 유럽대륙의 국가전통에서 특징적인 공법과 사법간 분리는(Dyson 1980 비교), '국가'와 '시민사회'의 개념적 분화가 제도화된 것이며, 앞으로의 '국가과제'에 대한 담론의 기본 전제가 되었다.

국가의 자기제한과 함께 자립화가 이루어졌다. 이는 법의 반성적 실증화, 즉 그 변화가능성에 대한 법적 규정과 법치국가성이라는 사고, 즉 사법적(私法的) 권리질서의 보장 외에 특히 공법에 근거하여 이루어지는 국가행위를 통해 가능하게 되었다. 이러한 국가발전에서 새로이 등장한 것은 모든 국가의 업무처리가 법제화되었다는 것과 이에 대한 보장이다. 법적 안정성의 이념은 '법의 존속과 그 중립적이고 정의로운 처리에 대하여 보장된 믿음'과 관련이 있는 것이다 (Scholz 1955: 3).

자유주의 담론에 따르면 국가의 과제는 시민적 거래관계의 자유와 예측가능성을 보장하며 이를 통해 사회적 진보가 가능케 하는데 있었다. 이와 달리 국가가 시민의 행복과 복리에 대한 염려는 할 필요가 없었는데, 왜냐하면 시민이 그들의 권리를 보장받는다면, 스스로를 가장 잘 돌볼 수 있었기 때문이다. 계몽주의 이전의 사상에서는 생각할 수 없었던 이러한 사고는 스미스의 '보이지 않는 손'이라는 모형에서 발전된 것처럼, 대안적이고 비국가적인 질서모델의 가능성과 협력의 성과에 대한 믿음을 전제로 하였다(Kittsteiner 1984). 국가의 중재 없이 개인의 공동작용을 생산적이고, 모든 당사자 그리고 경우에 따라 무관한 제 3자에게까지 유용한 해결책으로 이끌어 낼 수 있었다는 것은, 근대 초기의 '타락한 자연'(Delumeau 1985)이라는 겁에 질린 인간상에 의해서는 이해되기 힘들었다. 국가의 공간적인 안전 제공과 함께 이해관계에 따른 문명 작용에 의해 새로운 생활감정이 생성된 것이다(Elias 1976; Hirschman 1980 참조).

국가의 대응보다 개인적 이해관계의 연결망이 - 보이지 않는 손에 의한 조정으로 인해 -인간의 복지에 더 잘 기여할 수 있다는 생각은 헤겔에 의해 국가와 가족과는 다른 '시민사회'로 개념화 되었다(1821/1968: 157). 자유주의 국가이론은 이러한 구분을 수용하였으며, 나아가 - 경제적 자유에 대한 요구 뿐 아니라 국가와 교회의 분리에 대한 요구에서도 표현되는 - 국가와 사회간 명확한 구분을 요구하게 되는데, 이 때 헤겔이 별도로 생각한 가족은 고려의 대상이 되지 않았다(O' Neill 1994 비교). 사회학적 사회이론 중 사회적 부분체계의 구조적 자립화와 기능적 전문화의 공리는 역사적으로 이 생각이 얼마나 효과적으로 작용하였는지를 보여준다.

12.2.3 사회국가

그 당시의 진보 및 이성에 대한 믿음과 함께 국가의 간섭으로부터 해방된 시민사회의 자기동력은 이전에 없었던 에너지를 분출하였다. 그러나 이로 인해 이 체제 스스로가 - 스미스가 가정한 것처럼 - 부자와 빈민을 동시에 잘 살게 한 것이 아니라, 생산수단에 대한 소유 여부에 의해 확고해진 사회적 불평등의 새로운 구조가 등장하게 되었다. 먼저 진행된 영국과 프랑스의 발전을 본 독일 관찰자는 이미 19세기 중반에 착취와 빈곤이 존재하는 형태가 일시적이 아니라 구조적인 것이라고 진단했으며 이로 인해 시민으로서 자영자가 지배하는 사회에 대한 자유주의의 전망이 환상임을 밝혔다. 엥겔스와 맑스는 지배계급의 도구로서 국가가 저항하는 대중을 탄압하여 착취를 첨예화할 것으로 전망하고 이를 통해 혁명이 일어날 것으로 보았지만, 스타인(L. v. Stein)은 계급간 적대감에 대한 유사한 진단에도 불구하고 국가가 '사회적 국가'로서 일반 선거권의 도입과 '사회 행정'을 설치하여 적대적 계급관계의 조건을 변화시키고, 이를 통해 유산 및 무산 계급이 서로 이해관계의 부분적 보완성을 통찰할 것이라고 보았다(Boeckenfoerde 1963-1976 참조). 이로써 20세기에 국가에 대한 새로운 이해가 등장된 기초가 마련되었던 것이다. 이는 국가가 주도한 사회개혁이라는 생각으로 - 물론 강조점은 다르지만 - 프랑스(시스몬디) 와 영국(벤담과 밀)에서도 나타났다.

    이미 언급한 바와 같이 현실적인 정치 혹은 경찰에 대한 이해는 자유주의 국가이론이 경계를 정한 좁은 한계를 넘어서고 있었다. 대부분의 유럽 국가에서는 산업화와 도시화로 인한 후속 문제를 통제하기 위해 법과 제도들이 도입되었다. 그러나 이 후속문제는 국가별로 상이하게 형성되었는데, 이에 따라 유럽의 국가 간에도 사회정책 제도와 그 집행의 시간적 우선순위에서 차이가 생겼다(Alber 1982; Ashford 1986; Kaufmann 2001b 참조). 대부분의 경우 우선 단편적인 개입이 이루어졌고, 시간이 경과함에 따라 그 강도와 범위가 확대되었고, 특수한 전문행정기관이 성립되면서 '국가'와 '시민사회'의 경계영역에 위치하는 새로운 조직형태가 성립되었다. 이러한 특성을 갖는 조직형태는 특히 근로능력 또는 근로가능성이 상실되었을 경우 소득보장제도의 영역(사회 보장)에서 볼 수 있으며, 또한 교육, 건강, 사회부문 서비스의 발전에서도 나타났다. 세계공황 이후 순수하게 시장에 의해 조정되는 보장 기제의 위험이 명확해졌고, 1941년 연합군은 대서양헌장에서 복지국가적 책임을 다시 한 번 확인하였으며, 2차 대전 후 장기간의 경제적 번영기에 결국 유럽의 거의 모든 국가에서 이러한 기관의 대규모 확장이 이루어졌다.

    이러한 현실은 점차 국가이론적 이해에서도 반영되기 시작하였다. 사회정책이란 개념 이외에도 바그너(Adolph Wagner)가 이미 1876년에 사용한 '복지국가'의 개념이 바이마르 공화국의 정치 용어에서 사용되기도 하였지만, 1918년 11월 15일의 스티네스-레기엔 협약(Stinnes-Legien-Abkommen)의 계급적 타협에 기초한 바이마르 공화국 헌법의 사회국가적 프로그램은 이에 해당하는 국가법(개별법)에서 관철되지 못했다. 사회권적 기본권은 고전적 기본권처럼 국가에 대하여 제한을 둔 것이 아니라 국가가 사회적 행위를 하도록 허용하였기 때문에, 이들은 직접 적용 가능한 것이 아니라 입법적 매개를 필요로 하는 것으로 나타났다. 국가법학은 그러나 사회권적 기본권을 적어도 입법에 대한 헌법적 목적설정이나 법적용에 대한 해석상의 지원으로 보지 않았기 때문에 '법이 아닌 것'(非法; Nicht-Recht)이라고 보았다. 사회권적 기본권은 이로써 헌법에 표현된 의지의 단순한 선언으로 되었고, 규범적으로 적용되지는 않았다(Grimm 1987a: 155). 2차 대전 후에도 기본법(독일헌법)의 사회국가 조항은 아주 천천히 헌법적 의미를 갖게 되었으며(Forsthoff 1968; Haeberle 1972 참조), '복지국가' 라는 용어는 국민보장의 원칙에 따르는 영국과 스칸디나비아의 '복지국가' 를 지칭하기 위해 사용되었다. 약 10년 전부터 - 유럽연합 이후 중요하게 된 국제비교의 시각에서 - 사회국가와 복지국가의 개념은 동의어로 사용된다.

독일에서 새로운 헌법 해석은 사회국가성의 과제를 '기본권적 자유를 실현하기 위한 사회적 조건을 보장하는 것' (Boeckenfoerde 1976b: 238)으로 이해하며, 국가에 대한 자유주의적 이해의 기본 의도를 고려하면서도 동시에 사회국가성과 법치국가성 간에 발생하는 긴장을 극복하고자 하는 것이다. 이처럼 다른 국가목적에 대한 정의와 연계하여 사회질서의 헌법적 성격이 형성되며, 여기서 구체적인 청구권이나 입법기관에 대한 강제적 명령은 아니더라도 입법과 관련된 판단기준과 해석기준을 도출할 수 있다.

사회국가적 과제는 따라서 헌법의 차원이 아니라 입법 차원에서 형성된다 (Zacher 1980). 여기서 이러한 새로운 법의 내용과 집행조건과 관련하여 특징적인 차이가 나타난다. 한편으로는 행정법의 팽창과 지속적인 분화가 일어나서 개입행정과 급여행정 간의 구분이 중요하게 된다. 이는 법치국가성과 사회국가성을 이념적으로 대조 시키는 것이 행정법 차원에서 나타나는 것이다. 이념적으로 보아 그 한계가 사법적 권리에서 발견되는 개입은 국가행위의 보장적 형태와 구분되는 것이다. 이러한 구분은 물론 질서보장과 사회적 형성으로의 구분과 일치하지는 않는데, 예를 들어 사회보험료의 징수 또는 사업장 감독은 개입행정으로 분류될 수 있기 때문이다. 이 외에 급여보장에서도 - 예를 들면 유치원에 대한 보조금 또는 공급 - 이미 개입주의에 대한 국민경제적 분석(Kueng 1956 참조)에서 나타난 것처럼 사회적 연관(여기서는 경제 내지 가족)에 대한 개입이 나타난다.

법치국가성에 대한 오래된 관념과 사회적 법치국가성에 대한 새로운 관념간의 결정적 차이는 국가와 그 이외 생활영역, 소위 '사회' 와 관련이 있다. 국가는 더 이상 단지 사법(私法)에 의해 규정되거나 국가와 구분되는 '사회' 에 대한 단순한 보증자가 아니라, 자신의 제도를 통해 사회 관계에 영향을 미치는 것을 목적으로 한다. 그러나 이것이 공권력 국가와 같이 광범위한 의미에서 이루어지는 것은 아니다. 사회적 부분체계의 구조적 자립화와 개인 및 집단적 행위자의 기본적으로 독립적인 법적 위치는 인정되지만, 자립적인 자기 발전의 바람직하지 못한 결과는 수정하거나 보상하고자 하는 것이다. 이러한 바람직하지 못한 결과는 사회 문제 그리고/또는 정치 문제로 다루어지며, 특정 방식으로 해석되어 국가가 그 해결을 위해 활동하게 되는 것이다. 이 때 그 결과는 특정의 불리하거나 사회적 약자로 정의된 인구집단과 연계되며, 이들을 위해 국가는 자신을 통해 대표되는 정의의 명목하에 활동하게 된다. 물론 이러한 국가행위는 – '사회적' 시장경제의 경제정책적 개념에 따라 – 기능적인 경쟁조건에 유의해야 한다는 한계를 갖는다(Blum 1980 참조).

예전에는 산업화의 개념으로, 오늘날에는 보통 근대화의 개념으로 나구이지고 있는 생활조건에 대한 사회적 변화로 발생하는 주요 문제는 사회이론적 시각에서 융합(Inklusion)이라는 개념으로 다루어질 수 있다(Parsons 1972: 32ff; Luhmann 1981; 10장 참조). 이는 구조적 분화로 인해 기능적으로 전문화된 행위체계가 등장함으로써 – 비록 개인에게 충분하지는 않지만, 그 사회적 계급에 따라 상이한 수준에서 본질적 욕구의 충족을 가능케 하였고, 특히 개인의 모든 생활상황을 대상으로 하였던 – 기존의 보장형태가 해체된 상태를 의미한다. 기능적으로 전문화된 구조로 사회가 개조됨으로써, 이러한 개인의 전체 생활조건이 사회적 맥락으로 편입되었고, 이제는 개인이 다양한 체계연관에 참여하여 생활에 필수적이거나 편리한 것을 스스로 획득하도록 된 것이다. 모든 사람들의 사회적 참여가능성을 보장하는 것은 점차 사회권의 정의(定義)라는 도구를 사용하는 복지국가 정책의 과제가 되었다. 이러한 생각은 사회 보장 – 이 개념이 이후 소득보장의 부분적 차원으로 축소되기전까지 – 에 대한 요구의 기초가 되었다(Kaufmann 1973: 특히 92ff, 208ff 참조).

따라서 사회를 형성하고자 하는 개입의 정당화는 일반 질서에 대한 관심이 아니라 그 개입을 통해 나타나는 특수한 작용에 달려 있다. 이 작용이 정치적 과정에서는 정해질 수 없으며, 그 효력 또는 비효력과 흔히 예상치 못하는 부작용은 이후 집행과정과 그 결과에서 나타난다. 흔치 않게 정책 사업은 단지 정치적 문제 해결을 위해 노력한다는 것을 보이기 위해 (또는 관심을 가진 측에서는 이런 희망으로) 그 비효과를 예상하면서도 결정될 때가 있다(Edelman 1976). 그럼에도 불구하고 국가의 사회를 형성하기 위한 제도를 요구하는 정책 담론에서 제안된 제도의 효과를 주장하기 위해서는 해결을 요하는 문제를 명확하게 정의할 수 밖에 없다. 국가가 개입하도록 요구할 때 보통 이것이 위법이라는 근거는 없으며, 특정 상황의 변화 또는 특정 사회문제의 해결을 위한 국가의 전문적 능력에 대한 주장을 필요로 할 뿐이다. 이 주장은 결국 "정치적 논리는 문제를 극화하거나 국가 책임에 대한 호소에 국한되는데, 이미 국가가 특정문제와 관련하여 행위하고 있을 경우, 이 호소를 따를 가능성이 많아진다"는 논리에 함축되어 있다. 그럼에도 불구하고 달성하고자 하는 효과 – 흔히 '제도의 목적'이라 칭해진다 – 가 합리적 논리의 핵심을 구성한다.

물론 국가가 새로운 개입을 하도록 하기 위해서는 – 중요한 문제일 경우 입법을 위한 엄청난 절차가 필요하며, 개입자체나 그 결과가 논쟁이 될 경우 추가적으로 법원에 의한 통제를 받기 때문에 – 그 문제에 대한 커다란 압박이 있어야 한다. 국가 재정의 부족 뿐 아니라 정치적 과정에서 필요한 시간과 주의 부족으로 국가의 개입 잠재력은 제한 받게 되며 이에 따라 – 상황에 대한 시각 보다는 이해관계와 정치적 영향에 의해 결정되는 – 정치적 우선순위가 설정된다. 유럽에서는 증가하는 노동운동의 압력 하에서 사회정책이 발전되었으며 이를 통해 자본주의가 전환되었다. 물론 이 전환은 압력과 그 결과 지배세력의 이해관계의 변화 뿐 아니라 동시에 그 정신적 배경 – 기독교와 계몽 – 을 통해 지배계급과 사회운동이 연합할 수 있었던 자유와 사회정의의 맥락에서 이루어진 것이다 (Heimann 1929/1980).

이제 기본적으로 정당하다고 인정되는 사회적 관계에 대한 국가의 '간섭'은 국가와 사회의 관계를 정책 투입 뿐 아니라 정책 산출 측면에서도 변화시켰다. 사회를 형성하기 위한 국가개입은 불가피하게 이미 구성된 이해관계와 관련되기 때문에 이와 관련되는(관련된다고 생각하는) 당사자는 국가의 의지형성 과정과 결정에 영향력을 행사하고자 하는 정치적 이해관계를 갖는다. 따라서 유사한 이해관계를 가진 행위자들은 다양한 방법으로 정치적 영향력을 갖는 단체를 구성하게 된다(Ritter 1988 참조). 이를 통해 국가와 사회의 이상형적 구분은 붕괴되며 사회적 세력은 의회 뿐 아니라, 국가 행정에 대하여 직접적인 영향력을 갖고자 하는 것이다.

국가 행위의 다른 차원에서도 '국가'와 '사회' 간 구분은 사라지는데, 사회적 관계에 대한 영향력 행사에서 국가는 점차 다양하게 비국가적 행위자 – 공법적 또는 사법적 기관 또는 기업이나 단체 등 진정한 '사회적' 행위자에게 위임 혹은 의무화 하거나 또는 보조금을 지급하여 – 를 이용한다(Schuppert 1981; Hood 1986). 마지막으로 급여제공 차원에서도 고전적인 국가의 성격 변화가 나타난다. "국가가 사용하는 수단은 조세정책, 재정정책, 화폐정책 및 할당정책 등이다. 이는 개인에 대한 의무화나 금지에 의해 직접적으로 이루어질 수도 있고, 유인, (부담)성감, 보다 증가된 또는 감소된 할당에 의해 간접적으로 이루어질 수도 있으며 이는 거의 법치국가적 형태나 통제로부터 벗어나는 것이다"(Boeckenfoerde 1976a: 425f).

이로 인해 '국가'와 '사회'의 구분은 이제 단순한 사유모델에 불과하게 되는데, 그럼에도 불구하고 이와 함께 고려될 수 있는 차이가 근본적으로 사라지는 것은 아니다(12.3 참조).

12.2.4 조정국가

복지국가 발전에 대한 국가이론의 논의가 끝나지 않았음에도 불구하고 최근 국가과제에 대한 담론에서는 새로운 의문과 문제제기가 나타나고 있다(Grimm Hrsg. 1994 참조). 이미 역사적으로 존재하는 형태에 대해 서술하는 것이 앞으로 나타날 형태에 대해 서술하는 것보다 훨씬 쉽다. 그럼에도 불구하고 국가과제에 대한 담론의 네 번째 단계를 설정하고 그 특성을 서술하는 것이 해석적으로 유용하게 보인다. 이를 통해 최근 논의에서 새로운 것 뿐 아니라 이와 구분되는 이전 단계의 특성도 명확히 될 수 있기 때문이다.

국가행위에 대한 정치적 요구의 새로운 경향은 다음과 같이 서술될 수 있다.

a. 새로운 국가과제는 자연 자원의 보호 영역에서 명확하게 나타난다. '환경보호'는 새로운 것이 아니며, 근대 초기의 도시건설정책도 이 노선을 지향하였다. 그러나 환경의 개념이 변화되었는데, 특히 기후에 의한 재난과 관

련하여 국제적으로 세계화되는 경향이 나타나고 있다. 더 이상 환경훼손으로 위험해진 개인 또는 사회그룹이 관심의 초점이 되는 것이 아니라 – 인간 행위에 의해 위태로워진 생태 체계로 생각되는 – '위험해진 자연'이 관심의 초점이 된다. 이와 관련하여 국가는 환경 보호가 보장될 수 있게 개인과 경제조직에 영향력을 행사하도록 요구되는 것이다(Kirschgaessner 1994; Windhoff-Heritier 1994).

b. 점차 사회정책 뿐 아니라 형사정책, 경제정책에서 통제적, 교정적, 보상적 개입을 예방적 개입으로 바꾸라는 요구가 제기되고 있다. 국가는 그 제도를 통해 손실에 대처하고 그 결과를 제거할 뿐 아니라 위험의 원천이나 원인 영역에 대한 개입을 통해 손실의 발생을 예방하는 권한을 갖게 (요구)된다(Grimm 1986; Preuß 1994). 이는 사회정책에서 예를 들어 교육적, 상담적 또는 예방적 서비스의 의미 증가와 이전소득으로부터 실물이전으로의 비중 이동에서 나타난다. 범죄대처의 영역에서는 범죄저지를 위한 예방적 개입이 최선인 것으로 예찬된다. 경제정책에서는 경제주기의 자기동력을 수정하는 전체적 조정으로부터 미래지향적 경제지원 및 기술정책에 대한 요구로의 전환이 나타나고 있다(Kitschelt 1994).

c. 국가 행위의 새로운 형태는 법 이론적 및 국가이론적 담론에서보다 정치 현실에서 덜 다루어지고 있지만, 부분적으로는 요구되고 있다. 그 출발점은 실제적인 정치 문제에 대하여 기존의, 특히 공권력적 국가행위가 바람직하지 못한 부작용 또는 부족한 효과를 낳는다는 진단이다. 이러한 결과에 대해 의견이 분분하지만 결국 국가의 '조정결핍' 때문으로 진단된다. 대부분의 국가법학자는 국가의 통치권적 위치가 잠식되고 사회적 행위자의 순응의지에 의존하게 되는 것에 불만을 가지고 법치국가적 통제형태가 새로운 국가과제에 대하여 효과가 감소되는 것을 두려워하지만 (Boeckenfoerde 1976c: Grimm 1990; 1994a 참조), 사회과학자는 국가의 새로운, 비통치권적 조정가능성을 제시하고자 한다(Kaufmann 1982, 본서 3장; Mayntz Hrsg. 1983; Willke 1983; Dahme/Grunow 1983;

Glagow 1983 Hrsg. 1984; Kaufmann/Majone/Ostrom Hrsg. 1985; Teubner 1989; Schuppert 1994; Willke 1994).

d. 국가 주권의 상실은 내부적 사회 환경 뿐 아니라 국제 관계의 성격에 의해서도 진단되고 있다. 분명 국가는 결정적인 국가법적 주체이지만 점차 자급자족의 전제 뿐 아니라, 국제적 그리고 부분적으로는 초국가적 연관에 연계되었다는 전제에서 주체가 된다. 사회적 연관은 점차 민족국가의 경계를 넘어서고 있으며 국가간 상호의존은 점점 커져서 세계 사회화 경향으로 나아가고 있다(Luhmann 1975; Bornschier 1980; Heinz 1982; Bornschier/Lengyel 1990). 이는 자의적으로 가입한 국가법적 의무가 아니라 세계경제주기, 유류가격 또는 특정 제3국의 기술정책 등과 같은 세계적 발전에 대한 비자발적 의존 – 경제성장이나 완전고용 등에 의해 매개되어 국가지출이나 국가예산에 직접적으로 영향을 미치게 됨 – 을 의미한다. 이러한 연관은 기본적으로 새로운 것은 아니지만 점차 강화되고 있으며 최근의 이해를 결정짓고 있다. 이로 인해 많은 국가와 유럽연합과 같은 초국가 단체도 합목적적 경제 및 기술 지원을 통해 국제적 경쟁위치를 강화하고자 하는 '신중상주의'로 나아가게 되었다(Willke 1988; 1991).

이러한 발전 경향 간에는 서로 연관이 있을 것으로 보인다. 즉, 새로운 국가과제는 국가 행위에 대한 기존의 이해가 부적절하거나 적어도 보완의 필요성이 있음을 특징적으로 보여준다. 여기서 '개입'으로부터 '조정'이라는 개념의 변화가 인상적이다. 더 이상 법 위반에 대한 교정, 위험에 대한 보호 또는 특정 인구집단의 상황을 개선하기 위한 국가의 단편적 또는 국부적 개입이 요구되는 것이 아니고 – 개별 행위자의 행동을 직접적으로 제재하는 것이 아니라 그 행위전제에 영향을 미치도록 – 체계에 영향을 주는 행동이 요구되는 것이다.

이러한 문제의 변화를 이해하기 위해서는 국가이론 보다는 사회이론적 통찰이 필요하다. 이전의 국가학에서 단순히 '사회'(비국가)로 칭해지던 것들이 오늘날에는 점차 사회학 뿐 아니라 일반 의식에서도 제도적으로 다양하게 분화되고 고도로 조직화되었으며, 체계이론적 시각에서보면 보다 잘 이해 가능한 사회 관계 또는 의사소통의 공간이 된 것이다. 이전의 이론들이 (시장이론을 예외로 하고) 암묵적으로 가정한 비국가 영역(스미스의 보이지 않는 손)의 질서들이 보다 철저하게(reflexiv) 다뤄지고 있다. 따라서 이제는 국가가 그 법질서에 의해 형성된 사회적 관계에 대하여 영향력을 행사하는 것이 단순한 개입이 아니라, 체계조정으로 개념화 된다. 왜냐하면 사회체계 내 모든 행위자가 이 체계의 전제하에서 활동하기 때문에 '외부로부터의' 단편적 개입은 보통 이러한 체계특성에 의해 '굴절되어' 작용하기 때문이다. 이는 특히 국가의 조정 성과의 수혜자(조직)가 – 그 생존가능성은 국가의 법질서에 달려있다 – 점차 집합적인, 즉 조직화된 행위자라는 점에서 더욱 그러하다.* 이들은 특수한 조직내부적 혹은 제도적 한계 속에 있으며, 이로 인해 기본적으로 그 성과는 개인의 경우보다 더 쉽게 예측 가능하다(Mayntz u.a. 1988; Geser 1990).

따라서 국가과제의 성취 방식에 대한 이러한 요구에서 새로운 점은 전통적인 국가 이해에 따라 주어진 공권력적 입장에서 단순히 '사회' 관계에 대해 개입하는 것이 아니라, 개입 시 효과에 필요한 조건으로서 각 개입분야의 특수한 성격과 관련 행위자의 이해관계를 고려하는 것이다. 명령 및 금지를 기초로 하는 공권력적 행위는 불가피하게 유연성이 낮다는 특성을 갖고 관련 행위자의 방어 및 회피전략에 노출되기 때문에, 즉 규제 정책이 사회복지 서비스, 자연보호 또는 경제지원 등 특정 대상영역에서는 비생산적 효과를 발생시키기 때문에, 국가는 유인 프로그램(Mayntz 1983), 협상체계의 구성, 설득프로그램, '절차적' 내지 '반성에 대한 권리' 또는 '맥락 조정'(Teubner/Willke 1984)과 같은 '유화' 전략을 쓰도록 제안 받는다.

새로운 담론의 상황을 서술하였음에도 불구하고 이러한 주제변화가 어떻게 조건화 되었는지는 아직 분명하게 되지 않았다. 1970년대 중반 '인류의 상황에 대한 로마클럽 보고서'(Meadows u.a. 1972)와 이에 이은 '유류파동'으로 인해 근대국가와 국민의 세계적 연계가 광범위한 차원에서 의식되기 시작한 것으로 보인다. 연이은 경제 공황으로 인해 복지국가 정책의 재정적 한계가 정치적으로 인식되었고 동시에 국가의 문제해결 능력의 다른 한계가 '위기'로 다루어지게

되었다. 그러나 대부분의 서구 국가가 그 능력의 결핍을 (놀랍게도) 극복한 후에는 사회과학적 위기 진단이 사회적 연관을 고려하는 보다 복잡한 이론에 의해 대체되었다.

그럼에도 불구하고 공공의 불안은 제거되지 않았다. '위기' 또는 '위기사회'(Beck 1986)라는 개념에서 근대적 연관의 - 근대적 연관의 자기동력에 의해 자신 및 타인이 위태롭게 되며, 이에 대처하기 위해 '국가과제로서 위기에 대한 사전대처'(Preuß 1994)를 주장한다 - 특성이 다루어지고 있다.

프로이스(Preuß)가 보여준 것처럼 사전대처의 위험방어 - 즉 예방 - 는 자연보호와 같이 원칙적으로 새로운 국가활동에 대한 요구가 아니다. 따라서 새로이 요구되는 국가의 성격을 '예방 국가성'이라고 한다면 문제를 제대로 나루는 것이 아니다. 문제의 핵심은 우리가 실질적으로 예상할 수 있는 특정 위험에 대하여 충분한 설명모델을 갖고 있지 못하기 때문에 특정 위험에 대한 예방이 불가능하다는 것이다. 현실적으로 "총체적 효과와 돌발적 효과는 정책결정자가 원하는 만큼 아무리 합리적으로 계산하더라도 개별 결정에 의해서 (통제) 가능한 것이 아니다. 다양한 결정이 공동으로 작용할 때 그 전체효과와 예기치 못한 우연성은 예측이 불가능하다는 것을 알 수 있다"(Luhmann 1990: 41). "예기치 못한 (또한 엄청난 손실을 야기하는) 사건의 발생을 사회 발전에서 나타나는 체계적인 특성"이라고 보는 이러한 불안한 관점에서 근대 국가에 대하여 예기치 못한 결과를 낳는 특정위험에 대한 개입을 포기하고 집합적으로 의무화하는 결정을 하라는 요구는 어느 정도의 설득력을 갖는다.

이러한 문제상황에서 국가에 대해 제기되는 새로운 요구는 (법치국가성에 대한 담론에서처럼) 법의 준수에 대한 책임이나 (사회국가성의 담론에서처럼) 시민 개인의 복지를 보장하는 것 뿐 아니라 다양한 사회체계의 자기동력이 손실 없이 상호작용할 것을 보장하는 책임과 관련이 있다(Willke 1994). 따라서 국가는 이러한 체계에 대해 필요하다고 생각되는 자기조정 능력을 의심하지 않고, 자기동력으로 인한 외부적 결과(피해)를 제한하는 방식으로 조정하도록 요구된다. 따라서 나는 국가과제에 대한 이러한 담론을 '조정국가'라는 개념으로 칭하고자 한다.

조정 과제란 국가와 다른 사회적 기능영역 간의 관계를 더 이상 주어진 것으로 보지 않고, 정치적 결정에 의해 반성적으로 항상 새로이 형성되어야 하는 것으로 보는 국가행위에 대한 기대라고 할 수 있다. 이러한 국가의 형성권에 대한 실천적 표현은 건강, 교육, 학문 또는 기술정책 등과 같은 국가의 개별정책이 구조적으로 다원화된 결과로서 공공부문이다. 다수의 비국가 행위자는 이 때 특정 목적을 추구하기 위해 국가에 의해 정해진 조직법 및 절차법 또는 국가에 의해 규정된 재정충당 방식이라는 전제 하에서 공동 작용한다. 이러한 부분 정책의 내용과 정당성은 국가에 의해서만 도출되는 것이 아니라 관련 행위자간의 지속적 협상과정에서 도출된다.[185] 해당의지 형성과정은 보통 의회에 상정되기 이전의 공간에서 이루어지며 - 의무화 되기 위해서는 - 민주적인 정당성에 의존한다. 따라서 국가가 '동등한 자들 중 첫째(primus inter pares)'(Willke) 또는 사회적 행위자간에 이루어진 협약에 대하여 단순히 공증인이 되는 것은 아니다. 국가별 그리고 정책분야별로 국가 및 비국가 행위자간 권력관계는 다르지만 보통 사회적 행위자는 국가의 절차에 대한 조정 없이 - 또한 흔히 국가의 압력 없이는 - 장기적으로 유효한 합의에 이를 수 없다. 한편 국가는 다양한 이유로(Schuppert 1994) 현존하는 복합적인 조정문제와 관련하여 자신의 권력에만 의지하여 결정할 수도 없다. 이 때 국가의 조정능력의 강화는 새롭고 학습 가능한 형태의 정치적 의지형성을 전제로 한다(Kaufmann 1991).

12.3 | 추론

　　지금까지 서술된 생각은 국가의 실질적인 발전이 아니라, 국가과제에 대한 전형적인 담론의 변화를 순서대로 정리한 것이다. 물론 이러한 변화된 담론이 실제 국가활동의 변화를 반영한다는 가정도 맞을 수 있지만, 그 변화가 국가이론적

---

185) 이러한 협상과정의 구조를 지속시키는 기제는 정치체계에 따라 다르다. 유럽대륙의 많은 국가에서 조합주의적 배열, 즉 특정 부분의 정책을 담당하는 국가 기관과 특정 선택된 행위자 간의 긴밀한 네트웍이 지배적인 것으로 보인다. 이와 달리 미국에서는 이러한 네트웍은 보다 느슨하고 제3자에게도 열려있다(Windhoff-Heritier 1994 참조).

담론의 차이처럼 근본적인 것은 아니다. 국가의 과제에 대한 새로운 담론의 등장은 항상 이미 달성된 국가의 과제 성취 정도와 관련되며, 이에 대하여 근본적으로 문제를 제기하는 것이 아니라 상대화하는 것이다. 국가과제에 대한 새로운 담론은 국가와 국가활동의 작용분야 간의 관계에 대한 이해가 변화되었음을 반영한다.

경찰국가적 담론이 지배지역 내 생활관계 전부를 국가 조치의 대상으로 삼은 반면, 법치국가적 담론은 기본적으로 모든 국민의 자유로운 계발의 토대로서 외부로부터의 보호와 법질서의 보호를 보장하는 것으로 국가활동을 제한하였다. 국가의 작용분야는 여기서 법의 입법, 관리, 집행에 제한되었으며 다른 사회관계는 - 다른 범주인 '시민사회'로 집약됨 - 기본적으로 국가의 간섭의 대상이 아닌 것으로 여겨졌다. 국가과제에 대한 이러한 축소주의적 이해는 경찰국가적 담론에서의 다원화되지 않은, 모든 것에 대한 권한의 반응으로서 이해될 수 있다. 사회국가적 담론은 법치국가적 담론의 자유주의적 전제에 대한 비판적 논의에서 전개되었다. 이는 국가 활동의 작용분야로서 사회 관계와 시민의 생활상황을 개념화 하였고, 이 때 '사회 세력의 자유로운 활동'에 기인하는 사회적 권력 차이의 축소와 사회적 불이익의 조정을 다루었다. 이러한 목적은 보호(받을) 권리의 부여와 개인에 대하여 국가가 직접 제공하거나 국가가 중개한 급여를 통해 이루어졌다. 마지막으로 조정국가적 담론은 법적 안전보장과 목표 집단에 특수한, 개별화된 국가개입만으로는 시민의 복지를 보장하지 못한다는 인식에서 시작되었다. 왜냐하면 국가의 자기제한으로 인하여 생성하거나 증가되면서 조직화된(되어온) 행위연관의 지속적인 다원화와 자립화의 결과 - 개인에게나 특정 그룹에게 잘못을 돌리기는 힘들지만, 다른 행위연관 뿐 아니라 전체 국민에 대해 손해가 발생하는 - 유기적 동력이 발생하기 때문이다. 따라서 국가는 이러한 유기적 연관에 대하여 조정적 영향을 갖도록 권고된다.[186]

국가과제에 대한 분류에서의 이러한 변화가 국가에 대한 이해와 국가 행위에 대하여 어떤 결과를 낳는가에 대해서는 아직 연구가 되지 않았고, 앞으로 학문과

---

186) 루만(Luhmann 1990: 29, 37f)은 이중적 우연성이 표출되는 세가지 '사회 모델'을 구분한다: 규범 모델, 불충분의 모델 그리고 위험 모델. 국가담론의 형태와 관련하여 규범문제는 법치국가성, 불충분 내지 재분배 문제는 사회국가성, 위기문제는 조정국가성과 관련된다.

정치 분야에서 후속 주제가 될 것으로 보인다. 우선 국가과제에 대한 새로운 담론이 등장함으로써 지금까지의 국가과제의 성취가 불필요해 진 것이 아니라는 것을 확인할 수 있다. 새로운 담론의 등장은 오히려 이전 담론의 요구가 국가 행위의 실천에서 실현되었음을 표현한다. 이러한 실천은 새로운 정향의 결과에도 불구하고 계속되어져야 하며, 이 때 지속되는 적응의 필요성이 – 이는 개별 정책 분야의 차원에서 주로 나타나며, 국가과제에 대한 담론에서 나타나는 것은 아니다 – 요구된다.

분명히 법학적 국가론에서는 이러한 발전에 대해 상당한 불만을 갖고 있다. 국가는 항상 그 충족을 위한 활동이 법치국가적 통제를 받지 않는 새로운 요구로 인해 과부하를 받게 된다는 것이다. 새로운 사회이론의 발전을 통해 국가는 더 이상 '사회'의 반대편에 있는 것이 아니라, 사회의 부분체계가 된다. 이는 루만에 의해 가장 일관되게 서술되는데, '사회'는 – 결국 아리스토텔레스까지 거슬러 올라가는 '시민사회'의 개념에 기본적으로 연결되는 – '사회 전체 단위에 대한 개념'(Luhmann 1984: 555)으로 생각되며, 국가는 이에 속하게 된다. 국가 이론가들은 이를 통해 사회의 다른 부분체계에 대한 국가의 두드러진 공권력적 기능이 상실될 것을 염려하고, 많은 사회학자들은 국가비판적 입장에서 이러한 우려가 현실화되고 있음을 증명하고 있다. 실제로 루만의 이론에서는 (앵글로 색슨의 사회학이 예로부터 그래왔던 것처럼) 사회적 부분체계 간 상급 및 하급관계가 없으며, 기껏해야 역사적으로 가변적인 '기능적 우선성'이 있을 뿐이다.

그러나 이를 통해 국가가 근대적, 복합적 사회연관을 구성하는 기능이 사라진 것은 아니다. 왜냐하면 다른 부분체계의 성과에 의해서는 대체되기 힘든, 정치적 부분체계의 전문적 성과로서 집합적으로 의무화하는 결정에 대한 의사소통과 생산이 있으며, 이는 국가 뿐 아니라 다른 사회적 부분영역에도 – 국가가 설정한 법의 형태로서 – 유효하기 때문이다. 이러한 법은 – 이에 대해서는 이미 자유주의 국가이론에서도 널리 알려졌다 – 다른 사회질서의 주요 현상, 예를 들면 시장경제, 건강 및 교육부문 또는 가족의 안정화에 기본적인 역할을 한다.[187] 이에 따라 의무화하는 법을 만들고, 법을 보호하는 것도 대체 불가능한 국가 과제에 속한다. 이에 따르면 사회관계의 질서와 관련하여 국가는 구성적 기능을 가지는데, 거의 모든 질서형성의 형태는 국가가 설정한 법규범과 조직적 가능성(예를 들면, 법인의 다양한 형태)에 연결되기 때문이다. 이러한 고전적 국가기능은 새로운 조정과제의 시각 하에서 추가적인 특수한 의미를 갖는다.

공법 및 사법간의 고전적 구분은 국가의 자기규제에 대한 법과 개인간의 관계의 질서에 대한 틀을 규정하는 법이 법질서의 범위를 공백 없이 규정하는 구분되는 두 분야라는 생각에서 출발하였다. 이 생각이 불충분하다는 것은 경제법, 노동법, 사회법 영역에서 이미 가시화되었으며, 이들 영역에서는 공법 및 사법적 규범의 작용이 함께 나타나고 있다. 국가가 비국가 행위자와 그들 간의 관계에 의해 성과가 나타나는 건강 및 기술정책과 같은 모든 사회영역을 포함하여 조정에 대한 과제를 책임질 때에 공법과 사법의 구분은 시대에 뒤떨어지게 된다.

그러나 인류의 역사가 계속되기 위하여 형성적 의미를 갖는 직접적 생활욕구의 충족, 문화적 의미모형의 생산 또는 인구의 재생산에 대해서는 이것이 해당되지 않는다. 여기서는 이전과 같이 국가로부터 자유로운 공간이 존재하는데, 이 영역은 적절하게 정치적인 영향력을 배제하고 있다. 국가의 질서가 지구표면의 확인 가능한 부분과 그 주민에 대해 경계를 설정하고, 이를 통해 높은 상호의존 및 운명공동체를 구성하고, 집합적 정체성(예를 들면, '프랑스')과 기능적 연관으로서 상징적으로 문화적 의미를 대표할 때, 국가 질서는 이러한 성과를 포괄하는 사회연관의 보증자가 되는 것이다.[188] 국가과제에 대한 담론은 국가에서 구성하는 이러한 사회연관과 관련되며, 다원화와 새로운 국가과제를 다룬 두 가지의 결과를 인식하여야 한다. 한 편으로는 국가 및 비국가적 성과간의 상호의존성 내지 양자간에 필요한 시너지주의(상호 상승주의)를, 다른 한편으로는 자급자족의 상실, 즉 '세계사회'의 틀에서 국가적 사회형태의 부분성을 인식하여야 한다. 국가가 더 이상 '주권을 가진' 행위자가 아니라는 것은 다른 부분체계와의 상호 의

---

187) 주권론이나 절대주의적 그리고 민족국가적 해석이 주장하는 것과 같이, 다원화된 정치체계의 조직이 통일국가의 성격을 불가피하게 어느 정도 가져야 하는가에 대해서는 여기서 다루지 않았지만, 오늘날까지 풀리지 않은 의문이다.

188) 이러한 지역적으로 부분화 된, 그러나 적어도 오늘날에는 더 이상 자급 자족적이지 않은 사회연관에 대해서 루만은 - 보다 명확하게 하기 위해 덧붙인다 - 사회의 개념을 사용하지 않는다!(Luhmann 1975: 60f)

존성에서 뿐 아니라 증가된 국제화, 극단적인 경우 세계화로 인한 국가간 및 그 주민간의 상호의존성에서 비롯된다. 주권적 국가라는 사유모델은 - 국가경계의 설정과 그 방어가 사회적 관계의 고도의 조직화와 엘리아스(Norbert Elias)가 강조한 행위사슬의 연장에 대한 전제조건이 된 - 근세 초기의 국가발전에서 평화적 및 통합적 성과로 인해 그 역사적 의미를 찾았다. 그러나 달성된 민족국가적 질서수준이 당연시 된 후에는 행위사슬이 점차 연장되었으며, 국가경제를 넘어서는 교환관계는 국가경계로 인해 상호의존이 중단되지 못할 정도로 점차 강화되었다. 이로써 국가는 불가피하게 그 주권을 상실하게 되었으며, - 자신에 의해서만 경계지워지는 단위로 이해하는 - 국가는 단지 기능적으로만 자신을 통해 구성된 집합체들에 대한 하나의 조직중심이 되었다.[189]

이러한 새로운 문제상황에 적절한 국가이론은, 주권이라는 전제를 과감하게 뿌리치고 불가피한 주권 상실의 결과로부터 출발해야 한다. 국가과제는 두 가지 측면에서 국가를 넘어서는 연관에서의 기능이라고 파악되어야 한다. 우선 국가에 의해 형성된, 그러나 정치적 부분체계에는 등장하지 않는 집합체의 발전시각과 관련하여, 다른 한편으로는 국가가 국가로서, 즉 정치적으로 구성된 집합체로서 국가간 또는 초 국가간 관계에 연계하여 파악되어야 한다.[190]

오늘날 '위기사회' 또는 국가과제로서 '위기에 대한 사전대처'를 요구하는 것에서 나타나는 '새로운 불안'은 실제로는 주로 '새로운 불투명성(Unuebersichtlichkeit)'의 문제이다(Habermas 1985). 예를 들어 현실에 대한 인과적 결정성 또는 국가의 주권 - 근대 초기 인간은 국가의 주권을 통해 자신의 위치를 '자연에 대한 지배자와 소유자'(Descartes)로 확신하고자 하였다 - 과 같은 이전의 사유모델은 이제 분명히 실패하게 되었다. 그럼에도 불구하고 행위연관의 실질적 연장과 이에 대한 학문적 인식을 통해 보다 복잡하게 파악한 결과, 그 결과를 개괄할 수 있고 결정을 통해 영향을 미칠 수 있는 공간은 상당히

---

189) 이는 민족국가 뿐 아니라 (이미 오래전부터) 민족국가의 주권의 약화와 함께 다시 보다 강한 정치적 의미를 갖게 되는 연방국가내 주단위의 국가에도 해당한다.

190) 세계화문제에 대한 새로운 논문에서(예를 들어 Kaufmann 2000: 44ff) 나는 (1) 자신의 명확한 포기(예를 들면, 유럽통합의 틀에서)에 의해서만 축소될 수 있는 국가의 법적 특권으로서의 '주권'과 (2) 세계화 과정에서 국가의 의지와 관계없이 축소되는 독립적인 자기조정에 대한 능력으로서의 '자율' 간에 보다 명확하게 구분하였다.

증가하였다. 인간에 대한 위험이 증가한 것이 아니라(이러한 진단이 잘못되었음은 기대수명이 세계적으로 증가하고 있음을 보면 알 수 있다), 위험한 결과를 결정에 귀속시키는 능력이 증가한 것이다(Luhmann 1990: 34ff). 이전과 같이 국가가 집합적으로 의무화하는 결정을 내린다고 가정하는 조직 모델에서, 특히 국가가 통제하지 못하는 미래에 의존하고 동시에 행위연관에 의해 영향을 받는다고 의식하는 상황에서는, 불가피하게 국가는 정치적인 기능 뿐 아니라 문화적인 기능, 즉 의미에 따른 핵심기능을 담당하게 된다. 따라서 강하고 전능한 국가에 대한 믿음 뿐 아니라 '보이지 않는 손'의 불가피한 복지적 작용에 대한 믿음도 약화된다. 집합적 기대는 적어지고 세분화되어야 하며, 인간 행위에 대한 상이한 조정기제의 병존과 그에 내재된 학습가능성노 보나 밍확하세 판찰되어아 한다(7장). 미래가 의외의 것들을 마련하기는 하지만 결정에 대한 예측 가능한 결과들이 더 많아질수록 한편으로는 우리가 가진 지식을 통해 정치적 결정의 시간 및 사물적 지평을 넓힐 수 있게 된다. 이에 따라 '미래 세대의 권리'를 헌법에 제도화하는 것도 생각해 볼 수 있다(Saladin u.a. 1989). 다른 한편으로는 해당하는 제도적 조치를 통해 정치체계의 학습 및 적응력을 높이는 것과 관계가 있다. 오늘날 특히 논쟁이 되고 있는 기술적 위기와 관련하여 이는 다음을 의미한다. 정책결정으로 인해 예측하기 어려운 결과가 초래될 수 있음을 알 경우, 그 정치적 결정은 수정을 요구하는 압력 하에 놓여야 한다(Preuß 1994). 결정으로 인한 예측 가능한 결과가 돌이킬 수 없어서, 즉 수정한 후에도 특정 크기를 넘어서는 피해를 저지하지 못할 경우, 이것은 결국 미래 세대의 권리가 상처 받을 수 밖에 없다는 지표라고 볼 수 있다.

12.4 | 요약

무엇이 국가 권력의 대상이 되어야 하는가에 대한 지배적인 생각은 근대적 국가발전의 결과에 따라 여러 차례 변화되었다. 이 생각은 여기서 사회의 각 분

야에서 지속되는 구조적 자립화와 기능적 전문화를 기준으로 네 가지 순서 모델
- 경찰국가, 법치국가(야경국가), 사회국가, 조정국가 - 로 분류되었다. 국가과
제에 대한 최근에 변화된 논의는 국가에 대해 더 이상 문제와 관련된 개입이 아
니라 체계에 영향을 미치는 조정적 행동을 요구한다. 이는 국가 이론과 국가의
실천에 지속적인 영향을 미친다. 주권에 대한 빛 바랜 관념과 결정력을 갖는 공
권력에 대한 주장 대신 정치적 의지형성에서 학습 가능한 형태와 국가의 조직수
단으로서의 법을 보다 신중하게 다루는 것이 필요하다.

참 고 문 헌

- A -

Aaron, H. (1966): The Social Insurance Paradoxon. In: Canada Journal of
　　Economics 32: 371-374

Achinger, Hans (1958/1976): Sozialpolitik als Gesellschaftspolitik: Von der
　　Arbeiterfrage zum Wohlfahrtsstaat. Hamburg. 1. & 2. A. Frankfurt
　　a.M.

Achinger, Hans (1966): Soziologie und Sozialreform. In: Soziologie und
　　moderne Gesellschaft. Verhandlungen des vierzehnten Deutschen
　　Soziologentages vom 20. bis 24. Mai 1959 in Berlin. Stuttgart, 2.
　　Aufl.: 39-52.

Adorno, Theodor W. u.a. (1971): Der Positivismusstreit in der deutschen
　　Soziologie. Neuwied, 3. Aufl.

Alber, Jens (1982): Vom Armenhaus zum Wohlfahrtsstaat: Analysen zur
　　Entwicklung der Sozialversicherung in Westeuropa. Frankfurt/
　　New York.

Alber, Jens (1995): A Framework for the Comparative Study of Social
　　Services. In: Journal of European Social Policy 5: 131-149.

Alber, Jens (1998): Der deutsche Sozialstaat im Licht international
　　vergleichender Daten. Leviathan 26 (2): 199-227.

Albert, Hans (1960): Wissenschaft und Politik. Zum Problem der
　　Anwendbarkeit einer wertfreien Sozialwissenschaft. In: Festschrift
　　fuer Viktor Kraft, hrsg. von Ernst Topitsch. Wien 1960: 201 ff.

Albrecht, Guenter (1977): Vorueberlegungen zu einer 'Theorie sozialer
　　Probleme'. In: von Ferber/Kaufmann 1977: 143-185.

Albrecht, Guenter (1991): Methodological Dilemmas in Research on
　　Prevention and Intervention. In: Guenter Albrecht/Hans-Uwe
　　Otto (Hrsg.): Social Prevention and the Social Sciences. Berlin/New
　　York: 397-428.

Alchian, A./Demsetz, H. (1972): Production, Information and the Allocation
　　of Resources of Invention. In: American Economic Review 62: 777-
　　795.

Anheier, Helmut K.(1990): Zur internationalen Forschung ueber den
　　Nonprofit Sektor. In: Journal fuer Sozialforschung 30: 163-180.

Anheier, Helmut.K./Seibel W. (Eds.) (1990): The Third Sector. Comparative

Studies of Non-profit Organizations. Berlin – New York: De
  Gruyter.
Asam, Wolfgang (1978): Offentliche Realtransfers und personale
  Verteilungswirkungen. Eine empirische Analyse zur Beeinflussung
  gruppenspezifischer Versorgungslagen durch Einrichtungen der
  sozialen Infrastruktur. Diss. Universitaet Augsburg.
Ashford, Douglas E. (1986): The Emergence of the Welfare State. Oxford.

- B -

Badura, Bernhard (Hrsg.) (1976): Seminar: Angewandte Sozialforschung.
  Studien ueber Voraussetzungen und Bedingungen der Produktion,
  Diffusion und Verwertung sozialwissenschaftlichen Wissens
  Frankfurt a. M.
Badura, Bernhard/Groß, Peter (1976): Sozialpolitische Perspektiven: Eine
  Einfuehrung in Grundlagen und Probleme sozialer
  Dienstleistungen, Muenchen.
Badura, Bernhard/Pfaff, Holger (1989): Streß, ein Modernisierungsrisiko?
  Mikro- und Makroaspekte soziologischer Belastungsforschung im
  Uebergang zur postindustriellen Zivilisation. In: Koelner
  Zeitschrift fuer Soziologie und Sozialpsychologie, 41: 644 –668.
*Badura, B./Siegrist, J. (1999): Hrsg.: Evaluation im Gesundheitswesen,
  Weinheim.
Baier, Horst (1966): Soziologie und Geschichte – Ueberlegungen zur
  Kontroverse zwischen dialektischer und neupositivistischer
  Soziologie. In: Archiv fuer Rechtsund Sozialphilosophie, Bd. 52:
  67-91.
Baier, Horst (1977): Herrschaft im Sozialstaat. Auf der Suche nach einem
  soziologischen Paradigma der Sozialpolitik. In: von
  Ferber/Kaufmann 1977: 128-142.
Barbalet, J.M. (1988): Citizenship. Rights, Struggle and Class Inequality.
  Minneapolis.

---

* 4장의 본문이 2004년판으로 변경되었기 때문에 원문의 참고도서에 일부 참고도서를 첨가하였
으며, 이는 *표로 표시하였다.

Bartholomaei, Reinhart (1977): Ressortforschung: Aspekte der Vergabe und
    Forschungsbegleitung. In: Wissenschaftszentrum Berlin Hrsg.
    1977: 285-298.
Bauer, Rudolf/Hermann, Peter (1992): Soziale Dienstleistungen und 'Dritter
    Sektor' : Intermediaritaet als alternativer
    Vergesellschaftungsmodus. In: Sozialwissenschaftliche
    Literaturrundschau 14: 7-25.
Baumol, William J.(1965): Welfare Economics and the Theory of the State.
    With a New Introduction: Welfare and the State Revisited.
    Cambridge Mass.
Bayertz, Kurt (1998):Hrsg.: Solidaritaet - Begriff und Problem. Frankfurt a.
    M.
Beck, Ulrich (1974): Objektivitaet und Normativitaet: Die Theorie-Praxis-
    Debatte in der modernen deutschen und amerikanischen
    Soziologie. Reinbek bei Hamburg.
Beck, Ulrich (1980): Die Vertreibung aus dem Elfenbeinturm. Anwendung
    soziologischen Wissens als soziale Konfliktsteuerung. In: Soziale
    Welt 31: 415-441.
Beck, Ulrich (1982): Hrsg. Soziologie und Praxis: Erfahrungen, Konflikte,
    Perspektiven. Soziale Welt, Sonderband 1. Goettingen.
Beck, Ulrich (1986): Risikogesellschaft. Frankfurt a.M.
Beck-Gernsheim, Elisabeth (1983) Vom Dasein fuer andere zum Anspruch
    auf ein Stueck ‚eigenes Leben". In: Soziale Welt 34: 307-340.
Berger, Peter/Luckmann, Thomas (1969): Die gesellschaftliche Konstruktion
    der Wirklichkeit. Eine Theorie der Wissenssoziologie. Frankfurt
    a.M.
Bergmann, Joachim u.a.(1969): Herrschaft, Klassenverhaeltnis und
    Schichtung, in: Theodor W. Adorno (Hrsg.), Spaetkapitalismus
    oder Industriegesellschaft? Verhandlungen des 16. Deutschen
    Soziologentages, Stuttgart 1969: 67-87.
Berman, Harold J. (1983): Law and Revolution. The Formation of the
    Western Legal Tradition. Cambridge, Mass. (deutsch: Frankfurt a.
    M. 1991)
Bethusy-Huc, Viola Graefin von (1965): Das Sozialleistungssystem der

Bundesrepublik Deutschland, Tuebingen.

Beywl, Wolfgang (1988): Zur Weiterentwicklung der Evaluationsmethodologie. Frankfurt am Main/Bern.

Binkelmann, Peter/Boehle, Fritz/Schneller, Irmtraut (1975): Industrielle Ausbildung und Berufsbildungsrechrt. Frankfurt/Koeln.

Birg, Herwig u.a. (1984): Kohortenanalytische Darstellung der Geburtenentwicklung in der Bundesrepublik Deutschland. IBS-Materialien Nr. 10. Institut fuer Bevoelkerungsforschung und Sozialpolitik der Universitaet Bielefeld.

Bisky, Lothar (1975): Wirkungsforschung. In: Walter Friedrich/Werner Hennig (Hrsg.): Der sozialwissenschaftliche Forschungsproze ß. Berlin (Ost): 571-585.

Blanke, Karen/Ehlin, Manfred/Schwarz, Norbert(1996): Zeit im Blickfeld: Ergebnisse einer repraesentativen Zeitbudgeterhebung. Schriftenreihe des Bundesministeriums fuer Familie, Senioren, Frauen und Jugend Bd. 121, Stuttgart.

Blum, Reinhard (1980): Marktwirtschaft, soziale. In: Willi Albers u.a. (Hrsg.), Handwoerterbuch der Wirtschaftswissenschaft, Bd. 5. Stuttgart u.a.

Boeckenfoerde, Ernst-Wolfgang (1963): Lorenz von Stein als Theoretiker der Bewegung von Staat und Gesellschaft zum Sozialstaat. In: Ders. (Hrsg.): Staat und Gesellschaft. Darmstadt 1976: 131-171.

Boeckenfoerde, Ernst-Wolfgang (1976) Staat, Gesellschaft, Freiheit. Studien zur Staatstheorie und zum Verfassungsrecht. Frankfurt a.M.

Boeckenfoerde, Emst-Wolfgang (1976a:) Die Bedeutung der Unterscheidung von Staat und Gesellschaft im demokratischen Sozialstaat der Gegenwart. In: ders. (Hrsg.), Staat und Gesellschaft. Darmstadt: 395-431.

Boeckenfoerde, Ernst-Wolfgang (1976b): Grundrechtstheorie und Grundrechtsinterpretation. In: Boeckenfoerde 1976: 221-252.

Boeckenfoerde, Ernsl-Wolfgang (1976c): Die politische Funktion wirtschaftlich-sozialer Verbaende und Interessentraeger in der sozialstaatlichen Demokratie. In: Der Staat 15: 457-483.

Boehle, Fritz (1977): Humanisierung der Arbeit und Sozialpolitik. In: von Ferber/ Kaufmann 1977: 290-324.

Boehle, Fritz/Altmann, Norbert (1972): Industrielle Arbeit und soziale Sicherheit. Frankfurt a. M.

Bohme, Eberhard/Koenig, Herbert (1976): Problem der politischen Erfolgskontrolle. In: Die Verwaltung 97: 19-38.

Bolte, Karl Martin (1977): Die Kommission fuer wirtschaftlichen und sozialen Wandel, in: Wissenschaftszentrum Berlin (Hrsg.) 1977: 260-284.

Bolte, Karl Martin (1998): Hrsg. Soziologie als Beruf. Erinnerungen westdeutscher Hochschulprofessoren der Nachkriegsgeneration. Soziale Welt, Sonderband 11. Baden-Baden.

Borner, Silvio (1975): Versuch einer theoretischen und politischen Neuinterpretation der Einkommenspolitik. In: H. K. Schneider/W. Wittmann/, H. Wuergler (Hrsg.): Stabilisierungspolitik in der Marktwirtschaft. Schriften des Vereins fuer Socialpolitik, N.F. Bd. 85/2, Berlin: 1163-1190.

Bornschier, Volker (1980): Multinationale Konzerne, Wirtschaftspolitik und nationale Entwicklung im Weltsystem. Frankfurt a.M.

Bornschier, Volker/Lengyel, Peter (1990): Hrsg. World Society Studies, Bd. 1. Frankfurt a.M.

Bortkiewicz, Ludwig von (1899): Der Begriff ,Sozialpolitik'. In: Jahrbuecher fuer Nationaloekonomie und Statistik 17: 332-349.

Bourdieu, Pierre (1970): La reproduction: Elements pour une theorie du systeme d' enseignement. Paris.

Brandtstaedter, Jochen/von Eye, Alexander (1982): Psychologische Praevention: Grundlagen, Programme, Methoden. Bern.

Breedlove, J.L. (1972): Theory Development as a Task for the Evaluation. In: Mullen/Dempson 1972: 55-70.

Brock, Ditmar/Matthias Junge (1995): Die Theorie gesellschaftlicher Modernisierung und das Problem gesellschaftlicher Integration. In: Zeitschrift fuer Soziologie 24: 165-182.

Bronfenbrenner, Urie (1974): Wie wirksam ist kompensatorische Erziehung? Stuttgart.

Brunkhorst, Hauke (1997): Solidaritaet unter Fremden. Frankfurt a.M.

Brunkhorst, Hauke: Globale Solidaritaet. Inklusionsprobleme der modernen Gesellschaft. Ms. 2000.

Buchanan, James M. (1968): The Demand and Supply of Public Goods. Chicago. Bundesminister fuer Forschung und Technologie (1975): Hrsg. Fuenfter Forschungsbericht der Bundesregierung, Bonn.

Bundesministerium fuer Arbeit und Sozialordnung (1995): Hrsg. Uebersicht ueber das Sozialrecht. 3. A. Bonn.

Bundesministerium fuer Arbeit und Sozialordnung (1998): Hrsg. Statistisches Taschenbuch. Bonn.

Bundesministerium fuer Arbeit und Sozialordnung und Bundesarchiv (2001): Hrsg. Geschichte der Sozialpolitik in Deutschland seit 1945, Band 1:Grundlagen der Sozialpolitik. Baden-Baden.

Bundesministerium fuer Familie und Senioren (1994): Hrsg. Familie und Familienpolitik im geeinten Deutschland – Zukunft des Humanvermoegens. Fuenfter Familienbericht. Bonn.

Burkhardt, Wilfried (1985): Drei-Generationen-Solidaritaet in der gesetzlichen Rentenversicherung als zwingende Notwendigkeit. Berlin.

Buttler, Friedrich (1973): Explikative und normtive Theorie der meritorischen Gueter: Eine Problemanalyse. In: Zeitschrift fuer Wirtschafts- und Sozialwissenschaften 93: 129-146.

- C -

Caldwell, John Charles (1982): Theory of Fertility Decline. London.

Caplan, Gerald (1964): Principles of Preventive Psychiatry. New York

Cerych, Ladislav/Sabatier, Paul (1986): Great Expectations and Mixed Performance. The Implementation of Higher Education in Europe. Trentham.

Clemens, Wolfgang (1994): 'Lebenslage' als Konzept sozialer Ungleichheit – Zur Thematisierung sozialer Differenzierung in Soziologie, Sozialpolitik und Sozialarbeit. In: Zeitschrift fuer Sozialreform 40: 141-165.

Coleman, James S. (1979) Macht und Gesellschaftsstuktur. Tuebingen.

(engl. New York 1974).

Coleman, James S. (1988): Social Capital in the Creation of Human Capital. In: American Journal of Sociology 94 suppl.: 95-120.

Conze, Werner (1984): Sicherheit, Schutz. In: Otto Brunner u.a. (Hrsg.), Geschichtliche Grundbegriffe, Historisches Lexikon zur politisch-sozialen Sprache in Deutschland, Bd. 5. Stuttgart: 831- 862.

Corwin, Ronald G. (1973): Reform and Organizational Survival: The Teachers' Corps as an Instrument of Educational Change. New York u.a.

- D -

Dahl, Robert A./Lindblom, Charles E. (1953/1976): Politics, Economics and Welfare. Planning and Politico-Economic Systems Resolved into Basic Social Processes. 2.A. Chicago/London.

Daheim, Hansjuergen (1989) Zur Lehrgestalt unserer Disziplin - eine Lektion in angewandter Soziologie. In: Soziale Welt 40: 233-240.

Dahme, Hans-Juergen u.a., (1980): Die Neuorganisation der ambulanten Sozial- und Gesundheitspflege. Bielefeld.

Dahme, Heinz-Juergen/Grunow, Dieter (1983): Persuasive Programme als Steuerungsinstrument des Wohlfahrtsstaates. Bielefeld.

Dahrendorf, Ralph (1984): Individuelle Leistung, kollektive Verpflichtung und soziale Solidaritaet. In: Solidaritaet in der Welt der 80er Jahre: Leistungsgesellschaft und Sozialstaat. Basel.

Davern, Michael (1997): Social Networks and Economic Sociology. In: American Journal of Economics and Sociology 56: 287-302.

De Swaan, Abram (1988): In Care of the State. Cambridge.

Delumeau, Jean (1985): Angst im Abendland. Die Geschichte kollektiver AEngste im Europa des 14. bis 18. Jahrhunderts. 2 Bd. Reinbek

Derlien, Hans Ulrich (1976): Die Erfolgskontrolle staatlicher Planung, Wiesbaden.

Deutsch, Karl W. (1963): The Nerves of Government: Models of Political Communication and Control. New York. (deutsch: Politische Kybernetik. Freiburg i. Br. 1969).

Deutscher Sozialgerichtsverband (1970): Hrsg. Moeglichkeiten und Grenzen

der Vereinfachung und Vereinheitlichung des
Sozialversicherungsrechts. Wiesbaden.
Dinkel, Rainer (1985): Das Aequivalenzprinzip in Privat- und
Sozialversicherung: Eine kritische Auseinandersetzung mit der
herrschenden Orthodoxie. In: Zeitschrift fuer die gesamte
Versicherungswissenschaft 1985: 345-369;
Dinkel, Rainer (1986): Intergenerationale Verteilungswirkungen
umlagefinanzierter Rentenversicherungssysteme. In: Deutsche
Rentenversicherung 1986: 174-212.
Doehler, Marian/Manow-Borgwardt, Philip (1992): Korporatisierung als
gesundheitspolitische Strategie. In: Staatswissenschaften und
Staatspraxis 3: 64-106.
Doehler, Marian/Manow-Borgwardt, Philipp (1992a): Gesundheitspolitische
Steuerung zwischen Hierarchie und Verhandlung. In: Politische
Vierteljahresschrift 33: 571-596.
Doehler, Marian/Manow, Philipp (1995): Staatliche Reformpolitik und die
Rolle der Verbaende im Gesundheitssektor. In: Mayntz/Scharpf
(Hrsg.) 1995: 140-168.
Domscheit, Stefan/Kuehn, Marion (1984): Die Kindergartenreform. Eine
Fallstudie bundesdeutscher Sozialpolitik. Frankfurt/New York.
Doering, Heinrich/Kaufmann, Franz-Xaver (1981): Kontingenzerfahrung
und Sinnfrage. In: Franz-Boeckle u.a. (Hrsg.): Christlicher Glaube
in moderner Gesellschaft, Teilband 9, Freiburg i. Br. 1981: 5-67.
Dorwart, R.A. (1971) The Prussian Welfare State before 1740. Cambridge
Mass.
Dumas, L. E. (1989): Primary Prevention. Toward an Experimental
Paradigm Sensitive to Contextual Variables. Journal of Primary
Prevention 10: 27-40.
Dunsire, Andrew (1985): A Cybernetic View of Guidance, Control, and
Evaluation in the Public Sector. In: Kaufmann/Majone/Ostrom
1985: 327-346; auch in Kaufmann 1991: 325-345.
Durkheim, Emile (1976): Regeln der soziologischen Methode, Neuwied und
Berlin, 4. A. (franz. Paris 1895).
Dyson, Kenneth (1980): The State Tradition in Western Europe. Oxford:

Robertson.

- E -

Easton, David (1965 a): A System Analysis of Political Life. New York/London/Sidney.

Easton, David (1965 b): A Framework for Political Analysis. Englewood Cliffs, N. J.

Edelman, Murray (1976): Politik als Ritual. Die symbolische Funktion staatlicher Institutionen und politischen Handelns. Frankfurt a.M.

Elias, Norbert (1976): Ueber den Prozeß der Zivilisation. 2 Bd. Frankfurt a.M.

Esping-Andersen, Goesta (1985): Politics against Markets. Princeton.

Esping-Andersen, Goesta (1990): The Three Worlds of Welfare Capitalism. Princeton NJ.

Esping-Andersen, Goesta, Ed. (1996): Welfare States in Transition. National Adaptations in Global Economies. London.

Eucken, Walter (1944): Die Grundlagen der Nationaloekonomie. Jena 4. A.

Eucken, Walter (1955): Grundsaetze der Wirtschaftspolitik. Tuebingen/Zuerich 2.A.

Evers, Adalbert (1989): Risiko und Individualisierung. In: Kommune Nr. 6: 33-48.

Evers, Adalbert (1990): Im intermediaeren Bereich – Soziale Traeger und Projekte zwischen Haushalt, Staat und Markt. In: Journal fuer Sozialforschung 30: 189-210.

Evers, Adalbert/Olk, Thomas (1996): Hrsg. Wohlfahrtspluralismus. Vom Wohlfahrtsstaat zur Wohlfahrtsgesellschaft. Opladen.

Ewald, FranSois (1986): L' etat providence. Paris. (deutsch: Der Vorsorgestaat, Frankfurt a. M. 1993).

- F -

Ferber, Christian von (1959): Der Werturteilsstreit 1909/1959: Versuch einer wissenschaftsgeschichtlichen Interpretation. In: Koelner

Zeitschrift fuer Soziologie und Sozialpsychologie 11: 21-57.

Ferber, Christian von (1967): Sozialpolitik in der Wohlstandsgesellschaft, Hamburg.

Ferber, Christian von (1977): Soziologie und Sozialpolitik. In: von Ferber/Kaufmann 1977: 11-34.

Ferber, Christian von/Kaufmann, Franz-Xaver (1977): Hrsg. Soziologie und Sozialpolitik. Sonderheft 19 der Koelner Zeitschrift fuer Soziologie und Sozialpsychologie. Opladen.

Feser, H. (1990): Hrsg. Gesundheitliche Praevention durch Sozialarbeiter und Sozialpaedagogen. Broadstairs UK.

Flora, Peter (1979): Krisenbewaeltigung oder Krisenerzeugung? Der Wohlfahrtsstaat in historischer Perspektive. In: Joachim Matthes (Hrsg.): Sozialer Wandel in Westeuropa. Verhandlungen des 19. Deutschen Soziologentages Berlin 1979. Frankfurt a. M.: 82-136.

Flora, Peter (1986ff): Hrsg. Growth to Limits. The Western European Welfare State Since World War II. 3 Bd. Berlin - New York.

Flora, Peter/Heidenheimer, Arnold (1981): Hrsg. The Development of Welfare States in Europe and America. New Brunswick/London.

Ford, Percy (1968): Social Theory and Social Practice: An Exploration of Experience. Shannon.

Forsthoff, Ernst (1968): Hrsg. Rechtsstaatlichkeit und Sozialstaatlichkeit. Darmstadt.

Fourastie, Jean (1952): Le grand espoir du XX. siecle. Paris. (Deutsch: Die große Hoffnung des 20. Jahrhunderts. Koeln 2.A. 1969).

Franz, Juergen (1991): Interorganizational Policy Coordination: Arrangements of Shared Government. In: Kaufmann 1991: 469-499.

Frazer, Derk (1984): The Evolution of the British Welfare State. 2nd ed. Macmillan.

French, Johannes/Frey, Martin (1996): Handbuch der Geschichte der Sozialpolitik in Deutschland. 3. Bd., Muenchen, 2. Aufl.

Frey, Rene L. (1972): Infrastruktur: Grundlagen der Planung oeffentlicher Investitionen. Tuebingen, 2. Aufl.

Fuchs, Dieter (1996): Partizipative Erziehung. Theorie und Praxis.

Wuerzburg.

Fux, Beat (1997): Switzerland: The Family neglected by the State. In:
    Franz-Xaver Kaufmann u.a. (Hrsg.): Family life and Family
    Policies in Europe, Vol. 1: Structures and Trends in the 1980s.
    Oxford 1997: 348-393.

Fux, Beat u.a. (1997): Bevoelkerung und eine Prise Politik. Die
    Schweizerische Migrations-, Familien- und Altenpolitik im
    Fadenkreuz von Einstellungen und Bewertungen. Zuerich.

- G -

Gabriel, Karl/Herlth, Alois/Strohmeier, Klaus Peter (1997): Solidaritaet
    unter den Bedingungen entfalteter Modernitaet. In: Dies. Hrsg.:
    Modernitaet und Solidaritaet. Festschrift fuer Franz-Xaver
    Kaufmann. Freiburg i. Br. 1997: 13-27.

Gans, Herbert J. (1976): Sozialwissenschaft fuer Sozialpolitik. In: Badura
    1976.: 232-252.

Garnier, Alan/Riessman, Frank (1978): Der aktive Konsument in der
    Dienstleistungsgesellschaft. Frankfurt a. M. (engl. New York
    1974).

Gesellschaftliche Bedingungen sozialpolitischer Intervention: Staat,
    intermediaere Instanzen und Selbsthilfe. Ein neues
    Schwerpunktprogramm der Deutschen Forschungsgemeinschaft.
    In: Zeitschrift fuer Sozialreform 27 (1981): 31-49.

Geser, Hans (1990): Organisationen als soziale Akteure. In: Zeitschrift fuer
    Soziologie 19: 401-417.

Giarini, Orio/Liedtke, Patrick M. (1998): Wie wir arbeiten werden. Der neue
    Bericht an den Club of Rome. Hamburg.

Girvetz, Harry K.(1968): Welfare State. In: International Encyclopedia of
    the Social Sciences, Bd. 16: 512-521

Glagow, Manfred (Hrsg.) (1984): Gesellschaftssteuerung zwischen
    Korporatismus und Subsidiaritaet. Bielefeld.

Glagow, Manfred/Willke, Hellmut (1987): Hrsg. Dezentrale
    Gesellschaftssteuerung. Probleme der Integration polyzentrischer
    Gesellschaft. Pfaffenweiler.

Glatzer, Wolfgang/Berger-Schmitt, Regina (1986): Hrsg.
Haushaltproduktion und Netzwerkhilfe. Die alltaeglichen
Leistungen der Familien und Haushalte. Frankfurt a.M. /New
York.

Glatzer, Wolfgang/Zapf, Wolfgang (1984): Hrsg. Lebensqualitaet in der
Bundesrepublik. Frankfurt a. M.

Goodin, Robert E. (1985): Protecting the Vulnerable. A Re-analysis of our
Social Responsibilities. Chicago.

Goodin, Robert E. (1988): Reasons for Welfare. The Political Theory of the
Welfare State. Princeton.

Goeschel, Albrecht u.a. (1979): Infrastrukturdisparitaeten und soziale
Segregation. In: Kaufmann 1979: 219-294.

Gotsch, Wilfried (1987): Soziologische Steuerungstheorie. In: Manfred
Glagow/Helmut Willke (Hrsg.) Dezentrale Gesellschaftssteuerung.
Pfaffenweiler: 27-44.

Gough, Jan (1979): The Political Economy of the Welfare State. London.

Granovetter, Mark (1985): Economic Action and Social Structure; The
Problem of Embeddedness. In: American Journal of Sociology 91:
481-510.

Gretschmann, Klaus (1985): Solidarity and Markets. In:
Kaufmann/Majone/Ostrom (1985): 387-405; rev. in Kaufmann
1991: 395-415.

Griliches, Z./Krelle W./Krupp, H./Kyn, O. (1978): Hrsg. Income Distribution
and Economic Inequality. Frankfurt/New York/Toronto/
Chichester.

Grimm, Dieter (1986): Verfassungsrechtliche Anmerkungen zum Thema
Praevention. In: Kritische Vierteljahresschrift fuer Gesetzgebung
und Rechtswissenschaft 1: 38-54.

Grimm, Dieter (1987a): Die sozialgeschichtliche und verfassungsrechtliche
Entwicklung zum Sozialstaat. In: ders., Recht und Staat der
buergerlichen Gesellschaft. Frankfurt a.M.: 138-161.

Grimm, Dieter (1987b): Zur politischen Funktion der Trennung von
oeffentlichem und privatem Recht in Deutschland. In: ders., Recht
und Staat der buergerlichen Gesellschaft. Frankfurt a.M.: 84-103.

Grimm, Dieter (1990): Hrsg. Wachsende Aufgaben des Staates – sinkende
    Steuerungsfaehigkeit des Rechts. Baden-Baden.
Grimm, Dieter (1994): Hrsg. Staatsaufgaben. Baden-Baden.
Grimm, Dieter (1994a): Der Wandel der Staatsaufgaben und die Zukunft der
    Verfassung. In: Grimm 1994: 613-646.
Grimm, Dieter/Maihofer Werner (1988): Hrsg. Gesetzgebungstheorie und
    Rechtspolitik. Jahrbuch fuer Rechtssoziologie und Rechtstheorie
    Band 13. Opladen.
Grohmann, Heinz (1983): Anpassungs-und Entlastungsstrategien zur
    Loesung des demographisch bedingten Rentenproblems. In:
    Herwig Birg (Hrsg.): Demographische Entwicklung und
    gesellschaftliche Planung. Frankfurt und New York 1983: 13-46.
Gross, Peter (1981): Grenzen der Familienpolitik. In: Joachim Matthes
    (Hrsg.) Verhandlungen des 20. Deutschen Soziologentages 1980.
    Frankfurt/New York 1981: 451-462.
Groß, Peter (1982): Selbstbestimmung oder Fremdsteuerung der Familie.
    In: Kaufmann 1982: 285-312.
Gross, Peter/Badura, Bernhard (1977): Sozialpolitik und soziale Dienste:
    Entwurf einer Theorie personenbezogener Dienstleistungen. In:
    von Ferber/Kaufmann 1977: 361-385.
Groettrup, Hendrik (1973): Die kommunale Leistungsverwaltung –
    Grundlagen der gemeindlichen Daseinsvorsorge. Stuttgart.
Grunow, Dieter/Hegner, Friedhart: Von der Buerokratiekritik zur Analyse
    des Netzes buerokratischer Organisationen. In: Theodor
    Leuenberger (Hrsg.): Buerokratie: Motor oder Bremse der
    Entwicklung? Bern: 45-75.
Grunow, Dieter/Hegner, Friedhart (1978): Die Gewaehrung persoenlicher
    und wirtschftlicher Sozialhilfe. Bielefeld.
Grunow, Dieter/Hegner, Friedhart (1979): Organisatorische
    Rahmenbedingungen der Gewaehrung persoenlicher und
    wirtschaftlicher Sozialhilfe und ihre Auswirkugen auf
    'Buergernaehe'. In: Kaufmann Hrsg. 1979: 349-408.
Grunow, Dieter/Hegner, Friedhart/Kaufmann, Franz-Xaver (1978):
    Steuerzahler und Finanzamt.(Buerger und Verwaltung, Bd. 1)

Frankfurt/New York.

Grunow, Dieter/Hegner, Friedhart/Kaufmann-Franz-Xaver (1978a): Buerger und Verwaltung, 4 Bd. Frankfurt/New York.

Gruppe von Lissabon (1997): Grenzen des Wettbewerbs. Die Globalisierung der Wirtschaft und die Zukunft der Menschheit. Muenchen.

*Gruschka, A., (1976): Ein Schulversuch wird ueberprueft. Das Evaluationsdesign fuer Kollegstufe NW als Konzept handlungsorientierter Begleitforschung. Kronberg.

Guba, Egon G./Lincoln, Yvonna S. (1989): Forth Generation Evaluation. Newbury Park/ London/New Delhi.

Gullotta, T.P. (1987): Prevention's Technology. In: Journal of Primary Prevention 8: 4-24.

- H -

Haag, Fritz (1972): Hrsg.: Aktionsforschung. Muenchen.

Haeberle, Peter (1972): Grundrechte im Leistungsstaat. In: Verhandlungen der Vereinigung deutscher Staatsrechtslehrer 30: 43 -131.

Habermann, Gerd (1994): Der Wohlfahrtsstaat: Die Geschichte eines Irrwegs. Frankfurt a. M./Berlin.

Habermas, Juergen (1970): Zur Logik der Sozialwissenschaften. Frankfurt 1970.

Habermas, Juergen (1973): Legitimationsprobleme im Spaetkapitalismus. Frankfurt a.M..

Habermas, Juergen (1981): Theorie des kommunikativen Handelns. 2 Bd. Frankfurt a.M.

Habermas, Juergen (1985): Die Krise des Wohlfahrtsstaates und die Erschoepfung utopischer Energien. In: Habermas 1985a: 141-163.

Habermas, Juergen (1985a): Die neue Unuebersichtlichkeit. Frankfurt a.M.: Suhrkamp.

Haferkamp, Hans (1977): Von der alltagsweltlichen zur sozialwissenschaftlichen Begruendung der Soziologie sozialer Probleme und sozialer Kontrolle. In: von Ferber/Kaufmann 1977: 186-212.

Hartmann, Heinz (1968): Arbeit, Beruf, Profession. In: Soziale Welt 19: 193-

216.

Hauser, Richard/Cremer-Schaefer, H./Nouvertne, V.U. (1981): Armut,
    Niedrigeinkommen und Unterversorgung in der Bundesrepublik
    Deuschland. Bestandsufnahme und sozialpolitische Perspektiven.
    Frankfurt a. M.

Hayek, Friedrich A. v. (1957): Was ist und was heißt sozial? In: Albert
    Hunold (Hrsg.), Masse und Demokratie. Erlenbach/Zuerich/
    Stuttgart 1957:71–84.

Hayek, Friedrich A. v. (1981): Recht, Gesetzgebung und Freiheit. Eine neue
    Darstellung der liberalen Prinzipien der Gerechtigkeit und der
    politischen Oekonomie. Band 2: Die Illusion der sozialen
    Gerechtigkeit. Landsberg/Lech.

Head, John G. (1966): On Merit Goods. In: Finanzarchiv NF 25: 1–29.

Head, John G. (1969): Merit Goods Revisited. In: Finanzarchiv NF 28: 214–
    225.

Hegel, Georg Wilhelm Friedrich (1821/1968): Grundlinien der Philosophie
    des Rechts oder Naturrecht und Staatswissenschaft im
    Grundrisse. Frankfurt a.M./Hamburg.

Hegner, Friedhart (1985): Solidarity and Hierarchy: Institutional
    Arrangements for the Coordination of Actions. In: Kaufmann/
    Majone/Ostrom 1985: 407–429; rev.in Kaufmann 1991: 417–439.

Hegner, Friedhart: (1985): Soziale Dienste zwischen Beruf und
    Freiwilligkeit. In: Dierkes, M./Struempel, D. (Hrsg.): Wenig Arbeit
    – aber viel zu tun. Neue Wege der Arbeitsmarktpolitik, Opladen
    1985: 109–123.

Heimann, Eduard (1929): Soziale Theorie des Kapitalismus – Theorie der
    Sozialpolitik. Tuebingen. Unveraenderter Nachdruck mit einem
    Vorwort von Bernhard Badura. Frankfurt a. M. 1980

Heimann, Eduard (1963): Soziale Theorie der Wirtschaftssysteme.
    Tuebingen.

Heinemann, Klaus (1969): Soziologie des Geldes. Stuttgart.

Heintz, Peter (1982): Die Weltgesellschaft im Spiegel von Ereignissen.
    Diessenhofen.

Heinze, Rolf G. (1986): Hrsg. Neue Subsidiaritaet: Leitidee fuer eine zukuenftige Sozialpolitik? Opladen.

Heinze, Rolf G./Offe, Claus (1990): Hrsg. Formen der Eigenarbeit. Opladen.

Heller, Hermann (1970): Staatslehre. Leiden. 4. Aufl.

Hellstem, Gerd-Michael (1991): Generating Knowledge and Refining Experience: The Task of Evaluation. In: Kaufmann 1991: 271-307.

Herlth, Alois (1982): Familiale Erziehung und sozialpolitische Intervention. In: Kaufmann 1982: 169-190.

Herlth, Alois/Kaufmann, Franz-Xaver/Strohmeier Klaus Peter (1976): Oeffentliche Sozialleistungen und familiale Sozialisation. In: Klaus Hurrelmann (Hrsg.): Sozialisation und Lebenslauf, Reinbek bei Hamburg 1976: 243-259.

Herlyn, Ulfert u.a. (1976): Sozialplanung und Stadterneuerung: Analyse der kommunalen Sozialplanungspraxis und konzeptionelle Alternativen, Stuttgart.

Herriger, Norbert (1986): Praeventives Handeln und soziale Praxis. Konzepte zur Verhuetung abweichenden Verhaltens von Kindern und Jugendlichen. Weinheim/Muenchen.

Hirschman, Albert O. (1970): Exit, Voice, and Loyalty. Cambridge Mass.

Hirschman, Albert O. (1980): Leidenschaften und Interessen – Politische Begruendungen des Kapitalismus vor seinem Sieg. Frankfurt a.M.

Hockerts, Hans Guenter (1998): Hrsg. Drei Wege deutscher Sozialstaatlichkeit: NS Diktatur, Bundesrepublik und DDR im Vergleich. Muenchen.

Hof, Bernd (1991): Fuer mehr Verantwortung – Langzeitarbeitslosigkeit und soziale Marktwirtschaft. Koeln.

Hoeffe, Otfried (1987): Politische Gerechtigkeit: Grundlegung einer kritischen Philosophie von Recht und Staat. Frankfurt a. M.

Hoeffe, Otfried (1993): Moral als Preis der Moderne. Ein Versuch ueber Wissenschaft, Technik und Umwelt. Frankfurt a. M.

Hofmann, Hasso (1999): Die Entdeckung der Menschenrechte: zum 50. Geburtstag der Allgemeinen Menschenrechtserklaerung vom 10. Dezember 1948. Berlin/New York.

Hondrich, Karl Otto/Koch-Arzberger, Claudia (1992): Solidaritaet in der modernen Gesellschaft. Frankfurt/Main: Fischer.

Honneth, Axel (1992): Kampf um Anerkennung. Zur moralischen
        Grammatik sozialer Konflikte. Frankfurt a.M.
Hood, Christopher (1985): The Hidden Public Sector: The
        'Quangocratization' of the World? In: Kaufmann/Majone/Ostrom
        1985: 183-207; rev. in Kaufmann 1991: 165-188.
Hood, Christopher (1985a): Concepts of Control over Public Bureaucracies:
        "Comptrol" and "Interpolable Balance". In:
        Kaufmann/Majone/Ostrom 1985: 765-783.
Horowitz Irving L. (1971): Hrsg. The Use and Abuse of Social Science. New
        Brunswik.
Hucke, J./Mueller, A./Wassen, P.(1980): Implementation kommunaler
        Umweltpolitik. Frankfurt/New York.
Huf, Stefan (1998): Sozialstaat und Moderne: Modernisierungseffekte
        statlicher Sozialpolitik. Berlin
Humbel, Kurt (1987): Hrsg. Das Friedensabkommen in der schweizerischen
        Maschinen- und Metallindustrie. Dokumente zur Vertragspolitik,
        1899 - 1987. Bern.
Humboldt, Wilhelm von (1792/1982): Ideen zu einem Versuch, die Grenzen
        der Wirksamkeit des Staats zu bestimmen. Stuttgart.
Hurrelmann, Klaus (1990): Plaedoyer fuer die Kooperation medizinischer
        und psychosozialer Dienste fuer Kinder und Jugendliche. In:
        Praevention 13: 115-122.
Hurrelmann, Klaus/Kaufmann, Franz-Xaver/Loesel, Friedrich (1987): Hrsg.
        Social Intervention. Potentials and Constraints, Berlin/New York.
Huettig, Christoph (1985): Interdependenz: Zur Tragfaehigkeit eines
        Forschungskonzepts. In: Integration (Beilage zur Europaeischen
        Zeitung) 8: 132-135.

- J -

Japp, Klaus Peter (1996): Soziologische Risikotheorie. Muenchen: Juventa.
        Jellinek, Georg (1900): Allgemeine Staatslehre, Neudruck der 3.
        Aufl. Bad Homburg. 1966.
Johnson, Harry M. (1961): Sociology. London.
Joehr, Walter Adolf (1976): Die kollektive Selbstschaedigung durch

Verfolgung des eigenen Vorteils, eroertert aufgrund der 'Tragik der Allmende', des 'Schwarzfahrerproblems' und des 'Dilemmas der Untersuchungsgefangenen'. In: Wettbewerb, Konzentration und wirtschaftliche Macht, Festschrift fuer Helmut Arndt. Berlin: 127-159.

Juster, F. Thomas/Land, Kenneth C. (1981): Hrsg. Social Accounting Systems. New York/London.

- K -

Kahn, Robert G. (1974): Organizational Development: Some Problems and Proposals. In: Journal of Applied Behavioral Science, 10: 485-502.

Kant, Immanuel (1793/1968): Ueber den Gemeinspruch: Das mag in der Theorie richtig sein, taugt aber nicht fuer die Praxis. In: Werke in 10 Baenden, hrsg. v. Wilhelm Weischedel, Bd. 9, 2. Aufl. Darmstadt: 127 -172.

Kapp, William K./Vilmar, F. (1972): Hrsg. Sozialisierung der Verluste? Die sozialen Kosten eines privatwirtschaftlichen Systems. Muenchen.

Kaufmann, Franz-Xaver (1960): Die Ueberalterung: Ursachen, Verlauf, wirtschaftliche und soziale Auswirkungen des demographischen Alterungsprozesses, Zuerich/St. Gallen.

Kaufmann, Franz-Xaver (1969): Soziologie und praktische Wirksamkeit. In: Bernhard Schaefers (Hrsg.): Thesen zur Kritik der Soziologie. Frankfurt a.M. 1969: 68-79.

Kaufmann, Franz-Xaver (1971): Ueberlegungen zum Praxisbezug des Soziologiestudiums. In: Joachim Matthes: Einfuehrung in das Studium der Soziologie. Reinbek bei Hamburg: 258-266. (Ms. Fakultaet fuer Soziologie der Universitaet Bielefeld 1969).

Kaufmann, Franz-Xaver (1973): Sicherheit als soziologisches und sozialpolitisches Problem. Stuttgart. 2.A.

Kaufmann, Franz-Xaver (1977): Hrsg.: Buergernahe Gestaltung der sozialen Umwelt: Probleme und theoretische Perspektiven eines Forschungsverbundes. Meisenheim am Glan.

Kaufmann, Franz-Xaver (1977a): Zur Problematik der Effektivitaet und ihrer Erfassung im Bereich der sozialen Sicherung. In: Bernhard

Kuelp (Hrsg.), Probleme der modernen Industriegesellschaft, Verhandlungen der Gesellschaft fuer Wirtschaftsund Sozialwissenschaften in Augsburg. Schriften des Vereins fuer Socialpolitik, N. F. Bd. 92/11, Berlin: 489–517.

Kaufmann, Franz-Xaver (1977b): Sozialpolitisches Erkenntnisinteresse und Soziologie. Ein Beitrag zur Pragmatik der Sozialwissenschaften. In: von Ferber/Kaufmann 1977: 35–75 (In diesem Band Kapitel 2).

Kaufmann, Franz-Xaver (1978): Bericht ueber den Themenbereich 'Sozialpolitik'. In: Materialien aus der soziologischen Forschung,. Verhandlungen des 18. Deutschen Soziologentages vom 28.9. bis 1.10.1976 in Bielefeld, hrsg. von Karl Martin Bolte. Neuwied: 196–204.

Kaufmann, Franz-Xaver u.a. (1981): Gesellschaftliche Bedingungen sozialpolitischerIntervention: Staat, intermediaere Instanzen und Selbsthilfe. Ein neues Schwerpunktprogramm der Deutschen Forschungsgemeinschaft. In: Zeitschrift fuer Sozialreform, 27: 31–49.

Kaufmann, Franz-Xaver (1979): Hrsg. Buergernahe Sozialpolitik. Planung, Organisation und Vermittlung sozialer Leistungen auf oertlicher Ebene. Frankfurt/New York.

Kaufmann, Franz-Xaver (1982): Hrsg. Staatliche Sozialpolitik und Familie. MuenchenWien.

Kaufmann, Franz-Xaver (1982a): Elemente einer soziologischen Theorie sozialpolitischer Intervention. In: Kaufmann 1982: 49–86 (In diesem Band Kapitel 3).

Kaufmann, Franz-Xaver (1982b): Art. Wirtschaftssoziologie, allgemeine. In: W. Albers u.a. (Hrsg.) Handwoerterbuch der Wirtschaftswissenschaften, Goettingen, Bd.9: 238–267.

Kaufmann, Franz-Xaver (1983): Steuerungsprobleme im Wohlfahrtsstaat. In: Krise der Arbeitsgesellschaft? Verhandlungen des 21. Deutschen Soziologentages in Bamberg 1982. Hrsg. von Joachim Matthes. Frankfurt/New York: 474–490 (In diesem Band Kapitel 7).

Kaufmann, Franz-Xaver (1984): Solidaritaet als Steuerungsform –

Erklaerungsansaetze bei Adam Smith. In: Kaufmann/Kruesselberg
Hrsg. 1984:158-184.

Kaufmann, Franz-Xaver (1984a): Hrsg. Aerztliches Handeln zwischen
Paragraphen und Vertrauen. Duesseldorf.

Kaufmann, Franz-Xaver (1984b): Demographische Bedingungen einer
Optimierung der wirtschaftlichen Gesamtbelastungsquote der
aktiv erwerbstaetigen Generation. In: Kaufmann/Leisering 1984:
1-30.

Kaufmann, Franz-Xaver (1984c): Soziologie im Nebel. In: Koelner
Zeitschrift fuer Soziologie und Sozialpsychologie 36: 366-371.

Kaufmann, Franz-Xaver (1985): Rechtsgefuehl, Verrechtlichung und
Wandel des Rechts. In: Joachim Lampe (Hrsg.): Das sogenannte
Rechtsgefuehl. Jahrbuch fuer Rechtssoziologie und Rechtstheorie
10. Opladen: 185-199.

Kaufmann, Franz-Xaver (1985a): Introduction: History of the Project and
Background to the Problem. In: Kaufmann/Majone/Ostrom 1985:
3-24.

Kaufmann, Franz-Xaver (1986): Nationale Traditionen der Sozialpolitik und
europaeische Integration. In: Lothar Albertin (Hrsg.): Probleme
und Perspektiven der europaeischen Einigung. Duesseldorf: 69-
82.

Kaufmann, Franz-Xaver (1987): Hrsg. Staat, intermediaere Instanzen und
Selbsthilfe: Bedingungsanalysen sozialpolitischer Intervention.
Muenchen.

Kaufmann, Franz-Xaver (1987a): Prevention and Intervention in the
Analytical Perspective of Guidance. In: Hurrelmann/Kaufmann/
Losel 1987: 3-20.

Kaufmann, Franz-Xaver (1988): Steuerung wohlfahrtsstaatlicher Ablaeufe
durch Recht. In: Gesetzgebungstheorie und Rechtspolitik.
Jahrbuch fuer Rechtssoziologie und Rechtstheorie 13: 65-108.

Kaufmann, Franz-Xaver (1988a): Familie und Modernitaet. In: Kurt
Luescher u.a. (Hrsg.): Die postmoderne Familie. Familiale
Strategien und Familienpolitik in einer Uebergangszeit, Konstanz
1988: 391-415.

Kaufmann, Franz-Xaver (1988b): Christentum und Wohlfahrtsstaat. In: Zeitschrift fuer Sozialreform 34: 65-89.

Kaufmann, Franz-Xaver (1989): Sozialpolitik II: Perspektiven der Soziologie. In: Staatlexikon: Recht, Wirtschaft, Gesellschaft. Hrsg. von der Goerres-Gesellschaft. 7. A. Freiburg i. Br., Band 5: 46-50 (In diesem Band Kapitel 1).

Kaufmann, Franz-Xaver (1990): Zukunft der Familie. Stabilitaet, Stabilitaetsrisiken und Wandel der familialen Lebensformen sowie ihre gesellschaftlichen und politischen Bedingungen. Muenchen. 2. erw. Aufl. u.d.T.: Zukunft der Familie im vereinten Deutschland: Gesellschaftliche und politische Bedingungen. Muenchen 1995.

Kaufmann, Franz-Xaver (1990a): Sozialpolitik und Bevoelkerungsprozeß. In: Herwig Birg/Rainer Mackensen (Hrsg.): Demographische Wirkungen politischen Handelns. Dokumentation der Internationalen Konferenz 1986 der Deutschen Gesellschaft fuer Bevoelkerungswissenschaft in Zusammenarbeit mit der European Association for Population Studies. Frankfurt/New York. (In diesem Band Kapitel 6).

Kaufmann, Franz-Xaver (1991): Hrsg. The Public Sector - Challenge for Coordination and Learning. Berlin - New York.

Kaufmann, Franz-Xaver (1991a): Wohlfahrtskultur - ein neues Nasobem? In: Reinhardt P. Nippert/Willi Poehler/Wolfgang Slesina (Hrsg.): Kritik und Engagement. Festschrift fuer Christian von Ferber zum 65. Geburtstag. Muenchen 1991: 19-27.

Kaufmann, Franz-Xaver (1991b): The Relationship of Guidance, Control, and Evaluation. In: Kaufmann 1991: 213-234.

Kaufmann, Franz-Xaver (1991c): Introduction: Issues and Context. In: Kaufmann 1991: 3-28.

Kaufmann, Franz-Xaver (1994): Staat und Wohlfahrtsproduktion. In: Hans-Ulrich Derlien u.a. (Hrsg.): Systemrationalitaet und Partialinteresse. Festschrift fuer Renate Mayntz. Baden-Baden 1994: 357-380 (In diesem Band Kapitel 8).

Kaufmann, Franz-Xaver (1994a): Laeßt sich Familie als gesellschaftliches Teilsystem begreifen? In: A. Herlth u.a. (Hrsg.): Abschied von der

Normalfamilie? Partnerschaft kontra Elternschaft. Heidelberg
    1994: 42-63.
Kaufmann, Franz-Xaver (1994b): Diskurse ueber Staatsaufgaben. In: Dieter
    Grimm (Hrsg.): Staatsaufgaben. Baden-Baden: 15-41. TB-
    Ausgabe Frankfurt a. M. 1996. (In diesem Band Kapitel 12).
Kaufmann, Franz-Xaver (1995): Zur Einfuehrung: Sozialpolitik im
    franzoesisch – deutschen Vergleich. In: Zeitschrift fuer
    Sozialreform 41: 709-721.
Kaufmann, Franz-Xaver (1996): Modernisierungsschuebe, Familie und
    Sozialstaat. Muenchen.
Kaufmann, Franz- Xaver (1997): Herausforderungen des Sozialstaates.
    Frankfurt a.M.
Kaufmann, Franz-Xaver (1997a): Schwindet die integrative Funktion des
    Sozialstaates? In: Berliner Journal fuer Soziologie 7: 5-22 (In
    diesem Band Kapitel 10).
Kaufmann, Franz-Xaver (1997b): Religion and Modernization in Europe.
    Journal of Insitutional and Theoretical Economics (JITE) 153 (1):
    80-96.
Kaufmann, Franz-Xaver (1998): Globalisierung und Gesellschaft. In: Aus
    Politik und Zeitgeschichte. Beilage zur Wochenzeitung Das
    Parlament, B 18/98: 3-10.
Kaufmann, Franz-Xaver (1998a): Der Sozialstaat als Prozeß – Fuer eine
    Sozialpolitik zweiter Ordnung. In: Verfassung, Theorie und Praxis
    des Sozialstaates. Festschrift fuer Hans F. Zacher zum 70.
    Geburtstag. Hrsg. von Franz Ruland u.a. Heidelberg: 307-322 (In
    diesem Band Kapitel 5).
Kaufmann, Franz-Xaver (1998b): Wohlfahrt, Arbeit und Staat unter den
    Bedingungen von Globalisierung und Individualisierung. In:
    Thomas Gaiser u.a. (Hrsg.): Arbeit in der Schweiz des 20.
    Jahrhunderts. Bern: 2-26 (In diesem Band Kapitel 9).
Kaufmann, Franz-Xaver (1999): Sozialstaatlichkeit unter den Bedingungen
    moderner Wirtschaft. In: Handbuch der Wirtschaftsethik, hrsg. im
    Auftrag der Goerres Gesellschaft von Wilhelm Korff u.a., Band 1:
    Verhaeltnisbestimmung von Wirtschaft und Ethik. Guetersloh

1999: 803-833 (In diesem Band Kapitel 11).

Kaufmann, Franz-Xaver (1999a): Die Entwicklung der korporatistischen Steuerungsstrukturen der ambulanten Krankenversorgung in Deutschland und ihre verteilungspolitischen Implikationen. In: Gerhard Igl und Gerhard Naegele (Hrsg.): Perspektiven einer sozialstaatlichen Umverteilung im Gesundheitswesen. Muenchen 1999: 27-49.

Kaufmann, Franz-Xaver (1999b): Konzept und Formen sozialer Intervention. In: Handbuch soziale Probleme, hrsg. von Guenter Albrecht u.a. Opladen Wiesbaden 1999: 921-940 (In diesem Band Kapitel 4).

Kaufmann, Franz-Xaver (2000): Globalisierung, Europaeisierung und Sozialstaat. In: Jahrbuch fuer christliche Sozialwissenschaften 41: 32-50.

Kaufmann, Franz-Xaver (2001a): Der Begriff Sozialpolitik und seine wissenschaftliche Deutung. In: Bundesministerium fuer Arbeit und Sozialordnung, Berlin/Bonn, und Bundesarchiv, Koblenz (Hrsg.): Geschichte der Sozialpolitik in Deutschland seit 1945, Band 1: Grundlagen der Sozialpolitik. Baden-Baden: 3-101.

Kaufmann, Franz-Xaver (2001b): Der deutsche Sozialstaat im internationalen Vergleich. In: Bundesministerium fuer Arbeit und Sozialordnung, Berlin/Bonn, und Bundesarchiv, Koblenz (Hrsg.): Geschichte der Sozialpolitik in Deutschland seit 1945, Band 1: Grundlagen der Sozialpolitik. Baden-Baden: 799-989.

Kaufmann, Franz-Xaver (2002): Politics and Policies towards the Family in Europe: A Framework and an Inquiry into their Differences and Convergences. In: Kaufmann/Kuijsten/Schulte/Strohmeier 2002: 419-490.

Kaufmann, Franz-Xaver (2002a): Die freie Wohlfahrtspflege in der wohlfahrtsstaatlichen Entwicklung Europas. In: Bernhard J. Guentert/Franz-Xaver Kaufmann/Udo Krolzik (Hrsg.): Freie Wohlfahrtspflege und europaeische Integration. Guetersloh: 49-67.

Kaufmann, Franz-Xaver (2002b): Sozialpolitik zwischen Gemeinwohl und

Solidaritaet. In: Herfried Muenkler u. Karsten Fischer (Hrsg.):
        Gemeinwohlrhetorik und Solidaritaetsverbrauch.
        Integrationsprobleme moderner Gesellschaften. Berlin: 19-54.
Kaufmann, Franz-Xaver (2002c): Sozialstaat und Sozialpolitik:
        Soziologische Analysen. Opladen.
*Kaufmann, Franz-Xaver (2003): Varianten des Wohlfahrtsstaats – Der
        deutsche Sozialstaat im internationalen Vergleich. Frankfurt a.M.
Kaufmann, Franz-Xaver/Hegner, Friedhart/Grunow, Dieter (1976):
        Probleme publikumsbezogenen Verwaltungshandelns, in: Rainer
        M. Lepsius (Hrsg.), Zwischenbilanz der Soziologie, Verhandlungen
        des 17. Deutschen Soziologentages, Stuttgart 1976: 373-391.
Kaufmann, Franz-Xaver/Herlth, Alois, Strohmeier, Klaus Peter (1980):
        Sozialpolitik und familiale Sozialisation. Zur Wirkungsweise
        oeffentlicher Sozialleistungen. Schriftenreihe des Bundesministers
        fuer Jugend, Familie und Gesundheit Bd. 76, Stuttgart.
Kaufmann, Franz-Xaver/Korff, Ruediger (1995): Hrsg. Soziologie in
        Bielefeld. Ein Rueckblick nach 25 Jahren. Bielefeld.
Kaufmann, Franz-Xaver/Kruesselberg, Hans Guenter (1984): Hrsg.: Markt,
        Staat und Solidaritaet bei Adam Smith. Frankfurt a.M./New York.
Kaufmann, Franz-Xaver/Kuijsten, Anton/Schulze, Hans-Joachim/
        Strohmeier Klaus Peter (1997): Hrsg. Family Life and Family
        Policy in Europe. Vol. 1: Structures and Trends in the 1980s.
        Oxford.
Kaufmann, Franz-Xaver/Kuijsten, Anton/ Schulze, Hans-Joachim/
        Strohmeier Klaus Peter (2002): Hrsg. Family Life and Family
        Policy in Europe. Vol. 2: Problems and Issues in Comparative
        Perspective. Oxford.
Kaufmann, Franz-Xaver/Leisering, Lutz (1984): Studien zum Drei-
        Generationenvertrag. IBS-Materialien Nr. 15, Institut fuer
        Bevoelkerungswissenschaft und Sozialpolitik, Universitaet
        Bielefeld.
Kaufmann, Franz-Xaver/Leisering, Lutz (1986): Demographic Challenges in
        the Welfare State. In: Else Oyen (Hrsg..): Comparing Welfare
        States and their Futures. Aldershot: 96 -113.

Kaufmann, Franz-Xaver/Leisering, Lutz (1987): Impacts des evolutions demographiques sur les systemes de securite sociale. In: Hermann Deleeck (Dir.): L' avenir de la securit sociale. Paris 1987: 7-38.

Kaufmann, Franz-Xaver/Lohan, Reinhard (1977): Multidisziplinaere Verbundforschung in den Sozialwissenschaften: Erste Erfahrungen mit einem neuen Typus der Forschungsfoerderung. In: Kaufmann 1977: 273-311.

Kaufmann, Franz-Xaver/Majone, Giandomenico/Ostrom, Vincent (1985): Hrsg. Guidance, Control, and Evluation in the Public Sector. The Bielefeld Interdisciplinary Projekt. Berlin/New York.

Kaufmann, Franz-Xaver/Majone, Giandomenico/Ostrom, Vincent (1985a): By Way of Conclusion: Experience, Theory and Design. In: Kaufmann/Majone/Ostrom 1985: 787-804.

Kaufmann, Franz-Xaver/Rosewitz, Bernd (1983): Typisierung und Klassifikationpolitischer Maßnahmen. In: Renate Mayntz (Hrsg.) Implementation politischer Programme II: Ansaetze zur Theoriebildung, Opladen 1983: 25-49

Kaufmann, Franz-Xaver/Schaefer Peter (1979): Das Problem buergernaher Sozialpolitik. In: Kaufmann 1979: 17-62.

Kaufmann, Franz-Xaver/Schaefer, Peter (1977): (in Zusammenarbeit mit dem Forschungsverbund) Buergernahe Gestaltung der sozialen Umwelt: Ein Bezugsrahmen zur Problemexposition. In: Kaufmann 1977a: 1-44.

Kaufmann, Franz-Xaver/Schneider, Siegfried (1975): Die Bedeutung von Modelleinrichtungen fuer die oertliche Sozialpolitik. In: Der Staedtetag, 1975: 353-356.

Kaufmann, Franz-Xaver/Schneider, Siegfried/Herlth, Alois (1974): Das Instrument der Modelleinrichtungen: Seine Bedeutung, Grenzen und Ausweitungsmoeglichkeiten fuer die oertliche Sozialpolitik. Forschungsbericht im Auftrag des BMFT. Universitaet Bielefeld, Projektgruppe Wirkungsanalysen der Sozialpolitik.

Kaufmann, Franz-Xaver/Strohmeier, Klaus Peter (1981): Evaluation as Meaningful Social Research. In: Robert A. Levine u.a. (Hrsg.): Evaluation Research and Practice. Comparative and International

Perspectives. Beverly Hills, London 1981:149-167.

Kaufmann, Franz-Xaver/Strohmeier, Klaus Peter/Federkeil, Gero (1992):
  Wirkungen politischen Handelns auf den Bevoelkerungsprozess.
  Schriftenreihe des Bundesinstituts fuer Bevoelkerungsforschung
  Band 21. Boppard am Rhein.

Kaufmann, Franz-Xaver u.a. (1981): Gesellschaftliche Bedingungen
  sozialpolitischerIntervention: Staat, intermediaere Instanzen und
  Selbsthilfe. Ein neues Schwerpunktprogramm der Deutschen
  Forschungsgemeinschaft. In: Zeitschrift fuer Sozialreform, 27: 31-
  49.

Keller, Paul (1955): Dogmengeschichte des wohlstandspolitischen
  Interventionismus. Winterthur.

Kerber, Walter/Westerman, Claus/Spoerlein, Bernhard (1981):
  Gerechtigkeit. In: Franz Boeckle u.a. (Hrsg.): Christlicher Glaube
  in moderner Gesellschaft, Band 17. Freiburg i. Br.: 5-75.

Kersbergen, Kees van (1995): Social Capitalism: A Study of Christian
  Democracy and the Welfare State. London.

Kirchgaessner, Gebhard (1994): Umweltschutz als Staatsaufgabe. In:
  Grimm 1994: 453-485.

Kielmannsegg, Peter Graf von (1976): Hrsg. Legitimationsprobleme
  politischer Systeme. Opladen.

Kirsch, Werner (1971): Entscheidungsprozesse, Bd. 3: Entscheidungen in
  Organisationen. Wiesbaden.

Kitschelt, Herbert (1994): Technologiepolitik als Lernprozeß. In: Grimm
  1994: 391-425.

Kittsteiner, Hans-Dieter (1984): Ethik und Teleologie: Das Problem der
  'unsichtbaren Hand' bei Adam Smith. In: Kaufmann/Kruesselberg
  1984: 41-73.

Kleinhenz, Gerhard (1970): Probleme wissenschaftlicher Beschaeftigung mit
  der Sozialpolitik. Berlin.

Koch, Bernhard A. (1992): Die Sachhaftung, Berlin.

Kogan, Maurice (1978): The Politics of Educational Change.
  Glasgow.

Koehler, Peter A. (1987): Sozialpolitische und sozialrechtliche Aktivitaeten in den Vereinten Nationen. Baden-Baden: Nomos.

Kohli, Martin (1996): Introduction a la deuxieme partie: Categories sociales et categories d' Etat-providence. In: Comparer les systemes de protection sociale en Europe, Volume 2: Rencontres de Berlin France - Allemagne. Textes rassembles par Bruno Palier. Paris: 155-162.

Kommission fuer Zukunftsfragen der Freistaaten Bayern und Sachsen (1997): Erwerbstaetigkeit und Arbeitslosigkeit in Deutschland: Entwicklung, Ursachen und Maßnahmen. Teil III: Maßnahmen zur Verbesserung der Beschaeftigungslage. Bonn.

Korff, Wilhelm (1999): Sozialethik als Strukturenethik - Der sozialethische Paradigmenwechsel: Voraussetzungen und Konsequenzen. In: Handbuch der Wirtschaftsethik, hrsg. im Auftrag der Goerres-Gesellschaft von Wilhelm Korff u.a., Band 1: Verhaeltnisbestimmung von Wirtschaft und Ethik. Guetersloh: 212-225.

Krueger, Juergen (1975): Soziale Ungleichheit und Sozialpolitik, in: Archiv fuer Wissenschaft und Praxis der sozialen Arbeit, Bd. 6: 247-262

Krueger, Juergen (1975a): Wissenschaftliche Beratung und sozialpolitische Praxis: Die Relevanz wissenschaftlicher Politikberatung fuer die Reformversuche um die gesetzliche Krankenversicherung, Stuttgart.

Krupp, Hans Juergen (1981): Hrsg. Alternativen der Rentenreform '84. Frankfurt/New York.

Kruesselberg, Hans-Guenter (1977): Die vermoegenstheoretische Dimension in der Theorie der Sozialpolitik: Ein Kooperationsfeld fuer Soziologie und OEkonomie. In: Christian von Ferber/Franz-Xaver Kaufmann (Hrsg.): Soziologie und Sozialpolitik. Sonderheft 19 der Koelner Zeitschrift fuer Soziologie und Sozialpsychologie. Opladen: 232-259.

Kuebler, Friedrich (1984): Hrsg. Verrechtlichung von Wirtschaft, Arbeit und sozialer Solidaritaet. Vergleichende Analysen. Baden-Baden.

Kuehn, Dietrich (1975): Kommunale Sozialplanung, Stuttgart.

Kulessa, M.E. (1996): Die Tobinsteuer zwischen Lenkungs- und

Finanzierungsfunktion. In: Wirtschaftsdienst – Zeitschrift fuer Wirtschaftspolitik, 76: 95–104.

Kuelp, Bernhard (1975): Wohlfahrtsoekonomik 1: Die Wohlfahrtskriterien. Tuebingen/Duesseldorf.

Kueng, Emil (1956): Interventionismus. In: Handwoerterbuch der Sozialwissenschaften, Bd. 5. Stuttgart u.a.: 321–329.

- L -

Labisch, Alfons (1986): Gemeinde und Gesundheit. In: Bernhard Blanke u.a. (Hrsg.): Die zweite Stadt. LEVIATHAN, Sonderheft 7: 275–305.

Lampert, Heinz (1980): Sozialpolitik. Berlin u.a. 1980 (ab 1985 fortgefuehrt u.d.T. Lehrbuch der Sozialpolitik. Berlin u.a., 5. Aufl. 1998).

Lane, David (1985): Soviet Economy and Society. Oxford.

Laum, Bernhard (1960): Schenkende Wirtschaft. Nichtmarktmaeßiger Gueterverkehr und seine soziale Funktion. Frankfurt.

Lehnhardt, Gero/Offe, Claus (1977): Staatstheorie und Sozialpolitik. Politischsoziologische Erklaerungsansaetze fuer Funktionen und Innovationsprozesse der Sozialpolitik. In: Von Ferber/Kaufmann 1977: 98–127.

Leibfried, Stephan/Rieger, Elmar (1996): Fundament des Freihandels. In: Die Zeit, Nr.6, S. 24.

Leibfried, Stephan/Pierson, Paul (1995): Hrsg. European Social Policy between Fragmentation and Integration. Washington D.C. (deutsch: Standort Europa: Sozialpolitik zwischen Nationalstaat und europaeischer Integration. Frankfurt a. M. 1998).

Leisering, Lutz (1979): Wissenszerstoerung und Rekonstruktion. Analyse und Kritik der wissenssoziologischen Implikationen der Theorie von Niklas Luhmann mit vergleichendem Seitenblick auf Mannheimn, Habermas und Marx. Universitaet Bielefeld, Fakultaet fuer Soziologie (Hrsg.) Arbeitberichte und Forschungsmaterialien Nr. 6. Bielefeld.

Leisering, Lutz (1984): Veraenderungen im Verhaeltnis von Jugend- und Altenlasten: Sozialer Wandel als Problem fuer den Sozialstaat. In: Kaufmann/ Leisering 1984: 31–121.

Leisering, Lutz (1989): Origins of the Dynamics of the Welfare State. Societal Differentiation and the Formation of Statutory Welfare in England 1795 – 1847. PhD-Thesis, London School of Economics and Political Sciences.

Leisering, Lutz (1992): Selbststeuerung im Sozialstaat – Zur Verortung der Rentenreform 1992 in der Sozialpolitik der 80er Jahre. In: Zeitschrift fuer Sozialreform 38: 3-39.

Leiserisng, Lutz (I992a): Sozialstaat und demographischer Wandel: Wechselwirkungen, Generationenverhaeltnisse, politisch- institutionelle Steuerung. Frankfurt/New York.

Leisering, Lutz (2001): Ambivalenz und Immanenz. Die soziologische Kritik am Wohlfahrtsstaat. In: Jutta Allmendinger (Hrsg.): Gute Gesellschaft? Verhandlungen des 30. Kongresses der Deutschen Gesellschaft fuer Soziologie in Koeln. Opladen: 1210-1237.

Lepsius, Rainer M. (1979): Soziale Ungleichheit und Klassenstrukturen in der Bundesrepublik Deutschland. In: Hans-Ulrich Wehler (Hrsg.): Klassen in der europaeischen Sozialgeschichte. Goettingen 1979: 166-209.

Liefmann-Keil, Elisabeth (1961): Oekonomische Theorie der Sozialpolitik. Berlin.

Linde, Hans (1984): Theorie der saekularen Nachwuchsbeschraenkung 1800-2000. Frankfurt/New York.

Linder, Peter (1981): Das Sozialbudget im Spiegel demographischer und oekonomischer Entwicklungen. In: Baden-Wuerttemberg in Wort und Zahl, 29: 349-359.

List, Friedrich (1841/1922): Das nationale System der politischen Oekonomie. Jena. 4. A.

List, Friedrich (1927): Das natuerliche System der politischen Oekonomie (geschrieben 1837, verschollen bis 1913). Berlin.

Luhmann, Niklas (1964) Funktion und Folgen formaler Organisation. Berlin.

Luhmann, Niklas (1965/1974): Grundrechte als Institution. Ein Beitrag zur politischen Theorie. Berlin. 2. A.

Luhmann, Niklas (1968/1973): Zweckbegriff und Systemrationalitaet: Ueber

die Funktion von Zwecken in sozialen Systemen. Tuebingen.
Frankfurt. 2. A.
Luhmann, Niklas (1975): Interaktion, Organisation, Gesellschaft.
Anwendungen der Systemtheorie. In: Soziologische Aufklaerung 2.
Aufsaetze zur Theorie der Gesellschaft. Opladen: 9–20.
Luhmann, Niklas (1975a): Die Weltgesellschaft. In: Soziologische
Aufklaerung, Bd. 2. Opladen: 51–71.
Luhmann, Niklas (1977): Theoretische und praktische Probleme der
anwendungsbezogenen Sozialwissenschaften. In:
Wissenschaftszentrum Berlin 1977: 16–39.
Luhmann, Niklas (1977a): The Differentiation of Society. Canadian Journal
of Sociology 2(1): 29–53.
Luhmann, Niklas (1980): Gesellschaftsstruktur und Semantik (I). Frankfurt
a. M.
Luhmann, Niklas (1981): Politische Theorie im Wohlfahrtsstaat.
Muenchen/Wien.
Luhmann, Niklas (1984): Soziale Systeme: Grundriß einer allgemeinen
Theorie. Frankfurt/M.
Luhmann, Niklas (1985): Zum Begriff der sozialen Klasse. In: ders. (Hrsg.):
Soziale Differenzierung: Zur Geschichte einer Idee. Opladen 1985:
119–162.
Luhmann, Niklas (1987): Soziologische Aufklaerung 4: Beitraege zur
funktionalen Differenzierung der Gesellschaft. Opladen.
Luhmann, Niklas (1990): Risiko und Gefahr. Aula–Vortraege der
Hochschule St. Gallen No. 48.
Luhmann, Niklas/Schon, Karl Eberhard (1979): Reflexionsprobleme im
Erziehungssystem. Stuttgart.
Luescher, Kurt (1982): Familienpolitik und Wissenssysteme: Das Beispiel
der Elternbildung. In: Kaufmann 1982: 191–211.
Lutz, Burkart (1984): Der kurze Traum immerwaehrender Prosperitaet:
Eine Neuinterpretation der industriell–kapitalistischen
Entwicklung im Europa des 20. Jahrhunderts. Frankfurt/New
York.

- M -

Mackenroth, Gerhard (1952):Die Reform der Sozialpolitik durch einen
deuschen Sozialplan. Schriften des Vereins fuer Socialpolitik N.F.
Bd. 4. Berlin.

Mackenroth, Gerhard (1954): Die Verflechtung der Sozialleistungen –
Ergebnisse einer Stichprobe. Berlin.

Madison, Bernice Q. (1968): Social Welfare in the Soviet Union. Stanford.

Majone, Giandomenico/Gretschmann, Klaus (1985): Analyzing the Public
Sector: Shortcomings of Current Approaches. In: Kaufmann/
Majone/Ostrom 1985: 59–85. rev. in Kaufmann 1991: 29–67.

Majone, Giandomenico (1991): Professionalism and Mutual Adjustment. In:
Kaufmann 1991: 451–467.

Marshall, Thomas H. (1949): Social Class and Citizenship. Deutsch in
Marshall 1992: 33–94.

Marshall, Thomas H. (1964): Class, Citizenship and Social Development.
Garden City. 2.A. Westport Conn. 1976. (Z.T. deutsch in Marshall
1992).

Marshall, Thomas H. (1992): Buergerechte und soziale Klassen. Zur
Soziologie des Wohlfahrtsstaates, herausgegeben von Elmar
Rieger. Frankfurt/New York.

Marx, Karl (1859):Zur Kritik der politischen Oekonomie. Berlin (MEW Bd.
13).

Marx, Karl (1867): Das Kapital: Kritik der politischen OEkonomie. Buch I:
Der Produktionsprozeß des Kapitals. 10. Aufl. Hamburg 1922.

Mayntz, Renate (1977): Die Implementation politischer Programme. In: Die
Verwaltung 10: 51–66.

Mayntz, Renate (1979): Regulative Politik in der Krise? In: Joachim Matthes
(Hrsg.): Sozialer Wandel in Westeuropa. Verhandlungen des 19.
Deuschen Soziologentages Berlin 1979. Frankfurt a. M./New York:
55–82.

Mayntz, Renate (1980): Hrsg. Implementation politischer Programme.
Empirische Forschungsberichte. Koenigstein/Ts.

Mayntz, Renate (1980a): Die Entwicklung des analytischen Paradigmas der
Implementationsforschung. In: Mayntz 1980: 1–17.

Mayntz, Renate (1983): Hrsg. Implementation politischer Programme II.
	Ansaetze zur Theoriebildung. Opladen.
Mayntz, Renate (1987): Politische Steuerung und gesellschaftliche
	Steuerungsprobleme – Anmerkungen zu einem theoretischen
	Paradigma. In: Jahrbuch zur Staatsund Verwaltungswissenschaft
	1: 89-110.
Mayntz, Renate (1990): Politische Steuerbarkeit und Reformblockaden:
	Ueberlegungen am Beispiel des Gesundheitswesens. In:
	Staatswissenschaften und Staatspraxis 1: 283-307.
Mayntz, Renate (1992): Modernisierung und die Logik von
	interorganisatorischen Netzwerken. In: Journal fuer
	Sozialforschung 32: 19-32.
Mayntz, Renate (1993): Policy-Netzwerke und die Logik von
	Verhandlungssystemen. In: Adrienne Heritier (Hrsg.): Policy-
	Analyse – Kritik und Neuorientierung. Sonderheft 24 der
	Politischen Vierteljahresschrift. Opladen: 39-56.
Mayntz, Renate (1997): Soziale Dynamik und politische Steuerung.
	Theoretische und methodologische Ueberlegungen. Frankfurt a.
	M./New York.
Mayntz, Renate u.a. (1975): Das Beratungswesen des Bundesministeriums
	fuer Jugend, Familie und Gesundheit. Unveroeffentlichtes
	Gutachten. Bonn.
Mayntz, Renate u.a. (1988): Differenzierung und Verselbstaendigung. Zur
	Entwicklung gesellschaftlicher Teilsysteme. Frankfurt/New York
Mayntz, Renate/Rosewitz, Bernd (1988): Ausdifferenzierung und
	Strukturwandel des deutschen Gesundheitssystems. In: Mayntz
	u.a.: 117-179.
Mayntz, Renate/Scharpf, Fritz W. (1995): Hrsg. Gesellschaftliche
	Selbstregelung und politische Steuerung. Frankfurt/New York.
Mayntz, Renate/Scharpf, Fritz W. (1995a): Steuerung und Selbstorganistion
	in staatsnahen Sektoren. In: Mayntz/Scharpf: 9-38.
Mayntz, Renate/Scharpf Fritz W. (1995b): Der Ansatz des
	akteurszentrierten Institutionalismus. In: Mayntz/Scharpf: 39-72.
Mazmanian, David A./Sabatier, Paul A. (1981): Hrsg. Effective Policy

Implementation. Lexington Mass.

Meadows, Dennis u.a. (1972): Die Grenzen des Wachstums. Bericht des Club of Rome zur Lage der Menschheit. Stuttgart.

Meier, Uta (1995): Familienhaushalte als Produktionsstaetten von kulturllem und sozialem Kapiteal. Zur gesellschaftlichen Bedeutung des veremeindlich Privaten. In: Hauswirtschaft und Wissenschaft 43: 243-250.

Mill, John Stuart (1861): Considerations on Representative Government. (Deutsch: Paderborn 1971).

Milles, Dietrich/Mueller, Rainer (1985): Hrsg. Berufsarbeit und Krankheit. Frankfurt/New York.

Mohl, Robert von (1851): Gesellschaftswissenschaften und Staatswissenschaften. In: Zeitschrift fuer die gesamte Staatswissenschaft 7: 3-71.

Molitor, Bruno (1972): Was ist Sozialpolitik? In: Hamburger Jahrbuch fuer Wirtchafts- und Gesellschaftspolitik 17: 184-198.

Moeller, Rudolf (1978): 'Lebenslage' als Ziel der Politik. WSI-Mitteilungen 31: 553-565.

Moser, Heinz (1975): Aktionsforschung als kritische Theorie der Sozialwissenschaften. Muenchen.

Mullen, Edward J./Dumpson, James R. (1972): Hrsg. Evaluation of Social Intervention. San Francisco.

Mueller, Hans-Peter/Wegener Bernd (1995): Hrsg. Sozile Ungleichheit und soziale Gerechtigkeit. Opladen.

Mueller, Wolfgang/Neusueß, Christel (1970): Die Sozialstaaatsillusion und der Widerspruch von Lohnarbeit und Kapital. in: Sozialistische Politik 2: 4-67.

Muench, Richard (1994): Zahlung und Achtung. Die Interpenetration von Oekonomie und Moral. In: Zeitschrift fuer Soziologie 23: 388-411.

Muench, Richard (1995): Elemente einer Theorie der Integration moderner Gesellschaften. Eine Bestandsaufnahme. In: Berliner Journal fuer Soziologie 5: 5-24.

Murswieck, Axel (1976): Hrsg. Staatliche Politik im Sozialsektor. Muenchen.

Musgrave, Richard A. (1959): The Theory of Public Finance. New York.

(Deutsch: Tuebingen 2.A. 1969)

Myrdal, Alva und Gunnar (1935): Kris I Befolkningsfragan. Stockholm.

- N -

Nahnsen, Ingeborg (1975): Bemerkungen zum Begriff und zur Geschichte
　　des Arbeitsschutzes. In: M. Osterland (Hrsg.): Arbeitssituation,
　　Lebenslage und Konfliktpotential. Frankfurt/Koeln: 145-166.
　　Narr, Wolf-Dieter/Offe, Claus (1975): Hrsg. Wohlfahrtsstaat und
　　Massenloyalitaet. Koeln.

Neidhardt, Friedhelm (1979): Praxisverhaeltnisse und Anwendungsprobleme
　　der Soziologie. In: Guenter Lueschen (Hrsg.): Deutsche Soziologie
　　seit 1945. Sonderheft 21 der Koelner Zeitschrift fuer Soziologie und
　　Sozialpsychologie. Opladen: 324-342.

Nell-Breuning, Oswald von (1979): Soziale Sicherheit: Zu Grundfragen der
　　Sozialordnung aus christlicher Verantwortung. Freiburg i. Br.

Nettl, J.P. (1968): The State as A Conceptual Variable, in: World Politics
　　XX: 559-592.

Noble, Charles (1997): Welfare As We Knew It. A Political History of the
　　American Welfare State. New York: Oxford UP.

Nullmeier, Frank (2000): Politische Theorie des Sozialstaats.
　　Frankfurt/New York.

- O -

O' Neill, John (1994): The Missing Child in Liberal Theory. Towards a
　　Covenant Theory of Family, Community, Welfare, and the Civic
　　State. Toronto: Univ. of Toronto Press.

OECD (1985): Social Expenditure 1960 - 1990. Problems of Growth and
　　Control. Paris.

Oestreich, Gerhard (1969): Strukturprobleme des europaeischen
　　Absolutismus. In: ders., Geist und Gestalt des fruehmodernen
　　Staates. Ausgewaehlte Aufsaetze. Berlin: 179-197.

Offe, Claus (1972): Strukturprobleme des kapitalistischen Staates.
　　Frankfurt a.M.

Offe, Claus (1972a): Politische Herrschaft und Klassenstrukturen: Zur Analyse spaetkapitalistischer Gesellschaftssysteme. In: Gisela Kress/Dieter Senghaas (Hrsg.): Politikwissenschaft: Eine Einfuehrung in ihre Probleme. Frankfurt 1972: 135-164.

Offe, Claus (1975): Berufsbildungsreform - Eine Fallstudie ueber Reformpolitik. Frankfurt a. M.

Ogorek, Regina (1975): Untersuchungen zur Entwicklung der Gefaehrdungshaftung im 19. Jahrhundert. Koeln .

Olson, Mancur (1965): the Logic of Collective Action. Cambridge Mass. (deutsch Tuebingen 1992).

Opp, Karl Dieter (1967): Zur Anwendung sozialwissenschaftlicher Theorien fuer praktisches Handeln. In: Zeitschrift fuer die gesamte Staatswissenschaft 123: 393-418.

Osborn, Robert J. (1970): Soviet Social Policies: Welfare, Equality, and Community. Homewood Ill: Dorsey.

Ostrom, Elinor (1985):Multiorgnizational Arrangements and Coordination: An Application of Institutional Analysis. In: Kaufmann/Majone/ Ostrom 1985: 495-510.

Ostrom. Elinor (1999): Die Verfassung der Allmende (engl. 1990). Tuebingen.

Otto, Hans-Uwe (1991): Introduction: Theoretical Controversies. In: Guenter Albrecht/Hans-Uwe Otto (Hrsg.): Social Prevention and the Social Sciences. Berlin/New York 1991: 73-77.

Ozbekhan, H. (1969): Towards a General Theory of Planning. In: E. Jantsch (Hrsg.): Perspectives of Planning. (OECD) Paris.

- P -

Pankoke, Eckart (1970): Sociale Bewegung - Sociale Frage - Sociale Politik. Grundfragen der deutschen 'Socialwissenschaft' im 19. Jahrhundert. Stuttgart.

Pankoke, Eckart (1977): Sozialpolitik zwischen staatlicher Systematisierung und situativer Operationalisierung. Zur Problem- und Programmgeschichts sozialer Politik. In: von Ferber/Kaufmann 1977: 76-97.

Parsons, Talcott (1959): General Theory in Sociology. In: Robert K. Merton
u.a. (Hrsg.): Sociology Today – Problems and Prospects. New
York.

Parsons, Talcott (1966): Societies: Evolutionary and Comparative
Perspectives. Englewood Cliffs N.Y.: Prentice Hall.

Parsons, Talcott (1972): Das System moderner Gesellschaften. Muenchen
(engl. 1969).

Parsons, Talcott (1977): Some Problems of General Theory in Sociology. In:
ders., Social Systems and the Evolution of Action Theory. New
York: 229-269.

Parsons, Talcott/Edward Shils/Paul F. Lazarsfeld (1975): Soziologie –
autobiographisch. Stuttgart.

Parsons, Talcott/Smelser Neil J. (1956): Economy and Society. Glencoe Ill.

Peters, Bernhard (1993): Die Integration moderner Gesellschaften.
Frankfurt a.M.

Pfaller, Alfred/Gough, lan/Therborn, Goeran (1991): Ed. Can the Welfare
State Compete? London.

Pfeiffer, Christian (1987): Und wenn es kuenftig weniger werden? Die
Herausforderung der geburtenschwachen Jahrgaenge. In:
Deutsche Vereinigung fuer Jugendgerichte und
Jugendgerichtshilfen e.V. (Hrsg.): Bericht ueber den 20. Deutschen
Jugendgerichtstag. Muenchen.

Pierson, Paul (1996): The New Politics of the Welfare State. In: World
Politics 48 (2): 42-179.

Pierson, Paul (1998): Irresistible Forces, Immovable Object. Post-industrial
Welfare States Confront Permanent Austerity. Journal of
European Public Policy 5 (4): 539-560.

Pransky, 1. (1991): Reflections an Prevention at the Macro-Level: An
Interview with George Albee. Journal of Primary Prevention 11:
243-258.

Preller, Ludwig (1962): Sozialpolitik: Theoretische Ortung. Tuebingen.

Pressman, Jeffrey L./Wildavsky, Aron ((1973): Implementation. Berkeley.

Preu, Peter (1983): Polizeibegriff und Staatszwecklehre. Goettingen.

Preuß, Ulrich K. (1994): Risikovorsorge als Statsaufgabe. In: Grimm 1994:

523-551.

Prisching, Manfred (1989): Friedrich von Hayeks Sozialstaatskritik. In: Internationales Jahrbuch fuer Rechtsphilosophie und Gesetzgebung. Wien: 71-97.

Putnam, Robert D. (1995): Bowling Alone: Americas Declining Social Capital. In: Journal of Democracy 6: 64-78.

- R -

Raschke, Peter/Schliehe Ferdinand (1979): Das Instrument der Modelleinrichtung als Problem der vertikalen Politikverflechtung zwischen oertlicher und ueberoertlicher Ebene. In: Kaufmann 1979: 139-166.

Rassem, Mohammed (1992): Wohlfahrt, Wohltat, Wohltaetigkeit, Caritas. In: Geschichtliche Grundbegriffe. Historisches Lexikon zur politisch-sozialen Sprache in Deutschland. Stuttgart, Bd.7: 595-636.

Rawls, John (1979): Eine Theorie der Gerechtigkeit. Frankfurt a. M. (engl. 1971).

Rieger, Elmar (1992): Die Institutionalisierung des Wohlfahrtsstaates. Opladen.

Rieger, Elmar (1992b): Einleitung zu Thomas H. Marshall, Buergerrechte und soziale Klassen. Zur Soziologie des Wohlfahrtsstaates. Frankfurt a.M./New York: 7-32.

Rieger, Elmar/Leibfried, Stephan (1999): Wohlfahrtsstaat und Sozialpolitik in Ostasien. Der Einfluß von Religion im Kulturvergleich. In: Gert Schmidt/Rainer Trinczek (Hrsg.): Globalisierung. OEkonomische und soziale Herausforderungen am Ende des zwanzigsten Jahrhunderts. Baden-Baden: 413-499.

Rieger, Elmar/Leibfried, Stephan (2001): Grundlagen der Globalisierung – Perspektiven des Wohlfahrtsstaates. Frankfurt a.M.

Rimlinger, Gaston V. (1971): Welfare Policy and Industrialization in Europe, America and Russia. New York.

Ringen, Stein (1997): Citizens, Families, and Reform. Oxford.

Ritter, Gerhard A. (1988): Der Uebergang zum Interventions- und

Wohlfahrtsstaat und dessen Auswirkungen auf Parteien und Parlamente im deutschen Kaiserreich. In: Wilhelm Treue (Hrsg.), Geschichte als Aufgabe. Festschrift fuer Otto Buesch. Berlin: Colloquim Verlag: 437-459.

Ritter, Gerhard A. (1989): Der Sozialstaat: Entstehung und Entwicklung im internationalen Vergleich. Muenchen.

Ritter Joachim (1969): 'Politik' und 'Ethik' in der praktischen Philosophie des Aristoteles. In: ders.: Metaphysik und Politik - Studien zu Aristoteles und Hegel. Frankfurt a.M.: 106-132.

Roller, Edeltraut (1992): Einstellungen der Buerger zum Wohlfahrtsstaat der Bundesrepublik Deutschland. Opladen.

Rosewitz, Bernd/Webber, Douglas (1990): Reformversuche und Reformblockaden im deuschen Gesundheitswesen. Frankfurt/Mew York.

Rossi, Peter H./Williams, Walter (1972): Hrsg. Evaluating Social Programs: Theory, Practice and Politics. New York/London.

Roth, Guenther (1968): Stein, Lorenz von. In: International Encyclopedia of the Social Sciences 15: 257-259.

- S -

Sabatier, Paul A. (1991): Two Decades of Implementation Research: From Control to Guidance and Learning. In: Kaufmann 1991: 257-270.

Sabatier, Paul.A. (1986): Top-Down and Bottom-up Approaches to Implementation Research: A Critical Analysis and the Suggested Synthesis. In: Journal of Public Policy 6.

Sachße, Christoph/Tennstedt, Florian (1980): Geschichte der Armenfuersorge in Deutschland. Band 1: Vom Spaetmittelalter bis zum 1. Weltkrieg. Stuttgart. 2. erw. Aufl. 1988.

Sachße, Christoph/Tennstedt, Florian (1986): Hrsg. Soziale Sicherung und soziale Disziplinierung. Frankfurt a. M.

Saladin, Peter/Zenger Christoph Andreas (1988): Recht kuenftiger Generationen. Basel.

Sanmann, Horst (1973): Hrsg. Leitbilder und Zielsysteme der Sozialpolitik. Schriften des Vereins fuer Socialpolitik NF Bd. 72. Berlin.

Sanmann, Horst (1973a): Leitbilder und Zielsysteme der praktischen
        Sozialpolitik als Problem der wissenschaftlichen Sozialpolitik In:
        Sanmann: 61-76.
Sassen, Saskia (1994): Cities in a World Economy. Thousand Oaks.
Schaefer, Peter (1982): Zentralisation und Dezentralisation. Eine
        verwaltungswissenschaftliche Studie zur Kompetenzverteilung im
        politisch-administrativen System der Bundesrepublik
        Deutschland, empirisch illustriert am Beispiel der
        Funktionalreform in Nordrhein-Westfalen. Berlin.
Scharpf, Fritz W. (1987): Sozialdemokratische Krisenpolitik in Europa.
        Frankfurt a.M./New York.
Scharpf, Fritz W. (1993): Verhandeln, wo nicht regiert werden kann.
        Handlungsfaehigkeit und Legitimation der Politik am Ende des
        zwanzigsten Jahrhunderts. In: 30 Jahre Beirat fuer Wirtschafts-
        und Sozialfragen. Wien: 23-41.
Scharpf, Fritz W./Reissen, Bernd/Schnabel, Fritz (1976):
        Politikverflechtung: Theorie und Empirie des kooperativen
        Foederalismus in der Bundesrepublik. Kronberg/Ts.
Scharpf, Fritz.W./Schmidt, Vivian A. (2000): Hrsg. Welfare and Work in the
        Open Economy. Band 1: From Vulnerability to Competitiveness.
        Band 2: Diverse Responses to Common Challenges. Oxford.
Scherhorn. Gerhard (1959): Beduerfnis und Bedarf. Sozialoekonomische
        Grundbegriffe im Lichte der neueren Anthropologie. Berlin.
Schiller, Theo (1980): Probleme einer Sozialstaatstheorie. In: Michael
        T.Greven u.a.: Sozialstaat und Sozialpolitik - Krisen und
        Perspektiven. Neuwied/Darmstadt: 11-90.
Schimank, Uwe (1996): Theorien gesellschaftlicher Differenzierung.
        Opladen.
Schmaehl, Winfried (1982): Hrsg.: Ansaetze der Lebenseinkommensanalyse.
        Tuebingen.
Schmaehl, Winfried (1985): Perspektiven der Finanzierung der gesetzlichen
        Rentenversicherung: oekonomische und politische Anmerkungen.
        In: Deutsche Rentenversicherung 1985/3: 129ff.
Schmid, Josef (1996): Wohlfahrtsstaaten im Vergleich. Opladen.

Schmid, Josef (1996a): Wohlfahrtsverbaende in modernen
	Wohlfahrtsstaaten. Soziale Dienste in historisch-vergleichender
	Perspektive. Opladen.
Schmidt, Klaud Dieter/Schwarz, Ursula/Thiebach, Gerhard (1965):
	Sozialhaushalt und Wirschaftskreislauf in der Bundesrepublik
	Deutschland 1950 bis 1960. Tuebingen.
Schmidt, Kurt (1964): Zur Geschichte der Lehre von den
	Kollektivbeduerfnissen. In: Norbert Kloten u.a. (Hrsg.): Systeme
	und Methoden in den Wirtschafts- und Sozialwissenschaften.
	Festschrift fuer Erwin von Beckerath zum 75. Geburtstg.
	Tuebingen. 1964: 335-362.
Schmidt, Manfred G. (1998): Sozialpolitik in Deutschland: Historische
	Entwicklung und internationaler Vergleich. Opladen. 2. Aufl.
Schmidt, Volker H./Hartmann, Brigitte K. (1997): Lokale Gerechtigkeit in
	Deutschland. Studien zur Verteiluing von Bildungs- Arbeits- und
	Gesundheitsguetern. Opladen.
Scholz, Franz (1955): Die Rechtssicherheit. Berlin.
Schreiber, Wilfried (1955): Existenzsicherheit in der industriellen
	Gesellschaft. Koeln.
Schumpeter, Joseph A. (1942): Capitalism, Socialism and Democracy. New
	York. (dt.: Kapitalismus, Sozialismus und Demokratie. 4. A.
	Muenchen 1975).
Schuppert, Gunnar F. (1981): Die Erfuellung oeffentlicher Aufgaben durch
	verselbstaendigte Verwaltungseinheiten. Goettingen.
Schuppert, Gunnar Folke (1994): Institutional Choice im oeffentlichen
	Sektor. In: Grimm 1994: 647-683.
*Schwarze, U. (2003): Sozialhilfe in Schweden und Deutschland:
	Wohlfahrtsstaatliche Institutionen und soziale Interventionen
	zwischen Modernisierung der Kommunalverwaltung und
	aktivierender Sozialpolitik. Diss. Universitaet Bielefeld, Fakultaet
	fuer Soziologie.
Schwinn, Thomas (1995): Funktion und Gesellschaft. Konstante Probleme
	trotz Paradigmenwechsel in Niklas Luhmanns Systemtheorie. In:
	Zeitschrift fuer Soziologie 24:196-214.

Schwinn, Thomas (1996): Zum Integrationsmodus moderner Ordnungen:
    Eine kritische Auseinandersetzung mit Richard Muench. In:
    Schweizerische Zeitschrift fuer Soziologie 22: 253-283.
Seibel, Wolfgang (1990): Gibt es einen dritten Sektor? Ein
    Forschungsueberblick. In: Journal fuer Sozialforschung 30: 181-
    188.
Sharpe, Lawrence J. (1976) Gouverment as Clients for Social Science
    Research. In: Zeitschrift fuer Soziologie 5: 70-79.
Shubik, Martin (1985): The Games within the Game: Modeling Politico-
    Economic Structures. In: Kaufmann/Majone/Ostrom 1985: 571-
    591.
Simitis, Spiros/Zenz, G. (1975): Hrsg. Seminar: Familie und Familienrecht.
    2 Bd. Frankfurt a. M.
Simmel, Georg (1890): UEber sociale Differenzierung. Sociologische und
    psychologische Untersuchungen. Neudruck in: ders.: Ueber
    sociale Differenzierung: Die Probleme der Geschichtsphilosophie,
    hrsg. v. Hans-Juergen Dahme (Gesamtausgabe Bd. 2), Frankfurt
    a. M. 1989: 109-295.
Simonde de Sismondi, Jean Charles Leonard (1819): Nouveaux principes d'
    economie politique: Ou, de la richesse dans ses rapports avec la
    population. Gen' cve. (Deutsche Uebersetzung der 2. Auflage (1827)
    hrsg. von A. Toepel, 2 Bd., Berlin 1971).
Skarpelis-Sperk, Sigrid (1978): Soziale Rationierung oeffentlicher
    Leistungen. Frankfurt/New York.
Sleeman, J. F.(1973): The Welfare State: Its Aims, Benefits and Costs.
    London.
Smith, Adam (1776): An Inquiry into the Nature and Causes of the Wealth
    of Nations. (Deutsch: Der Wohlstand der Nationen. Eine
    Untersuchung seiner Natur und seiner Ursachen. Aus dem
    Englischen uebertragen und mit einer Wuerdigung von Horst
    Claus Recktenwald. Muenchen 1974).
Soziale Umverteilung (1964): Mitteilung der Kommission fuer dringliche
    sozialpolitische Fragen der Deutschen Forschungsgemeinschaft.
    Wiesbaden.

Starn, Randolph (1973): Historische Aspekte des Krisenbegriffs. In: M.
Jaenicke (Hrsg.): Politische Systemkrisen. Koeln: 52–69.
Stein, Lorenz von (1850/1972): Geschichte der sozialen Bewegung in
Frankreich von 1789 bis auf unsere Tage. 3 Bd. Nachdruck der von
Gottfried Salomon 1921 herausgegebenen Ausgabe. Darmstadt.
Stichweh, Rudolf (1988): Inklusion in Funktionssysteme der modernen
Gesellschaft. In: Renate Mayntz u.a.: Differenzierung und
Verselbstaendigung. Zur Entwicklung gesellschaftlicher
Teilsysteme. Frankfurt a.M./New York: 261–293.
Strasser, Johano (1979): Grenzen des Sozialstaats: Soziale Sicherung in der
Wachstumskrise. Koeln/Frankfurt a.M.
Streeck, Wolfang/Schmitter, Philipp C. (1985): Hrsg. Private Interest
Government. Beyond Market and State. London.
Streissler, Erich (1973): Die schleichende Inflation als Phaenomen der
politishen Oekonomie. Zuerich.
Strohmeier Klaus Peter (1983): Quartier und soziale Netzwerke: Grundlagen
einer sozialen Oekologie der Familie. Frankfurt/New York.
Struening, ElmerL./Guttentag, Marcia (1975): Eds. Handbook of Evaluation
Research, 2 Bd. Beverly Hills und London.

- T -

Teichert, Volker (1993): Das informelle Wirtschaftssystem. Analyse und
Perspektiven von Erwerbs- und Eigenarbeit. Opladen:
Westdeutscher Verlag.
Tennstedt, Florian (1976): Zur Oekonomisierung und Verrechtlichung der
Sozialpolitik In: Axel Murswieck (Hrsg.): Staatliche Politik im
Sozialsektor. Muenchen: 139–165.
Tennstedt, Florian (1977): Geschichte der Selbstverwaltung in der
Krankenversicherung. Soziale Selbstverwaltung. Bd. 2. Bonn.
Tennstedt, Florian (1981): Sozialgeschichte der Sozialpolitik in
Deutschland vom 18. Jahrhundert bis zum Ersten Weltkrieg.
Goettingen.
Teubner, Gunter (1988): Gesellschaftsordnung durch Gesetzgebungslaerm?
Autopoietische Geschlossenheit als Problem fuer die

Rechtssetzung. In: Grimm/Maihofer 1988: 45-64.

Teubner, Gunther (1989): Recht als autopoietisches System. Frankfurt a.M.

Teubner, Gunter/Willke, Helmut (1984): Kontext und Autonomie: Gesellschaftliche Selbststeuerung durch reflexives Recht. In: Zeitschrift fuer Rechtssoziologie 5: 4-35.

Thiemeyer, Theo (1963): Die Ueberwindung des wohlfahrtsoekonomischen Formalismus bei Gerhard Weisser. In: Sozialwissenschaft und Gesellschaftsgestaltung. Festschrift fuer Gerhard Weisser. Hrsg. von Friedrich Karrenberg und Hans Albert. Berlin: 131-149.

Thompson, James D. (1967): Organizations in Action. New York.

Thompson, Mark S. (1975): Evaluation for Decision in Social Programs. Westmead/Lexington.

Titmuss, Richard M.(1974): Social Policy - An Introduction. London.

Touraine, Alain (1976): Was nuetzt Soziologie? Frankfurt. (franz. Paris 1974).

Tullock, Gordon (1965): The Politics of Bureaucracy. Washington.

Tyrell, Hartmann (1985): Emile Durkheim - Das Dilemma der organischen Solidaritaet. In: Niklas Luhmann (Hrsg.): Gesellschaftliche Differenzierung. Zur Geschichte einer Idee. Opladen: 181-250.

- U -

Ulrich, Guenter (1994): Politische Steuerung: Staatliche Intervention aus systemtheoretischer Sicht. Opladen.

- V -

Van den Daele, Wolfgang/Weingart, Peter (1975): Resistenz und Rezeptivitaet der Wissenschaft: Zu den Entstehungsbedingungen neuer Disziplinen durch wissenschaftspolitische Steuerung. In: Zeitschrift fuer Soziologie 4: 146-164.

Vierkandt, Alfred (1969): Solidaritaet. In Woerterbuch der Soziologie, hrsg. v. Wilhelm Bernsdorf. 2. A. Stuttgart: 944-946.

- W -

Wagner, Adolph (1876/1991): Allgemeine oder theoretische
  Volkswirtschaftslehre. 1. Teil: Grundlegung. Leipzig/Heidelberg/
  Duesseldorf.

Wagner, Adolph (1891): UEber soziale Finanz- und Steuerpolitik. In :
  Archiv fuer soziale Gesetzgebung und Statistik 10: 1-81.

Wagner, Peter (1990): Sozialwissenschaften und Staat. Frankreich, Italien,
  Deutschland 1870-1890. Frankfurt a.M./New York.

Walzer, Michael (1994): Sphaeren der Gerechtigkeit. Ein Plaedoyer fuer
  Pluralitaet und Gleichheit. Frankfurt/New York (engl. 1983).

Weber, Max (1904): Die 'Objektivitaet' sozialwissenschaftlicher und
  sozialpolitischer Erkenntnis. Abgedr. In: ders.: Gesammelte
  Aufsaetze zur Wissenschaftslehre. 3. Aufl. Tuebingen 1968: 146-
  214.

Weir, Margret/Orloff, Ann Shola/Skocpol, Theda (1988): The Politics of
  Social Policy in the United States. Princeton N.J.

Weisser, Gerhard (1959 : Distribution (II) Politik. In: Handwoerterbuch der
  Sozialwissenscharten, Goetti gen u.a., Bd. 2: 635-654.

Werle, Raymund (1990): Telekommunikation in der Bundesrepublik
  Deutschland. Frankfurt a. M.

Werner, Rudolf (1975): Soziale Indikatoren und politische Planung.
  Einfuehrung in Anwendungen der Makrosoziologie. Reinbek bei
  Hamburg.

Widmaier, Hans Peter (1970): Aspekte einer aktiven Sozialpolitik. Zur
  politischen OEkonomie der Sozialinvestitionen. In: Zur
  Problematik der Sozialinvesitionen. Hrsg. v. Horst Sanmann.
  Berlin: 9-44.

Widmaier, Hans Peter (1977): Zur Theorie der Durchsetzbarkeit sozialer
  Beduerfnisse. In: von Ferber/Kaufmann: 438-462.

Wiegand, Erich/Zapf, Wolfgang (1982): Hrsg. Wandel der
  Lebensbedingungen in Deutschland. Wohlfahrtsentwicklung seit
  der Industrialisierung. Frankfurt a. M.

Wilensky, Harold L. u.a. (1985): Comparative Social Policy: Theory,
  Methods, Findings. Berkelcy: Institute of International Studies,

University of California, Research Series 62.

Williamson, Oliver E. (1975): Markets and Hierarchies: Analysis and Antitrust Implications. New York.

Willke, Helmut (1983): Entzauberung des Staates. Ueberlegungen zu einer sozietalen Steuerungstheorie. Koenigstein/Ts.

Willke, Helmut (1984): Zum Problem der Intervention in selbstreferenzielle Systeme. In: Zeitschrift fuer systemische Therapie 2: 191–200.

Willke, Helmut (1987): Observation, Diagnosis, Guidance. A System Theoretical View an Intervention. In: Hurrelmann/Kaufmann/ Losel: 21–35.

Willke, Helmut (1988): Staatliche Steuerung als Kontextsteuerung. Am Beispiel Eureka. In: Kritische Vierteljahresschrift fuer Gesetzgebung und Rechtswissenschaft 3: 214–229.

Willke, Helmut (1991): Le droit comme instrument de guidage neomercantiliste de L'etat. In: Charles–Albert Morand, Hrsg.: L'etat propulsif. Contribution a L'etude des instruments d'action de L'etat. Paris: 95–106.

Willke, Helmut (1992): Ironie des Staates. Grundlinien einer Staatstheorie polyzentrischer Gesellschaft. Frankfurt a.M.

Willke, Helmut (1994): Die Steuerungsfunktion des Staates aus systemtheoretischer Sicht. In: Grimm 1994: 685–711.

Willke, Helmut (1995): Systemtheorie III: Steuerungstheorie. Grundzuege einer Theorie der Steuerung komplexer Sozialsysteme. Stuttgart/ Jena.

Willke, Helmut (1996) Systemtheorie II: Interventionstheorie. Stuttgart. 2.A.

Winch, Donald (1984): Adam Smith als politischer Theoretiker. In: Kaufmann/Kruesselberg 1984: 95–113.

Windhoff–Heritier, Adrienne (1980): Politikimplementation. Ziel und Wirklichkeit politischer Entscheidungen. Koenigstein/Ts.

Windhoff–Heritier, Adrienne (1994): Der aktive Staat: Umweltpolitik in den USA. In: Grimm 1994: 427–451.

Windhoff–Heritier, Adrienne u.a. (1990): Verwaltungen im Widerstreit von Klientelinteressen. Arbeitsschutz im internationalen Vergleich.

Wiesbaden.

Winterstein, Helmuth (1970): Sozialpolitik mit anderen Vorzeichen. Berlin.

Wirth, Wolfgang (1982): Inanspruchnahme sozialer Dienste – Bedingungen und Barrieren. Frankfurt/New York.

Wirth, Wolfgang (1985): Control in Public Administration: Plurality, Selectivity and Redundancy. In: Kaufmann/Majone/Ostrom 1985: 595–624.

Wirth, Wolfgang (1991a): Coordination of Administrative Controls: Institutional Challenges for Operative Tasks. In: Kaufmann 1991: 235–256.

Wirth, Wolfgang (1991): Responding to Citizens' Needs: From Bureaucratic Accountability to Individual Coproduction in the Public Sector. In: Kaufmann 1991: 69–85.

Wissenschaftlicher Beirat fuer Familienfragen (1979): Leistungen und Aufwendungen fuer die nachwachsende Generation. Schriftenreihe des Bundesministeriums fuer Familie, Jugend und Gesundheit, Band 73. Stuttgart.

Wissenschaftszentrum Berlin (1977): Hrsg. Interaktion von Wissenschaft und Politik. Theoretische und praktische Probleme der anwendungsorientierten Sozialwissenschaften. Frankfurt/New York.

Wittmann, Walter (1978): Oeffentliche Finanzen. Reinbek.

Wuergler, Hans (1973): Inflation als Machtproblem. In: Hans K. Schneider/Christian Watrin (Hrsg.): Macht und oekonomisches Gesetz. Schriften des Vereins fuer Socialpolitik, N.F. Bd. 74/1. Berlin: 697–720.

- Z -

Zacher, Hans F. (1974) Zum Sozialgesetzbuch. Stand und Probleme der Kodifikation des Sozialrechts. In: Archiv fuer Wissenschaft und Praxis der sozialen Arbeit 5: 1–39.

Zacher, Hans F. (1978): Der Sozialstaat als Prozeß. In: Zeitschrift fuer die gesamte Staatswissenschaft, zitiert nach Zacher 1993: 73–93.

Zacher, Hans F. (1980): Sozialpolitik und Verfassung im ersten Jahrzehnt der Bundesrepublik Deutschland. Muenchen.

Zacher, Hans F. (1980a): Sozialpolitik und Menschenrechte in der Bundesrepublik Deutschland. Berlin.

Zacher, Hans F. (1981): Sozialrecht und soziale Marktwirtschaft. In. Festschrift fuer Georg Wannagat, zitiert nach Zacher 1993: 166–208.

Zacher, Hans F. (1984): Der gebeutelte Sozialstaat in der wirtschaftlichen Krise. In: Sozialer Fortschritt 33: 1–12.

Zacher, Hans F. (1987):Das soziale Staatsziel. In Handbuch des Staatsrechts der Bundesrepublik Deutschland, zitiert nach: Zacher 1993: 3–72.

Zacher, Hans F. (1993): Abhandlungen zum Sozialrecht, hrsg. von Bernd Baron von Maydell und Eberhard Eichenhofer. Heidelberg.

Zapf, Wolfgang (1972): Zur Messung von Lebensqualitaet. In: Zeitschrift fuer Soziologie 1: 353–376.

Zapf, Wolfgang (1984): Welfare Production: Public versus Private. In: Social Indicators Research 14: 263–274.

Zoll, Rainer (2000): Was ist Solidaritaet heute? Frankfurt a. M.

Zuern, Michael (1996): Ueber den Staat und die Demokratie im europaeischen Mehrebenensystem. In: Politische Vierteljahresschrift 37: 27–55.

Zwiedineck-Suedenhorst, Otto von (1911) Sozialpolitik. Leipzig/Berlin.

Zwiedineck-Suedenhorst, Otto (1923): Zum Schicksal der Sozialpolitik in Deutschland. in: Schmollers Jahrbuch 47: 77–142.

색 인

ㄱ

(경제)질서정책적 278
'국가' 와 '사회' 의 중개 82
'사회정책' 의 이론 142
가족의 탈제도화 158
가치재(merit goods) ... 90, 104, 212
강단 사회주의 27
개인적 탈연대 270
개인적 효용 90, 215
개입(Intervention) 17, 115, 226
개입 형태 93
개입 효과 148
경로의존성 235, 269
계급갈등 160
고전적 관료 모델 198
공공부문 17, 194
공공의 행복(Heil) 320
공공재 39
공공재 이론 287
관료제적 지배 180
관료제화 110, 159, 175
교환이론적 306
국가 과제 172, 314
국가 실패 189
국가의 자기조정 183
국가의 조정 범위 79

국민경제학 28
국부 강화정책 160
국제화 246
권력 국가 319
규범적 통합 262
기본적 관심사 129

ㄴ

노동자 문제 27, 172, 291

ㄷ

다단계적 개입과정 116
다단계적 과정 108
다단계적 성격 130
다단계적 의사소통 109
다단계적인 정치적 과정 75
다학제성 57
단체협약 201
대상영역의 정체성 44
도덕적 해이 289

ㅁ

맑스주의 국가이론 19
맥락 조정 191, 330
맥락에 의한 조정 123
문화적 탈연대 271

미래 세대의 권리 337
민영화 227

ㅂ

반응성 12
법제화 .. 110, 154, 159, 175, 256, 321
보이지 않는 손 215, 337
복지 206
복지 생산 283
복지국가 ....
.... 176, 205, 235, 255, 259, 283
복지국가 발전 267
복지국가 위기 87, 227, 254
복지국가 팽창단계 161
복지국가 프로그램 173
복지국가의 수용논리 265
복지국가의 구조적 특성 171
복지국가의 세속화 175
복지국가의 위기 138
복지국가의 정치 이론 86
복지국가적 배열(Arrangements) .....
.... 22, 31, 141, 236, 293, 295
복지생산 212, 220, 221, 224, 248
복지효과 228
부적(不的) 소득세(negative income tax) 250
분배갈등 311
분배문제 208
브레튼 우즈 통화체계 19
비사회적 사회정책 151
빈곤문제 208

ㅅ

사중효과 132
사회 문제 114

사회(복지)예산 99
사회(적) 관계 83
사회개혁 234
사회개혁자 209
사회개혁적 115
사회계획 37
사회국가 ....
... 137, 184, 188, 235, 259, 283, 302
사회국가성의 구조 307
사회국가의 통합기능 271
사회권 172, 176, 239
사회문제 145
사회법전 174
사회보장 28
사회사업 134
사회예산 150
사회의 목적 43
사회적 개입 116
사회적 공동체 263
사회적 법치국가 292
사회적 불평등의 심화 311
사회적 비용 211
사회적 생활관계 38
사회적 시민권 301
사회적 시장경제 ....
.... 39, 102, 138, 174, 235, 259, 302
사회적 우연성 262
사회적 유대 265
사회적 자본 249
사회적 조정 179
사회적 조정이론 178, 85
사회적 참여 300
사회적 통합 148, 263
사회정의 254, 258
사회정책(Sociale Politik) 277

사회정책 실천 56
사회정책 제도 87
사회정책 협회 13, 275
사회정책의 작용분야 83
사회정책의 행정기관 87
사회정책의 효과 41
사회정책적 개입의 실제 결과 151
사회정책적 목적 63
사회정책적 실천 35
사회정책적 인식관심 48, 64, 36
사회정책적 현실 15
사회행정 28, 275
사회헌장 233
사회협정 259
삶의 질 14, 32, 37, 103, 219
상호의존 200
상호의존성 150
상호작용 과정의 이중적 우연성 ... 319
새로운 보족성 227
생활관계의 개선 44
생활상황 .. 41, 81, 100, 119, 128, 220
서비스 산업화 241
선택적 우연성 92, 145
선택적 친화성 218, 268
세계사회 335
세계화 246, 247
소득(1차) 288
소득(2차) 294, 305
소득 재분배 39, 175
소득보장제도 99
수행연구 154, 220
시너지 239
시너지주의 335
시민사회 322
시장 실패 227

시장-가격 기제 40, 179
시장모델 123
시장순응적 212
시장순응적 조정 104
시장실패 189
신뢰의 위기 297
신자유주의 189
신중상주의 329
실천의 학문화 60, 201

ㅇ

아동노동 금지 157
안전 319
연구대상의 간계 77
연대 181, 280
연대적 조정 286
예방 118
외부조정 232
위계관계 220
위기사회 331, 336
위기이론적 분석 255
융합(Inklusion) 21, 88, 104,
.. 128, 148, 188, 210, 219, 263, 325
응용관련 기초연구 76
응용관련 사회과학 48
응용연관 연구 53
이성의 간계 46, 48
이전경제 78
이전경제학 17
이전소득을 통한 가족의 착취 244
인과적 설명모델 122
인구에 의한 위기 296
인적 자산 222
일반인권선언 ... 172, 232, 259, 279

ㅈ

자기 유지적 212
자기조정 231
자기조정 능력 238
자기조정 형태 187
자산이론적 시각 223
자치행정기구 99
재정위기 296
전문화 110, 159
정의 307
정의 논리 305
정의권 40, 47
정책 집단 147
정치 과정의 다단계성 84
정치(Polizey) 318
제3의 길 254, 258, 272
제도적 배열 179, 184
제도적 자립 217
제도화된 체계 152
조정 17
조정결핍 328
조정국가 331
조정권한 221
조정기술 177
조정기제 135
조정수단 186
조정위기 297
조정이론적 관점 16, 171, 186
조정형태 198
조합주의 협상체계 270
존재론적 행위모델 122
주부역할 모델 243
중간 정도의 추상화수준 186
중개 209
중개가능성 50

중층적인 집행구조 132
지위특성 83
지침(규범화) 199
질서이론 17
질서정책 123, 302
질서정책적 시각 287
집합적 자조 187, 282
집합적 탈연대 270
집합적 효용 90
집행구조 130

ㅊ

참여가능성 83
체계이론 64
체계이론적 관점 75, 85
체계이론적 재구성 70
체계합리성 209, 210
총체적 사회정책 33, 37
총합적(cybernetic) 모델 125

ㅌ

탈규제 19, 227, 271
탈연대화 253, 297
통합 148

ㅍ

평가연구 120
피보장 계급 161, 168

ㅎ

합목적성의 논리 305
행위능력 133, 135
행위사슬의 연장 336
행위연구 68
행위이론 16

행위이론적 85
행위자의 시각 127
행위조정 184
환원주의적 43
효과모델 120
효과분석 20, 67
효용분석적 시각 285

인 명 색 인

ㄱ

간스(Herbert J. Gans) 55
고프(Ian Gough) 177
기르베츠(Girvetz) 292

ㄴ

넬-브로이닝(Oswald Nell-Breuning)
.... 289

ㄷ

데카르트(Descartes) 336
뒤르껭(Durkheim) ....
.... 45, 182, 221, 255, 262

ㄹ

라이저링(Leisering) 193
롤스(Rawls) 306
루만(Luhmann) 49, 86,
 88, 122, 185, 191, 208, 262, 279, 306
루즈벨트 18
르네 쾨니히(Rene Koenig) 14
르플레(Frederic Le Play) ... 221, 278
리스트(Friedrich List) 212, 272
린더(Linder) 164
린데(Hans Linde) 155
릴(W.H. Riehl) 82

링엔(Ringen) 284

ㅁ

마샬(Marshall) ....
.... 94, 209, 263, 279, 302
마인츠(Renate Mayntz) . 16, 112, 229
마켄로트(G. Mackenroth) 147
맑스(Karl Marx) 211, 278, 322
몰(R.v. Mohl) 82
몽테스키유 (Montesquieu) 221
뮌시(Muench) 262
미드(G.H. Mead) 269
밀(Mill) 209, 322

ㅂ

바그너(Adolph Wagner) 81, 323
바더(F.v. Baader) 82
바이서(Weisser) 81, 128
베버(Max Weber) 81, 180, 255
벡-겐스하임(Beck-Gernsheim) . 243
벤담(Bentham) 322, 207
보르키비즈(Bortkiewicz) 81
뵉켄퓌르데(Boeckenfoerde) 292
부르듀(Bourdieu) 223
빌케(Helmut Willke) 190

ㅅ

샤프(F. Scharpf) 112
슈라이버(Wilfried Schreiber) ... 289
슈타인(Lorenz von Stein) ....
.... 82, 209, 267, 278
슈탈(Fredrich Julius Stahl) 299
슘페터(J.A. Schumpeter) 254
스미스(Adam Smith) 142, 207
스완(de Swaan) 213
스타른(Randolph Starn) 176
스타인(Stein) 140, 322
스탄드페스트(Erich Standfest) .. 173
스펜서(Spencer) 255
시스몬디(Simonde de Sismondi) .....
.... 188, 208, 211, 322

ㅇ

아담 스미스 205
아리스토텔레스 ... 142, 206, 316, 334
알브레히트(Albrecht) 121
에르하르트(Ludwig Erhard) 238
엘리아스(Norbert Elias) 195, 336
오이켄(Walter Eucken) 191, 302
오토(Otto) 118
오페(Claus Offe) 255
요어(Walter Adolf Joehr) 17

ㅈ

짐멜(Simmel) 255
짜프(Zapf) 225, 283
쯔비디넥-쉬덴호르스트(Zwiedineck-
Suedenhorst) 43

ㅊ

처칠 19

ㅋ

카플란(Caplan) 118
칸트(Kant) 320
케인즈 212
케털러(Ketteler) 299
콜맨(Colemann) 223
키케로 205

ㅌ

템플(Temple) 172
토빈(James Tobin) 250
토이브너(Gunter Teubner) 190

ㅍ

파슨스(Talcot Parsons) ....
.... 86, 88, 262, 279
페르버(Ferber) 36
푸펜도르프(Pufendorf) 319
프라스티(Jean Fourastie) 241
프로이(Preu) 318
프로이스(Preuß) 331
피어칸트(Alfred Vierkandt) 182

ㅎ

하버마스(Juergen Habermas) ... 255
하이만(Eduard Heimann) ....
.... 176, 182, 209, 254, 299
하이에크(Friedrich August von
Hayek) 189, 254, 306
한스 아킹어(Hans Achinger) 13
헤겔(Hegel) 82, 140, 221, 269
헬러(Heller) 316
헬무트 쉘스키(Helmut Shelsky) ... 11
호네트(Honeth 1992) 269
홉스(Hobbes) 319

후렐만(Hurrelmann) 118

후프(Huf) 280

훔볼트(Wilhelm von Humboldt) .....

.... 142, 301

힛제(Franz Hitze) 299

역자 약력
서울대학교 사회복지학과 졸업
독일 빌레펠트 대학 사회학 석사
독일 빌레펠트 대학 사회과학 박사
전 한국 노동연구원 부연구위원
현) 충남대학교 사회복지학과 부교수

논문 및 저서
• 〈고용보험료와 산재보험료 징수 효율화 방안〉등 사회보험의 행정이나 통합 관련
  연구
• 〈건설일용 근로자 고용보험 적용에 관한 연구〉등 산재보험 및 고용보험 제도 개선
  을 위한 연구
• 〈사회주의 체제전환과 사회정책〉등 통일관련 연구
• 〈자본주의 세계체제와 사회정책〉등 사회정책 발달 관련 연구
• 〈사회복지학의 정체성〉등 사회복지학적 담론 관련 연구

최근 관심분야
가족 정책
동아시아 국가를 중심한 복지체계 유형 비교

사회정책과 사회국가

1판 1쇄 발행 2005년 08월 31일
1판 2쇄 발행 2023년 05월 25일
저   자 프란쯔 자바 카우프만
역   자 정연택
발 행 인 이범만
발 행 처 **21세기사** (제406-2004-00015호)
경기도 파주시 산남로 72-16(10882)
Tel. 031-942-7861   Fax. 031-942-7864
E-mail : 21cbook@hanafos.com
Home-page : www.21cbook.co.kr

정가 19,000원